地名观澜

DIMING GUANLAN

郭晓琳／主编

山东人民出版社·济南
国家一级出版社 全国百佳图书出版单位

图书在版编目(CIP)数据

地名观澜 / 郭晓琳主编. —济南:山东人民出版社, 2018.12

ISBN 978-7-209-11878-1

Ⅰ. ①地… Ⅱ. ①郭… Ⅲ. ①地名—文化—山东 Ⅳ. ①K925.2

中国版本图书馆 CIP 数据核字(2018)第 288700 号

地名观澜

郭晓琳 主编

主管部门 山东出版传媒股份有限公司
出版发行 山东人民出版社
社　　址 济南市英雄山路 165 号
邮　　编 250002
电　　话 总编室(0531)82098914
　　　　 市场部(0531)82098027
网　　址 http://www.sd-book.com.cn
印　　装 济南万方盛景印刷有限公司
经　　销 新华书店

规　　格 16 开 (169mm×239mm)
印　　张 21.75
字　　数 360 千字
版　　次 2018 年 12 月第 1 版
印　　次 2018 年 12 月第 1 次
印　　数 1—2000
ISBN 978-7-209-11878-1
定　　价 45.00 元

前　言

地名，作为各类地理实体的专有名称，是人们进行社会交往的工具；作为一种文化符号，是特定区域内自然、社会、历史及人文等发展的综合产物。联合国地名标准化大会多次做出决议，强调地名是国家重要的历史和文化遗产，要求各国采取行动予以保护。与此同时，伴随着城市化进程的加快和由此产生的观念转变，我国历史文化底蕴深厚的地名大量消失，大、洋、怪、重等非标准地名屡禁不止，地名文化正面临着巨大挑战。地名文化建设的系统性不强，地区发展不平衡，整体作用发挥不够，地名理论研究需要深化，地名文化保护工作亟需加强，地名文化的发展现状与社会需求尚有较大差距，面对诸多重要而迫切的课题，必须深入进行地名理论研究，加大优秀地名文化宣传保护，坚定文化自信，增强地名工作发展活力与动力，推动地名工作可持续发展。

面对地名工作新形势，我们决定出版《地名观澜》一书。本着大地有名、包罗万象的情怀及博采众长、集思广益的初心，希冀为广大地名工作者及地名爱好者提供一个开放共享、交流切磋的自由平台，期待在思想的碰撞中迸发智慧的火花，实现地名理论研究与实践工作再上新台阶的同时，让地名获得更广泛的社会关注，营造自觉抵制地名乱象，主动保护优秀地名文化的良好氛围。

该书主要分为五部分：多维视角、争鸣探讨、他山之石、地名考释、地名文化。所涵盖内容既有高屋建瓴式宏观理论探讨，又有见微知著型拓展实践心得，既有旁征博引的古地名考释，又有习人之长的外文翻译成果。每篇经过精选，力争为读者奉上值得品读的佳作。

本书初稿由省内外地名专家、地名工作者及部分地名爱好者提供，一并在此致谢。尽管我们做了很大努力，几经审校，方成今貌，但鉴于水平所限，不足之处在所难免，恳请读者批评指正。

编者

2018年7月

目　录

他山之石

地名考释

地名文化

从地名标志设置工作的发展看其在地名工作中的地位与作用

宋久成

一

地名标志，也称地名标牌，自古有之。历代的碑碣、匾额、招幌、牌坊，以及现代城市中的街巷牌、门牌等，都是一种地名标志。它是用来标示地理实体专有名称及相关信息的设施，是地名发挥其功效的重要途径之一。随着工业化、城市化、信息化和经济全球化进程的加快，国内外各种经济社会活动越来越频繁，社会交往流量飞速增长，地名标志的范围越来越广泛。因而，做好地名标志设置工作，对于加强地名管理，提高各级政府的行政管理能力，完善城市乡村功能，服务经济建设，塑造城市形象，增加城市文化底蕴，方便人民群众生活，促进和谐社会建设，都具有非常重要的意义。从这一意义看，地名标志设置工作应是地名管理的一项重中之重的长期任务，各级地名管理机构一定要常抓不懈。

本文并非具体阐述上述所列设置地名标志的意义，而是从过去三十年地名标志设置工作的实践，透视地名标志设置在地名工作中的地位，进而阐明抓好地名标志设置工作的重要作用。要阐述这一问题，不能不从地名标志设置的发展实践谈起。历史地看，自1977年成立中国地名委员会以来，开展地名标志设置工作已有30余年，大体上可以分为三个发展阶段。

（一）从无到有的实践期

1977年中国地名委员会成立之初，中心任务是开展大规模的全国第一次地名普查，在此基础上全国各地普遍开展图、录、典、志的编纂工作。人们习惯称这一时期的地名工作是基础性、事务性的工作，也就是说非真正意义的管理工作。当然，地名标志设置在此时还没有进入也不可能进入地名工作的范畴。随着第一次地名普查工作及其后续工作的逐步完成，20世纪80年代初期，一些地方的地名机构开始尝试在一些城镇设置街、巷、楼、门等地名标志，还有的地名机构在农村设置了村屯地名标志。这一时期地名机构开展地名标志设置工作，普遍挑选在没有或标志很少的城镇进行。在今天看来这些具有战略意义的尝试，为地名工作开辟了一个新的领域，至今受益匪浅。

随着全国各地更多的地名机构开始在本辖区内设置各类地名标志，地名标志设置作为地名工作的一个新的内容，越来越被全国广大的地名工作者所接受和认同。伴随着这一工作的开展，一些新的问题开始出现，其中最突出的问题有两个：一个是楼、门是否是地名的争论，今天看来可能觉得不可思议，对这一问题激烈争论，竟然发生在地名系统内部。相当长的一个时期，对楼、门是否是地名，很多地名工作者不能认同。另一个问题是一些地名机构在设置地名标志时，尤其是设置街、楼、门地名标志时，与公安等部门在设置权属上各执一词，彼此都认为是本行业的业务管理范畴，而不应归对方管辖。时至今日，前者得到了很好的解决，而后者仍没有明确的答案。

（二）大规模设置发展期

1986年1月国务院颁布了《地名管理条例》，第十一条明确规定“地方人民政府应责成有关部门在必要的地方设置地名标志”。可以肯定地说，《地名管理条例》中有关地名标志设置的规定，是在总结多年的地名标志设置实践基础上而制定的。尽管在今天看来，这一规定在由谁设置地名标志的问题上规定的不是十分明确，但是《地名管理条例》毕竟把设置地名标志写进法规，使地名标志设置纳入地名工作的范畴，地名标志设置工作真正有了“法”的保障。1986年5月在河北省邢台市召开的第三次全国地名工作会议上，明确提出地名工作要从基础性事务转向以地名管理为重点上来。地名标志设置作为地名管理的重要工作，从上至下得到了广泛的重视。从1987年开始到1996年全国开展国道两侧设置地名标志前，在近10年的时间里，我国各级地名机构在城乡广泛设置了地名标志，并将地名标志的设置与管理作为地名工作的重点来抓，很多地方的地名标志，尤其是街、门地名标志，都是在这一时期广泛地设置起来的。通过这十年的地名标志的设置，我国城镇地名标志设置水平基本适应了经济快速增长带来的城镇化发展的需要。尽管回过头来看，这种适应更多的只是满足了“有”地名标志，但城镇建设快速发展日新月异的初级阶段，这一适应显然是必不可少的。地名工作者抓住了城镇建设快速发展的时机，及时将工作重点切入到城镇地名标志设置上来，不仅履行了自己应尽的职责，而且逐步为自己在这一工作领域争取到了合法地位，得到了越来越多的领导、部门对地名机构开展地名标志设置的理解和支持，奠定了以后工作开展的良好基础。

（三）规范化设置高潮期

随着全国地名标志设置的广泛开展，地名标志设置已成为各级地名管理部门的一项重要日常工作。但由于没有统一设置标准和规范，全国地名标志设置处于一种“非标准”的状况。这时设置的地名标志，更多地满足于从无到有，一个城市中的街、门地名标志往往参差不齐，全国更是如此。标牌大小、材质、颜色等等都不统一。全国地名标志的设置不仅没有统一的设置标准，更主要的是没有统一步骤，不同的省甚至不同的城市地名标志设置内容都不尽相同，有的设置村屯标志，有的设置街路标志，还有的只设置门楼标志。这种“各自为政”的“非标准”设置方式，严重制约了地名标志设置工作的进一步发展。为了改变这一状况，民政部等四部于1995年底联合布置了在全国国道两侧500米内设置村镇地名标志的任务。在这次布置任务中，第一次提出了在全国统一规格尺寸、统一式样的设置地名标志。拉开了我国地名标志设置规范化的序幕。带来了全国统一设置地名标志的新高潮。3年国道两侧村镇设标之后，5年城市标准地名标志和5年乡镇地名标志设置工作的相继开展，将地名标志设置推向了规范化发展的新阶段。

伴随着全国国道两侧地名标志设工作的开展，包括街路、楼门在内的其他地名标志也应在全国统一设置标准，在业内逐步形成了共识。1996年，民政部向当时的国家质量技术监督局申请起草有关地名标志国家标准。1997年1月国家质量技术监督局下达了制定《地名标牌 城乡》国家标准的计划。在民政部区划地名司的支持下，民政部地名研究所经过几年不懈努力，完成了《地名标牌 城乡》国家标准的起草，1999年10月1日开始实施。该标准对街牌、巷牌、楼牌和门牌等四种类型地名标志的尺寸、颜色、书写、材质、质量分别作了详细规定，对标牌的外观、检测、包装作了规定。该标准的颁布实施，标志着我国地名标志设置工作真正步入了规范化管理的新阶段。

这一标准出台之后，引发出全国城市5年设置地名标志工作。2000年3月，为了贯彻执行《地名标牌 城乡》国家标准，民政部联合交通部、国家工商总局、国家质量技监局下发了《关于在全国城市设置标准地名标志的通知》，决定用5年的时间在全国城市设置标准地名标志。这一工作的成功开展，使得地名标志设置工作不仅在标准化、规范化的道路上迈进了一大步，也进一步奠定了地名标志设置工作在地名工作中的地位和作用。正因为如此，2005年民政部启动地名公共服务工程时，将地名标志设置列为四项专项任务之一；在2005年5月12日召开的“全国地名公共服务工程”视频会议上，民政部部长、副部长都对该工程中的标准地名标志设置工作，做出了重要指示。会议上同时提出：“各地在完成城市地名设标工作的基础上，要及时启动县乡镇地名设标工作，用五年时间完成，做到全国城乡都有符合标准、有足够数量、便于公众使用的地名标志。建立比较完善的城乡系列地名标志，完善地名标志服务体系。”该工程的提出，毫无疑问地将设置标准地名标志工作推进了崭新的规范化发展阶段。

二

从以上概要回顾30年来地名标志设置工作的历程看，在现有的地名工作中，没有哪一项地名的专项工作能够像地名标志设置工作一样，对今天的地名工作有着如此深刻地影响。也正因为如此，决定了地名标志设置工作在地名工作中有着重要的地位与作用。

（一）促进了地名工作由基础性工作向行政管理的转变

1986年，第三次全国地名工作会议明确提出：地名工作由基础性工作向行政管理转变。从提出这一转变之后的1987年开始，全国各地广泛设置地名标志。正是因为有了地名标志设置这一新的工作领域，实现地名工作向行政管理工作的真正转变才成为可能。今天看来，尽管地名命名、更名工作在地名普查时就已经存在了，但当时的地名命名、更名是伴随着地名普查工作而进行的，是地名普查工作的一部分。所以，当普查工作结束之后，不可能将其作为地名管理工作重点来抓。地名的信息化管理在那个计算机还没普及的年代，更不可能成为地名管理工作的重点。所以，地名标志设置工作的出现，真正推进了地名工作从基础性的事务工作向行政管理工作的转变。直到今天，无论从哪方面讲，都成为不可或缺的一项重要工作。

（二）丰富和完善了对“地名”基本概念的认识

前文已经提到，在地名标志设置初期，一些地方设置了楼、门标志，对于楼、门号码是否是地名，一些地名工作者提出了疑问。这一疑问是在经历了多年地名普查工作之后地名工作者提出的，说明了地名普查时期楼、门号码还没有被地名工作者视为地名。正是这一疑问，促使地名工作者对地名的基本概念进行了再思考，带来了一场行业内的讨论。通过这一讨论，使人们对什么是地名有了更深刻认识，也进一步明确了地名应该具有的基本属性。这一始于20世纪80年代的学术讨论，不仅丰富和完善了人们对于地名这一基本概念的认识，而且也深刻影响着今天的地名工作。今天，建筑物名称的管理早已将其纳入地名管理工作的范畴。对于管理建筑物名称，我们再没有了当年管理楼、门地名的犹豫，也没有了争论。这完全基于我们对地名这一基本概念有了更深刻的认识与理解，没有谁能够否认建筑物名称具有鲜明的地名属性。试想，如果没有对楼、门地名标志的设置，就不可能带来楼、门号码是否是地名的讨论，将其纳入地名管理的范畴也许今天还不可能。不是当时设置楼门标志的实际需要，这种以阿拉伯数字命名的特殊地名有多少可能成为地名工作者关注的对象？恐怕没有。

（三）推动了地名工作规范化进程

地名管理的终极目标是实现地名标准化。地名标志作为传播地名的载体，设置地名标志工作无疑是实现这一目标的重要手段。正因为如此，地名标志上的地名必须做到标准、规范。为了真正实现地名标志上地名的标准化，民政部有关部门起草了《地名标牌 城乡》国家标准。多年的实践证明，《地名标牌 城乡》作为地名领域第一个国家标准的贯彻实施，其意义远不止是将标准地名通过地名标志载体广泛传递给了社会，更重要的意义在于由此带动了其他地名工作也朝着规范化的管理轨道迈进。《地名标牌 城乡》国家标准的贯彻实施，使地名标志设置工作改变了过去的管理方式，向着更加科学、规范方向发展的示范效应，为其他地名工作的规范化发展指明了道路。由此才有了《地名分类与类别代码编制规则》以及英、法、德、俄、西班牙、阿拉伯语《外语地名汉字译写导则》等国家标准相继诞生。目前，还有一些有关地名工作的国家标准正在起草过程中。相信这些国家标准的陆续出台，必将为地名工作的规范化发展奠定坚实的基础。

（四）带动了地名工作的全面发展

地名工作者都知道，地名标志设置工作不是单一的仅仅设置标志的问题，而是一项系统的工程。在设置地名标志时，先要将所设地域（如街、巷）的地名基本情况了解清楚，这就需要做一次局部地域的地名普查，登记造册，进行地名的标准化处理，依据《地名管理条例》和相关法规，需要命名的命名，需要更名的更名。地名标志设置工作的前期任务主要是地名普查和地名的标准化处理（地名的命名更名工作）。在地名标志设置过程中，还有一项重要工作就是各地结合本地实际，制定相应的地名标志管理办法，用法治手段来管理和维护地名标志。地名标志设置完成以后，为了有效维护地名标志，使其更好地发挥导向作用，规范的做法还应将地名标志设置的有关信息存入电脑，以利于今后维护管理。从以上地名标志设置过程中所要涉及的有关地名工作看，地名标志设置几乎涵盖了地名工作的各项内容。地名标志设置工作的开展，全面带动了整个地名工作向前发展。

（五）宣传了地名工作

作为地名工作中真正摸得着、看得见的一项工作，在向社会极力推广标准地名的过程中，也宣传了地名工作本身。这种宣传是全方位的：有对群众的宣传，向人们广泛传播标准地名；也有对领导的宣传，使领导认识到地名工作是贴近群众生活的实实在在的一项不可或缺的重要工作；有对地名工作系统内部的宣传，也有对其他有关部门的宣传，从而赢得更多的人和相关部门对此项工作的支持与理解。从这一意义来说，开展地名标志设置工作比设置地名标志意义更大。通过开展此项工作，使人们方方面面知晓并真正理解地名工作的重要性，从而为此项工作的顺利开展奠定了基础。总之，人们更多的是通过地名标志设置工作开始关注地名工作、了解地名工作、重视地名工作的，尤其是在地名工作发展的初期。

了解地名标志设置在地名工作的重要地位与作用，有助于人们进一步深刻认识到，做好这方面工作，对于实现地名标准化，对于地名工作本身的健康发展有着多么重要的意义。总之，在现有管理体制和管理模式下，地名标志设置将成为各级地名管理部门不可或缺，同时又是不可替代的重要工作。

地名信息登记与发布制度初探

刘连安

内容提要 信息社会条件下必须努力建设地名信息登记、发布制度。我国目前要建立这一制度需要解决修订法规、确保地名信息资源安全等诸多问题。

一、定义

本文所说的“地名信息登记、发布制度”，是指各类地名使用主体（指地名所指称之地理实体的法定占用者、管理者或发现者）向地名机构登记地名命名、更名等信息，并由地名机构统一管理、发布这些信息的制度。笔者认为这是信息社会条件下实现对地名信息动态管理的重要手段，也是提高地名信息资源利用率、减少重复投资造成巨大浪费的有效途径。

二、为什么要建立地名信息登记、发布制度

建立地名信息登记、发布制度是信息社会对地名工作的要求，也是开展地名管理工作的基础和前提。

1. 信息社会需要及时、准确的地名信息

由于地名具有重要的信息价值，人类进入信息时代后，对获取地名信息的要求迅速提高。在信息社会中，随着3S技术（遥感、地理信息和全球定位系统）的迅速发展，地理信息的生产、服务已经成为一个庞大产业，人们获取地理信息的途径从传统的纸质地图、书籍迅速扩展计算机网络、光盘、触摸屏、电话、卫星导

航设备等。地名作为基础性信息，不仅要准确、及时，而且要非常细致。例如：在纸质地图中，由于受到版面限制只能显示有限的地名；但在电子媒介的地图中，则完全没有这种限制，不仅显示地名标注的数量是无限的，而且连接地名的文字、图片、影像等相关信息的数量也是无限的——这就极大地提升了地理信息的应用价值。现在出行前利用电子地图设计行车路线、查询目的地等相关信息已经成为很多人的生活习惯，这大大节省了人们的时间、精力和费用。在一些大城市，便捷的地名信息咨询电话、街头的信息亭，可以随时为人们提供地名信息查询服务，找饭馆、选商场这样的事情全能代劳。传统的城市交通图是印在一张大纸上的，而现在很多城市的地名信息指南是厚厚的一本书，囊括了人们日常生活可能关心到的各类地名信息。很多单位把地名信息指南作为礼品赠送给朋友或当成福利发给员工。社会对地理信息的需求是强劲的，其中地名信息尤其给人们的日常生活带来莫大的便利。

面对这种形势，地名机构应当承担起采集、发布及时、准确的地名信息的责任。社会对地名信息的需求是客观存在的，编制地图、定位、导航等领域都需要准确、详细的地名信息。地名机构应该负责收集、发布地名信息，满足社会的需求。这样不仅符合地名机构的法律地位，而且有利于政府有效地监管地名信息的使用。反之，如果地名机构不能担负起地名信息收集、发布的职责，为满足社会对地名信息的需求，其他部门就会自行其是，根据各自不同的要求分别进行地名信息收集活动，然后利用不同手段将地名信息发布出去。这样做的弊端显而易见：首先，各部门重复劳动，无序竞争，造成很大的浪费；其次，地名信息的收集、发布处于失控状态，容易出现泄密等情况；最后，地名信息收集渠道缺乏法理依据，因为社会成员并无向地名部门以外的其他组织或个人提供地名信息的义务。上述弊端会降低社会生产、生活效率，甚至造成社会空转。由地名机构统一采集地名信息并提供各部门使用，可以有效避免上述弊病。

2. 建立地名信息登记、发布制度是开展地名管理工作的前提

地名机构的工作目标除了收集、发布地名信息，还包括地名命名、更名、设置地名标志等地名行政管理工作。这些行政管理工作必须建立在掌握准确、全面地名信息的基础上，否则就成了建在海滩上的沙堡，无法保证质量。如果没有准确

掌握现有地名（甚至还包括历史地名），地名命名、更名工作中就会出现重名、同音的情况；地名标志设置工作中就难以准确计划设标的数量、地点等。很多地名管理部门都有这样的体会：如果地名信息掌握不全，开展其他工作时就先要花费大量时间、精力搜集、查阅地名资料，即使这样仍很难避免纰漏。地名机构是国家指定的地名信息收集、管理部门，如果地名机构没有掌握足够的地名信息，就只能去查阅其他部门的相关资料，而这些部门都是出于自己的工作需求收集地名信息的，他们既不具备地名调查的技术力量，也不具备收集地名信息的法律职能，因此他们提供的地名信息必然带有本专业色彩，是不完整、不全面的，是以其他工作成果的副产品的形式出现的。例如：测绘部门出于标注地图的目的收集地名信息，地名作为地图上的一种信息而出现。他们关注的焦点是地名所对应地理实体的位置、地理类型等。工商管理部门出于行政管理目的收集企业信息，关注的焦点是企业的经营范围、纳税情况等，企业名称、地址等地名信息只是复杂工商信息中的一小部分。地名机构查阅这些专业部门提供的地名资料，获取的信息是不完整的，不可能满足地名管理工作的需求。例如：地名管理工作关注地名的读音，因为地名命名、更名都要注意避免与现有地名重名、同音，但其他部门一般不会关心地名读音的问题。又如，地名管理工作关心地名含义，崇洋媚外等含义不健康的地名应该取缔，但其他部门很少关心地名的含义。因此，不能指望地名机构利用其他部门提供的地名资料就能做管理工作，必须由地名机构按照自己的专业标准搜集并掌握全面、准确的地名信息，这是开展地名工作的必要前提。

3. 建立地名信息登记、发布制度是地名机构采集地名信息的有效手段

地名类型繁多，各类地名的使用主体千差万别，涉及整个社会，因此地名信息的获取是一项涉及面非常广泛的艰巨任务。地名机构要掌握准确、及时的地名信息，必须经过两种途径：一是进行地名调查；二是在地名调查的基础上建立地名信息登记、发布制度。地名调查的目的是，通过短期、集中拉网式野外调查，广泛收集地名信息，摸清地名的“家底”，并建立起完整的地名信息数据库，这是获取地名信息最快捷、最可靠的渠道。建立地名信息登记、发布制度的目的是，促使全社会向地名机构申报地名变更情况，使地名机构足不出户就能及时掌握最新地名信息，并将地名信息资源向社会公布使用。这是确保全社会持续掌握最新地名信息的最经济、最有效的手段。

4. 没有建立信息化的地名工作机制是我国地名工作目前面临的难题

自20世纪70年代我国产生现代意义的地名工作以来，在党和政府的领导下，经过广大地名工作者的艰苦努力，我国地名工作取得了巨大成就。1979年开展的全国地名普查和1988年进行的全国地名补查和资料更新工作奠定了地名工作的重要基础，初步摸清了我国地名的“家底”，使地名命名、更名等行政管理工作建立在丰富、准确的地名信息的基础上。在这次地名普查基础上编制的地名图、录、典、志等资料，事实上起到了向社会发布权威地名信息的作用。因此这一阶段，虽然我国没有建立地名信息登记、发布制度，但通过地名普查、补更和出版地名图书，实质上完成了这一工作任务。

然而地名是不断变化的，特别是第一次全国地名普查以来的30多年，正是我国改革开放事业取得伟大成就的时期，城乡面貌发生了翻天覆地的巨大变化。由于种种原因，我国地名管理部门没有持续开展地名调查，也没有建立地名信息登记制度，致使目前地名管理部门无法掌握及时、准确的地名信息，进而导致地名机构不仅不能向社会发布地名信息，而且本身的地名行政管理工作也失去了资料基础，降低了工作效率。

综上所述，无论根据地名工作的内在规律，还是社会的现实要求，都证明建立地名信息登记、发布制度是科学、合理、必要的。

三、目前在我国建立地名登记制度的可行性分析

“十五”以来，国家高度重视信息化事业。党的十六大报告中提出“优先发展信息产业，在经济和社会领域广泛应用信息技术”。在这一政策指引下，我国地理信息产业迅速崛起，电子地图、卫星导航、地理信息服务等行业都得到快速发展。与之形成鲜明对比的是，地名的信息收集、发布工作长期没有明显起色，地名机构的作用在地理信息产业“爆发式增长”中发挥不足，不利于地理信息产业的进一步发展。例如：我国在2003年完成了1：25万地形图中地名数据的更新工作，使地名资料更新至2000年。也就是说，资料更新工作提供出来的是3年前的地名情况。从全国1：25万电子地图到1：5万电子地图，地名数量从80多万条增加到529万条，更

新如此规模的地名资料更成为一个难题。又如，目前城市地理信息咨询业蓬勃发展，有很多公司为开展这项业务组织人员进行沿街地名登记（俗称“扫街”），成本高得惊人，动辄几百上千万元。而且各公司之间为了商业利益互相封锁地名信息，导致地名采集工作不断重复进行，造成严重浪费。于是，有的公司开始另谋出路，与掌握部分地名信息的专业部门（例如电信黄页）等合作，以求获得更翔实的地名信息。面对社会对地名信息的迫切需求，地名机构必须做出应有的回应。在这种社会大背景下，地名机构提出通过建立地名信息登记、发布制度，承担起社会地名信息资源中心的职责，相信一定会受到广泛欢迎——建立这一制度的社会条件已成熟。

另外，近年来地名管理工作遭遇很多困难。一方面，城市中大、洋、怪、重地名大量出现，遭到社会的强烈质疑；另一方面，地名机构缺乏监管手段，对这些地名的命名源头无法干预，往往只能被动地认可既成事实，有时甚至要等到社会上传得沸沸扬扬了，地名机构才知道有该地名。缺乏地名信息获取手段对地名管理工作造成的困境已经十分明显。建立地信息登记、发布制度，使地名机构有条件从源头上扼制不法地名的出现，向社会公布标准地名。这是强化地名管理、推进地名标准化进程的有效手段。

四、在我国要建立地名信息登记、发布制度需要解决的几个问题

目前在我国要建立地名信息登记、发布制度需要做大量工作，会涉及诸多方面，其中立法、建制和强化监管是最重要的工作。

1. 寻求法理根据

目前，我国地名工作的主要法规依据仍是1986年国务院颁布的《地名管理条例》。限于当时的历史条件，该条例规定要申报地名机构审批的地名主要是行政区划、重要自然地理实体、居民地和城镇街道名称，并且这些地名的审批工作“可以交地名机构或管理地名工作的单位承办，也可以交其他部门承办”。如何对其他类型的地名进行管理没有明确规定。对于地名发布的问题，该条例规定“经各级人民政府批准和审定的地名，由地名机构负责汇集出版”。但由于大量地名的命名、更

名并非由地名机构批准和审定，因此地名机构能够汇集出版的地名也就很有限了。另外，汇集出版地名图书的办法适用于地名变化较为缓慢的时期，在目前这个信息传递速度极快的新时代，仅靠出版图书显然无法满足社会对地名信息的强烈需求。因此，要建立地名信息登记、发布制度，就要对《地名管理条例》进行修改，或找到其他法理依据，使地名工作跟上时代发展的步伐，反映出信息社会条件下对地名这种重要信息资源所应采用的管理方式。

2. 建立信息化工作模式

要建立地名信息登记、发布制度，地名工作者必须转变工作方式，研究地名信息产生、处理、传播的规律，积极采用新技术、新方法，建立信息化工作模式。例如：信息的一个重要特点是共享性，即掌握一条信息的人越多，信息的价值越大。根据这一规律，地名信息应尽可能提供给社会更多的人使用，而不是作为地名档案或内部资料锁在文件柜里，地名信息应作为政府公益性信息进行公布，地名机构在这方面不可追求任何经济利益。地名机构还要将地名登记与地名审批区分开来，不要追求过多的审批权，而要以适当措施鼓励人们进行地名登记，使更多的人自觉自愿进行地名登记，增加地名工作过程中的“和谐”成分。

3. 加强监管，确保地名信息资源的安全和有效开发

在建立地名信息登记、发布制度的过程中，还要注意加强地名信息监管，限制其他行业或个人大规模采集地名信息的行为，以确保地名信息的安全性。对于专业部门由于工作需要获取更多地名信息的要求，应尽量由地名机构开展地名调查，为这些部门采集地名信息，或要求这些部门按照地名机构的规范开展地名调查，采集来的地名信息报地名机构备案，成果共享。这样，一方面最大限度地发挥了地名机构开展地名调查的专业特长，另一方面也最大限度地保证了地名信息共享，减少重复调查带来的浪费。为有效利用地名信息资源，地名机构既要无偿向社会提供常用的、公益性的地名信息，也要鼓励地名机构与其他行业合作，并将合作成果提供社会共享，最大限度地发挥地名信息资源的作用。

可见，建立地名信息制度、发布制度，有强烈的社会需求，有充分的科学合理性，有足够的现实可操作性，应当作为地名工作的一项重要任务尽快推进，为中国的信息社会建设事业和地名标准化事业作出更大贡献。

参考文献：

[1] 中国地理信息系统协会等编. 我国地理信息系统技术及其产业现状报告[R]. 2003.

[2] 吕贤如，陆彩荣. 国土首次高精确数字化带来什么[N]. 北京：光明日报出版社，2006.

[3] 胡怡琳. Uumap电子地图 中英文同步切换导航地图[Z]. 北京：经济观察报出版社，2006.

我国地名管理工作面临的问题与挑战
——写在《地名管理条例》修订之际

刘太刚　刘开君

摘 要　地名管理始终是治国理政的重要基础，在公共管理中具有重要的价值导向功能。《地名管理条例》颁布30多年来，我国经济发展、社会结构、利益格局和思想观念均发生了深刻变化，给地名管理工作带来了新的问题与挑战。主要表现在八个方面：地名承载的不同价值与管理要求之间的矛盾；经济社会大发展大变革对地名管理的挑战；地名管理国际化带来的挑战；市场化对地名管理带来的挑战；信息化对地名管理带来的挑战；公民权利意识增强的挑战；法规制度繁杂化与地名管理法规滞后的矛盾；人文修养对地名命名与更名行为的挑战。为应对这些问题与挑战，急需对《地名管理条例》进行修订，并对现在矛盾与挑战给予重点回应。

关键词　地名管理；《地名管理条例》；修订；矛盾；挑战

自古以来，以地名管理为代表的正名行为就是治国理政的重要内容。历朝历代天下初定之时，均要命名国都、确定国名，可见地名管理在公共管理中具有重要的价值导向功能。新中国成立后，发布了一系列关于行政区划与地名管理的政策文件。1986年国务院颁布了《地名管理条例》，对我国地名管理工作予以原则性规定。经国务院同意，1996年国家民政部根据经济社会形势发展要求发布了《地名管理条例实施细则》，对我国地名管理工作作出了更加详细的规定与补充。此后，虽然针对地名管理实践，国家民政部曾经多次针对专项工作发文规定，但是始终未从法律法规的层面进行进一步的规制。30年来，我国正处于“千年未有之大变局”的高速发展时期，经济发展、社会结构、利益格局、思想观念均发生了深刻的调整与变革，给地名管理工作带来了新的问题与挑战，现有的地名管理法规与规章已经完全不能适应经济社会发展形势的需要，因此修订《地名管理条例》已经迫在眉睫。近十年来，尽管国家民政部曾经多次启动《地名管理条例》的修订工作，但是每次条例修订工作均由于某些原因而被迫中止。最近，欣闻国家民政部再次启动了《地名管理条例》的修订工作，故将相关思考撰写成文，对我国地名管理工作面临的问题与挑战分别予以考察，权当抛砖引玉，以期对条例的修订工作起到些许的镜鉴作用。

一、地名承载的不同价值与管理要求之间的矛盾

地名学是关于地名现象命名的知识领域。地名管理学关涉的则是如何管理或规制地理现象的命名行为，包括命名、更名、废名所应遵守的强制性规则，重点关注的是地理现象命名的法度，是地名学与管理学的交叉学科。从公共管理实践考察，地名同时具有便民价值、政治价值、管理价值、文化价值、资源价值等多重价值，而不同价值对地名管理实践又提出了不同的管理要求。例如，地名的便民价值要求地名管理规范化、标准化、系列化；地名的政治价值衍生出了强烈的政治表达功能，在国内政治方面主要表现为愿景表达、避讳以及倡导主流价值观等内容，在国际政治中则通过赋予同一地理实体不同的地名来表达政治主张和利益诉求；地名的管理价值要求地名管理的内涵与外延进行精细化分类，以确定管理的对象和地名所指涉地理实体的空间边界；地名的文化价值则要求保护地名文化遗产，推动地名文化建设；地名的资源价值支持地名管理的商业化行为，即地名的命名权和更名权可以通过市场予以交换。然而，随着经济社会的发展，在管理实践中这些价值及其衍生出的管理原则之间往往会产生矛盾。例如，地名管理的规范化、标准化、国际化与保护地名文化、文化传承与商业化、便民价值与政治正确等不同价值、不同管理要求之间的冲突与张力均呈现出日渐严重的趋势。如何平衡这些矛盾与张力，是地名立法与地名管理实践必须直面的现实。

二、经济社会大发展大变革对地名管理的挑战

改革开放四十年来，中国高速发展的过程，实际就是在短短几十年时间走完西方发达国家曾经用了几百年时间才走完的工业化和城镇化进程，因此现阶段包括我国地名管理工作在内的各行业治理必然面临比西方发达国家更多的问题、更严峻的挑战。这要求地名管理工作必须适应工业化和城镇化的价值导向与管理要求。首先，伴随工业化和城镇化的快速推进，政区变更日渐频繁，村级行政区划变更几乎随时都在发生，城市快速扩张导致“城市烧饼”越摊越大，大量新建城区命名、村落被裁撤或者合并后的命名或更名需求急剧增长，同时也带来公共管理中名实不符的情况急剧增长，因此地名管理部门的工作量必然呈现逐渐增加的趋势。其次，工业化和城镇化的过程导致人口大规模流动，致使地名在日常生活中的方位指引、信息传递、交流互动的价值功能比以往任何时代都更加突显，推动地名管理工作从单纯的管理走向管理与服务并重的演进轨道。这是工业化、城镇化背景下地名管理的必然要求，大大增加了地名管理工作的难度。再次，工业化和城镇化进程带来人类探知和管理未知地域的能力极大地增长，这同时也带来了地名管理工作触角的极大延伸，如地名地址管理、地名文化遗产保护、地名公共服务等新领域往往对地名管理工作提出了更高要求，增加地名管理的难度。这些因素必然会导致地名管理任务剧增与地名管理工作力量不足之间的矛盾。因此，新的《地名管理条例》非常有必要对加强各级地名管理队伍建设提出原则性要求。

三、地名管理国际化带来的挑战

国际化影响已经扩展到公共管理和社会生活的方方面面。国际化是一把双刃剑，在为地名管理工作带来机遇的同时也带来了挑战。就机遇而言，世界各国在地名管理领域树立了不少管理标杆，积累了不少可资借鉴的经验，我国可以借助国际化进程学习世界各国的有效经验，从而缩短“摸着石头过河”的时间，避免不必要的失误。与此同时，国际化也意味着新的问题、新的挑战。就价值取向而言，当前国际化体现的主要是以美国、英国为首的西方发达国家所倡导的价值偏好，与中华

传统文化的价值取向之间的冲突在一定范围一定时期内必然无法根除。西方理念的传播导致地名命名中的崇洋媚外现象屡禁不止，这对以民族为基础的主权国家范围内的地名文化遗产保护与价值传承构成了严重威胁。同时，国际地名管理的标准化要求与各国的政治正确之间不可避免地存在不协调、不一致之处，增加了地名管理工作的难度。此外，随着国际化程度的不断提升，各国对有限资源与未来生存空间的争夺必然更加明显，各国对全球未开发地区与领土争议地区的主权主张与利益声索必然更加强烈，表现在地名管理工作上不同主权国家对同一争议地区各行其是的命名比比皆是，未来若干年各国对国际公共地域、公共空间以及公共水域命名权的争夺还将呈现愈演愈烈之势。如果不能在国际公共领域的探索中捷足先登，未来若干年必将影响对国际事务的话语权。

四、市场化对地名管理带来的冲击

从世界范围看，20世纪80年代兴起于西方的政府再造运动倡导在公共管理中引入市场机制，以应对管理危机，这种新公共管理的范式至今仍未被世界各国所认同。从中国发展实践看，中国改革开放成功的关键也在于市场化，通过引进市场力量打破原有的制度藩篱，释放制度红利。十八届三中全会将“完善和发展中国特色社会主义制度，推进国家治理体系和治理能力现代化”[①]确定为全面深化改革的总目标，提出“紧紧围绕使市场在资源配置中起决定性作用深化经济体制改革”[②]，加快完善市场体系。事实上，市场化也因此而被各行各业视为改革成败的关键变量。近年来，各地就地名管理的市场化、商业化开展了一些探索，并取得了客观经济效益，有一些人据此认为地名管理市场化、商业化不仅是可行的，而且是必须的。但进一步分析发现，一些地方曾经基于打破地名管理缺乏固定经费保障的困局，针对一种有价值的地名资源，开展管理行为市场化、商业化的探索也许是成功的，然而这种商业化命名、更名的行为必然极大地侵蚀地名多重价值属性中的便民

① 中共中央关于全面深化改革若干重大问题的决定. 北京：人民出版社，2013.

② 同①.

价值、文化价值、政治正确等价值实现的空间。2012年第十届联合国地名标准化大会通过决议，建议世界各国制定地名标准，禁止以商业为目的的地名命名以及涉及地名商业化的各种做法；同时，早在2002年第八届联合国地名标准化大会就将地名确定为文化遗产[①]，建议世界各国将地名作为国家历史和文化遗产的一部分予以保护。事实上，地名作为地理实体与民族特性相融合的一种文化符号，在传承民族文化中具有独特禀赋和先天优势，地名的义、音、形、语等要素是承载传统文化的重要载体。“我国现存的千年以上的古县就有700多处、千年古镇1000余处、千年古城（都）500余处、古村落20万余处……这些古老地名，记录了中华民族的历史沿革，记录了灾害、战争和疾病的磨难，记录了自然环境的变迁，记录了华夏祖先创造的文明成果，也记录了中华民族伟大复兴的进程，它们是中华民族五千年文明史的见证，是中华优秀传统文化的化石。”[②]由此可见，市场化与地名文化遗产保护之间的矛盾短期内难以调和。如何拿捏平衡，在法规修订过程中必须予以重点考虑。

五、信息化对地名管理带来的挑战

人们曾经用后工业社会来描述工业化之后的社会形态。经过几十年的探索，世界各国逐渐认识到，原来所谓的后工业社会就是信息化社会。信息社会以信息科技的发展和应用为核心，“通过信息的创新、共享、传播和创造性使用，大幅度地提高知识生产率和生产力水平”[③]，以脑力劳动者、智能工具和数字化信息为生产力构成要素，从而区别于其他形态的社会。信息化社会的基本特征就是瞬息万变，人类面临高度的复杂性和不确定性。在信息化条件下，新地名的出现、老地名的消失时刻都在发生，增加了地名管理工作的难度，依托信息平台对地名进行动态管理成为必然趋势。电子检索、网络搜索、大数据应用等新技术的应用与扩散，要求地名

---

① 周定国. 谈世界地名的单一罗马化. 中国翻译，1989（6）.

② 李炳尧，刘保全. 地名管理学概论. 北京：中国社会出版社，2008：139.

③ 孙伟平. 信息社会及其基本特征. 哲学动态，2010（9）.

主管部门必须及时发布、动态更新标准地名。这种动态管理的常态化要求地名管理必须加快推进信息化、数字化进程，必须提升地名地址管理的精细化程度；同时，虚拟地名（IP地址）的管理已经成为绕不开的“火焰山”，地名主管部门必须借鉴国际经验，切实承担起虚拟地名管理的重任。这种动态的管理要求与不断扩展的管理内容还对当前的地名管理体制机制、人员配置与工作能力、经费保障等提出了挑战。地名主管部门必须积极适应新技术发展的要求，主动采用新技术服务地名管理工作，加快推进地名管理数字化、信息化，否则必将遭遇出局危机。更重要的是，我国在工业化中后期赶上全球信息化浪潮，三化重叠加剧了新问题新挑战的严重程度。此外，随着地名管理信息化的推进，地名信息的安全问题也变得越来越突出。因此，如何利用好新技术之利器需要反复考量。

六、公民权利意识增强的挑战

近代社会就是一个公民权利意识不断觉醒的社会阶段。在全球化条件下信息流动加快，世界各国在政治、经济、文化之间的交往交流越来越密切，自由、平等、公正等各种社会制度普遍追求的人类基本价值广泛传播。换言之，正是由于公民权利意识的觉醒，广泛释放了公民个体的创造性，从而推动社会不断地发展进步。与此同时，公民权利意识的觉醒也给社会管理提出了要求：管理理念上从权力本位向权利本位转变，管理主体上从一元向多元转变，管理方式上从管控向服务转变，管理目标上从追求稳定向追求稳定与激发活力并重转变[①]。改革开放以来，我国公民逐渐实现了从“单位人”向市场人、社会人的转变，伴随而来的是公民的自由自主意识、法律意识不断增强，公民的维权意识也逐渐增强。在地名的命名、更名管理实践中，地名主管部门必须更加重视公民的知情权、参与权、表达权与监督权。这种权利意识不仅表现为公民个人，也表现在企业、其他组织之间的权利冲突以及不同行政区域、党政部门之间的权力（权利）冲突。近年来，以发现人姓名命名自然地理实体、以产权所有人（组织）的名称命名人文地理实体的现象已经非常普遍，

---

① 曾秀兰. 公民权利意识觉醒下社会管理之应变. 广东社会科学，2013（2）.

此外地名命名中的“大、洋、怪、重”等不良现象大量滋生，这直接导致公民权利张扬与社会主流价值之间的矛盾冲突。更有甚者，近年来各地争夺名人故里、历史典故发生地等具有历史文化意义或商业价值地名的事件频频发生，甚至西门庆故里也成为争夺对象，不断刺疼公众敏感的神经，给地名管理工作带来了严峻挑战。可见，公民权利意识的觉醒与地名管理中的政治价值、文化价值之间的矛盾已经无法避免。体现在管理实践中，就是必须通过平衡公民参与和专家意见、政府行为来化解管理实践中遇到的矛盾。

七、法规制度繁杂化与地名管理法规滞后的矛盾

法律是治国之重器，法治是国家治理体系和治理能力的重要依托。新中国成立以来，以宪法、法律、行政法规、地方性法规和政府规章为基本内容的法律体系不断完善，基本建立了中国特色社会主义法律制度体系。十八届四中全会对依法治国进行全面部署，强调落实依法治国基本方略，加快建设社会社会主义法治国家。可以预见，随着中国特色社会主义法律体系的不断完善，法律法规规章的数量必将进一步增多。因此，横向层面上不同部门法之间的冲突、纵向层面上不同层级法律法规规章之间的冲突不仅客观存在，而且也将呈现日渐增多之势，甚至同一个管理部门制定的不同法律法规和政策之间的矛盾条款也无法避免。尽管《中华人民共和国立法法》对宪法、法律、行政法规、地方性法规以及政府规章之间的效力等级与冲突解决有原则性规定，然而法规制度的繁杂化引起的冲突事实上必然给地名管理工作带来了诸多不便。同时，法律法规一般是依据已经存在的社会行为而制定的，存在一定的滞后性。具体就地名管理而言，目前全国人大及其常委会尚未就地名管理制定专门的法律，《地名管理条例》制定于20世纪八十年代，是地名管理委员会体制下的制度产物，严重滞后于地名管理实践要求，多年来民政部门作为全国地名主管机关事实上并未能实现统一管理，我国地名管理已经形成了条块分割、“九龙治水”的管理体制，既有悖于地名管理规范化、标准化的国际趋势，又造成地名管理中各自为政、诿责揽权的困局。此外，多年来在上位法不完善的情况下各地制定了数量庞大的地方行政法规与政府规章，各地管理体制上下不统一、地方差异巨大，

进一步加剧了地名管理中的混乱。尤其值得一提的是，由于地名管理部门没有执法权，难以对地名命名实践中存在的“大、洋、怪、重”乱象进行有力的整改与纠正。如何应对来自法律法规的挑战，在条例修订工作中应予以特别考虑。

八、人文修养对地名命名与更名行为的挑战

“人文精神是一种关注人类命运与人生真谛的理性思维，其核心是以人为本，包括对人的价值、尊严的关怀，对生命意义的思考……对全面发展理想人格的塑造，对宽容平和的肯定，以及宣扬个性解放，维护人道主义等”[①]，人文精神事实上是公共管理不可或缺的元素。人文修养给地名管理工作带来的挑战主要体现在两个方面。一是各级领导的人文休养水平和个人偏好差异对地名管理的影响。在中国单一制的国家体制之下，各级领导人对其所管辖地域内重要人文和自然实体的命名有重要影响。虽然近年来社会整体的文化遗产保护意识逐渐增强，但是在各地经济快速发展的同时，包括地名遗产在内的文化遗产的保护依然面连严峻形势，在一些领导重视不够的地区尤其遭受到毁灭性破坏。同时，一些地方主要领导的主观偏好直接决定了地标性地理实体的命名与更名行为。二是民众普遍的人文素养与地名规范意识不平衡的挑战。地名文化是一种大众文化，探本求源，地名命名中的“大、洋、怪、重”乱象是某些商业精英迎合民众心理偏好的一种外在表现形式，事实上反映了特定时期特定地域民众的整体人文修养和社会心理状态。观察表明，在地名命名、标准化地名推广与使用、地名文化遗产保护等方面，社会心理认知与民众的规范化意识普遍不高，不少人对地名管理的重要性认识不够，对地名管理法规与标准化的要求知之甚少。因此，加强地名文化宣传与相关法规知识的传播是当前阶段地名管理工作的重要内容。

---

① 熊苏春，查昆岩，谈慧娟. 人文精神：领导干部不可或缺. 求实，2013（12）.

参考文献：

[1][2] 中共中央关于全面深化改革若干重大问题的决定. 北京：人民出版社，2013.

[3] 周定国. 谈世界地名的单一罗马化. 中国翻译，1989（6）.

[4] 李炳尧，刘保全. 地名管理学概论. 北京：中国社会出版社，2008：139.

[5] 孙伟平. 信息社会及其基本特征. 哲学动态，2010（9）.

[6] 曾秀兰. 公民权利意识觉醒下社会管理之应变. 广东社会科学，2013（2）.

[7] 熊苏春，查昆岩，谈慧娟. 人文精神：领导干部不可或缺. 求实，2013（12）.

试谈地名规划应处理好的几种关系

张清华

摘　要　地名规划中，规划理念的形成是历史文化、城市规划、地理要素以及语言、民俗等其他因素构成的“四极”之间相互矛盾、平衡的结果，不能单纯、片面的反映某一“极”。“四极”之间矛盾不断变换、平衡演化出种种对立或相互依存的关系。地名规划应该处理好这些对立和相互依存，实现规划内部要素之间、规划与外部环境之间的和谐，达到规划目标。本文从地名规划的全局出发，探讨了应该从宏观上处理好的七种关系。

关键词　地名规划；城市规划；文化；和谐；关系

地名规划（Toponym Planning）概念的明确提出，以及规划实践的发展得益于20世纪90年代以来的大规模城市建设。伴随城市发展，新城区中的新地名不断涌现，给命名、更名等地名管理提出了新的挑战。1993年，为适应浦东建设的需要，上海市地名办组织专家拟定了《浦东新区交通地名规划》，对56条道路进行了命名。《规划》是新中国成立以来第一个比较完整、系统的地名规划，它保留了浦东原有较好的地名，反映了新区的地理特征，实现了一定的创新。此后地名规划在其他地方陆续出现。

地名规划的开展，逐步改变了以往地名“出现一个、命名一个、管理一个”的滞后、不系统的被动工作模式，增强了地名命名、更名工作的科学性和规范性，地名工作和城市规划、城市建设的关系也越来越密切。过去十余年，地名领域的专家、学者和实际工作者进行了积极地探索并积累了一些经验。2005年，民政部和建设部联合下发文件，要求在全国开展地名规划。虽然地名规划在全国展开，但人们对地名规划的定义仍缺乏共识。目前，能被多数人接受的观点是，地名规划作为地名研究服务实践的具体形式，是根据城市规划和建设的需要，预先进行的地名标准化和地名体系科学化的总体设计。它通过制定各种规范和地名命名与更名，来增强区域地名纵向的层次化和横向的序列化。地名规划的目标：一是强化地名的指位功能，方便管理和使用；二是丰富区域地名文化的内涵，使其成为地域文化的有机组成部分。地名规划的内容主要包含两个方面：一是较为宏观的、常规管理层面上的规范制定；二是微观的、具体层面上的命名与更名。

综合来看，一个地名规划理念的形成是历史文化、城市规划、地理要素以及语言、民俗等其他因素构成的“四极”之间相互矛盾、平衡的结果，不能单纯、片面的反映某一“极”。“四极”之间矛盾不断变换、平衡演化出种种对立或相互依存的关系。一个成功的地名规划应该立足城市规划，突出地域特色，处理好这些对立和依存，实现规划内部要素之间、规划和外部环境之间的和谐。地域特色可以是历史的，也可以是文化的，也可以是自然地理、人文地理的，或是其他的。

笔者借助在实际工作中积累的点滴经验，试谈地名规划中应该处理好的几种关系，就教于方家，以期对实践有所裨益。

一、地名规划与城市规划

城市规划可以分为总体规划和专项规划。总体规划是指综合性的城市规划，是确定一个城市的性质、规模、发展方向以及制订城市中各类建设的总体布局的全面环境安排的城市规划。总体规划选定规划定额指标，制定远、近期目标及其实施步骤和措施等工作。城市专项规划是城市总体规划的重要组成部分，城市总体规划编制中应纳入专项规划的内容。总体规划是进行城市建设的纲领性文件，对专项规划起到指导作用。

目前，交通、地下空间等专项规划，都是把“物质存在”作为规划对象。为表述方便，姑且把这类规划称为“物质性规划”。从科学发展观的角度来看，城市的和谐发展，仅仅依靠这些“物质性规划”是不够的，还需要其他规划来补充。地名是城市的定位符号系统，是城市交通环境和城市空间不可缺少的组成部分。地名规划应该作为城市规划的一个专项规划，和其他的专项规划一起对总体规划进行补充和阐释。城市规划和地名规划是包含与被包含的关系。地名规划的制定应该紧密联系城市总体规划，并体现城市总体规划的思想，依据城市规划科学地划分各类地名，进行合理的层次设计和序列编排。同时地名规划与绿化规划、交通规划、文物保护规划等其他相关专项规划紧密配合，强化地名规划的区域特指性的同时丰富地名文化内涵。

地名规划是整个城市建设和发展的一部分，是对一定时期内城市规划、建设所涉及的各类地理实体名称的总体筹划和设计，是地名管理与服务的重要环节，应该与城市规划同步设计、同步实施、同步修改和完善。城市规划是地名规划的基础，二者的关系是“皮”与“毛”的关系。“皮之不存，毛将焉附”，同时缺少地名规划的城市规划也是不完善的，地名规划是对其他物质性城市规划的补充。只有结合城市规划进行科学的地名规划，才能建立完善的城市地名体系。在地名规划过程中要处理好地名规划与城市总体规划、城市专项规划的关系，不能使地名规划游离于城市规划之外。

二、总体规划、分区规划与详细规划

地名规划可以分为总体规划、分区规划和详细规划三个层次。

地名总体规划是对规划区域的地名进行宏观设计，承担着对区域地名宏观架构的作用。主要工作是确定规划的主要指标，完成地名调查分析，确定地名规划原则（包括命名原则和调整原则），设计主要的控制性地名。在总体规划中要在宏观的角度上做出一些规定。如对通名进行规范：对体系上欠缺的通名，补充完整；对词语结构过长的地名进行简化；对通名与地理实体不符的进行调整；对新出现的通名进行分类。

分区规划主要作用是对总的规划区域依据城市规划，结合历史、地理等因素进行二级甚至更低层次的区域划分。然后界定各次级区域地名系统的布局特点以及采词原则，为下阶段的规划工作提供词汇储备。

地名详细规划是依据技术规范进行的命名操作。它以总体规划为依据，具体设计单体的地名，保证总体规划的意图得到贯彻。详细规划中最主要的工作有两项，一是具体采词，一是确定原有地名的存废。

上述三种规划是递进关系，也是一个典型的、完整的工作过程。工作中应该根据实际情况来决定以上三种规划是单独编制，还是综合编制。在建设成熟的城区，地名工作以常规管理为主，那么应该考虑总体规划占较大比重，重点解决好区域地名管理和服务工作的宏观政策与规范问题，以及为以后可能会产生的地名确定采词原则；在新建城区，地名的命名是工作重点，那么详细规划应该占较大比重，重点解决具体的命名问题。

三、“为”与“不为”

地名是随着历史的进步而不断产生、发展的。因此地名的更替必然是城市发展的结果，地名的变化是城市发展节奏的参照。地名受到城市建设等多方面因素的影响，处在不断变化之中，地名规划也是一个不断完善的过程。一个区域地名系统的形成与完善是一个长期的过程，一个地名规划难以十分完全而恰当地将某一区域的地名同时全盘托出。

地名规划是地名理论的具体运用。编制地名规划，应该尊重地名产生和发展的规律，准确把握地名体系的运动趋势，参照城市规划将区域地名进行分期规划，把握规划的层次和深度，解决好地名规划与城市规划同步的问题，正确处理地名规划的“为”与“不为”。以新建城区的地名规划为例，应该首先对区域内影响较大的地名进行规划，形成地名群的骨架结构，进而对层次较低的地名进行规划。城市主干道、主要的地理实体的命名应该同城市总体规划同步，主干道以外的道路和次要的地理实体可以同城市详细规划同步。这是地名规划中的“为”。对地名体系最末端的地名，变动因素还比较多，可以先不确定具体专名，而是依照地名规划的总体思想确定地名采词原则，为以后地名命名提供依据，这是地名规划中的“不为”。

“为”与“不为”关系的实质是地名规划编制的深度问题。两者之间是动态的，不是一成不变的，随着规划的深入和城市的发展，存在一个由“不为”到

“为”的过程。在不同的规划中，由于限制性因素不同，规划的深度也就不同。不能盲目地求细、求全，否则制定的规划极有可能脱离实际，不实用，造成资源浪费，给地名工作和城市建设带来被动。

四、专家与民众

地名学（Toponymy）是一门多学科交叉的社会科学，它涉及历史、地理、语言、民俗、宗教等众多领域，有自身矛盾的特殊性。做好地名规划必须有具备业务知识的专业人员参与，这样有利于从宏观上把握规划的主题和规划原则。专家不但在专业上有所区别，在层次上也应该有所不同，并有意识的保证当地专家的数量。这样有利于发挥当地专家的地方感优势，确保规划具有地域特色。

有了多学科的专家队伍，并不一定能做好地名规划。地名学同时是一门大众科学，地名的最终使用者是民众，民众的风俗习惯等因素影响着地名。可以说，民众的使用选择是地名的“天然过滤器”，适合民众习惯和需要的地名才能得以传递下去。在规划过程中应正确处理专家和民众的关系，相信民众，发挥民众的积极性，鼓励民众积极参加到规划工作中来。在确定地名规划的主题思想和原则后，广泛征求民众的意见，保证地名规划的群众基础。形成以专家为主导、以民众为基础的，优势互补的规划团队。专家和民众的结合有利于实现地名普遍理论和区域特殊实际相结合，确保最终的地名规划是符合当地实际、能经受民众考验的，而不是孤立、教条的，甚至是千篇一面的。

五、地名群体与个体

地名规划的一个重要目标就是地名群体的序列化与个体的美化。

一方面，城市地名尽量反映城市特色，做到音、形、义的美化。地名系统力争反映名举之地的自然景观、历史文化、地理要素以及民俗等特征，富有时代气息，增强城市的文化内涵，为群众所接受。另一方面，城市各层次、各类别的个体地名，应该尽量进行有规律的组合，达到地名群体的有序化，方便使用。

地名规划的规划理念是由区域地名群来体现的。每一条地名可能只体现规划理念的一部分，不能苛求每一个地名都能反映规划理念的全部。在某一个小的区域内可能会出现一些已经约定俗成的地名，这些地名在采词上与周边地名的采词不协调。对于这种情况，应该尊重历史，尽量减少变动，以防带来不便。地名规划不是推倒一切，全部重来。原有地名是历史的痕迹、“人类进步的图章”，地名规划不应该轻易对其全部否定，而应该根据规划理念进行适当调整，尽量保留。正如《荀子·正名》所云：“名无固宜，约之以命，约定俗称谓之宜，异于约则谓之不宜。”对这类地名进行更名，不但造成文化丢失，而且在一定时期内，新旧地名并存，容易形成地名“约定者”和地名“使用者”之间的分歧，造成地名的混乱。对这类地名的保留也是落实科学发展观，尊重文化多样性的客观要求。

六、文化与实用

地名是地理实体在地表分布指称符号，是语言中专有名词的一部分，这是地名的表层结构；地名可以反映某一时期的政治、经济、文化等社会状况，这是地名的深层结构。很多时候，地名的两层结构表现为地名的首要功能和文化功能。

什么是地名的首要功能？地名的首要功能应该是它的指位功能。《说文解字》云“地名者，从地也，万物所陈列者。”地名是人们经常使用的符号和信息载体，它最初的功能在于区别甲地和乙地。所以在地名规划中首先考虑的应该是地名指位准确和普通民众日常使用方便，这是发挥地名表层结构主要功能必然要求。当然，地名网络作为是城市环境的基本要素之一，不仅是人们对城市空间的认知、定位，而且是城市空间的重要组成部分。地名将其所具有的文化内涵和人文精神附着到城市空间上，使城市变得生动、亲切，充满浓郁的生活气息。这是地名深层结构的功能。

地名规划要处理好文化与实用的关系，做到尊重历史、体现文化与实用相结合。既要通过采词丰富地名的文化内涵，又要避免用毫无联系的历史词语填充地名的倾向。规划中，一些地名的采词突出了城市文化的内涵，达到了审美的要求，起到了思想传播和文化显示的功能，但指位功能相对较弱。一般性的地名缺乏参照物，它的指向功能减弱，可以适当选用标志性景观来派生地名。城市的一些建筑、景点是标志性景观，借用这些标志性景观派生地名，通过发挥地名的联想效应，可以起到很好的指位作用。规划使地名成为区域景观的一部分，做到未到其地，先闻其名。当然，我们也不能片面夸大地名的指位功能，完全依据地名来判断地理方位，毕竟追求地名的指位性是一个无限趋近的过程。

七、地名规划与地名信息化

进行地名信息化、建设地名信息系统是地名工作在信息时代的重要任务，也是一项复杂的基础工程。地名规划与地名信息化同是地名管理和服务工作的重要组成部分，它们的关系是相辅相成的。

地名规划对整个区域的地名理清头绪，做出规定，是地名管理和地名服务首要的工作，为地名信息化打好基础。地名信息化既是地名规划的手段也是地名规划的后续工作。在地名规划过程中，利用地名信息系统来辅助做好地名规划，提高工作效率。比如使用地名主管部门指定或推荐的软件和数据格式进行数据的采集和处理，防止地名规划中容易出现的重名等问题。不能认为地名信息化仅仅是地名规划的后续工作，把地名规划和地名信息系统建设截然分开。地名规划应以地名信息系统为依托，发挥信息化优势，摸清区域地名的现状，为地名规划建立标准的地名档案，在此基础上建立标准地名数据库，为以后的更高层次的地名信息化工作提供很好的平台。

参考文献：

[1] 李德华. 城市规划原理 [M]. 北京：中国建筑工业出版社，2001.
[2] 谢前明. 地名规划原理 [M]. 长沙：湖南地图出版社，2003.
[3] 牛汝辰. 地名命名理论及其应用研究 [M]. 北京：文津出版社，1998.
[4] 尹钧科. 浅谈区域地名研究 [J]. 中国历史地理论丛，2003，（18）3：68—72.

[5] 朱昌春. 地名管理必须贯彻可持续发展原则 [J]. 中国测绘，2000，6：47—49.
[6] 陈灿文. 地名规划 [J]. 中国地名，1997，2：6—7.
[7] 徐杜文. 现代城市地名命名的几条原则 [J]. 中国民政，1996，11：21.
[8] 周景华，黄志敏. 小议地名管理的规范化 [J]. 中国地名，1997，2：19.
[9] 徐平. 沿海城镇开发区地名管理探讨 [J]. 中国地名，1996，2：55—56.
[10] 刘秋君. 北京地名规划应遵循的原则 [J]. 中国地名，1997，5：10—11.
[11] 范肃宁. 北京和华盛顿：规划・地名・文化 [J]. 城市管理，2003，4：40—41.
[12] 盛爱萍. 从温州地名看浙南的道教文化 [J]. 浙江社会科学，2003，3：188—192.
[13] 刘连安. 地名信息系统标准化浅议（上）[J]. 中国地名，2000，1：13—14.
[14] 刘连安. 地名信息系统标准化浅议（下）[J]. 中国地名，2000，3：16—17.
[15] 牛汝辰. 地名与城市规划 [J]. 北京测绘，1996，2：34—36.
[16] 薛光. 论城镇地名规划 [J]. 城市研究，1998，2：18—21.
[17] 刘虹. 城镇地名规划初探 [J]. 北京规划建设，1996，2：52—54.
[18] 贺晓昶. 论地名疑难 [J]. 中国地名，1998，6：6.
[19] 李庚元. 地名的联想效应与指位功能 [J]. 中国地名，1998，6：11—12.
[20] 孙冬虎. 地名应用中的忌讳心理举隅 [J]. 中国地名，1998，1：7.

吴文化地名保护的探索与实践

莫俊洪

苏州是中国著名的历史文化古城，是吴文化的发源地、核心区。作为历史见证，从山川、河流、街巷、里弄，到桥梁、寺庙、衙府、书院，种种古老的地名，无不饱蘸着浓烈的吴文化气息，散发着独具魅力的吴人气质。

一、苏州地名是吴文化的重要载体

（一）苏州地名记录了吴地政权机构的历史演变

《史记·吴泰伯世家》："太伯之奔荆蛮，自号句吴。"约三千多年前，周太王的长子泰伯、次子仲雍为禅让王位而奔吴，在长江下游立国，自号"勾吴"，成为吴国之始。此后，"吴"字作为浓缩了的文化符号，产生了"吴都""吴中""吴门""东吴"等许多苏州别名，苏州也就成为吴文化最重要的核心地区。至隋开皇九年（589年），隋平陈，为示皇权，以城西南有姑苏山，改吴郡为苏州，苏州之名由此始。而在苏州古城内，古吴路、吴县直街、县前街、长洲路、元和路、道前街、府前街、卫前街、司前街等地名，深深刻下了历朝历代官署痕迹。

（二）苏州地名标记了吴地江南水乡的地理特征

苏州以江南水乡而闻名，苏州的地名自然就与水紧密相关，体现了典型的江南水乡地理特征。譬如，吴江市因吴淞江得名。太仓市的浏河镇、常熟市的尚湖镇、相城区的阳澄湖镇、昆山市的淀山湖镇、吴中区的越溪街道、木渎镇等皆以水名；

水乡桥多，因此，吴中区的长桥街道，相城区的黄桥街道、北桥街道、太平街道，古城区内的爱河桥路、枫桥路、悬桥巷、带城桥路等153条街巷，均得名于桥。苏州历史上一直是水陆交通要津，所以有些以码头得名的地名保留至今，如阊门地区的盛泽码头、丹阳码头、南码头、北码头、万人（犯人）码头等。

（三）苏州地名凸显了吴地鱼米之乡的经济特色

“苏湖熟，天下足”，苏州自古就是“天下粮仓”。从苏州的“苏”字，繁体字写作“蘇”，就可以反映出吴地文化农耕牧渔的生产状况。常熟市，就是因年年丰收而得名。太仓市素有“锦绣江南金太仓”的美誉。早在2400多年前，吴王和春申君就在此设立粮仓。古城内的仓米巷、仓街、东美巷、西美巷，原为苏州府仓、县仓和主要米市所在地。晋大司马东曹掾、吴人张翰（字季鹰），因见秋风起而引发“莼鲈之思”，流传千古，余绪不绝。从此，“鲈乡”便成了吴江的美称。此外，苏州地名中还有很多以坝、闸、圩、埭、墩等水利工程为名的地名。

（四）苏州地名表达了吴人崇文尚武的价值取向

古时吴人尚武，民风强悍。春秋时著名的三大刺客有两人出自吴地，他们是刺杀吴王僚的专诸和刺杀公子庆忌的要离。专诸巷由此而来。吴中区香山街道的教场山、蒋墩、孙武路、孙武子亭，都是为纪念孙武这位古代著名军事家、吴国将领。还有庆元坊、周武状元巷，皆为表彰、纪念南宋抗金将领、武状元周虎而名。而从苏州城内的书院巷、旧学前、新学前、三元坊、学士街、大儒巷、尚书里、文丞相弄、朱进士弄等等，可以看出吴地民风从“尚武”到“崇文”转变的轨迹。这些灿若群星的历史名人地名，成为极富地域特色的吴文化亮丽风景线。

（五）苏州地名沉淀了吴人和谐智慧的人格哲学

苏州得天独厚的自然环境、经济条件造就了吴人自信的心态、开放的胸怀，也养成了吴人和谐智慧的人格哲学，滤过历史，在地名里沉淀下来。位于阊胥路与盘胥路交接处的泰让桥，见证着吴人对于吴地祖先——泰伯这种和谐谦让人格的接纳和钦服。“拙政园”“退思园”“网师园”等园林的冠名，就体现了吴人沉着、智慧的生命哲学。而作为苏州古城的缔造者，伍子胥在苏州留下了诸多印迹，深得吴中先民的赞赏而代代流传，成为苏州人由古而今的精神源泉。古城胥门、胥江、胥口、胥湖、胥山，以及伍员路、伍子胥弄、伍相路、子胥路都因他得名。现在胥门外建有伍子胥纪念园，立有伍子胥石像和多块诗碑，作为纪念。

二、吴文化地名保护制度建设

苏州物华天宝、人杰地灵，漫步在乡村城镇，行走在大街小巷，可以深切地感受到这里历史的悠久、文化的深厚。从春秋到明清，从战争到传说，从雄奇到浪漫，时空交织，每一个地名都保有它原有的特质，反射出一段历史的光华。苏州的地名，是苏州历史的象征、文化的标志，从此走进去，就能找到吴地的历史、吴地的文化。可以这么说：走在苏州的街巷里，就是走在苏州的地名里；走在苏州的地名里，就是走在苏州的文化里。而保护、传承与发扬好这些吴文化地名，是我们的光荣使命。

（一）吴文化地名保护工作的法定化

2009年12月1日开始施行的《苏州市地名管理条例》第七条明确规定："苏州市实行吴文化地名保护名录制度，"从法律角度确立了地名主管部门对吴文化地名保护的责任和法定义务。第三十八条"吴文化地名，是指具有吴地区域特征和历史、人文价值的地名"，对吴文化地名有了一个基本的定义，这个定义，进一步拓宽了地名保护范围，而不仅仅局限于具有文化遗产意义的历史老地名，并提出了吴文化地名评定工作的制度化要求。同时，明确各级地方政府对吴文化地名保护工作的主要作用，即应当加强对吴文化地名保护工作的领导，鼓励和吸纳社会力量共同参与吴文化地名保护和研究，并在政策、经费等方面予以保障和支持。

（二）吴文化地名保护工作的制度化

2013年，制定《苏州市吴文化地名保护制度》，明确各级地名主管部门应当将吴文化地名保护列入市、县级市地名规划，与历史文化名城、名镇、名村保护规划相衔接的要求，并鼓励和吸纳社会力量共同参与，结合民政事业五年规划的实施，同步开展吴文化地名保护名录编制工作，采取分批实施的办法定期公布、及时增补吴文化地名保护名录。该制度的建立对于开展吴文化地名保护工作，保护、挖掘、研究、利用好吴文化地名，传承文脉、存史育人，弘扬吴地文化、建设先进文化，提升地名管理水平、彰显苏州城市特色具有十分重要的意义和作用。

（三）吴文化地名保护工作的规范化

根据《苏州市吴文化地名保护制度》要求，研究确定保护范围、评定标准和评定方式，编制吴文化地名保护名录，实现吴文化地名保护工作的规范化。

首先，确定保护范围。主要包括：

1. 自然地理实体地名，即山、河、湖、岛、泉等名称；

2. 行政区域地名，即市、县级市（区）、镇（街道）等行政区划名称，以及社区、村等区域名称；

3. 居民地地名，即住宅区、自然村落及地片、区片等名称；

4. 城镇道路地名，即路、街、巷、里、弄等名称；

5. 设施地名，即桥梁、涵洞、隧道、环岛、水库、堤坝，以及具有地名意义的台、站、港、场等名称；

6. 纪念地和旅游地地名，即文物古迹、纪念地、历史文化保护区、自然保护区、风景名胜区、园林、公园等名称；

7. 高层建筑物或者综合性大型建筑群地名，即大厦、商厦、广场、城、中心等名称。

首批吴文化地名保护名录以收录自然地理实体、行政区域、道路、纪念地和旅游地等四类地名为主。随后根据保护需要逐步扩大和增补。

其次，制定评定标准。根据《苏州市地名管理条例》第三十八条第五项确定的定义，吴文化地名是指具有吴地区域特征和历史、人文价值的地名。吴文化地名应符合如下标准：

1. 具有吴地区域地理特征、语言特征、物产特征、行政区划特征的地名。

（1）具有或体现吴地地理特征的地名。

苏州山温水软，自古号称水乡泽国。水多、河流多，故防水、治水的河堤也多。苏州地名中的“塘”及由此构成的“下塘”“上塘”“斜塘”“横塘”等地名，东山、金庭、三山等湖岛地名，均为体现吴地地理特征的地名。

（2）具有或体现吴地语言特征的地名。

吴方言中的苏州方言进入地名系统的情况，其地域特征的独特性，显而易见。如：平江区的“开甲巷”，吴中区的“钱甲里”“倪甲里”等。此处“甲”，实为吴语中“家”的普通话音译（“开甲巷”即为“开家巷”，“钱甲里”为“钱家里”等）。与此类同的还有“前十甲”（前十家）“后十甲”（后十家）“席家后底”（席家后面）等。

（3）具有或体现吴地物产特征的地名。

水乡泽国的苏州，盛产水稻及水生作物以及鱼虾等水产。后世所说的“水八仙”“太湖三白”之类以及碧螺春茶等，皆为苏州地域特有的物产。以这些物产入地名的情况，如：“菱塘浜”“菱湖嘴”“野菱浜”“螺丝墩”“螺丝浜”“田螺桥”“碧螺村”“碧螺春街”“茭白荡”“稻杆桥”等，均为具有或体现吴地物产特征的地名。

（4）具有或体现吴地行政区划特征的地名。

凡苏州市（含苏州下辖县、区）在历史上的正式地名经演变为苏州现有地名者，均为体现吴地历史价值的地名，如吴县、平江、元和、长洲等。历朝历代官署痕迹古吴路、吴县直街、县前街、长洲路、元和路、道前街、府前街、卫前街、司前街等地名。

2. 史志典章中有记载、表述的地名。

（1）正史（如二十五史）里记载且沿用（包括遗失）的地名。如《史记·伍子胥列传》记载的伍子胥死后归宿地的“胥山”（今作清明山），《史记·项羽本纪》记写的“吴中”等。

（2）重要地方古籍（如东汉时的《吴越春秋》《越绝书》等）记载的地名，或由此演变而来的地名。如因《吴越春秋》记载伍子胥“相土尝水、象天法地”造筑大城而取名的今“相城区”名等。

（3）苏州历代方志（包括县志、镇志等）记载且沿用（包括遗失）的地名（其中包括苏州宋代前的六十古坊）。

3. 能反映区域经济社会发展、历史文化变迁的地名。

（1）体现旧时苏州行业、集市有关的地名。如皮市街、吴趋坊、船坊苞等。

（2）与苏州丝织、手工业等有关的地名。如蚕丝弄、邵磨针巷、织里弄、篦箕街、皮匠巷、穿珠巷（后作专诸巷）等。

（3）与农副产品、养殖及其贸易有关的地名。如枣市街、养育（羊肉）巷、养蚕里；黄鹂坊桥（古黄牛坊桥）、长鱼池；猪行河头、猪行河头后街等。

（4）与百姓日常生活用品及贸易有关的地名。如皮市街、草鞋湾、宋仙洲（筅帚）巷等。

（5）与重要历史事件（含近现代重要历史事件）、历史轶事有关的地名。如春秋时导致吴亡的吴越笠泽之战，吴败而亡，今吴江有“笠泽路”等。

4. 具有一定历史文化底蕴和人文内涵的地名。

（1）以与吴地历史文化密切相关的历史人物的姓名（包括姓氏、小名、官职）等构成的地名。以人物姓名入地名者，如泰让桥（纪念泰伯禅让）、伍子胥弄、孙武路、干将路、莫邪路等；以人物官职、荣誉等命名的地名，如文丞相弄、麋都兵巷、吴殿直巷、乔司空巷、尚书里、朱进士巷、学士街等；以历史人物姓氏构成的地名如丁家巷（“丁”指宋宰相丁谓，为宋代第一个官至宰相的苏州人。丁家巷为丁谓旧居所在地）、包衙前、王衙弄、王衙河、文衙弄、韩衙庄、吴衙场等。

（2）体现与吴地有特色的文化品类等有关的地名。以相关园林、建筑（含寺观包括已湮灭者）入地名的，如留园路、北塔东弄、沧浪亭街、定慧寺巷、永定寺弄等；与相关园林、建筑（含寺观包括已湮灭者）有关，并以“前”为后缀以表方位的地名，如定慧寺前、宝林寺前、承天寺前、观前街、泰伯庙前、卫道观前等。

（3）体现中华传统文化德、仁、义、孝及忠厚、积善等美德的地名。如富仁坊、仁孝里（今作迎晓里）、敦仁里、仁寿里、承德里、怀厚里、孝义坊、永德里、德安里、积善里等。

（4）体现苏州文化“崇文”特点，以“儒”为后缀的地名。如潘儒巷、大儒巷等。

5. 民间广为流传、脍炙人口的地名。

（1）与古代神话、传说、民间故事有关的地名。来自神话的张果老弄、铁瓶弄、乘鱼桥北巷等；来自传说的天赐庄、五龙堂、剪金桥巷、锦帆路、张思良巷、八宝街、丽姬巷、石人弄、卧龙街（今人民路）、落瓜桥下塘、张香桥下塘、胡厢使巷等；来自民间故事的渡僧桥、钱万里桥、鸭蛋桥浜等。

（2）表达祈愿、吉祥的地名。如吉庆街、如意巷、长春弄、吉祥弄、长庆里、庆纯里、庆云弄、迎春里、新春巷、春随里等、吉庆弄、余庆里、荟春北街、荟春南街、德寿坊、寿星桥等。

凡符合上述条件之一、年代较久远的地名，都属于吴文化地名保护申报范围。

再次，规范评定方式。吴文化地名保护名录编制工作，按照《苏州市地名管理条例》第三十条“吴文化地名保护名录由市、县级市地名主管部门根据吴文化地名评定标准提出，同级地名委员会评审，经公示后由同级人民政府批准公布”的规定办理。市、县级市地名主管部门是保护名录的编制主体，名录的具体评定程序和方式如下：

1. 推荐。编制主体按照编制计划，可以委托专业社会机构，严格遵循吴文化地名评定标准，通过收集、整理、考证历史资料，采集、征集、推选出需要保护的吴文化地名，并按照一定比例，填写《苏州市吴文化地名保护名录入选推荐表》。

2. 初选。编制主体将填好的《苏州市吴文化地名保护名录入选推荐表》下发各区或各镇（街），由区或镇（街）民政部门牵头，组织当地相关部门、文史专家学者等对照吴文化地名评定标准进行初选，形成吴文化地名保护推荐名录。

3. 复核。编制主体将初选后的吴文化地名保护推荐名录提交本级地名委员会，由各级地名委员会组织地名专家进行复核。

4. 公示。编制主体将复核后的吴文化地名保护推荐名录在本级政府网站上公示，并在当地媒体上宣传报道，面向社会征求意见。

5. 审核。编制主体将公示后确认的吴文化地名保护推荐名录提交本级地名委员会全体成员单位审核。

6. 公布。编制主体将本级地名委员会全体成员单位审核通过的吴文化地名保护推荐名录，报本级人民政府批准、公布。

三、吴文化地名保护成果利用

编制吴文化地名保护名录，意在突出苏州地名的吴地文化特征，传承和发展吴地地名文化。因此，成果利用是吴文化地名保护工作的重要一环。

（一）形式多样的宣传

1. 编印图、录。根据公布的名录，及时组织编撰出版《苏州市吴文化地名保护名录》释文卷，编制《吴文化地名分布示意图》等。按照工作职责，《苏州市吴文化地名保护名录》释文卷分为市区卷、县级市卷，由市、县级市分卷出版，向社会公开发行。

2. 挂牌立碑。组织设置“苏州市吴文化地名保护名录”地名标志，采取挂牌立碑等方式加以保护和宣传。在《苏州市区第一批吴文化地名保护名录》中选取适宜标志设置的地名，通过实地踏勘确定标志设置的位置、形式和数量。首批标志设置166块，其中，自然地理实体地名3块，名村古村地名12条，道路、桥梁地名约141块，纪念地旅游地地名约10块。设置样式分为立碑式（180cm×120cm）、双立杆式（120cm×80cm）、附着式（60cm×40cm）三种，其中以附着式为主要形式。

（二）职责法定的保护

1. 纳入重大地名范畴。《苏州市地名管理条例》第十一条规定：经市政府批准公布的《苏州市吴文化地名保护名录》中的地名，均属于重大地名。重大地名的命名、更名，在命名、更名前，市、县级市地名主管部门应当予以公示，并组织论证或者听证。

2. 明确保护利用原则。《苏州市地名管理条例》第三十一条明确规定：吴文化地名保护应当坚持使用为主、注重传承的原则。吴文化地名保护名录中在用地名的更名应当严格控制；吴文化地名保护名录中不在使用的地名，应当按照地域就近原则优先采用；未被采用的，应当采取挂牌立碑等措施加以保护等。第三十二条还规定：拆除或者迁移《吴文化地名保护名录》中地名所指称的地理实体的，有关部门应当事先会同地名主管部门制定地名保护方案。

3. 实施文化遗产保护。以吴文化地名保护名录为基础，按照《全国地名文化遗产保护工作实施方案》，制定地名文化遗产保护规划，实施地名文化遗产保护工程。按照“统筹规划、全面保护、分类实施、逐步推进”的要求，全面开展地名文化遗产保护工作，进一步提升对各类地名及其文化的系统挖掘整理，有计划地开展遗产名录资格申报和考证认定工作。

（三）方法不同的利用

研究、挖掘、保护吴文化地名的最终目的，是要利用好这些优秀文化资源。为此，采取了一系列有效措施予以充分利用：

1. 合理取舍。由于城镇建设必须调整、取舍的老地名，严格掌握“在规模上保大舍小，在知名度上保高舍低，在年代上保长舍短，在品味上保雅舍俗”取舍原则。如市区的三多巷与书院巷合并时，按照上述原则保留了“书院巷”。

2. 纠误复名。逐步恢复一些被历史淹没或误写的重要老地名。如恢复五卅路南段原“平桥直街”地名，恢复被误写为潘环巷的“泮环巷”等。

3. 借名移用。按照“未使用的，应当按照地域就近原则在新建地理实体命名时优先采用”的原则，将拆除的老地名就近移植使用，如古城街坊改造时，将已拆除的道路名称“南潭子里”“财神里”就近移用命名新建的住宅小区，使行将消亡的老地名获得新生。

4. 编制详规。依据《吴文化地名保护名录》所蕴含的吴地文化特色，组织相关区、镇开展区域地名详规编制工作，挖掘利用吴文化地名资源，充分展现当地区域历史文化特色和开发区域功能特点，在一定程度上发挥了传承和保护历史地名文化的示范作用。

地名语义与地名文化遗产保护

陈喜波

随着社会进步和发展，地名在公共生活中的作用越来越重要。凭借现代传播技术和多样化传播手段，地名在传承地域文脉，彰显地域文化方面的作用越来越突出。1987年联合国第五届地名标准化会议6号决议提出：“地名是民族文化遗产”。1992年联合国第六届地名标准化会议9号决议指出：“地名有重要的文化和历史意义，随意改变地名将造成继承文化和历史传统方面的损失”。2007年第九届联合国地名标准化大会暨第二十四次联合国地名专家组会议确定地名属非物质文化遗产，适用《保护非物质文化遗产公约》。按照2012年联合国第十届地名标准化大会上形成的地名文化遗产保护鉴定标准，地名文化遗产的衡量主要包括以下要素：地名产生时间，地名持续使用时间，地名的珍稀程度，地名的纪念性特征，地名的吸引力，当地人的使用习惯。从上面几个衡量要素来看，地名是否构成文化遗产，取决于地名的起源发展及其文化内涵，由此可见地名语义研究对地名文化遗产价值具有举足轻重的作用。鉴于此，地名文化遗产保护应当注重地名语义的研究，从中挖掘、提炼深层次文化内涵，提升其价值含量，从而促进地名文化遗产保护和传承。

一、地名的文化遗产价值

地名作为人类社会创造的语言文字符号，是社会重要的沟通媒介，在彰显地域文化、传承历史文脉、保留文化乡愁方面具有不可替代的作用。地名是人类在认识、改造和征服自然过程中为交流需要而对地理空间进行标示而创造的一套语言文字符号系统。地理环境多样性、人类种族民族多样性、生活环境不同、历史发展进程不同等等，均对地名的产生和演变产生巨大影响。地名的起源和演变与社会历史发展和民俗习惯密切相关，地名的许多内容与民族文化、社会生活、思维习惯、价值观念、生产方式、民风民俗等密切相关。历史悠久的地名往往积淀了内容丰富的文化内涵。以北京为例，北京自古以来就是多民族聚集之地，金朝成为封建王朝都城，历经元明清封建大一统时代，北京与国内外各地的经济文化交流十分频繁。北京的城池街巷、宫殿苑囿、寺观庵堂、河流水系、市井生活等各方面都在今天的地名中有所保留，并且成为代表北京地域文化的标志性元素，如天安门、颐和园、故宫、北海、南锣鼓巷、十三陵等等。北京地名类型丰富，有城池地名、宫殿地名、园林地名、街巷地名、寺庙地名、陵墓地名、山川地名、长城地名、运河地名等。这些地名文化内涵十分丰富，构成了北京丰富多彩的文化地理格局，充分展现了北京厚重的历史文化和光辉灿烂的地域文明，可以说，北京城的发展历史正是通过众多的地名书写在北京大地上的。

地名不仅标识着不同种类的地理实体，还承载着个人情感，具有不可替代的精神价值。冯骥才在《地名的意义》一文中说，地名是一个地域文化的载体，一种特定文化的象征，一种牵动乡土情怀的称谓[①]。一个地方的地名，往往就是那个地方的文化符号，是生长于斯的所有人的情感联系纽带。随着社会流动性的加强，人们工作在外，离开家乡，地名往往成了故乡的象征。地名凝聚了故乡的山水、人物、风景等众多内容，往往激发人对于故乡的向往和思念，因而成为一个人的情感寄托。正是由于地名的这种情感作用，地名文化遗产保护应注意挖掘那些具备纪念性特征的文化内涵。

二、地名文化遗产与地名语义研究的关系

地名语义研究主要包括地名的起源时间、延续时间、文字演变、文化含义等内容。这些内容恰恰是决定地名文化遗产价值的重要构成要素，地名语义研究的好坏往往会影响到对于地名的文化遗产价值判断，进而影响到地名文化遗产的保护程

---

① 冯骥才. 地名的意义［N］. 人民日报，2011-11-13（12）.

度，也决定了地名文化遗产的传承价值。一般说来，地名出现时间是确定地名文化遗产价值的最重要的因素之一。地名起源时间越早，延续时间越长，其文化内涵也会越丰富。在历史文献中、文学作品中都会留下地名的历史痕迹，由此会产生更多的社会情感共鸣，精神层面的价值更高。从语言学角度来说，地名语义研究对地名文化遗产价值判断也具有很大影响。地名的书写、发音、语义等均属语言文字范畴，从词汇学、词源学、语法学、语音学、文字学等角度入手，对构成地名的词语进行分析，进一步研究地名的语音、含义、字形及其演变，对于地名的正名、正字和正音工作大有裨益，如对保留在地名中的古汉语成分进行研究，可以帮助人们推论古汉语的特征。从语言层面开展地名研究，可以为探索民族分布、迁徙、心理、习俗、信仰等，提供翔实的历史资料。地名文化遗产价值还体现在地名的通名和专名研究当中。地名分为专名和通名，通名一般是用来指代某一类型地理实体的语词，而专名则是用来区分各个地理实体的词，是对通名的位置框定，或者体现通名自身特点以与别的地方进行区分。尹钧科在《北京地名研究》一书中列举北京地区地名的通名命名类型，主要包括政区通名、聚落通名、交通类地名通名、文化类地名通名、水利类地名通名、自然类地名通名等等。实际上，许多通名并不是专用于某一类，而是几种类别兼用。例如自然地理类的“峪、岗、口、潭、沟、泉”等，又常用于居民聚落通名中。尹钧科指出，北京市专名命名的依据和方法大致如下：依据地物命名，依据地形命名，以天气命名，以人物命名，以器物命名，以食物命名，以衣物命名，以植物命名，以动物命名，以官署命名，以官爵命名，以官邸命名，以厂库命名，以寺庙命名，以形状命名，以姓氏命名，以方位命名，以意愿命名，以地名命名，以市场命名，以数字命名，以驻军命名，以历史或典籍命名，等。这些地名专名命名方式，是北京地区最主要、最明显的二十多种专名命名方法。深入研究这些类型多样的专名，可以获得关于北京的自然地理特点、人文地理状况，城市建设变迁、居民社会生活和市井风情以及移民、人物等各种历史信息。可见专名的历史文化信息极其丰富，需要深入挖掘①。

可见，地名语义研究是地名文化遗产保护的基础性工作。看似简单的地名其实隐藏着深厚的历史文化内涵，如果没有扎实细致的地名语义学研究，则无法揭示地

① 尹钧科. 北京地名研究［M］. 北京：北京燕山出版社，2009.

名的真正文化内涵，其文化遗产价值也无法得到充分彰显。

三、目前地名语义研究存在的一些问题分析

地名的文化遗产价值主要来自于地名的历史文化内涵的挖掘，地名语义研究具有决定意义。不过，从目前地名语义研究现状来看，由于缺少深入科学的分析，不少地名文化内涵挖掘程度不够，导致地名文化遗产价值判断出现误差，进而影响了地名文化遗产的保护和传承。具体来说，当前地名语义研究不足主要表现在以下几个方面：

（一）地名语义多望文生义的解释

当前地名语义研究存在的最大问题就是对于地名予以望文生义的解释，这基本上是地名语义研究的主流方法。虽然现在的地名是文字形式，但地名的出现首先是语言现象，然后才用文字记录。加上历史上语言和文字变迁等原因，地名的庐山真面目已经被隐藏起来，仅仅从现状地名文字入手进行地名解释恰恰犯了缘木求鱼的错误。在北京市各县（市）、区编纂的地名志中，有一些地名按照字面来解释，其理由牵强，十分荒诞，地名的学术研究缺乏严肃性。如大兴区的履磕村，本名为里河村，后来写成履磕，故解释为一个巡抚骑马经过此地，下马磕了几下马靴，掉了点土，好事者以此为念，得名履磕。大兴区长子营镇有朱脑村，其解释为相传朱棣扫北，途经此地，感到腹痛，即至该地的小庙烧香请愿，许下愿望待做了皇帝，定在此修建一大庙。许过愿后，肚子果然不疼了。朱棣做皇帝后，即派人修庙，但庙修得不理想，朱棣甚是烦恼，故得名朱脑村[①]。如通州区西集镇有西（仪）集、黄东仪、前东仪、侯东仪、史东仪 几个村，关于仪字解释为明初平定北方的大军沿运河北上至此，为迎接燕王朱棣过河而设仪仗队。位于仪仗队西边的村落就称为西仪（西集村），位于仪仗队东边的村就称为东仪[②]。类似于上述地名的解释还有不

① 大兴县地名志编辑委员会. 北京市大兴县地名志［M］. 北京：北京出版社，1992.

② 通县地名志编辑委员会. 北京市通县地名志［M］. 北京：北京出版社，1992.

少，但这些作为民间传说可以，不可以作为严肃的学术结论。

（二）地名释义出于主观臆测

地名语义研究遇到的一个重要问题就是因文献记载缺失或研究不足等原因，对地名含义来自于个人主观猜测，部分地名由于推测得十分“合理”，得以大行其道。通州古城内有一条街巷，名叫四员厅街，该街今位于潞河医院以北，是一条与漕运管理机构有关的地名。《北京市通县地名志》认为四员厅形成于清代，“清代在新城南门东侧，原尚书府、总兵府处，改建仓场总督衙门，简称仓场署。由仓场侍郎、巡仓御史四名官员统理漕运粟米，监督河道及漕运和仓储各厅署官员。署内建有理事厅一座，在此共议管理漕运、仓储事务，故俗称四员厅，清末渐成街巷，依厅称今名。”[①]《北京地名典》引用该观点，明确写道“该署内建有理事厅一座，恢宏轩敞，装修华丽，为四名朝廷大员共同议理漕运、仓场等事之处，远近闻名，遂俗称四员厅。”[②]然而事实并非如此，明周之翰所著《通粮厅志》记载有四员厅，可见四员厅是明代地名，其含义也并非来自于所谓清朝满汉四名大员。四员厅所在位置为明代的户部分司所在地，《通粮厅志》记载：“户部分司在尚书馆后，户部管粮员外、主事居之，团厅三间，左右厢房各三间。员外衙一所，主事衙四所，大门一间，有鼓楼伺候亭一座三间。协助厅一所，在正厅东，南北相对，六间。每漕粮涌至之时，户部量差办事进士三四员协助收粮，事完回部。”其注曰“俗呼四员厅。房屋尽废无存，有仓攒二十余家，各分地盖房其上，彼此相传为己物耳。”[③]可见，四员厅指的是协助厅，明代每年于漕运繁忙之际，户部派遣协助进士三四员协助收粮，事完回部[④]。四员厅的四员当是指协助进士，非清代管理漕运的满汉四名大员。《通粮厅志·备考志》还有一条关于四员厅的记载：“四员厅官衙一处，内有空地计三亩四分，系官攒路得时、包江、万邦宪、唐二京、侯应得、王廷立、任应官共种地一亩六分三厘，其余西水坑一个，并走道一条，龙王

---

① 通县地名志编辑委员会. 北京市通县地名志［M］. 北京：北京出版社，1992.

② 王彬，徐秀珊主编. 北京地名典［M］. 北京：中国文联出版社，2001.

③ 周之翰. 通粮厅志：卷6公署志［M］.

④ 周之翰. 通粮厅志：卷3秩官志［M］.

庙一间，并水井一眼”[①]《通粮厅志》成书于万历年间，说明四员厅地名形成于明代，而非清代。《通县地名志》对于四员厅形成年代定为清代并予以胡乱解释，无形之中使四员厅街这个地名的文化价值大打折扣。

（三）地名的科学含义解释不足

一些地名产生与其所处的地理环境密切相关，在研究该类地名时应对此有科学的阐述。北京南部的大兴、通州一带有很多带有“垡”字的地名，大兴区有东黄垡、西黄垡、榆垡、张公垡、北顿垡、南顿垡、大黑垡、小黑垡、加录垡、立垡、狼垡等，通州区有胡家垡、南火垡、北火垡、大耕垡、小耕垡、卜落垡等，房山区有葫芦垡、阎仙垡等。这些“垡”字地名都分布在京南古永定河河道地域。《周礼·考工记》记载“两人耕为耦，共一尺；一尺深者谓之甽，甽上高土谓之伐。伐，发也，以发土于上，故名伐也。”两人一组在田间耕出一尺深、一尺宽的垄沟，垄上翻掘的土块谓之垡，也叫垡子、垡头，故垡字为“耕田发土”之意[②]。唐贾公彦疏云：“此两人耕为耦，共一尺。一尺深者谓之甽，甽上高土谓之伐（垡）。”尹钧科认为，京南是历史上永定河频繁改道泛滥地区。在诸多永定河故道之间，为河间洼地，潴水积涝，形成胶泥土或盐碱土，土性粘湿板结，耕垦时形成难破难碎的土垡是理所当然的。这大概就是京南地区形成“垡”字村名的原因[③]。《北京市通县地名志》对于“垡”字的解释是“深翻的土块为垡”[④]。上述对于“垡”字的解释或为耕田发土，或耕作时翻出胶泥土块，这些解释都是从表象来看待“垡”字的来源，对于“垡”形成的科学解释还阐述不足。“垡”字地名的成因，与京南地区农业生产耕作条件密切相关。京南为永定河泛滥区，历史上湖沼遍布，如辽代有方圆百里的延芳淀，元代的下马飞放泊、马家庄飞放泊、南辛庄飞放泊、栲栳垡飞放泊等湖泊，虽经明清以后耕垦，沧海化为桑田，但因京南地区的地下水位较高，多为盐碱地，不利于农业生产。为了降低地下水位，人们采用了深耕

---

① 周之翰. 通粮厅志：卷12备考志［M］.

② 李丙鑫. 大兴南部的地名群［M］. 地图：北京人文地理，2014.

③ 尹钧科. 北京郊区村落发展史［M］. 北京：北京大学出版社，2001.

④ 通县地名志编辑委员会. 北京市通县地名志［M］. 北京：北京出版社，1992.

土地的办法，即通过深耕，形成很深的垡沟，地下水会从土壤里流出汇聚在垡沟之内，由此导致土垅中的地下水位降低，农作物生长自然不会受到水碱的影响。民间对于“垡”字还有一种说法，“拷土为垡”，即堆高土垅，这是通过提高土垅高度相对降低地下水位的方法。因此，“垡”字地名来源于为降低地下水位而进行深耕土地的做法。

（四）不了解语言与地名文字之间的关系

古代地名用字是对地名发音的记录，往往会出现讹误。在中国古代，地名多在地方志书中得以保存，由于没有地名标准化管理，加之编纂者对于地方语言不熟悉，多利用相近文字进行拟音。例如高古庄、揣骨疃、张郭庄、赵各庄中的古、骨、郭、各等字均是“家”字的异写。另在华北地区，很多方言中把“庄”字读成zhang，地名用字随即把“庄”字写成类似读音的文字，如高里掌（庄）、辛章（庄）等。由此可见，在很多情况下，地名用字仅仅用来记录地名发音，并非正式地名用字，这类地名多为县级行政区以下的小地名。如通州区次渠村，《北京市通县地名志》认为次渠的标准字是“茨蕖”，并解释茨为覆盖，蕖为芙蕖，其含义为该村附近有一条河，盖满了莲花，得名茨蕖，后简写为次渠[①]。其实这是没有仔细研究的结果，次渠在明嘉靖《通州志略》中写作“次渠”，康熙《通州志》写作“茨渠”，乾隆《通州志》写作“次蕖”，光绪《通州志》写作“茨蕖”，可见不同版本的《通州志》对于次渠的写法并不一致，而《通县地名志》却以光绪志的记载作为标准地名，显然不合适。次渠的次字，是地名语音记录的结果，密云区有大草次村、延庆区有茨顶村，这两个村落地名当中的次或茨均是“寺”的拟音，这两个地名与寺庙有关，大草次实际上是因“草寺”得名，茨顶村系因村后山顶有庙而叫“寺顶”，但因“寺”在口语中读成cì，故在记录时常写成“次”或“茨”。“寺”读作cì的例子在今辽宁大连即有一例，大连有地名叫寺儿沟，在口语中“寺”即读作cì；北京市平谷区有东寺渠、西寺渠，很多上了年纪的人还将“寺”读作cì。可见“寺”在地名当中有读作cì的民俗现象。

① 通县地名志编辑委员会. 北京市通县地名志［M］. 北京：北京出版社，1992.

（五）一些地名承载的文化价值研究不足

有些地名起源较早，文字记录较晚，且文字多为拟音，加上古今文字变化较大，如果不加以深入研究，则地名的文化含义显得十分浅薄。如海淀巴沟，按照《北京市海淀区地名志》的解释："1958年前，泉水仍分八条沟北流聚为万泉河。东西走向的道路上建有八座单孔桥架在沟上。后因水源枯竭，沟逐渐填平，桥逐渐拆除"①。按照此逻辑，巴沟应该是八沟。但根据研究，巴沟来自于元代通惠河上的"笆口"工程。元代为了保护通惠河堤堰，发明了一种编荆笆为水口以泄河道内洪水的技术，"（大德）十一年三月，都水监言："巡视白浮瓮山，河堤崩三十余里，宜编荆笆为水口，以泄水势。"计修笆口十一处，四月兴工，十月工毕"。蔡蕃认为，编荆笆可能就是改用"荆笆编笼装石"砌成溢流堰形式，既能增加抗冲刷能力，堰顶又可以溢流"以泄水势"。实际上，这是一种自溃坝，在非常洪水时期，可以通过垮坝来增大泄洪能力，减轻洪水对河堤产生的压力。这种用荆笆编成的泄水工程被称作"笆口"②。"笆口"作为水利工程建筑而形成的地名出现于元代，属于比较专业的术语，因此在民间此类地名往往转变成为群众比较容易接受的字眼，特别是因与河流有关，"口"字往往变成通俗易懂的"沟"字，并且古代的地名没有标准化，往往是对地名发音的记录，因此"笆口"在口语逐渐变成"八沟"。"口"字变成"沟"字的地名，在北京地区有非常经典的案例。金代开凿的金口河，其河道一致保留至近代。金口河在民间长期的使用当中，逐渐演变成为"金沟河"，金沟比金口在口语上更能体现河流的特征，易于被百姓接受。在1947年的《北平市城郊地图》当中可见金口河河道的遗迹，在地图上却标注为"金沟河"。明确了巴沟的来历，可知巴沟来自于元代通惠河治理工程，是海淀区运河文化的重要例证，文化价值高。

---

① 《海淀区地名志》编辑委员会编. 北京市海淀区地名志［M］. 北京：北京出版社，1992：190.

② 蔡蕃. 北京古运河与城市供水研究［M］. 北京：北京出版社，1987.

四、结论

综上所述，目前关于地名语义研究还存在着一些不尽如人意的现象，这种现象的出现既有历史的原因，也有现实的原因。从历史原因来说，以前对于地名语义的研究成果积累少、研究手段、研究方法都存在先天不足。从现实原因来看，由于北京地区历史久远，文化悠久，地名类型十分丰富，地名数量众多，地名基础信息的收集整理工作的难度极大；并且地名史料文献分散，很多地名隐藏在茫茫文献当中，查找工作难度大；此外，地名涉及历史、地理、文化、民俗、动植物学、语言文字等众多学科知识，学科综合应用难度大。或许由于上述两个原因，难以做到对地名语义的深入细致研究。自联合国确定地名为非物质文化遗产以后，世界各国均十分重视对于地名文化遗产的保护和传承。中国近些年来不断加强对于地名文化遗产保护工作，地名研究工作正在深入开展。鉴于地名学目前已经是人文社会科学当中的一个重要学科门类，且地名研究成果可为其他学科提供重要的学术启示，因此地名研究工作需要得到社会各界的进一步重视和加强。社会的发展和进步对于地名文化遗产保护提出了更高要求，一个地名是否构成文化遗产需要对其语义进行深入细致的考证和研究，才能对其价值进行合理判断，才有利于地名文化遗产的保护与传承。地名文化遗产保护对地名研究提出了更高的挑战，地名语义研究作为地名研究的最基础性工作，是提炼地名文化的最有力武器。因此，加强地名语义研究，系统整理和挖掘地名所拥有的文化内涵，对地名文化遗产保护和传承十分有利。

从济南地名看济南城市的起源

张华松

济南位于五岳独尊的泰山北麓，泰山是济南最重要的地理坐标，所以唐代大文豪、北海太守李邕曾有诗歌咏济南："泰山雄地理，巨壑渺云庄。"可是在地名文化上，济南与泰山的关系并不密切。唯一一次发生在1913年，这一年政府将地方政区确定为省、道、县三级，将原清代的山东三道改划为岱北、岱南、济西、胶东四道，济南等各府遂撤销。岱北道治历城。岱北即泰山北。1914年，岱北道改为济南道。

济南古城所在的历城，本名"历下"。历下者，历山之下也。历山在城南，是一座小山，属于泰山北麓的余脉。这座小山是济南的历史文化名山，上古圣王大舜曾耕稼于此，故又名"舜耕山"。历山北麓有"泉源竞发"的舜井泉群，舜井也叫舜泉，原是一泓很大很深的涌泉，直到明代中叶都是如此，宋代列济南名泉之冠。古史传说这眼井泉曾得到大舜的疏浚，故名"舜井"，又因为在历山脚下，所以古代又名"历井"。舜井泉群为历水的源头，历水向北流去，今曲水亭街上的河流，便是古代历水的孑遗。历水在百花洲南侧折向西流去，进入历水陂，历水在大明湖西南隅。大明湖正是在古历水陂的基础上形成的。

历水陂除了接纳历水，还接纳了从正南方向流来的发源于趵突泉泉群的娥英水。历水与娥英水在历水陂汇合，继续向北流去，经过中古时期的鹊山湖，最后在泺口注入济水。

如此，可以看出，最早的历下城，东有历水，西有娥英水，北有历水陂，它是依托着历水、娥英水这两条泉溪建立起来的，这两条泉溪就是济南古城——历下的母亲河。据北魏郦道元《水经注》记载，在当时历水源头有舜祠，娥英水源头有娥英祠。娥英，就是尧女舜妻的娥皇女英，可见，舜帝夫妻就是济南古城——历下的保护神。由此也就不难理解，何以唐代诗人将济南郡城——历下称作"舜子郡"

了。所谓舜子郡，即舜子郡城，也就是“舜城”。

虞舜所处的时代，正是考古学上的龙山时代，距今4000多年前。举世闻名的龙山文化，最初的发现地和命名地就在济南古城以东五六十里的龙山镇城子崖。济南市考古研究所十余年前在舜井西南侧曾发现龙山文化遗存。联系到舜耕历山、淘井修仓的古史传说，应该说，距今四千多年前，在舜井西侧，也就是历水西侧，已经出现了泉水聚落，这应该是济南古城——历下城的滥觞或前身。

从传世古籍看，“历下”一名最早出现于春秋。公元前555年，齐晋曾交战于此。然而从传世的西周三件青铜器铭文来看，西周时不仅有历下城，而且历下城还是一个城邦国家，它就坐落在“历汭”。“汭”，河流与河流交汇处，或者河流拐弯处。上古文明往往就发生成长于这种称作“汭”的地方，因为取水方便。西周时期，齐鲁两国之间，小邦国林立，这些小邦国又往往是殷商旧国。如此说来，历国极有可能在殷商时就已存在。济南古城西侧三四里地的刘家庄，20世纪六七十年代出土过数件高规格的殷商青铜器。出土地应该是一座高规格的殷商贵族墓，贵族墓在此，贵族的居处必在历下无疑。

所以，济南古城——历下城，起码有3000年的建城史。

关于济南古城的建城史，有一种很流行的观点，称济南建城2600年，理由是《春秋》经、传记载鲁桓公十八年（公元前694年）“公会齐侯于泺”。

这一年，鲁桓公与齐襄公在泺相会。泺之具体所指，西晋杜预注：“泺水在济南历城县西北，入济。”指的是泺水。北魏郦道元《水经注·济水》：“济水又东北，泺水入焉。水出历城县故城西南，泉源上奋，水涌若轮。《春秋·桓公十八年》，公会齐侯于泺是也。”指的是泺水的源头，即趵突泉。杨伯峻《春秋左传注》则认为泺是指泺水入济的泺口（今写作洛口）。以上三说，我认为应以杨伯峻泺口说为是。

然而当年有学者采纳郦道元的观点，坚持说齐鲁相会的泺，就在趵突泉。又说：两国君主相会，证明趵突泉边已有城邑，这个城邑只能叫作“泺邑”。显然，这是没有多少依据的臆测之说，却以讹传讹，流行开来，在今天似乎已经成为了定论，以至包括官方的济南历史介绍材料也开始认同建城史2600多年、济南城最初名“泺邑”的观点。

其实，历是历，泺是泺，历在南，泺在北，原本就是两座城。历下扼守南面的陆路交通线，泺邑扼守北面的水路交通线。

上引西晋杜预“泺水在济南历城县西北，入济”。杜预并没有说泺水在历城县西。这似乎是在告诉我们泺水并非指发源于趵突泉泉群、流经历城县城西侧的娥英水。另从《水经注》看，历水仅是泺水（娥英水）的支流，可是历水的流量并不小于泺水（娥英水），历水陂以上的历水的流程又远长于泺水（娥英水），可见泺水应该别有所指。否则就无法解释何以二水相会的历水陂不叫泺水陂，何以二水夹处之城叫历城，而不是泺城。因此，我们推测上古时娥英水与泺水并不是一条河流。泺水别有所指是可以肯定的。

那么，上古时的泺水，究竟发源哪里呢？答案是：济南西北郊外的药山。

药山在《山海经》中写作“岳山”，岳山，其实就是“乐”山。药、岳、月，三字古音相同。“乐”字，甲骨文的形状是桑树枝上缠绕着蚕丝，而《山海经》中的岳山正是“山上多桑，山下多樗”的。

乐山下有泉，泉水东流，是谓泺水，泺水流进一片大泽，便是中古时期的鹊山湖。鹊山湖最初便叫“泺泽”。古代山东地区的湖泊多以“泺”相称，比如梁山泺、平地泺、遥墙泺、浒山泺等，皆因“泺”由济南北郊的一个湖泊的专名，后世变成了湖泊的泛称（与此同理，湖泊的泊，原本也是一个专称，便是今天山东北四湖之一的马踏湖，在济南东面不远的高青和桓台之间。商周时期，此湖的水面较今日不知大了多少倍，那时此湖周边为东夷族中的白夷的聚居地，所以此湖原本就唤作“泊”，后世才变成湖泊的泛称）。泺泽之水向北流进济水，入济处就是泺口。商朝末年，商王东征夷方（东夷），往返都曾暂住于此。泺口作为济水上的一个口岸城市，起码在商代就存在，直到近代仍然是一座繁华的城镇。

总之，泺水上古时发源于今济南西北郊的药山。民国年间《续修历城县志》也是这么认为的。可能由于后来药山下的泉水变小了，泺水河道湮没，人们才把泺水的源头确定在趵突泉。于是，到了郦道元的时候，娥英水就称作泺水了。

历下，秦汉时叫历城，是历城县的县城。西汉初年，设济南郡，历城是济南郡的属县。济南郡的郡治在城子崖东侧的东平陵城。西晋末年，济南郡治由东平陵城西迁历城，从此，历城成为整个济南地区的政治经济文化中心。

济南郡治西迁历城的背景和原因，可能是多方面的，不过有两方面最重要。

我们知道，三国以前的上古时代，无论是政治、军事、经济、文化，更多呈现一种东西向的地缘关系，可是进入中古时期，南北对峙、交争局面形成，南北向的地缘关系开始凸现。在这一背景下，扼守东西交通线的东平陵，其地缘政治优势和战略地位愈发不能同地处东西、南北交通孔道的历城相比。济南郡治西迁历城的另一个背景和原因，可能在于东平陵生态环境退化，尤其水资源不足以继续维持工农业用水和众多人口的生活所需。于是，郡治西迁水资源丰富的“泉城”历城，更是一种必然。

元嘉九年（432），南朝刘宋政权在济南郡侨置冀州，历城又升格为冀州的州治。皇兴三年（469），北魏政权改侨置冀州为齐州，齐州辖济南郡（治历城）等六郡。

历城虽然占尽山水形胜，战略地位极其重要，但是作为一座县城，由于夹处在历水、泺水之间，城区原是很小的，东西和南北距离大约仅有500米左右。这样一座小城作为县城已经显得空间逼仄，不敷所用，又怎能作为郡城和州城呢？于是，人们就在历水东岸新建一座大城。这座大城呈长方形，南北长约1000米，东西宽约500米。中古时期的济南东西二城并峙，是以双子城的格局呈现于世的。

从西晋末年开始的济南城的这轮大规模的扩建和改建，断续进行了二百余年。这期间，对于整个中国来说，正是审美进入自觉的时代。山水诗、山水画相继出现，园林艺术发轫，造园运动蔚然而起。于是，伴随城建的展开，济南作为一座山水园林之城的基本风貌和格局初步形成。

以上主要说“历下”与“历水”，以下主要说“济南”与“济水”。

济南郡的设置，时间在高帝六年（前201）至高后元年（前187）之间。因郡治东平陵在济水之南（今章丘龙山镇阎家村北），故名济南郡。汉代实行郡国并行制，济南有时为济南郡，有时为济南国。汉末，曹操就曾任济南国的国相。

济南得名于济水，而济水在上古是与河、淮、江并称“四渎”的历史文化名川，是一条伟大的河流（所谓伟大，并非是指流程和流量，而是指历史和文化）。“四渎”概念形成于大禹治水之前。为什么这样说呢？我们看“四渎”的语言学释义，“渎”者“独”也，四渎是四条独立发源、直流入海的首尾完整的大河。来自各方面的研究证实，黄河是从苏北平原入海的，那时的济水确是一条首尾完整的入海的河流。然而，在距今4000多年前，黄河河道北徙，改从河北平原入海。济水在今河南荥阳附近被黄河拦腰截成两段，黄河以北的济水成了黄河的支流，黄河以南的济水成了黄河的分流。黄河以南的济水从黄河中分流出来以后，经荥泽，向东流经今豫东平原的原武、封丘、兰考，从定陶进入山东境内，又向东北穿过巨野泽，至东平，接纳东来的汶水，继续向东北流去，过东阿以及济南市属的平阴、长清、槐荫、天桥、历城、章丘，经邹平、高青、博兴诸县市而入海。济水下游大致以今天济南历城为界，以西至东阿的黄河、以东至渤海的小清河便是它的故道。

古代中国凡是较长的河流，在不同的时期和不同的河段，往往各有不同的名称。济水就是一个很典型的例子。上古时，济水的上中下游分别唤作沇水、泲水、济水，它联通泗水的一条分流，原本也叫泲水，讹作沛水。

沇水之得名，缘起允姓之戎。《禹贡》"济河惟兖州"，兖州之兖，其实就是沇水之沇的异体字。

泲乃济之本字。先秦典籍中，凡是济水，最初的版本一般都写作泲水。泲字右旁，为龙蛇盘绕于旗帜或华表上的象形，是姒姓夏族族团的族徽。姒姓夏族发源于嵩山及伊洛地区，后来向东开疆拓土，济水中上游流域逐渐进入他们的控制范围，于是中上游的济水就有了泲水之名。再到后来，夏族随着大禹疏浚济水而大规模东进，"泲"逐渐成为整条河流的通名。但是需要说明的是，这个通名可能仅限于中原民族和政权使用，在济水下游的齐地却是另一种情形。

济水的得名，缘于济水下游的齐国。齐国至迟殷商时就已存在，它与西周建立的齐国一样，也是姜姓。殷墟卜辞和《山海经》都有关于齐国的记载。齐国得名于临淄南郊山下的天齐渊，天齐渊是一个"五泉并出"的涌泉，古人认为它是天地的中央，故称"天齐"——天之腹齐（脐）。春秋战国时的齐国有"八主"之祀，天主祠天齐渊。由此我们可以推想，早在先周时期，也就是夏商时期，姜姓东迁至此立国，因"天齐渊"而得国号为"齐"，流经境内的一条大河也就有了"齐水"之名。"齐"字加水旁就是"济"。

西周初年，姜子牙受封建立齐国，齐是大国，春秋五霸之首，战国七雄之一。对于济水，齐人肯定要写作"济"而非"泲"的。齐国是战国诸子百家争鸣的摇篮，人文荟萃，文化软实力强盛，于是"济水"一词风靡于世，到了西汉时终于取代了"泲水"一词。

济水东通大海和山东半岛，西接黄河，沟通中原，它在上古时代的交通地位不亚于其他三渎。大舜有虞氏集团沿着济水西进中原，济水中下游流域是有虞氏政权的"龙兴"之地；大禹治水，姒姓夏族集团以及协助大禹的姜姓集团，顺着济水进入山东半岛；殷商王朝对东夷用兵，济水是主要运兵通道；西周修筑通往大东的国防公路——周道，就修筑在济右走廊上。齐桓公为保护济水交通线和济右走廊路上交通线的安全，将他的四位重臣管仲、鲍叔牙、高傒、宁戚分封在今济南境内的济右走廊。齐国对外贸易，富国强兵，很大程度上是因为有济水这条黄金通道，济水东通齐都临淄，西接有“地中”之称的中原陶邑，临淄和陶邑是当时整个中国最繁华的工商大都市。

再来看济南，济南恰好处在济水交通线的中间位置上，是济水的重要枢纽。济南地区早期的绝大多数古国古城，坐落在济水南岸一线，且又大多坐落在济水与济水支流的交汇处，历下也有水道与济水相通。殷末十年征夷方，商王乘舟在济水上漂流而下，往返经过许多城邑，如：奠（郑）在清水沟与济水交汇处；异在济水支流宾谷水（今名南大沙河）畔；香在中川水（今名北大沙河）入济处；鄐（祝阿）在玉水（今名玉符河）入济处；泺在泺水入济处；在济水支流支津的听水南岸，商在济水支流的百脉水下游，亳（城子崖）在济水二级支流的武原水上。还有西周春秋战国时的崔邑、卢邑等等。这些城邑无一不是依托着济水或济水支流发展起来的，它们都是济水交通线上的枢纽和港口。

按照《禹贡》记载，“济、河惟兖州”，兖州出产的漆、桑蚕丝以及丝织品，青州出产的“盐、絺（细葛布）、海物（海产品）、惟错（治玉的磨砺石）”，主要是通过济水贡道输往中原。“岱畎”——济南南部山区出产的“丝、枲、铅、松、怪石”，则是依靠济水支流运出山区，然后进入济水而输往中原。

所以从更大范围上说，整个济南地区的母亲河是济水。

战国后期至秦汉时期，随着大一统时代的到来，济水在政治、经济、军事、文化上的地位进一步提升，济水地名文化于是出现了空前的繁荣景象，许多政区和城邑用济水来冠名。

战国时，济水的地名文化尚主要体现在地理区域的命名上，如济西、济北、济上，仅仅是用来指示一片区域。唯一用济水命名的城邑是魏国的济阳，在河南省兰考县东北五十里堌阳集，城址至今犹存。《济水注》引《竹书纪年》，“梁惠成王三十年，城济阳”。《韩非子》载魏国有济阳君。

秦朝和西汉的二百多年间，济水流域出现了大量的以济水命名的政区和城市。有济南（治东平陵）、济北（治长清归德卢城）、济东（东平）、济阴（定陶，王莽改名为“济平”）、济川（济川有二，其一，高后曾以济南为吕国，又改吕国曰济川，不久废。其二，梁地之济川。景帝中六年，分封梁孝王诸子为王，梁分为五，其一为刘明之济川国，治所在济阳）等郡国。有济阳、临济等县。济阳，王莽改名为“济前”。临济有二，一在魏地，一在齐地，齐地临济故城在今山东高青县西北。汉代除了这两个临济县，还有一个临邑县。临邑，本名“临济邑”，省称“临邑”。《汉书·地理志上》东郡属县临邑，“有济庙”。故址在东阿县北。南朝宋武帝平定南燕（广固），于汉魏漯阴县、著县地侨置临邑县，侨置临邑县城在今济阳县城西侧。北宋建隆元年河决城坏，移治孙耿镇。继之又移今临邑县治。秦汉还有一级基层行政组织叫“亭”，河南东部秦汉平丘县有临济亭、曲济亭。王莽改冤句县曰济平亭，改般阳（故城今淄川县治）曰济南亭。

以上以济水命名政区和城邑的现象，到东汉时期就很少见了。何以如此？主要是因为东汉济水在今河南境内的河道已经淤塞，济水在交通上的重要性明显下降。

早在战国时期，济水就有“清济”之称，以与“浊河”对言。自从4000年前黄河改道从河北平原入海，济水就成为黄河的一个分流，理应一如河水，也以浑浊为特色。可是现实却是浊者自浊，清者自清。个中缘由，主要在于济水从黄河分流之后，直到入海，其间经过了诸多大小湖泊——荥泽、乌巢泽、高粱陂、巨野泽、湄湖、鹊山湖、平州湖等的泥沙沉淀。

从西汉中期开始，一直到王莽年间，黄河频频决口泛滥，济水饱受其害。黄河水裹挟着大量泥沙沉淀在济水河道，致使荥泽至巨野泽间的济水，在王莽之世，就通塞不畅，迨及东汉以后，尤其是晋代，彻底淤塞。从此以后，济水以巨野泽为其稳定的源头。由于黄河之水不复入济，济水以巨野泽为源头，水色自然愈发清湛。至于巨野泽以北，济水所有重要的支流如汶水等，均发源于植被良好的泰山山区，且大多以山泉为水源，携带泥沙相对较少，由是，下游济水水色清湛更在情理之中。

早在春秋战国，济水就因水色清湛，下游便有以“清”命名之城邑。《水经·济水注》：“济水自鱼山北，迳清亭东。《春秋·隐公四年》，公及宋公遇于清。京相璠云：今济北东阿东北四十里有故清亭，即《春秋》所谓清者也。”按东阿故城在今阳谷县阿城镇，清亭在其东北四十里的鱼山之北，济水西岸。《左传·鲁哀公十一年》载，齐师伐鲁，及清。此“清”在今长清境内，济水东岸。济水东西两岸之“清”，皆因济水清湛而得名。

两晋以后，河南济水断流，巨野泽以下的济水水色更为清湛，才有“清水”之名。及后来，巨野泽消失，汶水成为济水的主流，则济水连同汶水通得“清水”或“清河”之名。

清河之名取代济水之名，其中可能还有一层缘由，便是刘宋时期于邹平设立侨郡清河郡，清河崔、房等世家大族世代聚居于济南所在的济水下游。清河郡治所在今山东临清，那里有一条清河。清河崔氏、房氏迁居济水下游，便将“清河”一名搬来用以指称“清济”。济水得“清河”之别名，这可能也是一个重要背景和原因。

迨及北宋熙宁十年（1077）七月，黄河在澶州决口，黄河水涌入济水（清河），致使济水（清河）在历城东北改道，而循漯水故道入海。宋金之交，伪齐皇帝刘豫在历城以东古济水河道基础上挑挖小清河以通漕运，而取道漯水故道入海的清河始称大清河。清咸丰五年（1855），黄河在河南铜瓦厢决口，夺占大清河河道，大清河从此消失。

最后，顺带说明一下“长清”的得名。长清县如今为长清区。

隋开皇五年（585），撤掉东太原郡（郡治升城，故址在今归德境内）的建置，在东太原郡原址上改置长清镇。十四年（594），以长清镇置长清县，此长清县之始。

有关“长清”一名的缘起，北宋《太平寰宇记》说得很明白：“因清水以为名。”道光《济南府志》卷二《沿革·长清》引《旧志》云：“以迩大清河得名。”这是“长清”地名的正解，原本没有什么问题的。可道光《济南府志》和《长清县志》俱引述《（山东）通志》：“今按清水去县十里，又县东南三十里即齐长城巨防之地，盖兼取其义云。”认为“长清”一名是从“长城”“清水”各摘一字凑成，这显然是毫无根据的臆测，是站不住脚的。事实上，自汉代以后，黄河屡屡决堤泛滥，黄水侵及济水（清河），总会严重影响到济水一线人民的生命和财产安全，正是在这一历史背景下，才有“长清”一名的出现。“长清”寄予着一种美好的企盼，那便是黄河安澜，清河长清。

明朝北京郊区的景点与历史记忆

韩书瑞　著　朱修春　译

西北郊区的风景从鲜花装饰的亭子和庭院的走廊一直延伸到溪流，运河及双城河的绿色河岸，丘陵，最后到达穿过山峰的狭窄小道，远离城镇及市区的高山，对于休闲的人们来说，这些景区的中心是庙宇。随着时间的流逝，由皇帝、皇后及宦官们捐资修建的宗教建筑经常会受到进京或来京居住的赶考的文人、官员、学者、诗人及画家的光顾。

明朝时期，西山已成为最有名的旅游区及游览的地方，“西山晴雪”是八景之一，这些山在《帝京景物略》以及在所有看过的描写北京的晚明“游记”中都得到了赞美。尽管在乡村零星地散落着一些村社和营房，但西山仍然无人居住。有钱人在城外也盖有别墅庭院，但极少有人住在丘陵处，而其后的高山更是荒凉。这些起伏的领地适合做墓地，同时还有足够宽的路供骑马的人通过。

住庙住持和尚重申了这些山区文明的基础。那里的庙宇数量不少。表面上看土地很容易得到，寺庙的修建早于游客，因此也吸引了游人。文人出游的记录将这一地区的持续融合绘制成了更大的北京区域。

游客们经常赞美和评论的包括绿化和林荫，还有跨湖或是山峰上或远处庙宇的景点，水塘及喷泉，甘洌的泉水，夜晚的美妙声音，黑黝黝的山洞及树木，尤其是古树和花草。寺庙是游客们必去的景点。它们就像旅馆一样，游客们可以在此食宿，并且还可以找到过去的痕迹，然后重新纪念这些痕迹。每过一年都有更多的庙宇。据推算，1470年，西北郊区仅有97座庙宇；一个世纪以后，这个数目翻了两倍，超过了240座；到1640年时已有了330座。在任一时间段里，大约有一半在山上。

通过综合游记、诗赋、导游手册，我们就能重新建构起晚明这些西北郊区的具体旅游景点。对于多数游人来说，有三座山是必去的地方。瓮山，位于西湖北边的像金属容器的山；玉泉山，如玉般清澈的泉水流入湖泊及城市，耸立于其周围的平原；香山，向西延伸更远的山脉。杨雨增为他的随笔附上了一幅这一地区的木版画。

那些还未登过瓮山，或是参观了它几近坍塌的庙宇的游人经常会在青龙桥驻足，但最吸引人的却是西湖，它长长的堤岸延伸到山以南处。水潭，香气弥漫于空气中的莲花池，照在稻田上的和煦的阳光（北方少见），鸟儿欢快的歌声，还有沿着堤坝欣赏到一年四季不同的景观的快乐——所有这些不仅愉悦了当地居民，而且使其他人不禁想起位于运河沿线的家及中国中部的富庶之地。

这个堤岸穿过富庶之地直到玉泉山，它是金朝八景之一，它美丽的风景及清澈的泉水使其远近闻名。山上有溶洞，几座小庙及观湖亭，人们可以在此饮酒作诗。

香山更荒凉，只开发了其东部地区。那里有森林、泉水、如香炉般的大岩石（以此得名），还有美丽的杏花树。1635年的《帝经景物略》称其古老的山神庙是首都旅游的最佳去处，并且还赞誉了其许多景区，其中有“鱼拍拍出水面”的金鱼池、碧云寺（万历皇帝命名）等。有一百多首诗赞美了这个景点，足以证明其受欢迎的程度。来自全国各地的游客很多，包括哲学家王阳明、画家文徵明、艺术家及文学家徐渭还有诗人袁宏道。

游览香山的人会在碧云寺和卧佛寺停留，它们是附近两处有名的建筑。卧佛寺建在幽静的山谷中，它有一座五米高的铜佛像，由成化帝捐赠。明朝的游客会仔细观察这些古老、形态奇异的娑罗树，据说这些树是从印度带回来的种子然后长成参天大树的，晚春时，太监捐助者们所种的牡丹花香气袭人，充满了庭院，可谓“花光照酒杯”。走上另一个峡谷就到了碧云寺，它建在元朝的一座寺庙遗址上，是作诗的好地方。它也有一处泉水（《夜宿碧云寺听泉》），一片池塘（《碧云寺施朱鱼歌》），还有为游客们准备的厢房（《碧云寺看月》）。

沿着山脚向南处有一群建于十五世纪中期的寺庙群（用皇室的钱修建），它们建在自唐、金或元以来就有的宗教建筑的遗址上（在二十世纪成了闻名遐迩的八大遗址）。1503年秋李东阳来此一游。尽管大雨滂沱，他和他的朋友们最后还是来到了平坡寺，这是一座重建于1425年的庙宇。他们因错过了可以在天晴时观赏到的首都美景而感到失望。他们为了找到香山，在到达另一座庙宇过夜前迷了数次路。在接下来的一个世纪，这个地区被人遗忘了。在《帝京景物略》中对于平坡寺是这样评价的：“制宏丽，宫阙以为规。今圮坏，而僧说宏丽当年，指故物道新，指旧阶

【 】道丹碧，客叹息，如将见之。”

与平坡寺相对的一座山，是以卢师和尚命名的。卢师来自中国中部，据说于七世纪来到此地，后在洞中隐居。传说一个居住在此的和尚有两个弟子，是龙王之子，有一年此地大旱，他俩于是变成了两条蛇，一大一小，结束了干旱。他们引起了皇室的注意，由此被赐名。到金朝时（直至明朝），官员们来此求雨。在得到官方认可的同时，一些游客为卢师铸造了铜像，在附近的山洞中为这两个弟子立了像。游客们来此听传说，游览山洞，抚摸一棵据说是卢师种下的松树，穿过寺庙不远处被称为秘摩崖的危险小路也深受游客喜欢。

另两座庙宇：位于北京以西、深入山间的古老的潭柘寺和戒壇寺也吸引着晚明的游客。潭柘寺是一处坚固的古老建筑，坐落于京城以外四十公里处的山边，十五世纪时，它被太监们整修了两次。据《帝京景物略》记载，游客们再经过几条的蜿蜒山路后可以看到蓝绿色的庙宇。喜欢历史的游客会仔细阅读七块碑文（时间是1173年至1511年），上面记录了皇室的捐资，并且有许多这些庙宇早期的名字。此处有两条真蛇，足有五米长，它们在寺庙名声响起时就从树林里返回，在红盒子里休息，只要愿意就爬上坛顶。戒坛寺离潭柘寺不远。这座庙宇为僧人们提供剃度服务。金、辽的石碑依然竖立在此。从千佛山可以看到浑河像“手镯”一样蜿蜒；精力充沛的人可以爬上山顶再进入山洞——有些洞里居住着修行的和尚，其他的都布满了钟乳石。或许是由于它是僧侣和尼姑剃度之地，戒坛也以此而闻名。春天的美景不仅使这里成了饮酒、品茶的临时场所，还是寻欢作乐的好去处。

关于这些庙宇的诗赋有很多。如《香山道中》《再宿碧云寺》《同文待诏登西山的洪光寺》《卧佛寺听泉》《中峰庵雨后看涧水》《清凉寺龙潭》《秘魔崖柏树歌》《自山中归经西湖遇雨》《经功德废寺》《登望湖亭》《夜经玉泉看月》《甕山耶律祠》等。明朝时期出现了一些新的景点如西湖十景、香山、碧云寺及宝藏寺。

北京风景在明朝文人的诗赋中展现的比在其画作中展现的要更好。1596年，新科进士董其昌画了一本以八景为主题的画册，命名为《燕吴八景图》，当作礼物送给即将离京去南方的一位朋友。艺术家的题词清楚地表明，最先的五处景代表北京。董提到了他在京城某处的“茅草屋”，首都的西湖；有三处景是指他及朋友曾游历过的，它们是“西山薄雾”“西山秋色”和“西山晴雪”。

到晚明时，通过亲自经历或间接经验，这些本地或旅居的京都精英们，将附近的山变成了长途或短途旅游之地。即使距离和落后的交通工具使旅行困难重重，甚至对那些能雇车、雇仆人的游客来说也是如此，读者们也不要以为文人们拥有了这些庙宇和景区。

学者及官员们也会陪同皇室成员来此赏景。正德帝就曾到过香山和卧佛寺，嘉靖帝（对碧绿的香山发表过评论）和万历帝也来过几次。万历帝在一次例行祭拜位于北京以北的先帝陵墓后返回时，驻足在西湖，泛舟湖上。太监们来此游历更频繁些。当这些皇室精英在此观光时，总是有大量的随行人员。他们的出游怎能与像李东阳和杨雨增这样的人的独行相比较呢？

一方面，我们可以想象一下文人游客们更喜欢安静地出游。另一方面，他们中有些人，既是朝廷官员又是皇室的随从人员。在以后的章节，我们可以看到，无论是哪种情况，皇帝和精英人士都尽量避开也来此游历的北京普通百姓。

离京城最近的地区得到发展的同时，西山也成了等待开发的地区。景色较好的地区建成了府邸、墓地和寺庙。在西湖以东被称为海淀的布满泉水的平原上，农田被改造成为皇亲国戚及当地达官贵族的避暑山庄。爱好冒险的游人会走得更远。

西山区并不是明朝文人出游的唯一景区。靠近京城郊区的东、南及西北方都有一些值得参观的地方（大多数是寺庙）。这些景区也使京城的地域得到扩展，并且随着迷人的季节及岁时年节名气越来越大，它们在年历上也有了一席之地。

京城一个最显著标志就是13层的天宁寺宝塔，位于京城西边。由于它的高度和数百个铜铃的响声，这个宝塔在很远的地方就能让人看到、听到。关于它的神秘之光及奇怪的雕像的故事印证了在塔里存放的遗物的巨大吸引力。游人写了《法藏寺观塔灯》和《春日过天宁寺》等诗。

近郊的许多庙宇受当地和旅居的精英的喜爱。摩诃庵是一座离京城西门几里处的普通建筑，十六世纪中期由一位太监修建，是他墓地的附属寺庙，后来成为文人们最喜欢光顾的地方。“庵不甚大，洁净乃胜他庵。殿前后多古松古桧古柏，壁间多名公题詠。四隅各有高楼，叠石为之。登楼一望，川原如织，西山逼面而来，苍翠秀爽之色似欲与人衣袂接。”（如要清晰的从各方面看到田地和庄稼是不可能的。）有修养的僧侣们同在此逗留几日或作诗或抚琴的游客一起，使这里的景色、树林及幽静变得更加吸引人。

西郊和北郊也有吸引文人的寺庙，他们在宗教节日期间来此饮酒作乐。

高梁桥距离京城西北角的西直门只有几步之遥。它跨过一条从西湖流入护城河的小溪。“湍急清澈”的溪水里有许多鱼，小溪岸边垂柳依依，树上的嫩绿标志着春天的来临。清明时节，精英们和士女会在这里野餐，观赏西山的日落。两岸排列有酒馆和凉亭。这里还有音乐、表演和赛马，以及在水边游玩的大众。四月初八至四月十八期间，人们聚集到碧霞元君庙膜拜元君。

虽然南郊——1553年之后才加入的外城部分——比起更高、更干燥的西北郊来说发展要缓慢得多，但在明统治的最后一个世纪里却被引入到了京城文化轨道。这个地区的天然泉水促使农民种花，并将花出售给富裕的城市居民。冬天，在有火加热的挖空了的地窖里，开花的植物和灌木照样被种植出售。春天，在草桥和丰台之间的地区，有大片当季的花盛开：李树和花红树、满塘的荷花、紫丁香和芍药，遍野花香。1627年在此处修建的另一座碧霞元君庙，更是吸引妇女和文人游客在四月来此朝拜。

东郊远不及其他地区那样好风景。三忠寺位于京城东郊的运河线上，就在城外，槐树和柏树遮盖下的水边凉亭使其成为送别离京的游客方便、优雅的场所。

随着明朝京城的文人来到郊区旅行、欣赏春色及秋景，或是参加祭典，或是来此享乐，促使乡村向市郊转变。了解这一进程以后，我们就能理解1644年清朝征服引起的骚乱了。那一期间，贵族的别墅被占，一个世纪内西山的大部分名胜都成了皇室专用，被围起了警戒线。随着八旗移民社团定居市郊，发展更快了，至此将明朝积累了几个世纪的历史切断了。对此感兴趣的清朝学者试图确定消失的景区的位置，进而最终将怀旧的悲痛融入进了这些景点。

十七世纪早期，元大都已完全变成了明朝的城市，成了全国众所周知的地方，没有人敢说它不宏伟壮观。成千上万的人来此观光或在此旅居，可能有数百万人称之为家。它是当朝的基座，行政的中心，一座风景秀丽而喧闹的城市，可以与苏州和南京相媲美。

当然，对明朝大多数人来说，有名望的古老文人学者家庭的文化标准仍然是在长江下游制定的，尤其是在苏州。到十五世纪中期时，大运河上的城市从废墟中兴起，而且再次成为这一地区、可能是整个国家的名城。苏州的自信也显示在当地文人艺术家的书画中。当时著名的画家有沈周（十五世纪时确立了其风格）、文徵明、陆治和张宏。晚明时，京城的风景及别墅已被界定，同时也已向全国的文人雅士做了宣传。这些画只是文化优越感的一方面的显示，使文徵明能够（在十七世纪）将真正的行家与“一些北方傻瓜”作对比。

北京与南京的不同之处表现在另一个方面。明朝建国者将其首都定在过去称为建康和金陵的城市，它有着浓厚的文化底蕴，但永乐帝却把它降为“南都”。1440年以后，南京只保留下了叠床架屋的衙门及礼仪的功能，已没有实质的权利，于是就逐渐衰败了。皇室象征仍然对城市的自我定义至关重要，到了明朝后期，其经济生活开始活跃，甚至引起了争议。到1620年时，一幅幅画卷描绘了街道和商铺，一种图文并茂的游记出现了，与此同时，许多文人发现了南京有着北京所不具备的魅力。

到了1600年，北京最终发展成为能与其对手抗衡的闻名世界的文化政治中心。即使没有别的城市那样有组织的合作或是像中国中部那样有当地精英，明朝首都还是具备了其独有的特性。实际上，北京城已发展成了多种特性相互交织的城市，不同之处可以相互通融，由此变得更强。

济南何时称“泉城”

张　成

许多城市，除正式名称外，常常还有别名。如伦敦叫雾都，威尼斯叫水城，重庆叫山城，广东叫羊城，昆明叫春城，哈尔滨叫冰城……这些名称，或源于历史，或源于地理风貌，或源于神话传说，都能很好地体现城市特色。济南自古多泉，故别称“泉城”。有《老残游记》为证：“进得城来，家家泉水，户户垂杨，比那江南风景，觉得更为有趣。”“泉城”之名始于何时，众多资料、文章却都语焉不详，只以“济南素有‘泉城’之称”搪塞之。笔者不揣简陋，试考“泉城”之名的来历。

一、济南城的变迁

历史上济南城垣有三个阶段：济南古城、齐州州城、济南府城。

济南古城。秦统一六国之后，秦始皇置36郡，现在的济南市区实际上隶属于济北郡，称“历下邑”。“济南”之名最早出现于汉代。汉高祖六年（公元前201年）刘邦封儿子刘肥为齐王。高后二年（公元前186年）“割齐之济南郡为吕王奉邑”（吕王即高后之侄吕台）。汉文帝十六年（公元前164年）六分齐国，将济南郡分给悼惠王之子刘辟光，封为济南王，命名为济南国，治所设平陵城。汉灵帝时曹操曾任济南相，屯兵平陵和历下。晋永嘉（公元307年—312年）以后，郡治由平陵迁至历城，城垣逐渐扩大，济南遂成为郡治的开始。以后各朝，有时改“郡”，有时复“国”。

齐州州城。北朝及隋、唐各代又改济南为齐州或齐郡。从北宋时代，属京东东路。宋徽宗政和六年（公元1116年），齐州升为济南府，治所设历城，为府治之始。《太平寰宇志》记载：“宋代历城的城厢，城西南二百步为趵突泉，城东门百步为黑虎泉。”这是济南城垣的最早确切记述。以后金、元、明、清都在济南设府，一直沿袭未改。

济南府城。元于钦《齐乘》记载：“舜庙在府城第二坊”。这时府城是土城。明洪武四年（公元1371年）将土城改为砖城。洪武九年（公元1376年）将三司（承宣布政使司、提刑按察使司、都指挥使司）由青州迁来济南，济南遂成为全省的政治、经济、文化中心，至今未变。崇祯十二年（公元1639年），清军攻陷济南，将府衙全部烧毁。清康熙五年（公元1666年）山东巡抚周有德在明代德王府的基础上，又建起了巡抚部院署，这些衙署及官员府邸，至今犹有遗迹。1929年国民革命军北伐后，改设济南市。

济南泉水众多，湖山胜迹，吸引了众多文人雅士，留下了脍炙人口的诗篇。然而有清一代以前，文献资料中从未出现“泉城”二字，最多的譬喻是“似江南”“亚江南”。

二、民国济南称“水都”

清末民初，西学东渐，风气渐开。济南开商埠、兴学堂、通铁路，许多文人墨客用白话文记录下了对济南的观感。

1924年5月31日至6月5日，时任北京大学国文系教授的周作人应邀到济南讲学，在济南度过4天多时间。期间，他作了8次讲演，并于6月1日下午和四位朋友游览大明湖，6月2日上午游览金线泉、趵突泉、商埠公园等处，对济南留下了良好印象，并作《济南道中》三篇（实际上是写给孙伏园的信，后被称为书信体散文），分别刊载于6月9日、6月20日的《晨报副镌》，后收入散文集《雨天的书》。

在《济南道中（之三）》中，周作人写道：“济南则很有江南的风味，但我所讨厌的那些东南的脾气似乎没有。”这是一个南方人眼中的济南，应和了宋人黄山谷“济南潇洒似江南”的诗句。

老舍与济南的缘分颇深。20世纪30年代，老舍曾两度执教于教会学校齐鲁大学（现山东大学西校区）。1930年7月至1934年8月是第一次，1937年8月至1937年11月是第二次。两次加起来时间长达4年半之久。这段时期，是老舍创作的黄金时期，他写出了《猫城记》《离婚》等小说，写出了《济南的秋天》《济南的冬天》等散文名作。老舍可说是济南山水的知音。

在1937年发表的《大明湖之春》中，老舍写道："泉、池、河、湖，四者具备，这才显出济南的特色与可贵，它是北方唯一的'水城'。"

文学史上享有"女兵作家"之誉的谢冰莹，曾于1947年春末夏初到济南探亲，写下了散文《济南散记》。文中写道："济南，的确是水都。"

把济南坐实为"水都"的，是一篇《济南漫步杂记》的文章。该文作者吕保田，是奉命视察各大煤矿区的官员。文约万字，发表于1944年第4卷第9期《国民杂志（北京）》。该文发表时有一肩题："家家泉水，户户垂杨；水都万象，旅人多愁。"更重要的是，在文中，有这样一段叙述："在许多的广告上都写着'水都济南'什么什么的，实际上，济南也真不愧称为'水都'……在每条巷子里，多通有一条活水沟，一些妇女便在两畔浣衣。"连广告上都写有"水都济南"，说明济南人自己也认可这别号了。

然而细分析，"水都"二字于济南却不甚贴切。水多的地方都可叫水都、水城或水乡，比如威尼斯称"水城"，苏州称"水都"，聊城打造"江北水城"，台儿庄打造"江北水乡"。济南水多，但这水却与别处不同——是"家家泉水"。泉之多，仅老城区就有136处。有一位民国作家，对济南人依水而居的生活作了生动描绘：

"傍水的人家，都是在石驳岸上建起他们的住家，时常从他们的窗户间，泼出一桶水，豁剌剌的一声响，惊破了水面上的沉寂。每天虽然有那么些住户人家的脏水污物投向泉流上去，但是泉水是毫不停留的，一会工夫就把这些污浊的东西，流向北去，变成湖底的泥浆了。所以济南内外城泉流，无疑是做了济南的一个清滤器。"

这段文字，出自一本小册子《济南》的第一部分《泉之城》，作者就是民国作家倪锡英。

倪锡英，1911年出生于无锡东亭镇大厦村，1942年因病去世，为明代大书画家倪瓒（倪云林）第21世孙。倪锡英酷爱旅游和儿童文学创作，除散见于报刊的游记外，主要编写了两套丛书，一套为儿童知识文库，另一套都市地理小丛书，为他被中国社会教育出版社派往全国各地做社会调查时所作。丛书包括《济南》《青岛》

《上海》等9本，连同以前写的《泰山·曲阜游记》，由上海中华书局陆续出版。《济南》约4万字，1936年出版，记录了20世纪30年代济南政治、经济、社会生活的方方面面，内容丰富、言简意赅，是不可多得的民国济南文献。

倪锡英对济南的印象是深刻的，1940年11月，客居重庆的倪锡英又写了《大明湖雪中游》一文，在文中，他回忆了1932年冬游大明湖的情景，并有一段话总结济南的风光特色。他写道：

原来济南的风景线，是由“湖”“山”“泉”三种因素构成〈的〉。在济南民间有句谚语，叫做“湖光山色与水清”，“湖光”是指大明湖，“山色”是指千佛山，“水清”是指趵突泉。这三样法宝，造成了济南风景美的主要骨干，这个美点如果表露地说出来，那就是刘铁云氏在《老残游记》上所写的“家家泉水，户户垂杨”两句话。济南的最可爱处，就美在这个“家家泉水”上面。整个的济南城，是被包围在泉水的潜流中，这泉水，浸润着所有济南全城的大街小巷，使济南蒙上了一重水色的轻纱，显得潇洒而美丽。这些泉水，是以城周四围的群山为源，衍流入城，分布为有名的七十二泉，趵突泉以冠军突跃的姿态，结成了群泉迸发的水花，而大明湖又成了“群泉之家”，变为一切泉流的总汇。所以，济南可以说是一座“泉之城”，而大明湖却堪称是一个“泉之湖”。

“泉之城”！“泉城”的别名呼之欲出了。

三、毛泽东一日之内两称“泉城”

1948年9月24日，济南解放。1949年5月22日，济南特别市改称济南市，济南特别市政府改称济南市人民政府。从1949年4月起，数十万济南市民参加义务劳动，拆除旧城外圩子门，拓建道路。1950年2月，又一段一段拆除济南府城墙。6月2日，济南市人民政府组建了“都市计划委员会”，负责城市建设规划工作，制定了新中国第一部《济南市都市计划纲要》。《纲要》对城市用地范围勾绘了轮廓“要把市界较现市区扩大到三倍”，即西至玉符河，南至大涧沟、黑龙峪，东到刘志远庙至大张马庄一线，北至黄河。

1952年10月27日上午，毛泽东在时任山东军区司令员许世友的陪同下，参观了四里山、趵突泉、泺口。据王东溟《毛泽东休假到山东》一文记载，在珍珠泉毛泽东背诵了明代诗人晏壁的咏珍珠泉诗："白云楼下水溶溶，滴滴泉珠映日红。渊客泣来无觅处，恐随流水入龙宫。"咏完诗后，毛主席十分感慨地对许世友、高克亭说："济南叫泉城，到处都是泉水，真是名副其实啊！"

10月27日下午，毛泽东在许世友、高克亭的陪同下游览了大明湖。在小沧浪亭，毛泽东看了清朝书法家铁保写的楹联："四面荷花三面柳，一城山色半城湖"，然后又环视了一下湖面，感叹地说："泉城真是名不虚传。"

四、"泉城"之名行天下

"泉城"，或许自古就存在于济南人的心中。

1953年12月，中共济南市委提出"迅速确定本市的发展方针，编制城市总体规划，加强城市建设和管理"的具体意见。1955年开展城市地形测量和资料搜集等工作，并做出规划示意图，进一步明确城市功能分区和干道系统。1956年，编制了《济南市城市建设初步规划》（以下简称《五六规划》）。《五六规划》中，明确以珍珠泉以南、正觉寺街以北、趵突泉以东、黑虎泉以西地带，作为城市中心。主干道宽度为50米，经四路、共青团路、泉城路、解放路为5条东西干道之一。"泉城路"三字首次出现在官方文件中。1955年，伴随着济南百货大楼的兴建，拓宽修建了院东大街和院西大街，紧接着，完成了从泺源桥至青龙桥之间的所有路段的拓宽修建，形成了一条车行道15米、人行道各宽4～5米的中轴线主干道，为当时济南市内最宽的道路。

1958年5月中共八大二次会议正式通过了社会主义建设总路线，号召全党和全国人民，争取在15年或者更短时间内，在主要工业产品的产量方面赶上和超过英国。会上通过了第二个五年计划，提出了一系列不切实际的任务和指标。会后，"大跃进"的高潮在全国各地迅速掀起。在此形势下，济南许多工业项目迅速上马，《五六规划》已不能适应新形势的要求。为了顺应"大跃进"的形势，1959年，济南市编制出了《济南市城市总体规划》（以下简称《五九规划》）。

在《五九规划》中，计划将经四路、泉城路、解放路拓宽至70米。1965年7月31日《人民日报》发表题为《济南居民自己动手建设城市》的通讯和《做城市的主人》的短评，肯定了济南市组织发动广大群众建设和管理城市的经验。11月，济南市政府将西门月城街、西门大街、院西大街以及南北向的七忠祠街、福德巷5条街巷合并，命名“泉城路”。随即又将院东大街、府西大街、府东大街以及南北向的金牛丝巷、郑家胡同、北斗巷6条街巷合并到新命名的泉城路。所以说，今日泉城路其实是由1965年前的11条街巷合并而成。合并后形成了东起青龙桥、西至泺源桥、长1630米的济南第一街。从一张清光绪年间的《济南街巷全图》上可以看出，今日泉城路由西往东依次称为：西门大街、都司门口、院西大街、院东大街、府署前、道署前、木牌坊街、关帝庙（今青龙桥西）。1934年《济南市政府市区测量报告书》把这一带标作：西门月城街、西门大街、府东大街、院西大街、府西大街、院东大街。解放初期，这里称为“西门月城街、西门大街、院西大街、院东大街、府东大街”。当时这些街全部首尾相连，宽约两丈。1965年以后，泉城路又经历了多次升级改造，但当年奠定的基本框架至今未变。

1979年7月，由济南市文学艺术界联合会主办的综合性文艺双月刊《济南文艺》，在国内正式发行。1981年改为《泉城》文艺月刊，1985年又更名为《当代小说》。泉城牌香烟、泉城牌订书钉、泉城牌钟表、泉城牌灯泡、泉城牌电池、泉城牌收音机陆续问世并畅销一时。

1980年，《泉城纪游》一书由齐鲁书社出版。

1981年9月24日，山东省第一届“泉城之秋”音乐会在“八一”礼堂开幕。

1983年10月19～29日，山东省第二届“泉城之秋”音乐会在济南举行。

1984年1月1日，《泉城环境报》（周报）创刊。1986年4月改名为《新环境报》，全国发行。

1985年12月10日，中共济南市委、市人民政府发出《关于创建精神文明先进城市的意见》，动员全市人民开展“做文明市民，创文明单位，建文明泉城”的活动。

1986年3月3～14日，济南市举行“热爱家乡，建设泉城”群众文艺调演，80余个单位、近1000名演员参加演出。

1987年3～7月，济南市文化局连续组织“济南市青年歌手大奖赛”“泉城十大歌星比赛”“泉城十大舞星比赛”，近3000名群众参赛；4月5～15日　首届“泉城书市”在济南图书发行大楼举行，参展图书2万多种，共接待读者15万人次，销售图书90万册，价值94.5万元。12月29日，中共济南市委副书记一行10人赴青岛，代表市委、市政府慰问以济南市命名的我国自行设计制造的导弹驱逐舰——“济南舰”的全体官兵，向该舰赠送题有“保卫祖国海疆，共建文明泉城”的锦旗。

……

1999年5月4日，济南市纪念“五四”运动80周年大会召开，表彰第六届泉城十佳青年厂长（经理）；5月13日，首届“泉城电脑节”在济南科技市场及高科技市场开幕；9月25日，泉城广场、济南机场扩建、趵突泉公园扩建工程竣工仪式在泉城广场举行；9月26日，济南市庆祝建国50周年暨泉城广场落成大型文艺演出“泉城放歌”在泉城广场举行。

……

逐渐，以“泉城”命名的事物多了起来：泉城路街道办、泉城公园、泉城中学等等，不一而足，尤其1999年泉城广场建成后，济南人民把它当成了自己的大客厅。山东省暨济南市许多大型活动都在泉城广场举行，泉城广场的泉标、音乐喷泉、历史名人塑像频频出现于公共媒体中，使“泉城”二字的曝光率直线上升，“泉城”遂名扬中外。

工业遗产保护和再利用模式及其体验教育
——以德国鲁尔区为例

徐 昊

摘 要 工业革命为人类社会的发展做出了重要的贡献，同时也改变了人们生存的自然环境和社会环境。二战结束以来，随着科学技术的更新发展，大量的传统工业倒闭，遗留下来众多的工业遗产，其中许多已经丧失了原来的物质功能而被长期空置、废弃，甚至成为城市环境建设的负担。20世纪90年代开始，随着中国工业现代化和城市现代化的推进，中国也面临着上述西方工业化进程中同样的问题，即对于旧有工业景观的经济价值和文化价值进行重新定位和再次挖掘。自20世纪50年代起，西方国家就开展了对工业遗产的保护与研究的工作，并逐渐成为各国历史文化遗产保护工作中的重要内容。本文以德国鲁尔工业区工业遗产保护及再利用的进程和模式为例，阐述了德国在工业遗产保护与研究方面的独特贡献与丰富的实践经验，除了描述工业遗产保护和再利用的博物馆模式、展览馆模式以及综合体验模式外，还重点分析论述了体验教育这一更高层次的工业遗产保护模式所带来教育内容和文化内涵，并对完善中国工业遗产保护体系以及唤起公众对工业遗产的价值认同方面提出可参考的建议。

关键词 工业遗产；鲁尔区；体验教育；下塔吉尔宪章

一、工业遗产的定义与内容

从20世纪90年代开始，随着我国工业现代化和城市现代化的推进，历经社会的飞速发展，曾经具有历史意义、时代记忆和独特建筑形式的，代表了工业时代的典型建筑遗存被闲置、荒废乃至拆除，在城市之中失去了原有的物质功能，从而变成了所谓的“消极的空间”。依据城市工业布局规划，这些曾标志着人类文明骄傲的大量工业遗产面临着重要的选择。由于世界范围内城市化进程加剧所带来的土地资源紧张等问题，有价值的工业遗产的保护和合理开发利用不可避免地成了现代化建设中的迫切现实问题。

工业遗产是文化遗产的特殊类型。近二十年来，联合国教科文组织世界遗产委员会在多份文件中都强调要关注工业遗产。国际工业遗产保护委员会（The International Committee for the Conservation of the Industrial Heritage，TICCIH）是成立于1973年的国际性非政府组织，致力于工业考古学的研究以及工业遗产的保护、推广和诠释工作。2003年7月，国际工业遗产保护委员会通过了《下塔吉尔宪章》，明确阐述了工业遗产的定义，指出工业遗产是具有历史价值、技术价值、社会意义、建筑或科研价值的工业文化遗存。它包括了建筑物和机械、车间、磨坊、工厂、矿山以及相关的加工提炼场地、仓库和店铺、生产、传输和使用能源的场所、交通基础设施等。《下塔吉尔宪章》还总结了工业遗产的价值以及认定、记录和研究的重要性，并就立法保护、维修保护、教育培训、宣传展示等方面提出了原则、规范和方法的指导性意见。①

二、德国鲁尔区工业遗产保护和再利用的进程和模式

（一）鲁尔区工业遗产保护和再利用的进程

受全球化浪潮的影响，许多发达国家的传统产业早就开始向劳动力更加便宜的第三世界新兴工业化国家转移了，那他们为什么还努力地保护他们有代表性的工业遗产呢？不难看出，这些国家是在保留一种传统意义上的复杂的技术集合体，保留一个特种工艺圈，或者说保留了高新技术产业赖以发展的根基。②

---

① http：//ticcih.ss.mtu.edu/docs/1351492885_ticcih_charter.pdf

② 刘会远. 浅析德国工业遗产保护和工业旅游开发的人文内涵［J］. 世界地理研究，2008，17（1）：120.

德国是欧美工业发达的国家之一，其工业从十九世纪后半叶到现在都扮演了十分重要的角色。德国的鲁尔工业区像英国的伯明翰—曼彻斯特、法国的阿尔萨斯—洛林这样的欧洲传统重工业地区一样，在本国的近现代经济中具有举足轻重的支柱地位。鲁尔区位于德国北莱茵—威斯特法伦州，工业历史悠久，由于丰富的煤矿资源以及便利的水运，从以煤炭开发和钢铁生产为基础，逐渐发展成为包括煤炭、钢铁、机械制造、化工、电力等重工业基地，在德国近代工业发展历史中曾蜚声全球，素有“德国工业引擎”之称。第二次世界大战期间，鲁尔区作为重要的资源生产和加工制造工业区，成为德国强大战力的基石和保证，后来大多数工业设施遭到盟军轰炸，以及战后为防止德国工业军事化而强行拆除，损毁严重。虽然战后短期内鲁尔区经过重建又焕发生机，但20世纪50年代中期以后，由于受到世界能源结构的转变和新技术革命浪潮的冲击，其传统的采煤和钢铁业在地区结构性危机影响下逐渐走向衰落。原来的200多个煤矿和炼钢炉，到2002年仅剩14个，从事采煤、钢铁业的工人也由当年的77万减少到如今的不足9万人。不仅造成了大量的失业人口，而且持续百年的重工业污染还使得浓烟蔽日、煤渣满地、河湖恶臭，生态环境濒临毁灭的边缘。自20世纪60年代以来，德国政府根据市场需求的变化，调整与改造产业结构，逐步改变高耗能、以环境为代价谋求发展的老路，注重培植有竞争力的新兴替代产业拉动结构转型，将以煤铁化学制造为中心的重工业综合体，改造成集绿地、居民中心、物流中心为一体的现代工业园区，较好地解决了由大规模工业衰退带来的场所废弃和环境恶化的难题。在结构转型、环境建设、技术更新等方面，对于中国近现代工业区的更新转型，具有积极的借鉴意义。在鲁尔区一系列的建设改造措施中，工业遗产的保护与再利用在彰显工业文化特质和塑造独特地区形象方面起到了至关重要的作用。

当这些传统重工业生产企业遗留下来的工业设施面临着被拆除的命运的时候，在多方的共同协作努力下，逐渐形成了保护工业遗产的观念，其中一些具有重要历史、科学技术、社会及文化价值的废弃工业设施作为文化遗产景观被保留了下来。工业遗产的社会价值在于它记载了工业化时期的社会生活，是人们认同感的基础，它们不仅在机械工程方面具有技术和科研价值，同时它们的设计和建造工艺也是美的源泉。在德国国际建筑展规划实施的“国际建筑展—埃姆瑟公园”（IBA Emscher Park 1989—1999）项目的推动下，鲁尔这个有着近20个城市的废弃工业区完成了100多个更新方案，促进了鲁尔区工业遗产旅游的发展，从零星景点的开发，走向了一个区域性旅游目的地的战略开发。同时，它在对工业遗产和工业景观作为文化遗产的保护以及挖掘其实用价值方面都取得了创造性的成功，成为20世纪人类城市及区域改造转型中的神奇篇章。[①]

（二）鲁尔区工业遗产保护和再利用的模式

对工业遗产的再利用是在保护原则的框架下进行的，适度利用而不仅限于静态保存是工业遗产保护的最高原则，也更具有现实意义。首先，旧有工业景观中蕴含着巨大的文化价值。旧有工业景观曾是一个时期新技术、新材料、新结构的代表，是城市完整形象和历史沿革的见证，也承载着人们对于特定历史年代的记忆。许多工业景观的元素已经深深地印刻在几代人的脑海里，它们既是历史的见证，又承载着人们的情感。其次，旧有工业景观更新再利用有巨大的经济价值，更新再利用就是使蕴涵在其中的经济价值得到再次释放，并投入到新的载体中。例如旧厂房由于庞大开阔的特征很容易被改建为其他功能的空间。在埃森的“关税同盟”煤矿改造中，诺曼·福斯特将原有的锅炉房改建成为艺术展览中心就是一个典型的范例。另外，旧有工业景观更新再利用促进了该区域生态环境的改善，加上文化价值的再次发掘和提升，赋予了该地块鲜明的特色，也促使地块的升值并能够有效地吸引外来资源。

工业遗产保护和再利用大致有三种模式：一种是博物馆模式，即整体或部分利用建筑及设施的内部空间，用于永久性地展示过去工业生产过程、工业产品、工业文化、社会经济、工人生活与工作环境等。鲁尔区多特蒙德市“卓伦”II号煤矿就把旧的盥洗室、工资发放室等改造为展示采矿工业社会和文化历史的主题博物馆。保持废弃的空间原貌，不仅反映了煤矿工人曾经的工作、生活状态，寄托着他们深厚的情感，而且也已成为当地居民场所归属感和怀旧心理的载体。第二种是展览馆模式，即利用建筑及设施的内部空间、支撑结构等来陈列展品或举办活动，把分割的空间变成了多功能的活动中心、商业中心和文化中心。德国红点设计博物馆坐落在埃森市废弃的关税同盟煤矿中，博物馆内部改造成为了五层楼，每层楼都是按其

---

① 卢永毅. 化腐朽为神奇——德国鲁尔区产业遗产的保护与利用［J］. 时代建筑，2006（2）：37.

不同的类别展示历年来获得“红点设计奖”的产品，展厅内保留了原有的高大的锅炉设备钢架结构，与现代顶尖设计产品的展示形成了强烈的反差，而像红点设计博物馆这样的展示空间在关税同盟煤矿中还有很多家。北京“798”是20世纪50年代苏联援助中国建设的一家大型国有工厂，是东德按照包豪斯样式负责设计建造的。当工厂停止运行后，一批全新的创意产业入驻，包括设计、出版、展示、演出、艺术家工作室等文化行业，也包括精品家居、时装、酒吧、餐饮等服务性行业。在对原有的历史文化遗留进行保护的前提下，他们将原有的工业厂房进行了重新定义、设计和改造，带来的是对于建筑和生活方式的创造性的理解。“798”园区成功地保留了众多工业建筑遗产，同时激活了空间，唤起了工业区域新的活力，发展成由许多工作室、画廊、设计机构组成的创意园区。①上海的四行仓库也基本保留了库房等原貌和钢混结构，内部空间自由组合分隔，现在成为众多设计艺术行业的工作室和拍摄地。还有一种就是综合体验模式，它是利用或改造建筑及设施的内外部空间，使其延续原有功能或附加功能，为参观者提供过程体验。

三、工业遗产景观的体验教育

对于工业遗产再利用中的综合体验模式是工业遗产再利用的高级模式，也是中国目前在保护工业遗产过程中最为匮乏的一环。在鲁尔区的波鸿—达赫豪森铁路博物馆中，游客可以乘坐老式的蒸汽机车旅行；北杜伊斯堡景观公园中原有钢铁厂的混凝土墙壁现已成为了攀岩爱好者的练习场地。纵观中国的工业产业园，大部分只是将建筑空间重新分割，分租给不同机构，绝少涉及工业体验教育的范畴，也就是说旧建筑只是其外观和区域空间被保留下来，原来的功能几乎全被去除、损毁，工业的历史在这里被阉割，人们也看不到工业发展的传承脉络，孩子们也无法亲身体验曾经在城市发展中工业所体现的价值。《下塔吉尔宪章》中就明确表示，古老或荒废的工业过程设计的人工技艺是非常重要的资源，一旦失传就不可替代，应该仔细记录并传授给年轻一代，并应该为中小学生编写关于工业历史和遗产的专门教

---

① 俞孔坚，方琬丽. 中国工业遗产初探［J］. 建筑学报. 2006（8）：15.

材，鼓励他们积极参与到工业遗产的保护中。要尊重地块所独有的工业文化，使身在其中的人们产生归属和认同感。要使全社会的每一个人都了解保护工业遗产的意义，教育部门负有重要责任。应将有关内容纳入教学计划，从小学、中学开始传播关于工业历史和保护工业遗产的知识，为学生编写具体教材。学校应组织工业遗产参观学习活动，通过工业遗产中蕴含的智慧和创造力，激发学生的爱国热情，增强民族自豪感和自信心。

体验是除产品、商品和服务之外的第四种经济提供物，它提供的不仅是物和空间的享受，而主要是在一个特定的环境里，让参与者在时间的流逝中享受体验。[①]这种体验可以是纯粹娱乐的项目，但如果融入工业旅游活动中，其教育意义是其他教育形式无法替代的。体验式教育是促使人们不断产生新经验、新认识，并由此发展适应自然与社会的能力，形成积极的人生态度，促进个性成长的教育方式。大多数父母带着孩子来到工业景观公园，不仅仅是为浏览欣赏，还为了使得家庭成员共同分享令人难忘的经历，这种经历也成为其家庭日常交流的一个组成部分。鲁尔卓伦煤矿可以让参观者穿上矿工服到矿区的各个工作场进行体验；北杜伊斯堡公园工厂中的大型废弃储气罐被用来做成潜水俱乐部训练地，不仅体现了设计人员绝妙的智慧，更是超越了仅仅对物质空间进行的规划。反观中国的体验教育，更多的是自然环境体验，似乎工业环境体验教育并没有成为教育活动的重要组成部分，孩子们割裂了与工业文明的对话，很多情况下也让“工业化”成为书本上一个十分抽象的名称。工业遗产所提供的体验活动使参观者增长了工业知识，体验了传统工业技术的进程，也能从更深层次理解工业遗产的人文内涵。

四、中国工业遗产保护的现状与前景

中国的工业史与西方国家相比是非常短暂的，但也经历了从近代早期外资工业、民族工业和洋务工业到现代工业的复杂历史发展过程，工业遗产形式多样，历史文化内涵丰富，在钢筋水泥的城市森林里依然散发着独特的文化情怀和历史记

---

① 派恩. 体验经济［M］. 夏业良等译. 北京：机械工业出版社，2002：4.

忆。虽然中国改革开放以来缩短了与西方经济发展的差距，但对于中国本身而言仍属于工业基础薄弱的农业国。在西方人的意识中，“修旧如旧”的观念根深蒂固，而在中国人眼中这是没有成效的体现，大而无当的改造，大张旗鼓的粉刷，大干快上的拆迁，无不充斥着发展中国家的盲目和浮躁心理。20世纪90年代中国经历了工业变革与改制，大量工业建筑闲置下来，但随着轰轰烈烈的地产业开发，大量的厂区被推倒重建。彻底清除工业废弃地是一个成本高昂的工程，虽然很多工厂由于能耗过大、污染过重而必须重建，但依然可以在可持续发展的思路下通过特别的技术方案使其焕发新的能量。

保护工业遗产在全球范围内受到广泛关注的同时，作为一个新课题，在我国也越来越受到重视。其实在工业遗产概念尚未出现之前，中国工业史、科学技术史等研究领域已出现像《考工记》《天工开物》等典籍的大量学术研究成果，它们都是中国传统工业遗产研究的基础文献。[①]中国古代传统技术遗存资源丰富，近代民族工业遗产数量也不少，理应受到我国工业遗产研究领域的特别重视。我国政府及其文物管理部门1961年公布的第一批180项全国重点文物保护单位中，就有9项可以被认定为古代工业遗产。截至2006年，我国共公布了2358项全国重点文物保护单位，其中包括古代传统工业遗产149项、近代工业遗产18项和现代工业遗产4项。因此，在传统工业遗产的保护管理方面，中国具有为世界工业遗产的保护管理作出重要贡献的文献基础与遗产基础。[②]

2006年无锡市办了“中国工业遗产保护论坛”，并发布了中国工业遗产保护的《无锡宣言》，首次提出保护中国工业遗产。2008年中国文化遗产保护日的主题确定为“工业遗产保护”。这些举措有力地推动了我国近代工业遗产保护管理与合理利用的研究实践进程。2012年第十五届TICCIH大会在台北召开，这是首次在亚洲主办年会，并正式发表《台北亚洲工业遗产宣言》，这可以说是近年来国内各界在共同推进世界遗产保护理念与实践下的突破性成果。

---

① 刘月月. 保护工业遗产，传承历史文明［N］. 中国建设报. 2008—05—13.

② 同上

五、结语

随着城市的快速发展，土地等各种资源日益匮乏，这并不与保护城市文化遗产和工业遗产矛盾，相反，通过对城市文化遗产尤其是城市工业遗产的保护规划与合理利用，将会有效地缓解城市发展与土地资源紧张的矛盾，并提升城市的历史文化品位。人类社会是延续发展的，一处工业遗存是否能被列入各级保护体系的工业遗产名录，一是取决于该项工业遗存是否存在着可被当代及后代社会认可与利用的文化价值，二是取决于该项工业遗产的产权所有者、所处城市或地区的遗产管理者与遗产研究者对它的鉴定、保护与管理。

遗产清单所能保护的只是一小部分最具典型性的遗产。要让工业遗产这笔人类文明史上宝贵的物质和精神财富真正的渗透到百姓的平常生活里，延续到子孙后代的记忆中，一方面需要有关专业人士开展更广泛、更深入的研究工作，因为工业遗产的特殊性在于它不同于普通的文化遗产，也不同于一般的土地改造项目，是综合性的、多学科间的协作结果；另一方面更要重视公众参与和全民教育，尤其要重视青少年群体的参与度，唤起公众对工业遗产的兴趣以及对其价值的认同才是保护工业遗产最有效的途径。

浅谈古今地名的特征及其变化机制

王彦颖

摘　要　本文以吉林省行政区划地名为例，通过对记载吉林地名的文献资料进行整理，分析了古今地名的特点以及导致地名发生变化的原因。通过分析得知，地名具有时态特征、空间特征和属性特征，各个特征相互会产生影响，即某一个特征的改变，会导致其他的特征发生变化；地名随着历史发展会不断演变，其变化的情况十分复杂，因此每个地名都自己的生命周期，造成地名变化的原因主要分为两个方面，一是自然因素，二是人为因素。自然因素主要是指自然灾害造成地名实体发生的变化，它对地名实体造成的影响是破坏性甚至毁灭性的，而由此引发的地名实体改变多为地理位置迁移、地名实体的废置，人为因素是影响地名变化的主要因素，主要包括政治因素、战争因素、文化因素、人口因素、经济因素等。

关键词　吉林省；地名特征；地名生命周期；地名变化

一、引言

“地名”一词最早出现在成书于战国时期的《周礼》①，但是其最初意义并不同于现在所说地名，而是指具体的山丘、陵坟等的名称，一直到东汉两晋时期，地名的概念才与现今所说地名没有本质差别。许多学者都对地名的概念进行了

① 华林甫. 浅谈地名学概念的认识过程［J］. 中国地名，2013（7）：70—71.

解释，地名就是指人们赋予某一特定空间位置上自然，或人文地理实体的专有名称[①]。地名是人为赋予的，是人们为了满足各种生活生产而创造出来的，地名可以用以区别和标志不同的地名实体，也是国家实现分级管理、实行行政权力划分的基础。

地名是一个复杂的系统，在这个系统内包含了专名、通名、别名、简称、雅称、俗称、全称等，因此为了对地名进行更好的研究，许多学者还对地名进行了分类，而根据不同的属性，如时间属性、空间属性和语种属性等，可以将地名分成不同的类型。

二、地名的特征

地名属于地理实体，故拥有地理实体的三个基本特征，时态特征、空间特征和属性特征。

（一）地名的时态特征

每一个地名都有自身建立和消亡的起讫时间，有发生更改变化的时间，这些都是离散的时间点，时间点之间就是地名的时间区间，比如起讫时间点之间就是地名的生命期，发生更改变化的时间点之间就是地名特征的稳定时期。地名的状态是随着时间轴的延伸而不断发生变化的，在不同的时间点、时间段上，地名拥有不同的特征和状态。

对于地名沿革的记录中，都有相应的时间记录，在我国历史上形成了多种记录时间的方法，最早的就是帝王纪年法，历史上几乎每一个帝王都有确切的纪年。还有年号纪年，我国历史上总共有600多个年号。另外干支纪年也是我国历史上常用的纪年方法。不过现在世界上最方便、最为通用纪年方法是公元纪年法。

---

① 李传永. 我国地名的起源和演变［J］. 四川师范学院学报（哲学社会科学版），1993（1）：101—105.

在历史文献资料中，地名的记载和描述，在不同历史时期所使用的纪年方法也会有所不同。时间跨度的不同，会造成期间地名时间描述的复杂程度不同，比如在中国历史地理信息系统（CHGIS）中，对于地名时间的描述主要包括了六种情况，如精确到大的历史时期、朝代、具体年份、具体日期等；在华夏家谱GIS中，包括了历史时期、历史国别纪年、历代帝王纪年等。而在吉林省的地名历史沿革中，由于历史时间跨度较小，仅有一百多年，其中对于地名时间的记载方式包括年号纪年、历史国别纪年和通用的公元纪年法，如对吉林省建制的1907年在历史资料中记载为光绪三十三年；吉林省更改同名县城的1914年在历史资料中记载为民国三年；资料记载“1954年吉林省行政区划发生了较大改动”。

（二）地名的空间特征

地名的空间特征主要包括地名的几何特征，地名的地理位置以及空间关系三个方面。

本文中的地名主要是政区地名和聚落地名，聚落地名在空间上抽象为点，而政区地名则抽象为面，如图1所示。聚落地名抽象为点的情况较为简单，政区地名抽象为面则需要用多边形来表达，每个多边形都有一系列的x，y坐标来记录其空间位置。通常我们将省、市、县级地名抽象为面，县级以下地名则作为聚落地名抽象为点。地名几何特征的改变主要是政区地名几何形状的改变，辖区的扩大和缩小会导致多边形的相应变化，地名的分割与合并分别会使多边形缩小和扩大，还会引起空间实体数量的改变。

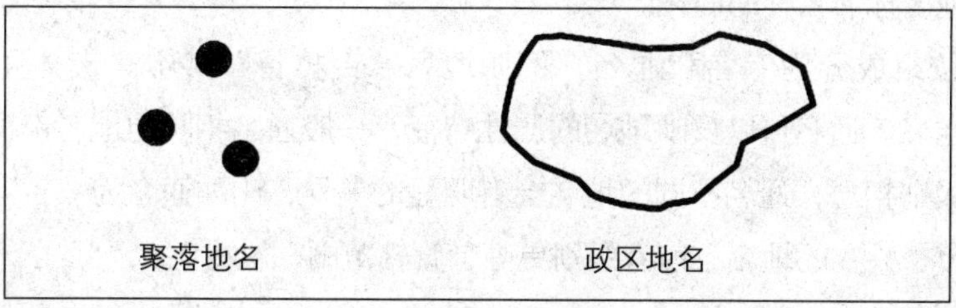

图1 地名的几何抽象

地名的空间关系是指地名实体之间的空间拓扑关系，主要包括包含、相接和相离。包含关系对应着地名与其上下级隶属地名之间的关系，地名包含其下级地名，同时被其上级地名包含①。相接主要是相邻政区地名之间相接，以及少数聚落地名与政区地名的界线相接的情况。相离主要包括聚落地名之间、聚落地名与政区地名、政区地名之间的相离。具体情况如图2所示。对拓扑关系的分析也是后文空间数据拓扑规则制定的依据，需要建立拓扑规则的拓扑关系主要有：上级地名对下级地名的包含关系、政区地名之间的相接关系。

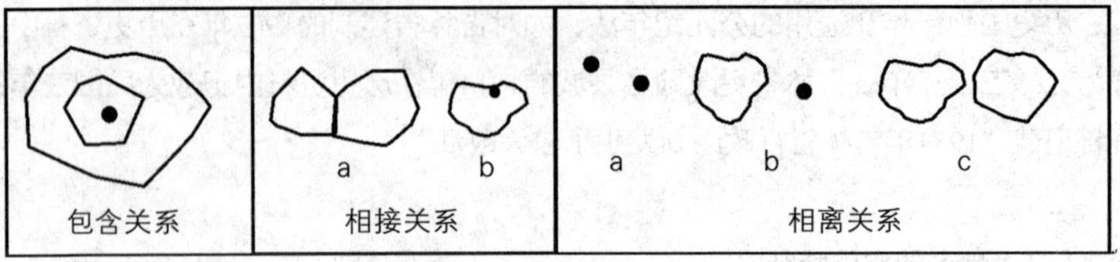

图2　地名的空间关系

（三）地名的属性特征

地名的属性特征主要包括地名的名称、行政等级和行政隶属三个方面。

1. 地名名称

地名名称是人类赋予地理实体的代号，是区分于其他地名的重要标志，地名名称的建立、更改和取消对于地名来说都是关乎地名自身发展的重要改变。

地名名称可以分为三类，分别为标准名、非标准名和简称，本文主要考虑地名前两种名称，标准名称为历史上官方权威设定的名称，而非标准名也可以叫作别称、俗称等等，是人们根据地方习俗、传说等称谓的名称，而简称则是人们在使用过程中对地名标准名称的简化。

地名按组成分为专名和通名，例如地名“吉林省”其中“吉林”为专名，“省”为通名。通名可以反映地名的属性特征，一般通名相同的地名都拥有相似的特征，且级别相当，通名不同的地名会有明显的差异，比如通名为“省”的地名较通名为“市、县”的地名，前者级别更高，管辖范围一般更大。

---

① 满志敏. 走近数字化——中国历史地理信息系统（CHGIS）1820年数据简介. 历史地理. 第十八辑. 上海：上海人民出版社，2002：12—22.

2. 隶属关系

隶属关系即行政等级较低地名受行政等级较高地名的管辖和治理，是历朝历代权力机构进行行政管理的有效工具。通常上级地名管理着多个下级地名，即一对多的关系，而下级地名受一个上级地名的直接管理，与上级地名是一对一的关系。隶属关系具有层次性，一个高级地名管辖着多个低级地名，而一个低级地名又管辖着多个更低级的地名，以此类推层层有秩。例如清末时期吉林省行政隶属层次如图3所示。

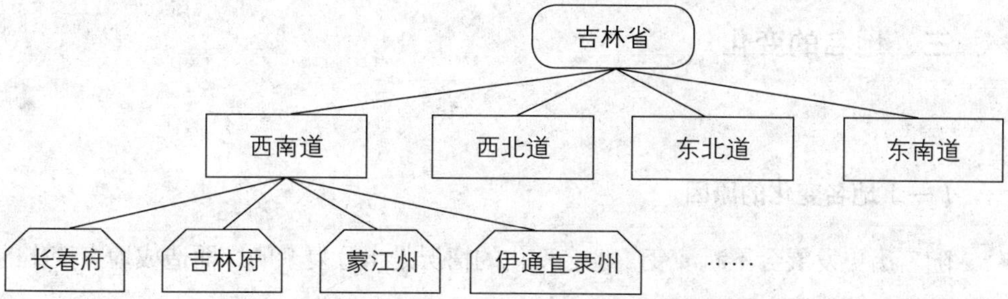

图3 清末吉林省行政隶属层次

3. 行政等级

各历史时期行政区划等级制度的不同决定了地名的行政等级的差异。历史上不同朝代曾运用过多种行政区划等级制度，例如秦朝的郡县制，唐朝的道府县制，

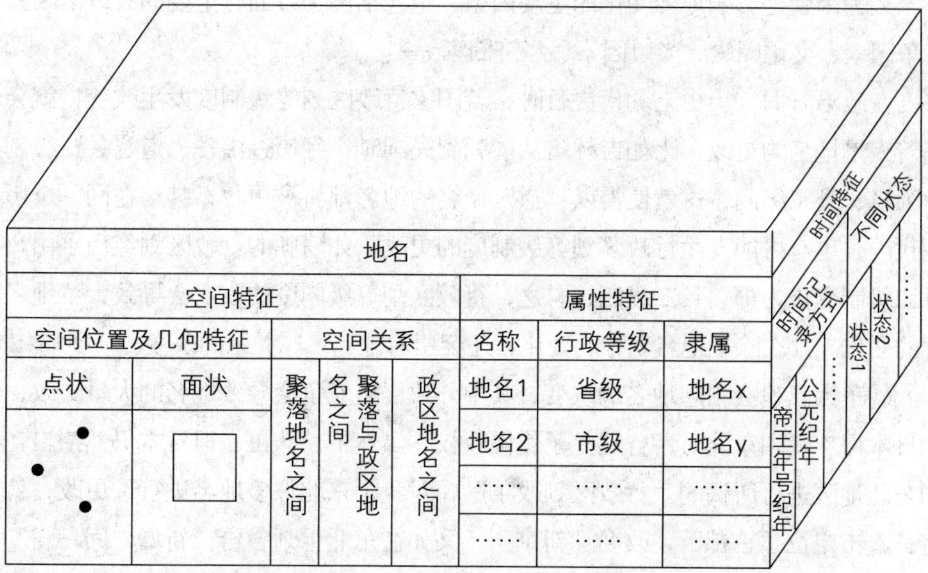

图4 地名特征图

清朝的省府县制，我国现行的省市县制等等。虽然各时期区划层级中，通名各不相同，但其实很多不同的通名只是相同等级不同称谓而已，例如两汉三国时期的郡级地名，与唐宋时期的府级地名同属二级政区。

综上对地名三大特征的分析，可以将之用图4清晰地表示出来。

三、地名的变化

（一）地名变化的原因

随着历史发展会不断演变，地名变化的情况是十分复杂的，而造成地名变化的原因也是多种多样的。

地名变化的原因主要分为两个方面，一是自然因素，二是人为因素。自然因素主要是指自然灾害造成地名实体发生的变化，自然灾害一般是破坏力较大的灾害，比如地震、海啸、干旱、洪水等等，对地名实体造成的影响是破坏性甚至毁灭性的，而由此引发的地名实体改变多为地理位置迁移、地名实体的废置。

人为因素是影响地名变化的主要因素，也包括多个方面，主要的有政治因素、战争因素、文化因素、人口因素、经济因素等等。

在政治方面，历史上朝代更替时，若国家行政区划等级制度发生改变，就会伴随着大量地名的更改，比如吉林省从清朝到民国时，经历过由省、道、县三级制更改为省、县二级制，这就使得以“道”命名的地名都将被更替，甚至在同一个历史朝代内，也有可能发生行政区划等级制度的更改，如隋朝的行政区划经历了由州、县二级制变化为郡、县二级制，总之，行政区划等级制度的改变会导致大量地名名称的变化。其次除了地名名称的变化，还会引起地名隶属关系的改变。

战争因素也会引起地名的改变，其中外敌侵略战争会导致地名的大量更改，例如日本侵略我国东北时，曾建立了傀儡政权，虽然不被认可，但日本仍然擅自在我国东北地区进行所谓的“行政区划改革”，对我国东北许多地名进行了更改，例如将长春市定位“首都”，改名“新京”，又如在东北重划省份，新增“间岛省”，“四平省”等等。

文化因素主要是风俗习惯、历史文化对地名的影响，比如古代帝王避讳用自身名称作为地名名称，对有同字的地名就会进行更改。各民族会对地名实体有不同的称谓，比如“吉林”满语原名为“吉林乌拉”，意思是“沿江的城池”。

人口的聚集情况会导致地名的变化，比如我国历史上有名的“闯关东”，许多关内人口移入我国东北地区，使得东北地区许多荒芜的地区都兴起了城镇，是为地名的新建。

经济因素也会引起地名的更改，经济的快速发展能够引起地名实体的扩张，经济增长会引起地名级别的上升，比如深圳市即是由于经济而从一个小渔村发展成为了一个大城市。一名多地的同名现象也会引起地名的更名现象，比如扶余原名“新城”因“与直隶新城通名”而改名为扶余；辽源市原名“西安”因与陕西西安同名而改名辽源。

总之在不同的历史时期和历史条件下，在众多因素的影响下，地名变化是十分常见的现象。

（二）地名的变化类型

地名的变化涉及许多种情况，主要是其空间特征和属性特征两个方面的改变，包括以下四个方面：

1. 仅有空间特征发生变化。包括空间位置、几何形状、空间拓扑关系的改变。政区地名和聚落地名两种情况中，政区地名为面状的地理实体，其几何特征变化主要包括辖区扩大或缩小，辖区的分割和合并，这些都会导致其所辖区域的界线变化，而其空间位置的改变主要就是界线的更改。而聚落地名作为点状地名，其空间特征变化就相对简单，主要是其地理位置的变化。空间拓扑关系方面包括聚落地名之间、政区地名之间以及聚落地名和政区地名之间拓扑关系的改变。

2. 仅有属性特征发生变化。地名的属性特征变化包括名称的更改，行政隶属关系以及行政等级的更改等方面。

3. 空间特征和属性特征同时发生变化。

4. 新增地名和已有地名的撤销。

以上所述的各种变化中，有些变化是相关联的，存在一个特征变化，另一个特征就会相应变化的现象。主要包括以下几个方面。

1. 行政等级与地名名称

行政等级发生改变时，地名的通名一般都会相应改变，比如扶余县由县变更为县级市，其地名通名变为市，名称则变为扶余市。而地名名称发生改变时却不一定表示行政等级发生了改变，因为地名更名的原因很多，可能是因为与别的地名同名，比辽源市曾用旧地名“西安市”，与我国陕西省城市西安市同名，因此改为辽源市，其行政等级仍然为市级，没有发生改变。

2. 行政等级与隶属关系

上一级地名的行政等级发生改变时会引起地名之间的隶属发生变更，例如长春旧时由厅级升为府级，那么长春下属的所有地名的隶属都将由隶属“长春厅”改为隶属“长春府”。相反，隶属关系的改变就不一定伴随行政等级的改变，比如地名四平市曾由隶属辽北省改为隶属吉林省，隶属关系发生变更，但行政等级仍然为市级，没有发生改变。

3. 隶属关系与空间信息

隶属关系一般指一个上级地名管辖着下级地名，在空间上表现即为多边形包含多边形，或者多边形包含点。当隶属关系发生改变时，会伴随着空间信息的改变，例如地名m由隶属于地名A变为隶属于地名B，首先A、B两地的辖区肯定是发生了改变，至少地名m所辖地区由A转入B，则多边形A的面积减小，多边形B的面积扩大，且两地的行政界线也发生改变，如图5所示。地名m与A的拓扑关系由被包含变为相离，与B的拓扑关系由相离变为包含。而空间信息的改变不一定能够引起隶属关系的变更，比如地名m迁移，其地理位置发生改变，但是仍然隶属于其原来的上级地名。

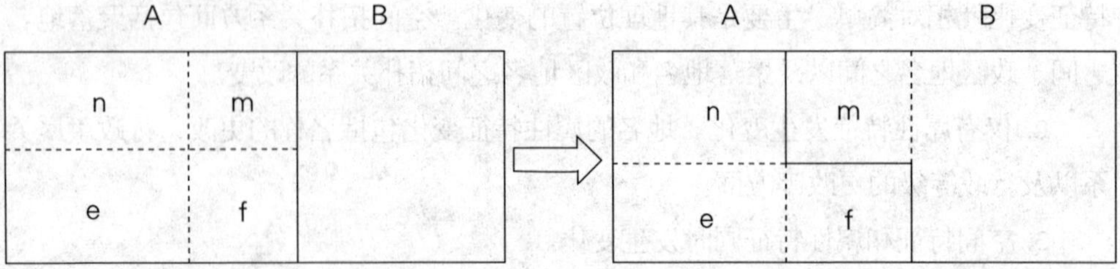

图5　隶属关系改变引发空间信息改变

4. 地名建立撤销与隶属、空间信息的关系

地名的建立与撤销可能会引起隶属关系的改变，比如一个地名撤销了，隶属于

它的所有下级地名的隶属关系都会发生改变。地名的建立会引起地名空间实体的出现，撤销会导致地名空间实体的消失。

5. 驻地变更与聚落地名空间位置

地名的驻地和聚落地名的空间位置是紧密联系的，某种程度上其实也可以将地名驻地看作地名的空间特征，两者中一个的改变都有可能表示着另一的改变，例如地名的驻地发生迁移时，聚落地名在空间上的定位一般也会随着迁移，而地名空间位置发生迁移时，一般也表示着地名的驻地发生了改变。

（三）地名的生命期

地名有新增和消亡，就拥有了相应的生命期。一般认为地名的生命期指其被新增命名直至其被撤销为止，在一个地名的生命期内，地名的空间特征和属性特征都有可能发生一系列的变化。因此，每个地名拥有不同的生命期，且在其生命期内又有不同的变化情况[①]。地名的生命期如图6所示。

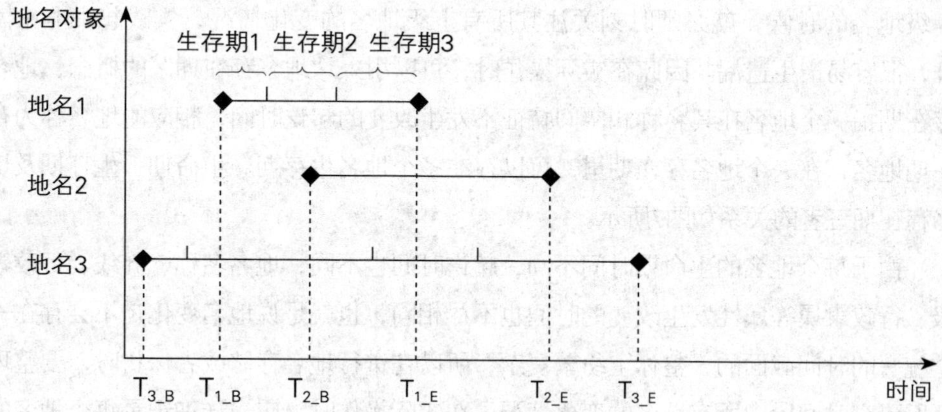

图6 地名生命期示意图

在图6中，分别显示了地名1、2、3的生命期，其中T_{n_B}表示地名新增时间，T_{n_E}表示地名消亡时间，菱形中间的线段即地名的生命期长度，短竖线表示地名特征发生变化的时刻。由图可以看出，三个地名生命期的开始时间和结束时间都不相

① 曾庆亚. 吉林省行政区划沿革数据库中地名数据的组织研究［D］. 东北师范大学，2014.

同相互交错，地名3的生命期最长，期间发生了三次地名特征的改变，地名1生命期内发生了两次地名特征改变，而地名2最稳定，在其生命期内没有发生任何的特征改变。

要有效地存储地名的变化，仅仅靠地名的生命期这个概念是不够的。中国历史地理信息系统（CHGIS）在对松江府地区的历史地名处理时，加入了“生存期”的概念①，即一个地名其所有特征包括空间特征和属性特征都没有发生改变时，把这个稳定状态从开始到结束这段时间称作生存期，如果其中任意一个属性发生了改变，则会生成一个新的纪录，即从一个地名生存期过渡到另一个生存期，图6中标注出了地名1生命期内的三个生存期。可以看出在一个地名的生命期里，可能存在多个生存期。

生存期虽然对于存储多变的历史地名数据十分有效，但是当实施数据的编制时，其可操作性非常差，比如当吉林省由清朝过渡到民国时期时，由三级行政制度更改为二级行政制度，以“道”命名的地名撤销更改，而之前隶属于“某某道”的所有地名都将发生改变，因为其行政归属发生了改变。这样一来，在编制某一行政等级地名的时候，就必须时刻关注其所有上级地名的变化情况，实践起来非常困难，很容易产生遗漏。因此在实际操作时，可以引入“地名存在期”的概念，地名存在期指一个地名在其名称和空间特征不发生改变的起讫时间，相应的地名称为存在期地名，在一个地名存在期里，可以存在多个地名生存期。生命期、生存期及地名存在期三者的关系如图7所示。

由于每个地名的生命期时间不同，起讫时间也不同，地名名称、界线、行政等级、行政隶属等属性发生改变的时间也不尽相同，也就是说地名变化是不会存在一个统一的时间截面的，整体上纷繁复杂，所以在进行地名存储或者保护时，要整理好所研究时间段内所有地名的变化情况。在实际操作时，应当详细记录每个地名的时间变化情况，这一部分本文不进行详细讨论。

---

① 满志敏. 走近数字化——中国历史地理信息系统（CHGIS）1820年数据简介. 历史地理. 第十八辑. 上海：上海人民出版社，2002：12—22.

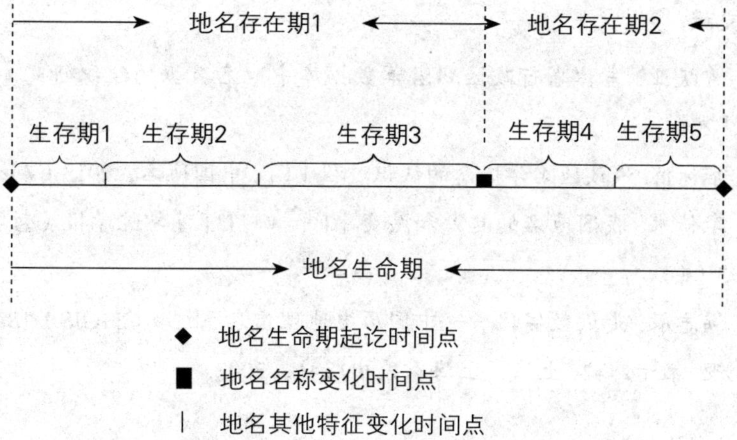

图7 地名生命期、地名生存期及地名存在期关系图

四、主要结论

本文以吉林省行政区划地名为例，探讨了古今地名的特征及其变化机制，为地名文化的保护和传承进行了探索，同时也为行政区划历史沿革的数字化建设奠定了基础，本文主要结论如下：

1. 地名拥有时间、空间和属性三大特征，各个特征随着时间会发生变化，且变化的发生是不存在统一时间截面的，只有将生存期地名作为地名变化的基础状态是实现地名沿革信息完整存储的有效方法。

2. 影响地名变化的因素有很多，地名变化的情况也十分复杂，主要分为两个方面，一是自然因素，二是人为因素。其中人为因素影响较为突出。

人为因素是影响地名变化的主要因素，也包括多个方面，主要的有政治因素、战争因素、文化因素、人口因素、经济因素等等。

3. 地名随着历史的进程有新增也有消亡，每个地名都有自己的生命周期，在整个生命周期中，地名的空间特征和属性特征都有可能发生一系列的变化，并且变化情况各不相同。

参考文献：

[1] 曾庆亚. 吉林省行政区划沿革数据库中地名数据的组织研究 [D]. 东北师范大学，2014.

[2] 华林甫. 浅谈地名学概念的认识过程 [J]. 中国地名，2013（7）.

[3] 李传永. 我国地名的起源和演变 [J]. 四川师范学院学报（哲学社会科学版），1993（1）.

[4] 满志敏. 走近数字化——中国历史地理信息系统（CHGIS）1820年数据简介. 历史地理. 第十八辑. 上海：上海人民出版社，2002.

浅析地名服务的社会需求及意义

郭晓琳

地名是指人们赋予某一特定空间位置上自然或人文地理实体的专有名称，具有地域性、社会性、指位性、稳定性和历史性等特征。地名不仅反映地方特征和历史且在人们日常生活中起到定位定向的特殊作用，在便利大众的同时，地名管理部门还要对其进行规范管理与治理，伴随着经济社会发展和城镇化的快速推进，以及国内外交流越来越平常化，地名信息的使用频率也越来越高，对地名服务的需求也越来越迫切。地名服务的理念将逐步建立并不断深化。

一、地名服务的社会需求

地名服务是服务经济社会发展和人民群众生产生活需要的公益性基础工程，是集地名规范、地名规划、地名标志、数字地名、地名文化建设等于一体的系统工程。

地名服务涉及内容广泛，既是基础公共服务的一部分，又是经济公共服务的一部分，还是社会公共服务的一部分。因此地名服务的社会需求是多方面的。

记忆层面

地名是一个历史范畴，是人类社会发展到一定阶段的产物。正像世界上本来没有路一样，在人类远古时期，世界上的任何一个地域都是不可能有地名的。后来经过漫长的生活经历，人类感到为了生存的需要，有些有鱼虾、有果实、有水源、有洞穴、有火种的地方需要记住。而为了记住这些地方他们在那里留下记号、符号和标识。在人们相互谈论、相互转告、反复比画、不断往来的过程中，这些记号、符号和标识就渐渐演变成了地名。有了地名之后人们对某一地域就容易记忆并可以进行标识。一提起某某山、某某沟、某某村、某某河、某某湖，人们马上就会记起这山、这沟、这村、这河、这湖在什么地方，是什么样子，有什么用途。时至今日，地名的记忆功能仍然是它的基本功能之一，不论哪个地区、哪个城市、哪座山峰、哪条河流，要想清楚牢固地记住它就需要首先给它起个名字。冯骥才先生说："如果这地方有其独特的历史与命运，地名便是这历史命运的容器，比如唐山与唐山大地震灾难，平型关与平型关大捷，罗马与罗马史"。作为中华传统文化的重要组成部分，地名一直以来都是故乡的第一记忆。在所有寻找乡愁的人们心中，地名就是那条回家的路，能让我们铭记一生。

管理层面

地名工作是地名机构依据国家有关地名管理的方针、政策和法规，通过政府赋予的各项行政职能和技术手段对地名实施统一有效的管理。地名管理是一项政治性、政策性和科学性很强的工作，涉及国家的政治、经济、军事、文化，涉及内政外交、公安、交通、新闻出版、测绘制图、邮电通讯、旅游等多项工作。地名管理工作在国家社会生活中占有重要地位，自古以来就是治国理政的重要内容，也是社会主义建设不可缺少的一项基础性工作。目前，缘于经济发展、社会结构、利益格局、思想观念等深层次的变化，地名管理工作面临越来越多的新情况、新挑战，如地名标准化、商业化、稳定性及地名文化保护等方面的冲突加剧；城镇化和经济社会发展的进程大大加快，地名正以前所未有的速度出现和消失；中国与世界的联系越来越紧密，地名在翻译和拼写等方面暴露出的诸多问题；民众的人文修养参差不齐，对地名的需求难以统一等等。地名管理本身也出现了一些瓶颈与困局，一直以来，地名工作都在"管不管，管多少"中纠结。这些新情况、新挑战为地名工作提出了更高的要求，原有的工作方式越来越难以满足日益变化的社会需求。因此在地名的更名命名、地名的标准化处理、地名书写译写、地名标志的设置管理等地名工作的各个方面，都应按照国家建设服务型政府的要求，以人民的需求和社会的发展需要为原则，由一个管理部门向社会公共服务部门转变，提高自身的服务能力。

文化层面

地名是人类在各个历史时期活动的产物，它记录了人类探索世界和自我的辉煌，承载并传承着中华民族博大精深的优秀文化。大凡地名都不是孤立的，都和历史文化紧紧联在一起、融为一体。这是因为人们生产生活的改善，文化科技的发展，社会风俗习惯的变异和传承，战争的得失成败，朝代的兴盛衰落，历史人物的出现和消失，社会的发展变迁等等都会通过种种形式融入地名，使地名成为记载历史文化的百科全书。

地名的种类很多，但是构成地名的主体部分以及在实际生活中大量使用的，主要是行政区划和居民地、自然地理实体两个大类。比如西周时期，“齐”和“鲁”是山东境内两个最大的分封国，在中国历史上产生过重大影响。秦朝统一中国后，在山东设4郡50县，其后历经朝代更迭，行政区划几经调整，但政区地名一般来说具备很强的传承性。据统计，山东省境内22.1%的县市级城市地名因人文地理因素命名，其中61%是因为历史渊源，29%是因为传统文化得名。这些地名随着时间的推移，已经成为传统文化演绎的对象或传承的载体。

政治文化是文化体系中最权威的因素，政治文化具有延续性，它通过政治社会化得以传播和沿袭。政治文化的延续性使一国文化有可能代代相传，也使国家、地域、民族之间的政治文化呈现出长期的差异性。因此，统治阶级往往把思想政治意图、生活理想、道德标准表现在地名用词中。有体现文治武功的，展开中国的历史地图，通过地名表达文治武功的方式，几乎是存在于各个朝代。700多年前元灭西夏后，将西夏王朝所在地改为宁夏。600多年前，北京曾被称为北平，那是被封为燕王的朱棣灭元扫北时，对陷落后元大都的称谓。

历史人物、历史事件在地名中也多有体现，鲁国故都、儒家文化的发祥地、孔子故里曲阜市，有许多村名如夫子洞、阙里、书院、通相圃等都反映了儒家文化在当地的影响。

据有关部门评估，我国现存的千年古城300多个，千年古县有700多个，千年古镇1000多个，历史悠久的古村落10万多个。其中蕴藏着多少文化难以想象，难以统计。而这些文化又和这些古城、古县、古镇、古村的名字密不可分。地名是一个地方历史的见证、文化的记忆和情感的寄托。可以说，地名服务是对地名公共服务的升级。除四个专项事务外，地名服务的内涵将不断加深，特别是在地名文化和地名调查的合作、共享、交流、融合等方面将不断加深和拓展，不仅要提供看得见、摸得着的物质（实体）服务，还要有精神层面的服务，不仅提供硬件服务还提供软件服务。

教育层面

地名是记载历史的“备忘录”。在漫长的中华民族的文明史中，涌现出了许许多多热爱祖国、抵御侵略、体恤人民、反抗压迫、反腐肃贪、尊师重教、尊老爱幼等等英雄人物和动人故事，这些英雄人物和动人故事都和地名有千丝万缕的联系。一提起某个地名，人们常常就会想起某个人物和某个故事。一提起杭州岳王庙、风波亭，人们就会想起智勇双全、精忠报国的民族英雄岳飞；一提起梁山，人们就会想起“路见不平一声吼”的梁山好汉；一提起开封府，人们就会想起为民除暴安良的黑脸包拯；一提起虎门，人们就会想起忧国忧民、抵制鸦片的林则徐；一提起微山湖就想起铁道游击队；一提起台儿庄就会想起抗日战争中震惊中外的台儿庄大捷……地名还是人们乡愁记忆的载体，多少游子寻根问祖，都是借助地名的查询圆了故国家园梦。有些地方，地名已经作为乡土教材和区域文化的一部分进校园。各地还成立了一些志愿组织，由具备相关地名专业背景的人士普及地名知识，为社会大众提供地名教育服务。

经济层面

地名与社会经济活动密切相关，地名一定程度上反映当地社会经济、农业、商业、工矿业等情况，为我们认识历史上某一地域的经济特点及类型提供佐证。“集市”是农村或城市中定期买卖货物的市场。山东许多地方有以“集”、“镇”、“场”等字命名的地名。烟台市芝罘区世回尧村原名石灰窑，相传唐代有人在此建窑烧石灰，故名。莱芜市境内以“冶”字命名的村极多，新中国建立后，地质勘探人员以这些带有“冶”字的村名为线索，运用现代化的勘探技术，找出了众多的铁、铜、金、铅矿，该市铁矿已探明储量6.5亿吨，列华东地区之首。还有以农业活动场所命名的，如垦利县，因过去曾被称作垦区和利津洼而得名。

地名属于上层建筑的一部分，是由经济基础决定的，反过来，它也必然为经济基础服务。一些地名的起用，主要是为了促进贸易和文流，促进地区的经济发展，使人们一提起这个地名就会想起买卖，想起投资，想起发展，使地名与经济紧紧联在一起。以古都西安为例，新中国成立前西安就出现了竹笆市、骡马市、糖坊街、印花布园等40多条与经济有关的地名，反映了当时经济发展对地名的要求。新中国成立后，西安出现了纺织城电工城、飞机城。电子城、文教城等新地名，反映了社会主义大生产的特点。改革开放后，出现了一些具有经济特点的新地名，比如上海的浦东新区、天津的渤海新区、广东的深圳和珠海等等名称都和经济发展密不可分。某些城市经济开发区的名字也带有经济的属性，如大连金州高新技术开发区、沈北农业高科技园区、锦州的锦州湾开发区等等。从名字上看，就知道这个地方不是这个地区的政治中心、文化中心，也不是这个地区的教育区、居住区、娱乐区，而是经济特区，是以引进内外资金、开发高新技术、增加产品出口、促进经济发展为主要内容的区域，这些区域从名字上看就带有浓重的经济色彩。另外，把地名用于产品、用于广告、用于商标，使地名和经济直接融合，产生效益的也越来越多。比如一些地理标志产品烟台苹果、西湖龙井、章丘大葱、龙山小米等；一些非物质文化遗产也和地名息息相关，比如杨家埠年画、扬州弹词、诸城古琴、大槐树祭祖习俗等；很多品牌香烟以地名为烟名，如红塔山、白洋淀、上海、北京、石林、中南海等等，一定程度上，这些地名成就了这些品牌，也带来了可观的效益。还有一些城市中的过街天桥等点状地名，以冠名权的方式拍卖，使地名直接产生经济效益服务社会。

主权层面

地名既然属于上层建筑范畴，必然直接或间接地反映统治阶级的意志，反映主权国家的意志。在处理国际事务过程中，有一个“名从主人”的惯例。因此，在一些特定情况下，地名往往体现一个国家的领土主权。1949年以前，我国有些地名是外国人命名的，比如在上海的租界里，有不经中国政府批准就以本国人的名字命名的路名，表明了半封建半殖民地中国对地名管理权的丧失，也是对主权的丧失。新中国成立后，党和政府通令要求各地清除有损领土主权和民族尊严的地名，全国各地一改外国人命名的地名，恢复了中国名称，标志着我国作为一个主权国家理所当然地行使着地名管理的权力。地名的主权功能还较多地体现在沿边沿海岛屿和山脉的命名和管理上，2005年10月由民政部、国家海洋局联合召开的全国海岛地名管理工作座谈会强调，加强海岛地名管理有利于维护国家主权和领土完整。在处理领土纠纷过程中，各国为了维护主权和领土完整，都把自己对边界地理实体的命名作为拥有主权的有力证据来使用。据了解，我国与某邻国的一座山的主权之争就是围绕山的名字进行的。中国有8个海上邻国，有16个陆上邻国，沿边沿海有成千上万的岛和山，其中有很多没有名字，更别说在岛上、山上设立宣示我国主权的地名标志。

宗教层面

宗教是一种重要的人类文化现象，各种宗教名胜古迹的名称均属地名范畴。我国带有宗教色彩的地名很多，使地名具有了传宗说教的作用。我国历史上传统的宗教主要有儒、道、释三脉组成，三者既各自独立，又互融互补，后来随着天主教、基督教、伊斯兰教等教派的传入，我国宗教文化得以进一步丰富和发展。宗教对地名文化的影响是不可低估的，在中国两千多年的封建统治时期，宗教文化在社会发展中扮演着举足轻重的角色，宗教文化通过影响人们的思想来支配人们的行为，深受宗教文化影响的人们主导地名文化的发展，必然会体现宗教文化的某些特点。围绕宗教发展产生了各种宗教圣地、圣山和相关修行场所。

以佛教文化为例，由于人们信奉佛教能助人度厄，便建立相关的佛家庙宇对佛教诸神加以供奉，并将其命名为具有鲜明佛教特色的地名，慢慢的该地名也即成为佛教的象征，地名文化在这样一个潜移默化的过程中被赋予了宗教文化的内容。被称为“中国第一古刹”的洛阳白马寺初创于东汉永平十一年（68），距今已有1900多年的历史。相传汉明帝夜寝南宫，梦见金人：身长丈六，飞绕殿庭，项佩白光。臣曰：西方有神，其名曰佛，正如陛下所梦。明帝听罢，信以为真。于是派人出使天竺，拜取佛法。佛经取回后，由于白马驮经，且两位高僧下榻于此，故得名白马寺。传承中国两千多年的封建正统文化——儒家文化也留下来许多与之相关的地名文化。孔子穷其毕生心血为复周礼而奔波著述、施教授徒，被尊为圣人，其思想行为直接影响着儒家文化的形成，而在他身后留下的孔子庙，是国内最早且延续至今的儒家庙宇。之后又相继为颜子、曾子、仲子、冉子和亚圣孟子等先儒建庙，至于其他儒家先哲的祀祠更是历代多有，遂形成儒家祭祀体系，也成就了儒家地名文化。除此之外，还有道教等宗教地名文化体系也都在地名上留下深深的痕迹。我国有信仰宗教的自由，宗教在教人乐于助人、促进慈善救助、建立和谐社会中能发挥积极作用。

二、地名服务的意义

地名是人类社会交往、交流的重要工具，是人类社会发展中留下的活动标志，也是人类文化的重要组成部分。随着我国现代化建设步伐的加快，新城扩建和老城改造使我国城市化水平得到快速的提高，因此会产生大量新的街、路和居住区地名，也会有许多人们熟悉的老地名陆续消失，人类与地名的关系越来越密切。实施地名公共服务工程是构建社会主义和谐社会的需要，是经济社会发展和对外开放的客观要求，是政府转变职能、提高公共服务能力的具体体现，是推进城市化进程、提升城市品位和形象的要求。地名服务能够有效地促进经济社会的发展。

第一，地名服务是推动地名工作跨越式发展的需要。随着我国经济社会的迅速发展，特别是工业化、城镇化、市场化、经济化、信息化、全球化进程的加快，国内外政治的、文化的、经济的等等各种社会活动越来越频繁，社会交流量飞速增长，对地名公共服务的需要越来越广泛，要求越来越高。面对信息化、全球化的挑战，我们必须提高地名管理的科学化水平，实现地名管理的跨越式发展，利用现代信息技术尽快建立起高起点、高质量、高效率的地名信息系统，实现地名信息数字化管理，从根本上克服传统地名管理中的盲目性、随意性和被动性，提高地名信息资源的利用率和社会经济效益。

第二，地名服务是区域经济和城镇化建设的需要。在当今信息化时代，国内外经济运行建设明显提高，经济活动节奏日渐加快，从天空到陆地，从现实到网络，各种交流交往活动的深度与广度、频率和空间都有了前所未有的扩大，地名在各种经济活动中的作用越来越明显和突出。首先是在新农村建设尤其是实施乡村振兴战略过程中，利用地名这个特有的载体，在招商引资中以及新、特、优品种和技术的引进和产品的销售等方面，都将大有作为。其次是在城镇化建设上。随着农村经济的不断发展壮大，农村小城镇建设规模不断发展扩大，城镇人口不断增加。近年来我国通过撤并乡镇有效地增加了中心镇的经济总量和资源总量，以来促进农民向城镇靠拢，推动第三产业发展和经济、产业结构的调整，解决农村富余劳动力就业，增强了小城镇特别是中心镇的辐射带动功能，促进了经济强镇的形成，对资源起到了合理配置和保护作用。但如果地名管理与服务工作跟不上城镇发展建设的步伐，势必会影响城镇发展建设的速度，影响整体区域的经济建设速度。故实施地名公共服务是发展经济建设和城镇化建设的需要。

第三，地名服务是建设服务型政府的需要。当今社会对地名信息的需要已产生了质的变化，如果不提高地名管理水平，不改变服务方式，不规范和完善地名信息，那么政府职能由管理型向服务型转化就很难做到。故实施地名服务，正是解决作为社会公共资源重要组成部分的地名信息资源如何为社会提供方便、快捷、准确、规范和多方位服务的举措。对于地名管理工作而言，既是机遇也是挑战，我们必须以科学发展观为指导，以人为本、统筹安排、健全制度、因地制宜、全力推进，不断拓展服务领域、提高服务水平，逐步形成内容丰富、使用方便、优质高效的地名公共服务体系，为构建社会主义和谐社会做出积极贡献。

关于临西县与临清市历史沿革的问题探讨

吕苏生

河北省临西县与山东省临清市，原本同属山东省临清县。一九六四年底，析临清县卫运河以西之地划归河北省成立临西县，至今只有五十多年。在历史上，今临西县与临清市所在区域的建置沿革，更是发生过多次分拆聚合，有一个长时期的错综复杂的演变过程。无论是清代的临清旧志，新出版的《临清市志》《临西县志》，还是《河北省政区沿革志》等一些专门研究地方建置沿革的著作，对于今两县市历史沿革的记述虽然尚属详尽，但也确实存在不少失实、错乱甚或荒谬之处。其中也涉及许多重要问题，譬如先秦时期临西县与临清市两县市所在区域的归属如何界定，汉魏至隋唐两县市区域是否完全同属清渊县，最初清渊县是否隶属过巨鹿郡，清渊县治究竟在何处，汉代所谓的榆阳侯国是否在临西境内，西晋清渊县是否曾改名清泉县，所谓的清泉县在历史上到底存在不存在，后赵以后临清县多次废置的真相，临清县治在何处，清渊县治的移徙，隋唐时期临清县与沙丘县、永济县的关系，宋代有关临清县治的移徙，等等。在这里，本文将划分为先秦、秦汉至魏晋、后赵以下至唐宋三个部分，并依照时代的先后次序，针对两县市有关新旧志书中和《河北省政区沿革志》等有关两县市历史沿革的种种错误说法，尽可能地一一给予辨析校正。

一、先秦

先秦时期，今临西县与临清市两县市所在区域的归属应该如何界定呢？

首先，撰写各个地方的历史沿革，有一个从何时起述的问题。本来，这并没有一个明确的规定。何时有可记述者，即可从其时起述。康熙十二年《临清州志》起自唐尧，乾隆十四年《临清州志》起自夏代，乾隆五十年《临清州志》起自唐虞，民国二十四年《临清县志》起自夏代，《临西县志》亦起自夏代，惟《临清市志》与《河北政区沿革志》起自春秋。以今两县市所在地域论，春秋之前虽然连一个确切的地名也不见著录，但并非无一可记述者。在夏，有所谓古九州的划分；殷商，有畿内外的区别；西周，也有属于何个诸侯国的问题。《临清市志》与《河北政区沿革志》从春秋起述，并不能以之为错，但总嫌后置了一些。

夏代，康熙十二年《临清州志》以为“州之地，在兖冀之交。”①所谓州之地，即当时的临清州之地，亦即今两县市所在之区域。乾隆十四年《临清州志》谓：“《禹贡》，兖州之域。”②乾隆五十年《临清州志》仍谓“在兖冀之交。”③民国二十四年《临清县志》称：“《禹贡》，兖州。”④《临西县志》则称：“夏，本域属兖州。”⑤应该说，不论是界说为“兖州之域”，还是界说为“兖冀之交”，均可。这里需要强调的是，关于中国古代九州的划分，出自《尚书·禹贡》《周礼·职方》《尔雅·释地》《吕氏春秋·有始览》等，有种种不同说法。这就要求，凡是界定某地属某州时，均应该署明或者注明所据为何书。乾隆十四年《临清州志》谓：“《禹贡》，兖州之域”；民国二十四年《临清县志》称：“《禹贡》，兖州”，都是比较规矩的。《临西县志》仅称“夏，本域属兖州”，不载所据何书，明显是不妥当的。

商代，康熙十二年《临清州志》与乾隆五十年《临清州志》仍谓今两县市之地“在兖冀之交”。乾隆十四年《临清州志》没有说法。民国二十四年《临清县

---

① 于睿明修. 胡悉宁纂. 临清州志：第1卷　建置沿革［M］. 1673（康熙十二年）.

② 王俊修. 李森纂. 临清州志：第2卷　沿革志［M］. 1749（乾隆十四年）.

③ 张度，邓希曾，朱钟纂. 临清州志：第1卷　疆域志　沿革表［M］. 1785（乾隆五十年）.

④ 张自清，徐子尚修，张树梅，王贵笙纂. 临清县志：6　疆域　沿革［M］. 1935（民国二十四年）.

⑤ 临西县地方志编纂委员会. 临西县志：建置［M］. 北京：中国书籍出版社，1996.

志》称："商末，纣畿内地。"[①]《临西县志》则称："商代末叶，本域属纣畿内地。"[②]其实，商代的畿内地，亦即商王室直接统治的区域相当广大。早在先商时期，商人的势力即已达到河北的易水流域。商王朝建立后，今河北南部、河南北部、山东西部、山西南部的广大区域一直处于商王室控制之下。商朝的都城曾经有过著名的"八迁"，但迁来迁去，始终不离这一区域。在今两县市区域，也未见有商代方国的著录。更重要的是，商王祖乙时曾迁都于邢（今邢台市区）。邢之东，有沙丘（在今广宗县大平台），有巨桥（在今曲周县北）。前者为著名宫苑，后者为重要粮仓。今临西县之西境，西距沙丘宫、巨桥仓直线距离均不足百里。从上述情况看，不仅仅是在商末，就是在整个商朝统治的六百多年间，今两县市区域一直属于畿内地，也应该说是没有问题的。

西周，乾隆十四年《临清州志》称："周众建诸侯，为卫国地。"[③]民国二十四年《临清县志》称："周初，三监地。"[④]《临西县志》亦称："西周初，本域属三监地。"[⑤]这三部志书的两种说法，并不符合整个西周时期的实际情况。

众所周知，周武王克商后，曾将殷都一带封给纣子武庚、禄父。同时，又设置邶、鄘、卫三个封区，分别由管叔、蔡叔、霍叔统治，以监视武庚、禄父及殷商遗民，是为三监。周武王克商后二年死，成王继位，因年幼，由周公摄政当国。管、蔡等不服，联合武庚等发动叛乱。周公用兵三年，终于平定三监之乱。这就是说，所谓的三监只存在短短三四年的时间。三监既已不存，又遑论三监之属地？

至于今两县市区域西周时期是否为卫国地，同样也是查无实据。在平定三监之乱后，周公确曾分封其弟康叔于卫。但不应忘记，周成王还曾在卫国的北面分封了一个邢国。卫都于沬（在今河南汲县），邢都于邢（今邢台市区）。以今两县市地与邢、卫都城的距离而论，显然是邢比卫近。长期以来，因为文献资料缺失，对邢

---

① 张自清，徐子尚修. 张树梅，王贵笙纂. 临清县志：6　疆域　沿革［M］. 1935（民国二十四年）.

② 临西县地方志编纂委员会. 临西县志：建置［M］. 北京：中国书籍出版社，1996.

③ 王俊修. 李森纂. 临清州志：第2卷　沿革志［M］. 1749（乾隆十四年）.

④ 同①

⑤ 同②

国的认识比较模糊。近几十年来，由于大量西周邢国重器的出土，邢国的面貌才逐渐清晰起来。邢国，始封侯为周公第四子姬苴，与周王室关系密切，占据河北南部大部分地区，共传二十世，历时五百余年。同晋、卫、齐、鲁、北燕一样，也是周王室在东方所倚重的封国。在今元氏一带，还有一个軧国，是邢的附庸。邢国的主要任务是防御太行山区的戎狄。在著名的《臣谏簋铭文》中，就有“戎大出于軧，邢侯搏戎”的记载。目前，一般认为，邢国的领土，包括今邢台市辖区的全部，邯郸市的绝大部分，聊城市的西北部，北至石家庄、衡水一带。《左传·鲁僖公元年》经文云：“齐师、宋师、曹师次于聶北（在今茌平县贾寨镇境内），救邢。”聂北，当时即属邢地。史为乐《中国历史地名大辞典》：“聂北，春秋时邢地。在今山东茌平县博平镇西洪官屯乡南五里郭摄庄。《春秋》：僖公元年（前659），‘春，王正月，齐师、宋师、曹师次于聂北，救邢。’杜注：‘聂北，邢地’。”臧励和《中国古今地名辞典》：“聂北，春秋邢地。今山东聊城县有聂城。故齐西界也。《春秋僖公元年》齐师宋师次于聂北。救邢。杜注：‘邢地’。”戴均良《中国古今地名大词典》：“聂北，古邑名。又作聂。春秋邢邑。在今山东省茌平县西。”今两县市区域地处邢都与聶北之间，在西周时期属于邢国封地还是比较符合情理的。

春秋，有关今两县市区域的归属，目前主要有属卫、属晋两种说法。康熙十二年《临清州志》、乾隆五十年《临清州志》没有具体说法。乾隆十四年《临清州志》原文是这样的：“周众建诸侯，为卫国地，后入于晋。”①其中，若谓西周为卫地，恐怕并不符合实际情况，已见前文。称“后入于晋，”此“后”指何时，令人难以理解。民国二十四年《临清县志》称：“春秋，卫地。”②《临清市志》称：“临清在春秋时属卫地。”③《临西县志》称：“春秋，为卫地。”④《河北

① 王俊修. 李森纂. 临清州志：第2卷　沿革志［M］. 1749（乾隆十四年）.

② 张自清，徐子尚修. 张树梅，王贵笙纂. 临清县志：6　疆域　沿革［M］.1935（民国二十四年）.

③ 临清市地方志编纂委员会. 临清市志：行政区域建置沿革［M］. 济南：齐鲁书社，1997.

④ 临西县地方志编纂委员会. 临西县志：建置［M］. 北京：中国书籍出版社，1996.

政区沿革志》称："临清县境（含今临西县域），春秋时期为晋国地。"[①]这后四部书，或只言卫而不言晋，或只言晋而不言卫，固然有失偏颇。但更重要的是，或言卫，或言晋，全都忽略邢的存在，也同样有违史实。正确的表述应该是：春秋前期，本地域属邢；鲁僖公二十五年（公元前635年），卫灭邢，本地域属卫；春秋末期，本地域属晋。如果卫不灭邢，本地域又何能入卫；如果春秋之末本地域未入晋，战国时期属赵又何从谈起？

战国时期，今两县市地域属赵国地。各新旧志书等均无疑义。

二、秦汉魏晋

从秦汉到魏晋，今临西县与临清市的建置沿革，各相关新旧志书等又有哪些值得分辨的说法呢？

秦代的问题，主要是今两县市地域属何郡县的问题。康熙十二年《临清州志》称："秦制天下为四十郡，州之地属巨鹿郡。或曰隶东郡。"[②]乾隆十四年《临清州志》亦称"秦罢诸侯，置守，制天下为四十郡，地属东郡 。"[③]乾隆五十年《临清州志》、民国二十四年《临清县志》《临清市志》《临西县志》等皆称本地域属巨鹿郡。《河北政区沿革志》亦称今临西县地"秦代属巨鹿郡。"中国历史地理的权威著作《中国历史地图集》，也是明确将今两县市区域划入巨鹿郡境内的。由于迄今为止，尚未发现秦代在今两县市区域置县的记载，对其归属自然难以做出确切的判断。目前，以为今两县市区域秦时属巨鹿郡，是比较流行的看法。

汉代，各有关新旧志书一致记述，今两县市区域属清渊县，隶属魏郡。这并不完全符合实际情况。按清渊县，确为汉置县，治清渊城（今馆陶县北清阳城村）。但是根据《中国历史地图集》郡国疆界的划分，临西县仅仅是西部地属清渊县，临

---

① 河北省地名办公室. 河北政区沿革志：邢台地区　临西县［M］. 石家庄：河北科学技术出版社，1985：145.

② 于睿明修. 胡悉宁纂. 临清州志：第1卷　建置沿革［M］. 1673（康熙十二年）.

③ 王俊修. 李森纂. 临清州志：第2卷　沿革志［M］. 1749（乾隆十四年）.

清市也仅仅是西南部地属清渊县。东汉至魏晋，仍属于这种情况。

在各有关新旧志书的具体记述中，还有这样一些错误或不确之处：

康熙十二年《临清州志》："汉废秦制，改巨鹿郡为魏郡，始以州地为清渊县，隶魏。"①民国二十四年《临清县志》："高帝十二年丙午改巨鹿郡为魏郡，领县十八，清渊县属之。"②按巨鹿郡为秦置郡，甚广大，至西汉时陆续析置为巨鹿郡、清河郡、信都国、河间国、渤海郡，及涿郡之南部。清渊县所在地域，秦时属邯郸郡。西汉之魏郡，主要系由秦邯郸郡所析置，并不是由巨鹿郡所改置。康熙十二年《临清州志》、民国二十四年《临清县志》所谓"改巨鹿郡为魏郡"，是没有发生的事。

《临西县志》："西汉初，建清渊县，属巨鹿郡。高祖十二年（前195年），改属魏郡。"③这种说法，是否系由康熙十二年《临清州志》所谓"汉废秦制，改巨鹿郡为魏郡"而来，尚不得知。根据《中国历史地图集》所示，今两县市大部分区域，秦时确属巨鹿郡，而今两县市的西南部地区，则应属邯郸郡。这就是说，今两县市区域并不等同于清渊县。西汉初，若在故秦巨鹿郡区域新置县，还有隶属巨鹿郡的可能。清渊县所在地域包括今两县市的西南部地区秦时属邯郸郡，西汉在故秦邯郸郡地域新置县，是不可能隶属巨鹿郡的。据《汉书·地理志》，魏郡系高帝时由邯郸郡析置。清渊县置于何年，并不见有具体记载。如果清渊已置县而魏郡尚未析置，则当仍属故邯郸郡。如果清渊县与魏郡同时析置或稍晚于魏郡析置，则清渊县应隶属魏郡。《临西县》所谓清渊县先属巨鹿郡，再改属魏郡，这种说法是没有任何依据的。

《临清市志》："西汉高帝年间（公元前206—前193年）置清渊县，属冀州部魏郡。"④这种说法，为新修方志中所习见之错误，出现频率极高。众所周知，西汉设置十三州刺史部，是在汉武帝元封五年（前106年）。这就是说，西汉高、惠、文、景时期及汉武帝元封五年之前时期，国家最高一级的政区即是郡国，在郡

① 于睿明修. 胡悉宁纂. 临清州志：第1卷　建置沿革［M］. 1673（康熙十二年）.

② 张自清，徐子尚修. 张树梅，王贵笙纂. 临清县志：5　大事记［M］. 1935（民国二十四年）.

③ 临西县地方志编纂委员会. 临西县志：建置［M］. 北京：中国书籍出版社，1996.

④ 临清市地方志编纂委员会. 临清市志：行政区域建置沿革［M］. 济南：齐鲁书社，1997.

国之上还没有州的划分。那么，清渊县又怎么能提前一百年隶属冀州部呢？

《河北政区沿革志》：“西汉时设清渊县，故城在今山东省冠县东北部的清水。”①清渊县治在今馆陶县北部之清阳城村，向无疑义。只是到北魏时，才由清阳城徙至今冠县东北部的清水。此种说法，明显是将二者混为一谈了。

还有几部相关志书，都写到所谓的榆阳侯国。民国二十四年《临清县志》和《临西县志》甚至认为所谓的榆阳侯国就在原来的临清县境内亦即现在的临西县境内。乾隆十四年《临清州志》：“榆阳城在清渊县北，《水经注》云淇水东北迳榆阳城北，昭帝封江德为榆阳侯。文颢曰邑在魏郡清渊。”②乾隆五十年《临清州志》，只是将“榆阳城在清渊县北”写作“榆阳城在故清渊县北”③，其余文字完全相同。民国二十四年《临清县志》在照录前志文字之后，更进一步强调说：“按故清渊城在卫河西四十里。榆阳既在清渊北，今当在吕寨一带，惜故址已不可辨识。”④《临西县志》则直接将榆阳侯国正式写入《建置》一章：“始元至元凤间（前86—至前75年），汉昭帝封太常江德为榆阳侯（国），治在吕寨一带。”⑤如果说旧志只不过是开了一个头的话，那民国《临清县志》和《临西县志》所言的确造成极其严重的错乱。第一，江德封侯，乃汉武帝所封，并非昭帝所封。据《史记·建元以来侯者年表》之褚少孙《补表》称：“江德，以园厩啬夫共捕淮阳反者公孙勇侯。”《汉书·武帝功臣表》：“（江喜）以圉啬夫捕反者故城父令公孙勇侯。”江喜，即江德，喜字古写与德字形近。据此，江德封侯是汉武帝时事，殆无疑义。附带说明，前引《水经注》文字，“汉昭帝封江德”云云，大约是明朝的朱谋玮作《水经注笺》讹误所致。对此，杨守敬的《水经注疏》等，早已更正为“汉武帝封江德”云云。民国二十四年《临清县志》和《临西县志》不问出处，只

① 河北省地名办公室. 河北政区沿革志：邢台地区　临西县［M］. 石家庄：河北科学技术出版社，1985：145.

② 王俊修. 李森纂. 临清州志：第10卷　古迹志［M］. 1749（乾隆十四年）.

③ 张度，邓希曾，朱钟纂. 临清州志：第1卷　疆域志　古迹［M］. 1785（乾隆五十年）.

④ 张自清，徐子尚修. 张树梅，王贵笙纂. 临清县志：6　疆域　古迹［M］. 1935（民国二十四年）.

⑤ 临西县地方志编纂委员会. 临西县志：建置［M］. 北京：中国书籍出版社，1996.

管照抄旧志，也就只能是以讹传讹了。第二，所谓榆阳侯国实为轑阳侯国之误。《史记》诸表作“潦阳侯江德”，《汉书·武帝功臣表》作“轑阳侯江喜”，《汉书·昭帝纪》亦作“轑阳侯江德”。“潦”“榆”，当与“轑”字形近而误。《汉书·百官公卿表》始元六年：“轑阳侯江德为太常，四年坐庙夜郎（郎夜）饮失火免。”这里是说，始元四年汉昭帝曾任命轑阳侯江德为太常，六年又因事罢免。这里也是说江德曾被封为轑阳侯，而不是榆阳侯。《水经注》作榆阳，当为传抄之误。第三，根据《水经注》的记述，轑阳侯国在清渊县故城北，也就是在今天馆陶县的清阳城村以北地区。《汉书·昭帝纪》文颢注曰“轑阳在魏郡清渊”，旧志称所谓的榆阳城“在清渊县北”，这都没有错。但是，汉代的清渊县并不等同于后来出现的临清县，也不等同于现在的临清市、临西县。清渊县城前期在馆陶的清阳城，后期在冠县的清水镇，皆与临西无涉。所谓“在清渊县北”，只能是在清渊故城以北，也就是今馆陶县清阳城村以北地区。何况，轑阳侯国初封时只有一千一百二十户，最大也不过区区二、三乡之地。因此，“在清渊县北”，无论如何也不可能北至今吕寨一带。民国二十四年《临清县志》和《临西县志》以古临清县城误作清渊县城，然后再将所谓的榆阳侯国强定在今临西县的吕寨一带，显然是很荒谬的。

王莽新朝时期的沿革，《临西县志》还写入这样一段文字：“新朝立，郡县置尽废，更易无定规，本域所属，莫知所从。”[①]王莽滥改地名不假，但并未达到所谓“本域所属，莫知所从”的地步。即如魏郡，改名魏城，所辖十八县，改名的有六个县，未改名的有十二个县。清渊县仍名清渊县，只不过是改属魏城罢了。这些，在《汉书·地理志》是有详细记载的。

西晋，各相关新旧志书一致认为，西晋咸宁间清渊县曾改名为清泉县。《河北政区沿革志》亦称：“西晋时清渊县改名清泉县。”[②]《中国历史地名辞典》甚至认为清泉县是清渊县之外另立的一个县：“北齐置，治所在今山东冠县东北。隋以后废。”其实，清渊县从未改名清泉县，所谓西晋清渊改名清泉云云，乃是出自

---

① 临西县地方志编纂委员会. 临西县志：建置［M］. 北京：中国书籍出版社，1996.

② 河北省地名办公室. 河北政区沿革志：邢台地区　临西县［M］. 石家庄：河北科学技术出版社，1985：145.

唐朝人的制造。我们知道，《晋书》的作者房玄龄等，《北齐书》的作者李百药、《周书》作者令狐德棻等，《隋书》的作者魏征等，皆为唐人。他们在撰修这几部史书时，因为避唐高祖李渊的名讳，将清渊写作清泉，这是不难理解的。对此，后世有不少地理学家、历史学家曾多次进行考证。唐李吉甫《元和郡县图志》："临清县，紧。五。东北至州六十里。本汉清泉县地。"《考证》曰："'泉'，《地理志》作'渊，唐避。'"[①]这里所说的"临清县"是指唐朝的临清县，"东北至州六十里"是指东北至贝州六十里。《考证》中所说的《地理志》，即《汉书》的《地理志》。清沧州人叶圭绶著《续山东考古录》卷五《东昌府沿革》下《冠县》："考《元和志》隋析馆陶置冠氏，非析清渊。《隋志》'渊'作'泉'，乃唐避讳，隋县未改名。又唐省清泉并误。"[②]顾祖禹撰方志名著《读史方舆纪要》中说："临清州，西汉设清渊县，唐并入临清县，渊，晋志、隋志具作泉，唐人为高祖讳也。"[③]《晋书·地理志》司州阳平郡清泉，中华书局本《校勘记》曰"清泉，《考异》本'清渊'，避唐讳改。"[④]这些足以证明，清渊县从未改名为清泉县，只因唐人"避讳"，才将清渊县写成清泉县。在历史上，所谓的清泉县根本不存在。

三、后赵唐宋

后赵建平元年始置临清县，今临西县与临清市的沿革又进入一个新的阶段。在这里需要强调指出的是，最初的临清县不大，并不包括今临西县所在的全部区域，尤其不能包括今临清市所在的大部分区域。这种局面又延续了几百年。

从后赵到唐宋，各有关新旧志书等对今两县市沿革的记述，仍然有不少值得商

---

① 李吉甫. 元和郡县图志：第16卷　河北道一［M］. 北京：中华书局，1983：456—457.

② 叶圭绶. 续山东考古录：第5卷　东昌府沿革　冠县［M］. 续修四库全书. 上海：上海古籍出版社，2002：733（94）.

③ 顾祖禹. 读史方舆纪要：第34卷　山东、东昌府［M］. 北京：中华书局，2005.

④ 房玄龄，等. 晋书：第14卷　地理志　上校勘记［M］. 北京：中华书局，1996：443.

榷的问题：

临清县从何而来？康熙十二年《临清州志》称：“后赵建平元年，改清泉县为临清，隶建兴郡，州名始此。”[①]乾隆十四年《临清州志》、乾隆五十年《临清州志》、民国二十四年《临清县志》《临清市志》等亦皆称“改清泉县为临清县”云云。《临西县志》则称“十六国后赵，建平元年（330年），改清泉县为临清县（临清之名始此），治仓集镇东附近一带。”[②]这里所说的清泉县，应为清渊县，如上述。按照这几种志书的说法，就是将原来的清渊县改变成为临清县，清渊县已不存在。这显然是不符合实际情况的。据《水经注·淇水注》：“淇水，又东迳清渊县故城西，又历县之西北为清渊，故县有清渊之名也。”“淇水又东北迳榆（轑）阳城北。”“又东北过广宗县东，为清河。清河，东北迳广宗故城南。……田融言，赵立建兴郡于城内，置临清县于水东，自石赵始也。”[③]由此可见，石赵临清县所在位置，适在清渊城、榆（轑）阳城以北与广宗城（在今威县东）以南这一段清河的东面，亦即原清渊县所辖的北部地区。这就是说，最初的临清县是由清渊县析置而成的。在析出临清县后，清渊县仍然存在。前者隶属新建的建兴郡，后者仍属原来的阳平郡。后来，临清县与清渊县之间还发生过多次省并，一直到唐初清渊县消失。

在这个问题上，最为错乱的还是《河北政区沿革志》的一段记述：“后赵建平年间（公元330年至332年），改清泉县为临清县，并徙治于今山东省冠县清水东（当时称临清城），改隶司州建兴郡。”[④]所谓“改清泉县为临清县”明显是袭用旧志的误说，而“徙治于今山东省冠县清水东（当时称临清城）”一句更令人不知所云。目前，一般认为，石赵临清县治就在今临西县临西镇仓上村（旧称仓集）一带。据前引《水经注》“置临清县于水东，自石赵始也”句下，熊会贞按曰：“叶

---

① 于睿明，胡悉宁. 临清州志：第1卷　建置沿革［M］. 1673（康熙十二年）.

② 临西县地方志编纂委员会. 临西县志：建置［M］. 北京：中国书籍出版社，1996.

③ 郦道元，杨守敬，熊会贞，等. 水经注疏：第9卷　淇水［M］. 南京：江苏古籍出版社，1989：869—870.

④ 河北省地名办公室. 河北政区沿革志：邢台地区　临西县［M］. 石家庄：河北科学技术出版社，1985：145.

圭绥云：石赵，县在临清州西四十里。今仓集。”[①]当时，清渊县治尚在今馆陶县北部之清阳城村，只是到北魏时才由清阳城徙至今冠县东北部的清水。所谓“（当时称临清城）”云云，是不是又将当时的临清县治与后来的北魏时期的清渊县治混为一谈了？

十六国时期，除了后赵以外，相继占据河北地区的还有冉魏、前燕、前秦、后燕。后赵由清渊县析置临清县后，前燕省，前秦又复置，后燕又省。从后来北魏再次由清渊县析置临清县的情况来看，这几次置并应该说都是在临清县与清渊县之间进行的。不知为什么，今两县市的各相关新旧志书对前燕、前秦、后燕的置废尽付阙如。这就造成两县市历史沿革连接的断档，不能说不是一个缺陷。

北魏，康熙十二年《临清州志》：“元魏复置清渊县。孝文初又析县西地置临清县，并在阳平郡，隶司州。”[②]乾隆十四年《临清州志》：“北魏复置清渊县又析西地置临清县，并属阳平郡，隶司州。”[③]乾隆五十年《临清州志》：“即晋之清渊域，别置清渊县。临清县，太和二十一年置，仍属司州部。”[④]民国二十四年《临清县志》同上。《临清市志》：“北魏太和二十一年（497年）又将临清县改为清渊县，治所在今山东省冠县清水。另于县西四十里置临清县，县治所在今临西仓上村。”[⑤]《临西县志》：“北魏太和二十一年（497年）复置清渊县，治迁清水，隶相州阳平郡 。临清县与其并置，治徙仓集镇，属相州清河郡。”[⑥]《河北政区沿革志》：“北魏时，于太和二十一年临清县复名清渊县，并在西地另设临清县，治在今临西县城（童村）西南之仓上村（当时称仓集镇）。”[⑦]这些记述所

---

① 郦道元，杨守敬，熊会贞，等. 水经注疏：第9卷　淇水［M］. 南京：江苏古籍出版社，1989：870.

② 于睿明，胡悉宁. 临清州志：第1卷　建置沿革［M］. 1673（康熙十二年）.

③ 王俊，李森. 临清州志：第2卷　建置志［M］. 1749（乾隆十四年）.

④ 张度，邓希曾，朱钟. 临清州志：第1卷　沿革表［M］. 1785（乾隆五十年）.

⑤ 临清市地方志编纂委员会. 临清市志：行政区域建置沿革［M］. 济南：齐鲁书社，1997.

⑥ 临西县地方志编纂委员会. 临西县志：建置［M］. 北京：中国书籍出版社，1996.

⑦ 河北省地名办公室. 河北政区沿革志：邢台地区　临西县［M］. 石家庄：河北科学技术出版社，1989：145.

共有的一个错误，就是否认后赵以后清渊县的存在，然后在这个错误的基础上继续制造新的错误。实际上，从后赵到北魏，清渊县一直存在。所谓“北魏复置清渊县”“别置清渊县”“ 又将临清县改为清渊县”“临清县复名清渊县”云云，应该说是没有发生的事。《魏书 · 地形志》上司州阳平郡：“清渊，二汉属魏郡，晋属。有清渊城。”“临清，太和二十一年置。”可见，清渊原本存在，临清县才属于是重新复置。北魏太和二十一年对清渊县所作的调整，一是析清渊县北部地重置临清县，二是徙治清水（今山东省冠县清水东）。另外，清渊、临清二县时属阳平郡。据《魏书 · 地形志》上司州魏尹下注曰“天兴中属相州”[①]，是知康熙十二年《临清州志》等所谓清渊、临清二县“并在阳平郡，隶司州”有误，实应为隶属相州。《临西县志》称临清县“属相州清河郡”亦有误，应为隶属相州阳平郡。还有，《临西县志》前文已经说过“改清泉县为临清县（临清之名始此），治仓集镇东附近一带”，这里再说“临清县与其（指清渊县）并置，治徙仓集镇”，旧治与新治同在一地，又何徙之有？还有《临清市志》所谓“又将临清县改为清渊县”，“另于县西四十里置临清县，县治所在今临西仓上村”，不知“于县西”之“县”，所指为何时之何县？

东魏，沿置。各新旧志书一仍阙如，亦属不当。

北齐，康熙十二年《临清州志》：“北齐，废临清县，改清渊为清泉。”[②]其实，北齐清渊仍名清渊，并未改名清泉。康熙十二年《临清州志》作此解释，实际还是在坚持西晋清渊改名清泉的误读。其余各志所述，大体上与康熙十二年《临清州志》相类，不必一一列举。只有乾隆十四年《临清州志》这样写道：“北齐，省临清县入清渊，隶司州阳平郡。”[③]难得正确，弥足珍贵。

隋唐至北宋，除了清渊与临清的关系以外，主要是临清与沙丘、永济的关系，以及临清县治何时由卫河以西的仓集徙至河东曹仁镇的问题。

隋初，今两县市所在区域的最大变革，仍然是复置临清县。《隋书 · 地理志》清河郡下：“临清，后齐废，开皇六年复。”这里虽然没有明说，但临清县仍然是

---

① 魏收. 魏书卷一百六：地形志上［M］. 北京：中华书局，1974：2456.

② 于睿明，胡悉宁. 临清州志卷一：建置沿革［M］. 1673（康熙十二年）.

③ 王俊，李森. 临清州志卷二：建置志［M］. 1749（乾隆十四年）.

由清渊县所析置，则是没有任何问题的。在《隋书·地理志》中，清渊写作清泉，实为唐人避讳之所为，已如上述。但是，各相关新旧志书，除了乾隆十四年《临清州志》称清渊为清渊外，乾隆五十年《临清州志》、民国二十四年《临清县志》等仍误称清渊为清泉。《临西县志》："隋初，袭清泉县旧称"[①]，实际上仍是在沿袭所谓西晋清渊改名清泉之误读。《河北政区沿革志》："隋代，于开皇六年（公元586年）清泉县又改称临清县。"[②]这里，不仅是误称清渊为清泉，更重要的是把析置说成是改名，实属大误。在析置临清县后，清渊县仍然存在。清渊的消失，那还是唐朝初年的事。

值得注意的是，种种迹象表明，同前几次析置不同，这一次析置应该是将清渊县西部、北部地区一并划入临清县的。这就是说，隋初重新复置的临清县，同后赵以来的临清县相比，要扩大了许多。如果没有大幅度的扩大，为什么后来可以从临清县析置沙丘县、永济县，将很难作出解释。

据《隋书·地理志》清河郡临清下："又（开皇）十六年置沙丘县，大业初废入焉。"沙丘县在何处，各相关新旧志书多语焉不详。乾隆五十年《临清州志》仅称："隋沙丘废县在州西。"[③]《河北政区沿革志》则明确写道："到开皇十六年（公元596年）析临清县西境（今临西县地）置沙丘县。"[④]这种解释，就是前文所说的"很难作出解释"的一种解释。我们知道，当时的临清县城在今临西镇南仓上村，由此往西只二十余里即出今临西县境。在如此狭窄的区域之内再增设一个县，这是很难说得通的。揆之情理，沙丘县很有可能设在原清渊县的西部，也就是在开皇六年新置的临清县比后赵以来的临清县所扩增的西南部地区。这样解释，尽管也没有根据，但总比说沙丘县在今临西县境内更为合理一些。

《临清市志》："大业二年（666年），省沙丘入临清，属清河郡。此时，临

① 临西县地方志编纂委员会. 临西县志：建置［M］. 北京：中国书籍出版社，1996.

② 河北省地名办公室. 河北政区沿革志：邢台地区　临西县［M］. 石家庄：河北科学技术出版社，1985：146.

③ 张度，邓希曾，朱钟. 临清州志卷一：疆域志六　古迹［M］.1785（乾隆五十年）.

④ 同②

清属河北清河郡。”[①]其实。隋朝实行改革，改州、郡、县三级制为州（郡）、县二级制，先是改郡为州，后又罢州为郡。此时，但称临清县属清河郡即可。至于清河属河北，那更是多少年以后的事。

唐初，清渊县是如何消失的？长期以来，这一直是个谜。康熙十二年《临清州志》：“唐武德九年，废清泉，复置沙丘县。”[②]乾隆十四年《临清州志》：“唐武德中，省清渊入临清，复析沙丘县。”[③]二说皆误。第一，沙丘是由临清县析置的。第二，“省清渊入临清”，并不见诸记载。其余各相关志书等，对清渊县的消失，均未置词。《临清市志》虽然仍在坚持“清泉”的误称，却也力图有个交代：“沙丘县或置或废共17年，清泉县或置或省，或因避唐高祖李渊的‘渊’字等原因。总之，沙丘县与清泉县的建置从此不复存在。”[④]总之，还是没说清楚。其实，答案就在《新唐书·地理志》魏州魏郡馆陶县下的一段记述中：“武德五年，以馆陶、冠氏及博州之堂邑，贝州之临清、清水置毛州，并析临清县置沙丘县。贞观元年州废，省清水入冠氏，省沙丘入临清。馀县皆还故属。”[⑤]这里所说的清水，就是隋清河郡的清渊县。可见，至迟在武德五年，清渊已改名清水；至贞观元年，清水县—这份古清渊县的遗产—最后还是划入了完氏县。

还有，《河北政区沿革志》：“大历七年（公元772年）析临清县西境（今临西县地）设永济县（唐末即废）。”[⑥]《临西县志》：“大历七年（772年）析临清县南境别置永济县，唐末废。”[⑦]二说亦皆有误。第一，永济县治在今冠县的北馆陶。因此，永济县域大部分在今冠县西北部和今临清市西南部地区。第二，唐末并

---

① 临清市地方志编纂委员会. 临清市志第一编：行政区域建置沿革［M］. 济南：齐鲁书社，1997.

② 于睿明，胡悉宁. 临清州志卷一：建置沿革［M］. 1673（康熙十二年）.

③ 王俊，李森. 临清州志卷二：建置志［M］. 1749（乾隆十四年）.

④ 临清市地方志编纂委员会. 临清市志第一编：行政区域建置沿革［M］. 济南：齐鲁书社，1997.

⑤ 新唐书卷三十九：地理志三［M］. 北京：中华书局，1975：1011.

⑥ 河北省地名办公室. 河北政区沿革志：邢台地区　临西县［M］. 石家庄：河北科学技术出版社，1985：146.

⑦ 临西县地方志编纂委员会. 临西县志：建置［M］. 北京：中国书籍出版社，1996.

没有废省永济的举措。据《新唐书·地理志》魏州魏郡永济下："本隶贝州，大历七年，田承嗣析魏州之临清置。天祐三年来属。"[①]可见，唐末永济并未省废。一直到北宋熙宁五年，永济最终才省入临清县。

宋代，有关临清县治的移徙，旧志多谓在建炎间由仓集徙至曹仁镇。康熙十二年《临清州志》："宋建炎间患水移曹仁镇，在会通渠南，并有剩址。"[②]乾隆十四年《临清州志》卷之一《城池》、乾隆五十年《临清州志》卷之二《建置志》一《城池》所言，大体与前志相同。此说并不见于正史记载。据《宋史·地理志》大名府宗城下："熙宁五年，省临清县为镇入焉。当年复置，寻以永济隶临清。"[③]明人所撰《寰宇通志》在记述这一次重大废置时，还曾说到县治的移徙：熙宁间，"废临清为镇，寻复置，后徙于县东南四十里曹，元因之。"[④]按照《寰宇通志》的说法，临清县治应该是在熙宁五年或稍后移至曹仁镇的。

金元以下，临西、临清两县市的沿革尚属明晰，毋庸赘言。

最后，需要说明的是，本文旨在纠错，有许多问题只能点到为止，并不能全面展开讨论。从西汉的清渊到后赵的临清、隋唐的临清、北宋的临清，再到今临西县、临清市，也只能说是两县市历史沿革的一部分。清渊的始末，临清另一方面的历史沿革，当另文说明。再者，由于水平所限，疏漏之处也在所难免。如有误说误判，尤望大家批评指正。

---

① 新唐书卷三十九：地理志三［M］. 北京：中华书局，1975：1011.

② 于睿明，胡悉宁. 临清州志卷一：城池［M］. 1673（康熙十二年）.

③ 宋史卷八十六：地理志二［M］. 北京：中华书局，1977：2122.

④ 陈循，高谷，等. 寰宇通志卷七十二：东昌府　建置沿革　临清县［M］.

建立地名信息化运行机制的思考

陆　严

随着城镇的极速扩展、新型城镇化的大力推进，以及新农村的快速建设，中国的城乡地理面貌发生着前所未有的变化。在这一过程中，地名也发生着巨大变化，社会对各类地名信息的需求不断提升，传统的地名工作转向信息化管理势在必行。

一、城镇化过程中的地名信息特点

地名信息作为社会公共信息，在城镇化过程中呈现出新的特点。

1. 地名变化快：我国目前仍处于城镇化快速推进、城乡变革明显的时期，地名变化快这一特点突出表现在三个方面：新地名数量快速增加、老地名消亡多、更名增加。据统计，全国每年新增地名2万条以上，30年来6万多个乡镇名和40多万个建制村名被废弃，各类更名地名就更加数不胜数了。

老地名的消亡主要是随着城市功能区的变迁，建筑物的拆迁、修路而消失。据统计，济南500条老街巷中已有200余条老街巷的名字消亡；广州在10年间老地名丢了1031条；古城苏州有1192条老地名从拔地而起的高楼大厦间消失；六朝古都南京近几十年来约2000条老地名被湮没，列入首批保护的23条老地名中，现存的只剩了3条……

更名量的增加原因主要有三：一是大量农村地名变为城市地名，以山东省为例，2008年全省自然村103294个，2013年底是73044个，到2014年上半年则减至71693个；二是很多老地名被更名为具有市场吸引力的新地名，比如以知名度高的景区名称、名山大川名称等来替代现有的城镇名称；三是大量建筑物的地名变更，例如深圳市内的建筑物更名仅2006年就有57起。总之，随着全国城镇化进程的加快，不论是地名的增加、消亡还是变更，都变得十分频繁。

2. 地名蕴含的信息量增加，社会对地名信息的需求空间扩大。作为社会公共基础信息，地名体现着一个地域的自然及人文特质，是当地历史与文化交融延续的产物。地名的诞生早于国家的出现，地名经历了长久演变发展的历史，许多地名都是历史沉淀的结果。因此，地名内涵十分丰富，信息量远远超过地名文字本身。地名代表各类不同的地理实体，经历了从约定俗成到法定规范的过程。随着社会进步，地名成为人们对具有特定方位、范围的地理实体的专有名称，并逐步形成专有名词加通名的标准构词形式。以前人们可能只需要一个地点的名字就行了，但是现在人们还要了解这个地点相关的文化内涵、地理坐标、历史沿革、周边环境等等，对地名信息的范围、深度、广度的要求越来越细、越来越高，地名信息就像空气和水一样无处不在，渗透到我们生活的方方面面。

3. 地名信息化技术应用逐步深化。随着城镇化发展，我国经济和科技水平的逐步提升，高分辨率遥感技术、大数据分析与挖掘技术、智能决策支持技术、网格技术等等信息化技术也逐步渗透到地名信息领域，为地名信息化工作提供了新的技术手段和新的发展方向。2000年以来，我国地名管理工作开始应用数据库等信息化技术。十多年来，通过地名公共服务工程、数字地名工程等政府性工程，地名数据库、地名网站、触摸屏等信息化技术手段逐步被应用到地名管理和服务工作当中。2009—2012年，民政部组织实施的第二次地名普查试点工作在我国沿边沿海的352个县（市、区）建立了地名数据库，并开展了大量地名信息服务工作。根据民政部安排，山东省沿海7市列入第二次全国地名普查试点地区，省民政厅争取中央和省级财政1877万元地名普查试点专项经费全部下拨基层，并为各地下发了专用地名信息数据采集系统软件、GPS、摄像机等地名普查专用设备。新的信息化技术在地名领域的应用逐步深入，必将对地名工作产生影响。

二、建立地名信息化运行机制的必要性

建立地名信息化运行机制是新常态下新型城镇化促进经济增长必不可少的要素。人类活动始终离不开特定的自然环境和人文环境，作为国家自然资源、社会管理和地理空间信息的重要组成部分，地名信息与经济活动、社会管理、科学研究、

国防建设和群众生活都有着密切关系，这些领域的现代管理和服务活动都需要地名信息的支持。加快城镇化步伐离不开城市信息化，数字城市符合中国目前工业化和信息化并行的经济生活现状，地名信息是城市数字化管理系统的基础数据之一，为调控城市、预测城市、规划城市、监管城市提供明确的指位信息。另外，现代城市的产业结构中服务业的比重不断上升，金融、咨询、贸易、信息、文化、旅游等知识服务业成为重要的产业基础，而地名正是这基础链上不可缺少的一环。市场经济的今天，地名无疑成为城市重要的无形资产。

建立地名信息化运行机制是推进地名信息产业发展的迫切要求。西方发达国家早已进入信息时代，实现地名信息化为其国家地名行政管理的高效打下了坚实基础。我国地名信息化建设起步晚、基础差，远远落后于发达国家。2000年民政部适时提出《关于实施地名公共服务工程的通知》要求。地名公共服务工程建设主要包括地名规范专项事务、地名标志专项事务、地名规划专项事务、数字地名专项事务四项工作任务。其中“数字地名”也就是地名信息化建设，是地名公共服务工程建设的核心，是我国地名工作未来发展的方向与目标，也是社会发展的迫切需求。目前从总体上讲，我省地名信息化建设在全国来说起步较早，但发展后劲不足，当前开发利用水平尚低，显现出信息量少、发展不平衡、不具备空间分析能力、标准化程度低等弱势，其应用基本限于个别地方的地名管理部门，信息的准确、翔实、时效性较差，信息的管理、开发利用和辅助决策水平低，不能满足地名管理和社会各界的要求。

建立地名信息化运行机制是完善地名管理的必然要求。在城镇化、信息化高速发展的今天，人流、物流、资金流密集流动，社会急需详细、准确、及时、容易获取的地名信息。在这种情况下，地名信息不再单纯是一种专有名词，而是物化为实实在在的效率和效益。社会对地名信息的需求是刚性的，地名管理工作必须满足社会的这种需求，否则将陷入被动，甚至逐渐失去存在的价值。

三、建立地名信息化运行机制的思考

地名信息化运行机制是指以地名信息的采集、标准化处理、利用为核心的地名工作运行机制。这一机制应该涵盖地名的调查、审批、公布、报送的全过程，最终将地名工作转变为以地名信息的采集、加工、编辑、存储、利用、更新为核心的过程。为确保这一机制的正常运行，应做好以下工作：

1. 推进地名标准化，从源头上规范地名信息。地名管理部门要加大工作力度，通过编制地名命名规划，从源头上规范地名信息。完善地名命名、更名程序，建立专家论证机制，同时广泛征求社会各界特别是基层群众的意见，保证地名命名更名的科学性、合理性，使地名经得起历史检验。另外，做好已有地名的审音定字工作，推进习惯地名的标准化及法定化。为了国内外交流的需要，不仅要做好国内汉字与少数民族地名之间的转译，还要做好中外文之间的互译以及统一规范地名的罗马字母拼写。

2. 开展地名普查，全面掌握地名信息情况。由于种种原因，产生地名的渠道很多，而且随着时代发展，每个地名的内涵还在不断地延伸和变化，没有任何部门能够独立掌握所有地名情况。20世纪70年代末、80年代初我国进行过第一次地名普查，距今时间长，地名变化大，加上限于当时的客观条件，很多地名没有查到和记录。随着城乡开发建设的快速推进，城镇建成区面积日益扩大，不断有旧城区改造更新，导致新地名大量涌现，旧地名不断变化、消失，新建的城市街道、道路、住宅区、建筑物、公共空间的名称命名工作量成倍增加，地名产生、消亡数量之大和变化之快前所未有。开展全国第二次地名普查，为地名管理、服务、信息化建设积累资料，是地名工作发展提升难得的机遇。在收集地名资料的同时，要做好地名资料的分类处理，并将地名普查与地名标准化处理相结合，与规范管理相结合，为下一步建立地名数据库做好准备。

3. 建立完善地名数据库，为地名信息化奠定坚实基础。随着地名信息需求爆发式的增长和移动互联技术的快速发展，地名信息重要性得到极大提升。建立、完善各级国家地名和区划数据库，加强地名信息化服务建设，是第二次全国地名普查的一项重要内容。地名普查工作采集的大量地名数据是开展地名信息化服务的重要内容，也是今后实现地名管理工作现代化的重要基础。根据国家地名管理职能划分及社会对地名的普遍需求，建立完善的国家、省、地、县四级地名数据库，形成及时、有效的数据更新机制，向社会提供优质地名信息服务。为保证地名指向定位功能，地名数据类型应尽可能涵盖地名管理的所有类型，健全完善空间数据库和图形处理功能以及区划、边界信息管理功能。数据海量完善、属性与空间数据有效对接的地名数据库是提高地名服务质量，实现地名信息化管理的有效保障。

4. 建立地名信息化管理平台，实现地名信息化管理。地名管理信息化就是以完善的地名信息数据库为基础，利用计算机技术、网络技术、办公自动化技术及3S技术，形成地名信息与时间、空间的集成以及基于网络共享和分发服务，提供地名信息获取、管理、维护、更新、查询及分析等功能。建立地名信息化管理平台，可以实现地名全方位现代化管理，社会各界可利用地名信息化管理平台提交地名命名、更名申请，查询地名信息。地名管理人员可利用该平台进行地名管理事项网上办理、地名数据快速采集并及时上报；可以为社会提供全方位无障碍的各种相关地名信息服务以及个性化服务；可以为政府领导和相关部门在制定政策、实施管理等方面提供辅助决策支持。借助地名信息化平台，可以对区域地名类型类别、命名规律及特征、地域空间布局、地名相关要素等进行数据分析，为地名管理发展规划和文件制定、地名理论研究、地名文化研究发掘、地名文化保护、地名长远景规划、编辑出版地名出版物等提供数据支持和理论依据。

地名信息的及时更新是地名信息化运行机制的难点和关键环节。信息库数据资料的更新维护是一项日常性、时效性强的工作，而不是一蹴而就、一劳永逸的阶段性任务，要有专人进行维护，确保地名信息及时更新，这样才能实现地名信息化运行机制的顺畅运行。

新形势下地名档案工作的应对创新

陈效忠

摘　要　简述山东省地名档案事业发展现状及存在的问题，依据档案管理“三个体系”（资源、应用、安全）建设方针，探讨完善地名档案管理工作的途经。目前地名普查专业档案资料信息量大，对档案工作者建档入库提出了更高的要求。面对新形势要树立正确的档案观，管理上要实现“三个转变”（职能、作风、方式），行动上要开展创新。地名档案服务与利用是地名档案工作者在新形势下的主要工作，要体现 “三个服务”（为领导服务，为各部门服务，为人民群众服务），目的是为实现好、发展好、维护好最广大人民利益，正确处理好利用与保密之间的关系。

关键词　地名档案；管理；利用

档案是人类活动的真实记录，是人们认识和把握客观规律的重要依据，借助档案，能够更好地了解过去、把握现在、预见未来。地名档案是国家档案的主要组成部分，是从地名调查、地名规划、地名标准化、地名命名更名等实践活动中直接形成的历史记录。传统的地名档案管理模式已不能适应数字化档案管理的需要，从传统档案管理转变为信息资源管理，利用现代化技术手段对地名档案信息资源进行管理与利用服务。这种发展趋势在新形势下给地名档案管理工作带来了新挑战。

一、山东省地名档案事业发展现状

近年来，山东省地名档案事业取得了长足的发展，迈上了一个新的台阶。解放思想开拓创新，积极贯彻实施资源、应用、安全建设工作方针；重视管理、认真普法，依据《档案法》《第二次全国地名普查档案管理办法》不断完善地名档案管理工作；各级地名档案部门不断拓展服务领域，创新服务方式，档案利用服务成果显著；启动第二次全国地名普查后的档案整理工作，工作取得新进展；推动地名数据库及电子文档的规范化管理，地名档案信息化建设步伐加快；积极探索地名档案管理工作新机制，依法规范化、系统化管理地名档案工作；开展重要地名档案异地备份工作，地名档案安全体系建设逐步落到实处；利用各种优质资源培训地名档案管理干部，地名档案干部队伍建设进一步加强；积极发挥舆论引导和监督作用，档案宣传工作硕果累累，完成全省地名档案事业发展综合评级。个别单位档案管理工作还存在着诸多问题，如重视不够、保障不足、收管用不到位、人员结构老化、整体素质不高等。

二、新时期地名档案工作面临的新形势

到“十二五”末，山东省共有各级地名档案馆（室）155个，其中省一级馆2个、二级馆21个、3级馆87个，馆藏档案100余万卷（件），档案工作从业人员465人。各级档案馆共接待利用者90多万人次，提供利用档案资料9万卷（件、册），编纂出版各级公开出版资料310种、5000万字。地名档案管理工作在构建和谐社会中发挥了重要的作用，但是在现实工作中也遇到一些新问题。

（一）人员编制问题，地名档案工作人员逐年减少，人员呈现老龄化，工作量越来越大。

（二）计算机技术、网络技术、信息技术突飞猛进，给地名档案工作增添了新的动力。

（三）地名档案工作改革，立卷改革、保管期限改革，给对传统的档案管理提出了挑战。

新时期地名档案工作任务——全面完成各级地名普查成果、文件归档范围和保管期限表的修订工作，要切实把反映国家地名普查重点工作、反映本单位基本职能、关系广大人民群众切身利益的地名信息资料列入归档范围。加强对各级地名普查成果依法移交档案进馆的指导与监督，做到电子目录、全文数据与纸质档案同步进馆。按照有关规定，在试点基础上推动地名普查数据库建设、电子文件管理等工作。加强对各市、县（市、区）建立“地名档案馆（室）”的业务指导。在深入调查研究的基础上，逐步完成全省范围内的地名档案资源体系规划。

三、如何应对新形势

习近平总书记提出“创新、协调、绿色、开放、共享”五大发展理念，对档案工作的特殊性、重要性，提出了要求，指明了方向。在新形势下做好地名档案工作，应该从以下几点做起：

（一）在观念上，树立正确的档案观

档案观，就是对档案的基本观点，即对档案的基本认识和看法。

加强对地名档案的收集、整理，有效地保护和利用档案，为社会主义建设服务，是我们应持有的唯一正确的观点。包括建立档案、保护档案、管理档案、利用档案的观念，以适应新形势下地名档案管理工作。

1. 树立重视地名档案的观念

地名档案是国家重要历史文化遗产。档案的价值在内政、外交、政治、经济、军事、文化、国土等诸多领域一直占有重要地位，发挥着不可替代的地名信息支撑作用。

2. 树立依法办事观念

1987年9月5日第六届全国人大常委会第22次会议通过了《中华人民共和国档案法》，1988年1月1日正式实施。1996年7月5日第八届全国人大二十次通过了修正案。《档案法》共六章27条，对档案的范围、档案机构及其职责、档案的管理、档案的利用与公布及其法律责任等，都做了明确规定。它以国家意志，规定了人们

在档案和档案工作方面享受的权利，承担的义务和应尽的责任。2016年6月23日民政部、国家档案局依据《档案法》制定下发了《第二次全国地名普查档案管理办法》，共22条。《办法》对完整、准确、系统、安全和有效利用方面做了规范，为地名档案工作者对如何做好地名档案工作指明了方向，做到有法可依。

3. 树立为公众服务观念

地名档案是一种信息资源，档案的价值不在于档案载体本身，而是载体上记录的信息。不能为保管档案而保管档案，而是为了利用而保管档案。档案工作也和其他工作一样，要围绕中心，服务大局，与时俱进，开拓创新。要做好三个服务：为领导服务，为各部门服务，为人民群众服务。

（二）在管理上，转变管理方式

1. 从注重地名档案实体管理到同时注重档案信息管理的转变。地名档案归根到底是一种可利用的信息资源，实体保管是为了利用实体上承载的信息。计算机技术、网络技术、数字处理技术的应用为我们实现对档案信息的管理开辟了广阔前景，文档一体化、数字档案馆都已在其他行业档案馆变为现实，既提高了档案工作者的水平，又提升了档案利用的工作效率。

2. 从注重文书档案管理到同时注重地名档案的管理的转变（既要注重文书档案管理，又要注重地名专业档案管理）。文书档案的管理在机关事业单位既比较重视、又比较完善，而对地名专业档案管理相对忽视，在制度建设、规范整理、流向处置方面显得相对滞后。

3. 从注重本级普查档案工作到同时注重下级地名档案工作的转变。随着人员的变化，一般单位对内设机构档案工作比较重视，对市、县（市、区）地名档案业务指导工作相对薄弱，这就要求我们查漏补缺，加强对下级单位的档案管理工作的指导，全面履行档案机构的职责。不能只顾及一点，而是要以点带面、上下联动、推动全局。

（三）在行动上，实现机制和制度创新

创新首先是新的思想的产生。人们将创新理论与知识经济相结合，构成了包容知识创新、技术创新、管理创新、制度创新及观念创新等为主要内容的国家创新理

论。管理创新主要是机制和制度的创新。

1. 创新地名档案工作机制

地名档案管理是继现行馆存资料阅览后，档案管理体制的深层次改革，是档案资源科学整合、档案部门服务社会和公民的需要。地名档案部门通过管理体制改革，密切了档案部门与其他职能部门的关系，缩短档案部门为社会公众服务的距离，拓展了档案部门的发展空间，实现了地名档案工作前置管理。

2. 创新档案工作制度

山东省档案局《机关档案工作规范》中对档案库房提出的最基本要求是：（1）单设，要求库房与办公室和阅览室分开；（2）能够容纳全部档案并留有一定余地；（3）库房应坚固并设有安全设施；（4）要远离污染、潮湿、阴暗的地方集中设置并要与档案人员办公室邻近，以方便管理。

2000年以来，在机关事业档案工作方面，国家档案局颁布了行业标准《归档文件材料整理规则》。2006年12月18日，国家档案局第8号令发布《机关文件材料归档范围和文书档案保管期限规定》，一是将1987年颁发的《关于机关档案保管期限的规定》《机关文件材料归档和不归档的范围》两个业务文件合二为一，《规定》中的附件《文书档案保管期限表》实际上既是文书档案保管期限的具体划分，同时也是机关文书材料应归档范围，具有一表两用的功能。二是改革了文书档案保管期限划分方法，将原有的“永久”“长期”“短期”的三种保管期限的划分方法改变为“永久”“定期”两种。在定期中再实行标时制，一般分为30年和10年。地名档案保管期限为“永久”。

四、档案服务与利用

地名档案工作的根本目的就是开发地名档案信息资料，服务社会建设，地名档案利用工作是达到这一目的直接途径。因此，地名档案利用是地名档案工作者在新形势下的主要工作，在整个地名档案工作中占有极为重要的地位。

具体表现在：一是地名档案利用工作是地名档案业务工作中最富有活力的环节。地名档案工作者通过向社会提供地名档案与社会各界发生直接联系，充分发挥地名档案的作用，扩大地名工作的社会影响。二是做好利用工作，是带动整个地名档案工作发展的关键步骤。通过地名档案利用工作能够比较客观地发现地名档案工作与其他业务环节中存在的问题和不足，如资料收集是否齐全完整，整理是否有规律，检索工具是否适用等。三是搞好利用工作能够促进地名档案工作由被动变主动，做好做活地名档案工作。地名档案工作是一项服务性工作，通过积极优质的服务，把死材料变成活材料，才能使地名档案工作变被动为主动。四是地名档案利用工作是地名档案事业为社会各项建设服务的基本保证，是地名档案工作的中心任务。地名档案的收集、整理、鉴定、保管等工作在很大程度上是为了利用，只有做好地名档案的利用工作，才能真正把档案工作与社会直接地联系起来，使地名档案的价值得以体现。

（一）利用与安全关系辩证

地名档案内容丰富，属性和空间资料涉及国土、国防、外交等诸多方面，关系到国际斗争和国内安定团结，涉密性很强，因此要正确处理好利用与保密安全的关系。《地名档案管理办法》第十一条规定，涉密的地名档案主要供地名工作部门利用；查阅非涉密档案，需出具单位介绍信或个人有效证件。《第二次全国地名普查档案管理办法》要求，地名档案保管部门必须制定档案的利用制度，对档案的利用范围、审批权限等作出严格的规定。任何单位和个人未经地名行政主管机关允许，不得公布地名普查档案。对于涉密档案的利用，应当遵守国家有关规定，按照保密工作规程脱密后向公众提供服务。

“管”和“用”的矛盾，在网络信息化背景下，这对矛盾的内涵和外延都在发生变化。在地名档案的提供利用工作中，要注意保守机密，这是保证国家建设顺利进行的需要。每个地名档案工作者都必须严格遵守党和国家的机密，提供利用与保守机密都是为了更好地服务于社会公众，是为了实现同一目的而采取的两种不同的手段。因此，保守机密与提供利用二者是辩证统一的关系。

（二）成果转化工作

地名档案馆（室）提供地名档案为社会公众服务，是通过各种不同的方式进行的。传统的地名档案提供利用的形式主要有：提供标准地名（地图）、地名档案原

件 、地名档案的复制件、咨询服务、编辑地名图书等服务。目前，山东省充分利用地名档案资源以不同的方式为社会公众服务，如：使用新媒体技术提供地名档案查询服务的地名网站、微视频、微电影、地名触摸屏等，组织拍摄《古镇古村》《古县神韵》《千年古县》专题文献片，编纂出版《山东地名故事》《山东古镇古村》《地名论文集》等十余种地名书籍，它们均是以地名档案资料为题材制作的文献资料，也是利用地名档案服务社会的一种创新尝试。

服务是地名档案工作的永恒主题，没有提供利用服务，档案就是死档案，其价值和潜力就体现不出来。要把地名档案工作的服务体现到“三个服务”（为领导服务、为各部门服务、为人民群众服务）的层面上来，落脚点是为实现好、发展好、维护好最广大人民利益。

档案工作正处于大的信息化的背景下，档案传统是过去形成的档案文化的体现，其核心是档案工作理念。因此，必须要加强理念创新。要加强档案工作管理模式、治理模式的研究。面对新的发展趋势，加强方法研究。在信息化时代，档案工作必须开拓创新，向多元化方向发展。

参考文献：

[1] 常崇宜. 秘书学概论［M］. 上海：上海人民出版社，2000：1.
[2] 俞显尧. 地名档案管理的发展方向［J］. 档案与建设. 1989（03）.
[3] 李红梅. 浅谈地名档案的电子化管理［J］. 档案天地. 2014（12）.
[4] 黄伟. 大数据视角下的地名档案信息化研究［J］. 中国地名. 2014（6）.
[5] 刘宁. 论新时期地名档案管理工作［J］. 档案天地. 2011（2）.
[6] 张瑜. 地名档案的开发与利用［J］. 中国地名. 2013（8）.
[7] 石兴平. 论地名档案的特点和重要作用［J］. 中国地名. 2007（7）.
[8] 吕静. 地名档案电子化管理的意义及对策［J］. 中国地名. 2007（7）.

谈地名档案信息数字化建设及利用

郭　英　庄新鹏

摘　要　地名档案信息的数字化建设是时代发展的必然选择，我们必须努力实现地名档案管理由传统模式向信息数字化模式的根本转变，其立足点是以人为本，充分依托高科技手段，主动服从和服务于社会各界的生产、生活需要，并遵循市场客观经济规律，积极开发高端地名数字信息服务以满足自身发展需要，以实现地名档案信息数字化建设可持续发展。

关键词　地名档案；数字化建设；信息利用

当代社会以数字化、网络化为特征的数字信息科学技术已成为社会发展的强大推动力，而信息资源也日益成为社会生产生活的战略资源，地名档案信息资源作为社会资源的重要组成部分，其重要性正日益凸显出来。因此，地名档案信息管理的数字化建设必须坚持以科学发展观为指导，努力适应社会经济发展的新形势、新要求，充分发挥自身资源优势，以坚持创新为手段，精心组织，合理规划，分步实施，努力加快地名信息数字化进程，不断拓展服务空间，延伸服务内涵，以实现地名档案信息数字化建设的可持续发展。

一、地名档案信息数字化建设的必要性与紧迫性

数字网络化世界已经改变了我们传统的工作方法和生活方式，伴随着办公自动化水平的不断提高以及电子信息化产品对人们日常生活的影响，无纸化已成为我们

工作、生活的必然选择，由此也形成了大量的数字化地名档案信息资料。因此，地名档案信息数字化建设不仅是当今信息时代发展的客观要求，更是未来地名档案信息化管理工作的不二选择。过去传统的实体档案管理模式，不但在时间上延缓了信息资料的交流和传播，也在空间区域上制约了地名档案信息的存储、利用。因此，广大地名工作者必须切实提高思想认识，转变传统工作理念，又好又快地将各种库存已久的原始地名档案资料，通过扫描、压缩、转化、矢量化处理等技术手段转换成数字文件、数字图片、数字音像及数字图形等的数字化信息，充分利用数字识别和分级存储等高科技手段将有关信息存储于光盘、磁带库、数据库等各种大容量数字存储介质上，并及时将有关数字地名信息发布到局域网、广域网、国际互联网等传播媒介上，满足广大使用者通过各种便捷的查询手段快速检索和应用到所需要的文件、图片、地名等相应的地名数字档案资料，从而最终实现地名档案信息数字化的管理与应用。

从另一角度讲，地名信息数字化建设说到底还是民政部门为社会服务的重要项目之一，是交通、通讯、邮电等其他行业为民服务的基础性工程。如何充分挖掘地名信息资源优势，树立个性品牌，整合邻近行业服务资源，使之互为补充、相辅相成，是数字地名服务拓展发展空间的有效途径。因此，我们必须坚持创新发展数字信息化的理念，以适应信息时代的迫切需要，通过高科技把“沉睡”已久的地名档案资料“激活”，并借用现代化信息技术手段不断挖掘其深层次的应用价值，为查询者提供优质的地名档案信息服务。其一，数字化的地名档案信息不仅可以打破利用上的时间、空间限制，而且能够通过网络的传输，使地名档案信息进行异地传输和利用，使地名档案的时效性、广泛性更加突出，最大限度地实现社会档案资源的共享。其二，数字化的地名档案信息还便于通过计算机进行快速检索利用，促进各种高新技术在地名档案管理中的应用，进而推动地名档案信息资源的综合开发利用，以实现地名档案信息化可持续发展的目的。其三，可以充分发挥网络的作用，使地名档案网站成为地名档案宣传和档案信息服务的社会窗口，通过不断丰富地名档案网站的内容，增强其知识性、趣味性和可阅览性，为社会各界提供网上查询、下载和利用服务，进一步发挥档案信息资源服务社会的作用。

二、当前地名档案信息数字化建设中存在的主要问题

（一）客观基础条件差，技术落后

长期以来，地名档案的保存主要是以文件、卷宗、卡片等纸质媒介为主体，不仅存储占用空间大，而且对环境条件的要求也是相当苛刻，资料更新、利用和交流更是难上加难，导致大量的档案资料难以及时归档。那些已经存档的资料常常因为自然灾害、人为等因素，造成丢失、损毁，并且地名档案信息资料的查询只能通过手工检索的方式进行。一方面长期积累下来的大量地名档案资料，由于处理手段的落后，始终处于孤立、分散、自生自灭的状态，并且因为资料实际利用效率很低，而被闲置在地名管理机构的档案室里，长期无人问津；另一方面，随着我国城市化进程的日益加快和信息化网络技术的迅速发展，社会各界对地名信息的需求量亦越来越大，对地名信息的快速传递和获取的要求也越来越高，但数字化的地名信息少之又少，始终无法实现用户的自主查询和检索。传统的地名管理手段和管理理念及相应的管理效率早已无法适应当今社会形势的发展需要。

（二）数据库建设规模小，层次较低

从总体上讲，目前我国地名信息数字化建设、开发和利用水平都很低。地名档案资料由于信息量少，数字化程度不高，发展不均衡等原因，根本不具备空间分析能力，其应用范围仅局限于个别地方的地名管理部门。同时，由于地名信息的标准化程度较低，地名信息的准确性、翔实性和时效性较差，地名信息的管理、开发利用和辅助决策水平极低等现实状况，根本无法满足地名信息管理和社会各界生产、生活的实际需求。近些年来，虽然各级地名管理部门都在努力尝试建立本地的小型地名信息数据库，但一般也只是地名属性资料，没有矢量化地图等，根本无法实现地名属性资料与地图、多媒体信息的有效链接和交互式访问，仍旧停留在普通数据库管理的低端水平，并且由于各数据库技术标准不统一，相互之间缺乏兼容性，难以实现地名资源的相互交流与共享。

（三）地名档案信息利用效率偏低，缺少统一的整体规划

目前，各地地名管理部门虽然都开发了规模不等的地名档案信息数据库，但由于各地名档案馆都处在自成一统、条块分割、各自为政的局面，造成各地建立的数据库普遍规模较小，标准化层次较低，仅能为本单位提供有限的利用，各数据库之间既不能建立有效的网络连接，也无法实现地名档案信息资源的整合和共享，严重制约了各地名档案数据库整体的利用效率。同时，由于各地名管理部门分别隶属于各级地方政府，上下级部门之间缺乏必要的组织协调与合作，难以实现整体的目标规划设计，造成资金使用混乱，重复建设、盲目建设的问题非常普遍，不仅造成了大量的社会资源浪费，也严重制约了地名档案信息数字化的整体发展进程。

三、地名档案信息数字化建设的途径

以科学发展观为指导，运用创新思维，建立健全地名档案信息数字化建设的长效机制。坚持以人为本，精心打造地名信息数字化服务品牌，不断丰富地名档案信息服务内涵，拓展地名档案信息的发展空间，是保证地名档案信息数字化可持续发展的关键和有力保障，也是地名档案管理现代化的必由之路。

（一）建立统一的地名档案数字化标准体系

地名档案信息数字化建设不仅是一项庞大的系统工程，更具有较强的基础性、社会性和长期性。因此，推进地名档案信息数字化建设，必须首先做好数字地名档案的标准化和规范化，两者是相辅相成的关系。规范和标准本身就是一个系统工程，必须由国家纳入社会经济发展战略，实施统一规划设计，研究制定一套系统化、规范化的地名信息数字化建设标准体系。地名档案信息数字标准化体系建设，不仅应包括电子档案信息形成的标准化和电子地名档案存储与交换的标准化，还要涵盖地名档案信息管理与应用的各个方面，既要有前瞻性的指导意见，又要有具体的实施标准，从而保证各地地名档案信息数字化建设的规范统一，避免盲目投资和重复投资所造成的资源浪费。与此同时，我们还要妥善解决好地名档案信息系统与其他信息系统的资源共享及兼容的问题。

（二）积极推进地名使用的标准化，规范地名档案信息数据

没有标准化就没有现代化，标准化就是地名档案信息数字化的生命线。首先，各地名管理部门必须严格执行国家地名档案信息标准化格式。现行的国家标准有：《全国山脉名称代码》《地名信息分类编码》《全国河流名称代码》《地名信息基本术语》《文物古迹等级代码》等规范性标准。从源头上规范地名信息，避免垃圾地名信息数据的产生。其次，要通过多种形式进行宣传，让社会各界及广大民众，熟悉和了解国家地名管理法规政策，自觉使用标准、规范的地名，从而消除地名信息在使用过程中的随意性。第三是建立科学的地名命名机制，逐步完善专家论证制度，在广泛征求社会各界意见的基础上，保证地名命名、更名的科学性、合理性和规范性，使所用地名能够经得起历史的检验。此外，为了满足国内外交流的需要，我们不仅要做好少数民族地名与国内汉字之间的转译，还要做好中文和外文之间的互译，切实增强地名信息的实用性。

（三）建立完善的地名档案数据库，奠定信息数字化基础

为保证地名档案信息数据库的权威性，必须认真做好现有地名档案信息的普查与更新，确保数据库内的地名信息内容齐全，现实性强，符合标准化的统一要求。一是强化管理，确保地名信息的准确性和及时性。随着全国各地城乡开发建设的快速推进，城镇区域建设面积的不断扩张和旧城区的改造翻新，几乎每天都有新建的道路、广场、街道、社区、商业区、居民区等需要登记、命名，地名的产生、消亡数量之大和变化之快前所未有。因此，地名管理部门应根据国家地名管理职能划分及社会对地名的普遍需求，积极构建和完善国家、省、地、县四级地名档案信息数据库，形成高效、快捷的地名信息数据更新机制。二是充分利用计算机和多媒体技术，提高地名信息的数字化水平。要尽快将现有传统的地名档案信息全部转化成数字化信息进行存储，做到图、文、声并茂来强化多元化数字信息的记录功能。实现地名档案数字信息可以随心所欲地从一种媒介转换到另一种媒介，不再让数字地名档案孤立地散布在各级地名档案馆中“沉睡”，而是要存储在硬盘、软盘、光盘等数字介质之中，流动在全球信息网络上，成为全人类共享的知识财富。三是切实加强部门间协作，建立地名档案信息资源共享机制。地名管理部门要积极争取交通、土地、测绘、基层社区等部门的协作和配合，建立健全各部门协作协管长效机制，

共同开展多种形式的地名普查和调查，交流共享相关地名信息，及时完善和更新地名档案信息数据库等。

（四）进一步提高地名档案管理软件的应用水平

地名档案数字信息管理系统，是以完善的地名档案信息数据库为基础，充分利用现代计算机技术、网络技术、办公自动化技术及3S技术等高科技手段，实现地名数字信息与时空的有效集成以及网络共享与分发服务，不断提高地名数字信息的获取、管理、维护、更新、查询及分析等功能。在地名档案信息管理软件中不仅需要实现地名信息收集、自动编目、自动立卷、标准化处理、信息检索、地名排序、统计分析、资料借阅、用户识别等管理功能，还应包括地名档案办公自动化技术、音像技术、缩微技术、光盘技术以及现代化地名档案库房管理和保护技术等等。既可管理字符型数据库，亦可管理地图型数据库，并实现两者间有效的信息交流、更新完善。

（五）不断丰富地名数字信息的服务内涵，拓展生存发展空间

服从和服务于社会各界的实际需求，既是地名档案工作的根本宗旨，也是地名档案工作生存发展的唯一出路。应重点从六个方面提高地名档案信息的利用和服务的水平。一是地名档案数字信息的直接利用。通过地名信息数据库及地名信息管理系统直接为各类专业空间信息系统提供基础性数据，充分利用现代通信和GIS技术，使地名数字信息真正走进千家万户和社会各个领域。如：公交及自驾车路线查询，实现在线测距、费用核算、可视化等等。二是地名数字信息的耦合与集成运用。以地名数字信息为基础，综合开发建立各种地名数字信息管理与服务系统，以此支撑各专业信息数据库及系统，或者将地名数字信息直接嵌入到各种电子政务系统之中，发挥其基础性作用。三是建立健全各级地名档案数字信息服务网络。充分发挥国际互联网络的功能与作用，通过有线和无线两种方式同时为互联网计算机和手机等移动终端提供通用及个性化的地名数字信息服务。四是广泛开设地名语音呼叫查询平台及短信服务。各省、市可建立专门的电话声讯服务台，以电话方式为广大用户提供地名信息服务，并开展各种个性化短信服务，将有关信息以图像和文字短信的数字形式提供给手机及掌上电脑用户。五是建立地名信息网络会员制或制售地名电子地图光盘。通过建立地名信息网络会员制或统一制作销售电子地图光盘，

使用户可以通过一台普通的多媒体计算机在GIS软件的支持下进行各类地名服务查询，而且能够显示与地名相关的电子地图、地物、声音、照片、表格和动画等多媒体信息，还能提供诸如距离量算、统计分析、最佳路径查找、GPS定位导航、图表自动生成等高级地名服务。六是广泛设立地名触摸屏查询系统。可通过在公共场所摆放的（柜台式、墙内嵌、户外专设等）触摸屏查询利用平台，为广大公众提供各种地名信息化服务。

总而言之，地名档案信息的数字化建设是时代发展的必然选择，其立足点必须是以人为本，充分依托高科技手段，主动服从和服务于社会各界的生产、生活需要，并遵循市场客观经济规律，积极开发高端地名数字信息服务以满足自身发展需要，真正走上一条健康的可持续发展道路。

参考文献：

[1] 孙平. 论地名信息化建设 [J]. 中国地名，2007（8）62—63.

[2] 陈方宇. 地名信息化建设内涵与发展构想的思考 [M/OL]. 台州地名网，[2009—12—03]. http://www.tzdmw.gov.cn.

[3] 浦善新. 狠抓地名数字化建设　赶超世界先进水平 [J]. 中国地名，2006（2）.

地名文化与区域经济社会发展之间的良性互动

——以张秋镇挂剑台为例

关　霞

摘　要　明清时期，位于会通河和大清河交汇处的张秋镇，占据漕运之要地，加之“三界首”的行政管理特色，是运河山东段重要的区域性商品集散中心，商贸臻于至盛。张秋镇的繁荣吸引了大批文人墨客驻足于此，挂剑台成为最受关注的文化景观。他们在此赋诗抒意，或感季子重义，或怀古伤今，或附庸风雅，留下了大量关于挂剑台的诗赋，尤以明中后期和清代传世最多。张秋挂剑台因备受文士青睐而愈加显名。“五体十三碑”，作为保留至今的题有元、明、清三朝歌咏挂剑台诗文的十三方碑刻，已然成为当时张秋挂剑台声名远播的见证。挂剑台负载的重诺守信等道德内涵，俨然逐步转化为商业伦理，成为张秋镇的地域文化之魂所在，适应了张秋镇树立良好商业形象的需要。其知名度的提高与张秋镇的经济发展之间实现了彼此促进的良性互动。由此可见，地名文化是人类历史文化的重要组成部分，不仅对文化繁荣有积极作用，对区域经济社会发展也有重要的促进作用。

关键词　明代；清代；张秋镇；挂剑台；地名

一、明清时期的运河古镇

张秋镇古称张秋口。五代后周时期，已发展为镇。宋真宗时始称景德镇。明弘治八年（1495），因明孝宗赐名而改为安平镇，后复称张秋镇。明万历年间曾任兖州府通判、分署安平的李周策在《安平镇志旧后序》中提及“习其地当一州三邑之唇齿，而习其形势又当南北两都之襟喉，讵不称重镇与？”张秋处于“一州三邑之唇齿”地带，即所谓的“三界首”。运河自南向北穿镇而过，将其分为东西两部分，东部属于东阿县所辖，西部由寿张、阳谷两县分辖。清代沿用明制，仍为三县共辖，“张秋镇即安平镇，为阳谷、寿张、东阿三县交治之地，在阳谷县东二十里，寿张县东北四十里，东阿县西北六十里”[①]。清康熙年间曾任兖州府张秋捕河通判的林芃在《重修张秋志序》亦谈及“张秋襟带阿、阳、寿三邑，南北转运锁钥具是镇，诚重哉！”直至全面抗日战争爆发前，张秋镇一直属东阿、寿张、阳谷三县所辖。

会通河开通后，张秋成为运河山东段重要的区域性商品集散中心，虽仅冠以镇名，但其繁荣程度甚至超过了周围的县城，“大较比临清而小耳”（道光《东阿县志》卷二）即是对其当时繁华境况的生动描述。商业的兴盛给当地社会、文化生活的发展注入了巨大的活力。

二、扬名明清的地名：挂剑台

康熙《张秋志》中涉及“挂剑台”的记载主要有两处，分别见于“陵墓”“古迹”，具体如下：

徐君墓：即挂[②]剑台，在城南。按《括地志》：徐君庙在泗州徐城县，以地图度之，徐城者为是。然古迹两见者多，相传已久，未必无据。而挂剑草亦奇迹也，草形似剑，可疗心疾，土人珍之，今亡。

挂剑台：即徐君墓。《史记》：季札使齐，过徐君，徐君好札剑，口不敢言，札心知之，为使上国未[③]献，还至徐，徐君已死，乃解其剑系之冢树而去。从者

---

① 嘉庆《大清一统志》卷一六六《关隘》。

② “挂”原作“持”，今改。

③ “未”原作“木”，今改。

曰："徐君已死，尚谁予[①]乎？"曰："不然，始我心许之，岂以死背吾心哉？"徐人歌之曰："延陵季子兮不忘故，脱千金之剑兮挂丘墓。"

由上面两则史料可获得如下信息：第一，季札让国，本就是个品行极高、颇具高义之人，挂千金之剑于亡友之墓几乎不需要怀疑；第二，季札挂剑的故事流传很广，亦很久远；第三，徐君墓究竟位于何处，是张秋镇还是泗州徐城，还存在一定的争议。

元代以后，不断有人极力论证徐君墓就在张秋镇。如元人康时撰有《吴季札挂剑徐君墓记》一文，认为徐君墓"在景德故镇之南百举武，惟地丛草蔓延，形皆肖剑，土人以挂剑名之"，明确指出徐君墓在景德故镇（即张秋镇）。明东阿知县周祚曾作《季札赞》及清代寿张县主簿马之骦撰有《张秋挂剑台辨》，均对张秋挂剑台进行了论证。

张秋挂剑台位于张秋镇南水闸东北堤下，又称挂剑祠，也叫季子祠，有徐君墓在其旁。在元代会通河开通后始见于载籍，据康时《吴季札挂剑徐君墓记》提到有人曾封树徐君墓，并记载古碑刻有"季札挂剑徐君墓树"字样，可见张秋挂剑台之说甚至更早，只是随着张秋镇的繁盛逐渐得以显名。其实，他处也有挂剑台存在，无论其是否是当年季子挂剑的地方，都间接证明了季子的做法得到世人广泛的颂扬。张秋挂剑台之所以如此出名，除了明清张秋镇作为繁华商镇而扬名远播的带动作用外，离不了许多文人士子尤其是明清文士广留诗赋的影响。

（一）明清诗作中的挂剑台

明清时期张秋镇商贸和漕运的繁盛吸引了大批文人墨客驻足于此。他们在此赋诗抒意，留下了大量关于挂剑台的诗作。尤以明中后期和清代传世最多。很多文人名士或感季子重义，或怀古伤今，或附庸风雅，当年的墨迹已然成为张秋挂剑台声名远播的见证。这些诗文吟咏的客观对象无非是季子、挂剑台、宝剑等，表达的情怀无外乎以下几个方面：或歌颂季子品德，或借挂剑台抒发悲凉之情，或衍伸至宝剑以物抒情，或通过季子对亡友的情怀表达友谊之切，或今昔对比怀古讽今，或表达怀才不遇的惆怅与愤然，等。大都有一个支撑点，即用挂剑表示对亡友坚守信

---

① "予"原作"子"，今改。

义。值得一提的是，总体上作者对季子都是持赞扬的态度，也有少部分诗作表现出新的体悟。

由于吟咏张秋镇挂剑台的诗作数量很大，暂不展开，笔者仅列表1和表2。

表1 笔者所见文集中吟咏挂剑台的诗歌一览表

朝代	作者	名称	出处
元	宋禧	《挂剑台行》	《庸庵集》卷二
明	徐熥	《挂剑台》	《幔亭诗集》卷一三
明	徐𤊹	《挂剑台》	《鳌峰集》卷二四
明	刘荣嗣	《季札挂剑台》	《简斋先生集·诗选》卷四
明	皇甫汸	《登挂剑台》	《皇甫司勋集》卷五
明	邵经济	《挂剑台简张秋严水部山亭中》	《泉厓诗集》卷一
明	陆宝	《挂剑台》	《霜镜集》卷一〇
明	李贽	《挂剑台》	《续焚书》卷五
明	谈迁	《挂剑台》	《北游录·纪咏下》
清	宋琬	《挂剑台》	《安雅堂未刻稿》卷二
清	许珌	《挂剑台》	《铁堂诗草》卷上
清	张丹	《挂剑台》	《张秦亭诗集》卷一三
清	卢紘	《挂剑台》	《四照堂诗集》卷一〇
清	杜臻	《挂剑台》	《经纬堂诗集》卷二
清	陈玉璂	《挂剑台记》	《学文堂文集·记一二》（不分卷）
清	阮元	《挂剑台》	《两浙輶轩录》卷五 吴之振《挂剑台》
清	阮元	《挂剑台》	《两浙輶轩录》卷九 陈贞《挂剑台》
清	彭孙贻	《季札挂剑台》	《茗斋集》卷一五

（续表）

朝代	作者	名称	出处
清	屈复	《挂剑台》	《弱水集》卷九
清	徐釚	《登挂剑台》	《南州草堂集》卷三
清	蔡衍鎤	《 挂剑台》	《操斋集》卷四
清	陈祖法	《过挂剑台追哭亡友钱峣都》	《古处斋诗集》卷四
清	沈德潜	《挂剑台》	《归愚诗钞》卷一九
清	张英	《挂剑台》	《文端集》卷一四
清	李中素	《挂剑台下怀万大刘六》	《梅花书屋诗选》卷一
清	费锡璜	《挂剑台》	《掣鲸堂诗集》卷八
清	郭起元	《挂剑台记》	《介石堂文集》卷七
清	杨士凝	《登挂剑台》	《芙航诗襭》卷一九
清	李继圣	《挂剑台》	《寻古斋诗集》卷一
清	郑燮	《徐君墓》	《板桥集·诗钞》卷一
清	汤斯祚	《挂剑台》	《亦卢诗》卷二六
清	顾琮	《挂剑台》有序	《静廉堂诗钞》卷四
清	王文清	《挂剑台怀古三首》	《锄经余草》卷九
清	杨锡绂	《挂剑台》	《四知堂文集·诗》卷三四
清	英廉	《挂剑台》	《梦堂诗稿》卷六
清	爱新觉罗·弘历	《挂剑台》	《御制诗二集》卷六二
清	李锴	《挂剑台》	《睫巢集》卷二
清	沈廷芳	《挂剑台》	《隐拙斋集》卷一五
清	石钧	《挂剑台》	《清素堂诗集》卷三

（续表）

朝代	作者	名称	出处
清	熊为霖	《张秋南峿题吴公子挂剑台》	《归帆纪咏》（共一卷）
清	张馨	《挂剑台》	《荔门诗录》卷一
清	钱维乔	《挂剑台》	《竹初诗钞》卷五
清	钱维乔	《挂剑台》	《竹初诗钞》卷六
清	王鸿	《挂剑台怀古寄冯子良廖豸峰两先生》	《喝月楼诗录》卷一六
清	祝德麟	《挂剑台在张秋镇南》	《悦亲楼诗集》卷二二
清	吴省钦	《北舟杂咏》	《白华前稿》卷三三
清	赵怀玉	《挂剑台》	《亦有生斋集·诗》卷一
清	汪学金	《吴季札挂剑台》	《静厓诗稿·初稿》卷六
清	秦瀛	《挂剑台》	《小岘山人集·诗集》卷四
清	马星翼	《又挂剑台索和一首》	《东泉诗话》卷五
清	潘衍桐	《挂剑台》	《两浙輶轩续录》卷一二 黄定文《挂剑台》
清	刘嗣绾	《挂剑台》	《尚絅堂集·诗集》卷一
清	胡敬	《挂剑台》	《崇雅堂诗钞》卷三
清	沈兆沄	《挂剑台》	《织帘书屋诗钞》卷六
清	冯云鹏	《挂剑台》	《扫红亭吟稿》卷五
清	潘德舆	《挂剑台歌》	《养一斋集》卷八
清	陈庆镛	《八月初一日张秋镇晓发登吴季子挂剑台儿彦爵彦禄彦鸿侍》	《籀经堂类稿》卷九
清	姚燮	《过挂剑台故址》	《复庄诗问》卷二〇
清	陈锦	《寿良怀古》	《补勤诗存》卷一六

（续表）

朝代	作者	名称	出处
清	林寿图	《挂剑台》	《黄鹄山人诗初钞》卷五
清	潘衍桐	《挂剑台歌》	《两浙輶轩续录》卷三六 夏凤翔《挂剑台歌》
清	施补华	《挂剑台》	《泽雅堂诗二集》 卷一七

表2 笔者所见地方志载挂剑台诗歌一览表

朝代	作者	名称	出处
唐	王起	《延陵挂剑赋》	道光《东阿县志》卷一五
明	李东阳	《题挂剑台》	道光《东阿县志》卷一五
明	薛瑄	《挂剑台》	道光《东阿县志》卷一五
明	杨基	《挂剑台歌》	道光《东阿县志》卷一五
明	唐肃	《季子挂剑冢》	道光《东阿县志》卷一五
明	王讴	《拜吴季子祠二首》	道光《东阿县志》卷一五
明	李先芳	《过挂剑台》	道光《东阿县志》卷一五
清	闫蘧	《题挂剑台二首》	道光《东阿县志》卷一五
清	赵思齐	《题挂剑台徐君墓》	道光《东阿县志》卷一五
清	张觐光	《题挂剑台》	道光《东阿县志》卷一五
清	马履吉	《挂剑台怀古》	道光《东阿县志》卷一五
清	峻德	《登挂剑台》	道光《东阿县志》卷一五
清	陆丛桂	《题挂剑台》	道光《东阿县志》卷一五
六朝	庾信	《季子遇徐君赞》	道光《东阿县志》卷一七
元	康时	《吴季札挂剑徐君墓记》	道光《东阿县志》卷一七

（续表）

朝代	作者	名称	出处
清	马之骦①	《张秋挂剑台辨》	道光《东阿县志》卷一七
明	刘筌	《挂剑台》	民国《续修东阿县志》卷一四
不详	不详	《挂剑台》	民国《续修东阿县志》卷一四
清	高绍和	《挂剑台二首》	民国《东阿县志》卷一八
清	陆弘亮	《登挂剑台二首》	光绪《寿张县志》卷八
清	刘尚正	《挂剑台怀古》	民国三十一年《阳谷县志》卷一六
北周	无名法师	《徐君墓》	康熙《张秋志》卷一二
元	李谦	《季子祠》	康熙《张秋志》卷一二
明	屠隆	《挂剑台》	康熙《张秋志》卷一二
明	屠隆	《剑草》	康熙《张秋志》卷一二
明	杨淳	《建季子祠记》②	康熙《张秋志》卷一〇
明	周祚	《季札赞》有序	康熙《张秋志》卷一〇
明	傅光宅	《登挂剑台》	康熙《张秋志》卷一二
清	蔡士英	《重修挂剑台祠记》	康熙《张秋志》卷一〇
清	林崇履	《挂剑台》	康熙《张秋志》卷一二
清	朱廷翀	《挂剑台》	康熙《张秋志》卷一二
清	曹玉珂	《挂剑台》	康熙《张秋志》卷一二
清	马之骦	《挂剑台》	康熙《张秋志》卷一二

① 原文“霜”，有误，今改为“骦”。

② 张秋镇志编纂委员会. 张秋镇志［M］. 北京：华文出版社，2012：441。

（续表）

朝代	作者	名称	出处
清	马之骦	《陆冲默招同李献庭游挂剑台》	康熙《张秋志》卷一二
清	王芳	《陆冲默先生招游挂剑台同马旻徕其旋两先生赋》	康熙《张秋志》卷一二
清	李黄	《九日宴集挂剑台》	康熙《张秋志》卷一二
清	蔡昌登	《前题》	康熙《张秋志》卷一二
清	林芃	《前题》	康熙《张秋志》卷一二
清	郑龙光	《徐君墓》	康熙《张秋志》卷一二
清	龚百朋	《谒徐君墓用屠赤水先生韵》	康熙《张秋志》卷一二
清	陈璜	《挂剑台作》	康熙《张秋志》卷一二
清	方圣时	《渡挂剑台》	康熙《张秋志》卷一二
清	陈日浴	《九日宴集挂剑台》	康熙《张秋志》卷一二
清	叶鸣鸾	《挂剑台》	康熙《张秋志》卷一二
清	张觐光	《又题挂剑台绝句》	康熙《张秋志》卷一二
清	薛允中	《挂剑台》	康熙《张秋志》卷一二
清	陈发曾	《挂剑台》	康熙《张秋志》卷一二
清	黄堪	《挂剑台》	康熙《张秋志》卷一二
清	陈艺蘅	《挂剑台》	康熙《张秋志》卷一二
清	史在雍	《挂剑台》	康熙《张秋志》卷一二

（二）保留至今的“五体十三碑”

自明正德十一年（1516）工部郎中杨淳在张秋镇徐君墓前修建了“挂剑祠”后，明、清年间，又有官员、文士陆陆续续对“挂剑祠”予以续修。如清初名臣、漕运总督、兵部尚书蔡士英的《重修挂剑台祠记》记述了他在顺治十六年

（1659）出资委托吕振之重修挂剑台祠的情况。[①]历次重修时，不断有人将相关诗歌刻石供文人骚客欣赏。清乾隆十六年（1757），“挂剑祠”被大水冲没后，碑刻留存得不多，当地人口中便出现了“五体十三碑”之说。[②]

所谓“五体十三碑”，是指保留至今的题有元、明、清三代诸多文人墨客歌咏挂剑台诗文的十三方碑刻，共有楷、行、草、隶、篆五种字体，故名。按时间顺序，在十三方碑刻中，第一通碑刻有元代诗人萨天锡的《题季子庙》和明代诗人李东阳的《挂剑曲》，均为明正德年间工部郎中杨淳草体；第二通碑刻有李元的《题挂剑台》（李元情况不详）、明正德年间进士卢雍的《题挂剑台》和杨淳的《题挂剑台（次李春山韵）》，均为杨淳草书；第三通碑刻为杨淳诗并书，内容是关于建季子祠的，在今天已成为建祠重要的实物证据；第四通碑刻是明正德年间进士曾玙诗并书的《登挂剑台》；第五通碑刻系明举人王极诗并篆的《登挂剑台》；第六通碑刻系王极之父王士轩诗并书的漫赋三首，楷行草隶篆五体俱全；第七通碑刻乃明代进士傅光宅诗并书的《登挂剑台》；第八通碑刻是明礼部郎中、戏曲作家、文学家屠隆诗并书的《挂剑台》《挂剑草》，字体为行书；第九、十通碑刻为清康熙年间兖州府张秋捕河通判张六吉诗并书的《挂剑台》（附《张秋八景》）及《剑台歌》；第十一通碑刻为一朱姓作者诗并书的《登挂剑台》；第十二通碑刻乃辽海人陈九鹏诗并书；第十三通碑刻已经残缺不堪，难以识读。十三方碑刻共载元诗一首，明诗六首，清诗两首，还有三首诗作者朝代不详。[③]

值得注意的是，十三通碑刻不是同一时期树立的，其中大多为文坛大家或宦海重臣，有的所吟不是张秋挂剑台，如其中元萨天锡的《题季子庙》经当地文史学者考证，所吟乃江苏延陵季子庙[④]，也被强拉来为张秋挂剑台张目，以证明

① 林芃，马之骦. 张秋志. 卷一〇［M］. 1670（康熙九年）.

② 由于此处详细谈及，故这十三通石碑里涉及的挂剑台诗歌没有在上文表格中罗列.

③ 陈昆麟，李印元. 张秋挂剑台五体十三碑考释：前言［M］. 聊城：山东省聊城市新闻出版局，2001.

④ 陈昆麟，李印元. 张秋挂剑台五体十三碑考释［M］. 聊城：山东省聊城市新闻出版局，2001：7.

张秋挂剑台人文底蕴之深厚。明清时期，出现了大量吟咏张秋挂剑台的诗赋，不少都是借以赞颂讲信重诺、重节义等品质的。为什么会出现如此多的赞颂讲信重诺、重节义等品质的诗文？为什么有人会借用吟江苏季子庙的诗歌为张秋挂剑台张目的现象？这或许与明后期开始张秋镇社会风气的变化有关。

三、“信义”挂剑台：助推张秋镇经济发展的地名名片

从明中后期开始，张秋镇的商业获得了空前的发展，随着商业与货币意识的膨胀，当地变得“五方杂厝，风俗不纯，仰机利而华侈，与邑人绝异”，商业交易中的欺诈、恶意勒索等现象时有出现，甚至妇女中都出现了极其狡诈的骗子。《清稗类钞》就记录了康熙三十年（1691）张秋镇“黠妇以伪夫取财”的故事：

张秋者，山东某邑之属镇也。有一妇，年三十余，雇驴至兖州探亲，驴夫从之行。中途，问驴夫有妇乎，曰：“无。”妇曰：“我亦新寡，与汝可为夫妇矣。”驴夫大喜，因野合焉。既至，谓驴夫曰：“我母家颇丰，子衣如此，不便同归。”因予十金，令至缎肆买缎持归。妇密烧其数处，驴夫不知也。妇曰：“如此破缎，汝买之何用！可于饭后往易。”则已密置毒于饭中。驴夫食讫，遂同至缎肆，争论间，毒发死矣。妇以缎肆杀夫，欲鸣官。缎肆中人急以五百金贿妇，妇遂挈资骑驴而去，盖借驴夫以挟诈也。

就商业来说，诚信是首要原则。商人虽以盈利为目的，要想在激烈的竞争中获得长远的发展，“信义”显得格外重要。明清时期张秋镇的商业要想进一步发展，也需要形成重信讲义的环境，而非世人眼中如上“风俗不纯”。在需要将“信义”转变成商业伦理从而树立张秋镇良好商业形象的客观需求下，季子挂剑的故事得到了镇人重视。他们也充分强调季子讲信重诺、重节义等品质。“信义”挂剑台，亦与中国社会的传统伦理观念相吻合，从而使得大量文人墨客对此加以宣扬，逐渐成为助推张秋镇经济发展的重要地名名片。

当地还宣扬挂剑台旁有一种“剑草”，其状如剑形，可疗心疾，康熙《张秋志》和一些诗赋中也有提及。一种普通的植物被赋予疗心疾的作用，或许也是当

地人为改变张秋镇“风俗不纯”[①]、欺诈百出的形象而杜撰出来的。可见，重要地名有鲜明的地域特色，其文化衍伸影响力同样十分强大。

四、结语

张秋镇曾因漕运和商业的繁盛，吸引了大量文人士子前来寓居或游览以至留下众多笔墨，强化了对挂剑台地名的宣传。随着历史的发展，运河繁荣不再，但挂剑台这一地名却成了张秋镇一张永久的文化名片，既增强了张秋镇的人文底蕴，又会吸引更多的人来到此地。人员的频繁往来，自然会带动张秋镇商贸、社会等往更深层、更广泛的方向发展，对张秋镇经济社会发展产生积极推动作用。承载古镇文化之魂的挂剑台地名，与张秋镇繁盛的经贸，在彼此促进中实现了良性互动。可见，地名文化是人类历史文化的重要组成部分，不仅对文化繁荣有积极作用，对区域经济社会发展也有重要的促进作用。

参考文献：

一、史料与古籍

［1］林芃，马之骦. 张秋志［M］. 中国地方志集成　乡镇志专辑：第29册. 影印康熙斌业斋抄本. 南京：江苏古籍出版社，1992.

［2］林芃，马之骦. 张秋志［M］. 北京大学图书馆藏稀见方志丛刊：第95册. 影印康熙九年（1670）刻乾隆三十二年（1767）补刻本. 北京：国家图书馆出版社，2013.

［3］陆釴，等. 山东通志（嘉靖）［M］. 天一阁藏明代方志选刊续编：第51—52册. 上海：上海书店，1990.

［4］岳濬，等. 山东通志（雍正）［M］. 文渊阁四库全书. 景印.

［5］郝永静. 山东通志（宣统）［M］. 铅印本. 1915（民国四年）.

① 林芃，马之骦. 张秋志卷一　方舆志［M］. 1670（康熙九年）.

[6] 王天壁. 阳谷县志（康熙）[M]. 刻本. 1673（康熙十二年）.
[7] 孔广海. 阳谷县志（光绪）[M]. 铅印本. 1942（民国三十一年）.
[8] 董政华. 阳谷县志（民国）[M]. 铅印本. 1926（民国十五年）.
[9] 滕永祯，马珩. 寿张县志（康熙）[M]. 刻本. 1717（康熙五十六年）.
[10] 庄洪烈，刘文煃，王守谦. 寿张县志（光绪）[M]. 刻本. 1900（光绪二十六年）.
[11] 李贤书，吴怡. 东阿县志（道光）[M]. 铅印本. 1934（民国二十三年）.
[12] 周竹生，靳维熙. 东阿县志（民国）[M]. 铅印本. 1934（民国二十三年）.
[13] 周竹生，靳维熙. 续修东阿县志（民国）[M]. 铅印本. 1934（民国二十三年）.
[14] 谢肇淛. 北河纪[M]. 文渊阁四库全书. 景印.
[15] 谢肇淛. 北河纪余[M]. 文渊阁四库全书. 景印.
[16] 谢肇淛. 五杂俎[M]. 续修四库全书：第1130册. 上海：上海古籍出版社，2002.
[17] 国家清史编纂委员会. 清代诗文集汇编[G]. 上海：上海古籍出版社，2010.

二、今人论著

[18] 陈昆麟，李印元. 张秋挂剑台五体十三碑考释[M]. 聊城：山东省聊城新闻出版局，2001.
[19] 政协阳谷县委员会. 阳谷文史资料选编[G]. 聊城：山东省出版总社聊城分社，1989.
[20] 阳谷县地方史志编纂委员会. 阳谷县志[M]. 北京：中华书局，1991.
[21] 东阿县地方史志编纂委员会. 东阿县志[M]. 济南：齐鲁书社，1998.
[22] 于德普，梁自洁. 山东运河文化文集　续集[G]. 济南：齐鲁书社，2003.
[23] 阳谷县人民政府，阳谷县地方史志办公室. 阳谷年鉴（2000—2004）[M]. 北京：中国文史出版社，2004.
[24] 王云，陈昆麟. 聊城通史　古代卷[M].北京：中华书局，2005.
[25] 李泉，王云. 山东运河文化研究[M].济南：齐鲁书社，2006.
[26] 东阿县地方史志编纂委员会. 东阿县志[M].济南：齐鲁书社，2009.
[27] 张秋镇志编纂委员会. 张秋镇志[M].北京：华文出版社，2012.

[28] 谭景玉，等. 齐鲁商贾传统 明清卷［M］.济南：齐鲁书社，2014.
[29] 官美堞. 明清时期的张秋镇［N］. 山东大学学报，1996（2）.
[30] 崔建利. 谢肇淛居官山东及其笔下的运河风情［N］.闽江学院院报，2011（6）.
[31] 郑民德. 明清京杭运河城镇的历史变迁——基于张秋镇为视角的历史考察［J］.中国名城，2012（3）.
[32] 王弢. 明清时期大运河沿岸的明珠——张秋镇［J］.今日中国论坛，2013（17）.

新形势下行政区域界线管理存在的问题及对策

王宗宝

行政区是国家根据政治和行政管理的需要，按照有关法律规定，充分考虑经济联系、地理条件、民族分布、历史传统、风俗习惯、地区差异、人口密度等客观因素划定并设置相应的地方国家机关，实施行政管理的区域。是各级行政机关赖以生存、行使职能的空间范围。搞好行政区划管理，对于科学规划、利用社会资源，保障人民群众应有的权益和义务具有十分重要的意义。

一、界线管理的作用和意义

（一）有利于推动经济社会的快速发展

行政区是地方政府实施行政管理，规划发展的基础和前提。行政区域界线清楚了，辖区政府才可以对区域经济进行精细规划，对资源进行科学开发，全面推进辖区社会经济全面又好又快的发展。如果边界不清，政府行政权限空间范围不明，经济和社会发展规划就失去了依据，必然影响社会资源的开发利用，从而阻碍经济和社会的全面发展。

（二）有利于推动社会法制化进程

市场经济必须靠法制规范来保障。改革开放以来，国家颁布的诸多法律法规，如矿产资源法，环境保护法、土地管理法、森林法等大都是按照行政区域组织实施的。如果边界不清，国家的法律法规执行就缺乏空间依据，执行范围和力度就会大打折扣，社会治安、环境治理、维护经济秩序、保护广大人民群众的人身财产权益等就会受到影响。

（三）有利于方便人民群众的生产生活

行政区域界线同人民群众的生产生活息息相关。行政区和土地资源区在性质上有着严格的区别，行政区域界线的管理工作随着社会的发展而发展，社会越发展，边界的作用就越大。如办理证照开展社会活动等都离不开行政区域的限制。

二、界线管理现状及存在的主要问题

2001年，全国勘界工作结束后，行政区域界线工作的重点逐步转移到了对行政区域界线的维护管理上来。2002年国家出台了《行政区域界线管理条例》，随后全国上下各级政府又分别开展了平安边界创建活动，实施了行政区域界线联检制度，推行了边界“两图一则”管理模式等，各级政府都积极工作，从人力、物力、财力上给予大力支持。边界管理法制化、规范化程度不断提高。但也存在着一些不可忽视的问题。主要表现在以下五个方面：

1. 随着我国经济社会的不断发展，地方开发、建设规划的不断外延，边界区域的地形、地貌和边界参照物不断遭到破坏，有界难辨、有边难识的现象比较突出。

2. 思想观念滞后，尤其是部分管理部门思想停留在勘界阶段，认为边界只要图上清楚，档案尚存就万事大吉，能不能实地辨认不重要，导致边界有名无实，形同虚设。

3. 缺乏应有的管理知识，边界管理涉及识图及测绘等相关知识，勘界结束，技术人员离开后，有些管理人员缺乏这些知识，工作中只知道界桩位置，而不知道界线在何处，遇到问题束手无策。

4. 工作机制不够健全，对于一些突发性边界纠纷缺乏有效的回应，造成工作被动。

5. 边界双方联动性不强，边界管理部门联系还算密切，但其他行政部门联系不够，边界管理和使用联动性差，工作被动。

三、界线管理的对策与建议

（一）建立完善的界线管理档案

一是妥善管理好勘界原始档案。勘界档案资料（包括行政区域界线协议书和附图）是行政区域界线管理的基础资料，必须妥善保管，要按照档案管理规范进行专人专柜保存。二是收集保管好联检档案。勘界档案使用的底图大都是20世纪五六十年代地形图，经过多年的变迁，图标和地貌已大都不符；边界协议书使用的参照物随着时间的推移，项目的开发，也发生了较大的变化，因此建立保管好联检档案非常重要。不但要及时修正边界资料，联检档案中应根据参照物破坏程度确定新的边界参照物，特殊地段要增加附图和协议叙述，始终保持边界清晰可辨；而且要妥善保管，以备查用。

（二）增设界线标志

一是要搞好界桩管理。要按照界桩管理分工进行维护，层层落实管理责任，基层单位要聘任兼、专职界线管理人员，建立长效工作机制和责任制度，保证界桩完整定位，对因种种原因损坏或丢失的界桩要及时修复和原地补设，对需要移动的界桩按照勘界技术规范定位移栽。二是维护管理好相关标志物。特别是界线协议书中明确规定作为指示界线走向的标志物，应当维持原貌。因自然或其他原因标志物遭到破坏的，能修复的修复；不能修复的，要确定新的标志物。三是增设界线标志物。对因自然、开发建设等原因造成边界标志物严重破坏，边界无法直接辨认的地段，应增设边界标志物。标志物可以是界碑，也可以是石柱、石基等，具体材质、样式可由双方民政主管部门协商确定，距离、密度根据需要灵活掌握，只要便于边界识别即可。

（三）开展人员培训，配备必备测绘设备

一是做好人员培训，提高管理人员技术管理技能。边界管理是一项技术性，专业性很强的工作，工作人员必须掌握一定的技术技能，要结合实际，重点培训界线管理人员的识图用图本领，增强边界实地辨别能力。二是配备必要的勘测装备。边

界受界桩稀疏和参照多少的影响，仅靠界碑和参照物有些地段很难直接定位，必须借助精准的仪器完成，所以配备必要的测绘设备是实现行政区域界线管理的必要条件。

（四）编制各级行政区划图

定期出版发行行政区划图，特别是出版乡镇、街道等小比例尺的行政区划详图，是边界管理的重要手段。实践证明，出版行政区划图和边界详图，准确地公布勘界成果，不仅可以为行政管理部门实行精准的管理提供用工具，还可以为相关部门开发利用资源提供依据。

（五）深入开展平安边界创建活动

一是突出重点，建立相关部门协作机制。根据边界地区土地、资源的分布情况，相关行政部门之间建立协作机制。如属于林区，双方林业部门应该加强协作；属于矿区，矿产部门应加以协作等。二是规范边界地区插花地、飞地等特殊区域的管理。双方相关部门要认真对待，协商具体的管理方法，按行政区域管理权和土地资源所有权分离的原则，做好土地、资源的管理与备案，保证这些土地、资源的正常开发和利用。

参考文献：

[1] 山东省勘界纪实编委会. 山东省勘界纪实 [M].
[2] 国务院：《行政区域界线管理条例》.

再造政区：二十世纪五十年代山西平定汪里、梁江两乡划归河北井陉研究

祁毓龙

摘　要　新中国成立以后，小尺度政区研究的代表性成果相对较少。而新中国成立以后迭起的政治运动，为研究历史政治地理提供了不可多得的样本。本文通过对山西省二十世纪五十年代的汪里、梁江两乡划归井陉管辖的考察，不仅较为细致地梳理了改属井陉管辖的过程，还提出了，在小尺度之下，政区的分属多为政治态势下的人为结果，抑或可以总结为是一个人为地再造过程。个中的地理、人文区域等相关因素不能说没有起到作用，但是限于研究的尺度，可以忽略不计，或者只将其作为“底色”。

关键字　小尺度；人为过程；政治态势

一、问题的提出

行政区划变更的问题自古有之，最近陆续出版的《中国行政区划通史》集中地体现了历代政区变化大势。但是，此套丛书的下限也仅仅记载到新中国成立以前。就新中国成立以后这一时间段而言，研究小尺度下行政区划变动的论著相对较少。其中，张伟然的《归属、表达、调整：小尺度区域的政治命运——以“南湾事件”为例》当为代表之作。

张文利用档案及口述史料，对南湾的政区变更进行了鞭辟入里的分析，以事件史的角度来研究政区地理问题。提出政区分属过程当中多种原则的运用与实践端赖于人，人在其中扮演主角的同时，自然原则也在影响着政区的变化。此外，徐文彬

的《社会史视野下的政区变动——以新中国成立后松政县的两度分合为例》，指出行政区划的变动深受民众的影响，不仅仅是简单的自上而下，个中蕴含着官民互动等多种因素。

本文研究的对象为汪里、梁江两乡划归井陉管辖。文本的写作，主要以档案资料为主，问题意识也萌生于史料搜集与整理的过程之中。主体资料来源于山西省档案馆所藏《国务院、省人民委员会、平定县等，关于平定县杜家庄等六乡划归河北省井陉县领导问题的请示批复》和《国务院、省人委会、民政厅、平定县人委会关于汪里、梁江两乡划归河北省井陉县领导问题的批示、批复》。这两个卷宗，主要记载了旧属平定的区域划归河北井陉县的过程。

在开始讨论之前，有必要澄清的是行政区划的改属过程，即对于行政区划的变动，中央政府所规定的操作流程是什么。1952年11月8日，中央人民政府政务院颁布《关于处理行政区划变更事项的规定》，其中详细规定了行政区划变更时的操作流程以及注意事项。其中大意为：除了内务部认为所涉双方变更的关系不大，可以自行审核批核报院备案外，其他一律由中央人民政府政务院审核批准。[①]也就是说，除特殊情况外，各级行政区划的增设、裁并、更名等方面的变动，都需向政务院批示。这就规定了行政区划变更时，在操作程序上的规范性。

明晰了行政区划变更时的操作流程以后，就便利了我们讨论接下来的问题。关于平定县杜家庄这一卷档案形成时间为1955年到1956年，而关于平定的大、小梁江划归井陉的时间为1956年到1959年。宏观地比较这两卷档案，就地理位置上而言，大、小梁江与测鱼等六乡相距不远。就划归井陉管辖的时间而言，两者时间有明显的先后顺序。综合以上两则信息，不免让人揣测，两个邻近的地域都要求划归另一个区域，这其中难道有什么联系吗？

此外，就档案中记录的划归原因来说。群众来信都讲述到：（1）此地域与井陉毗邻，如果仍旧隶属平定，在管理、交通上有极大的不方便。（2）干部开会的时候，往返平定与要求划归井陉的地区，费时又费工。（3）这里的气候与平定相差数十天，他们开始下种播种的时候，平定所供应的种子还没有到，这严重地影响

① 中央人民政府政务院. 关于处理行政区划变更事项的规定［G］. 中华人民共和国内务部办公厅. 民政法令汇编：1949—1954：104—106.

了他们的生产。（4）他们的风俗以及婚丧嫁娶多与井陉联系紧密。这是当地群众要求归属井陉的主要原因。除此之外，还有一些两地个别的情况，由于不是调整区划的主要原因，且多为上述4个论点服务，在此不赘述。那么通观以上4点内容，可以发现，这两个地方划归的原因相似性很大，难道是这两个地方商量好的？还是一种巧合？抑或是这两个地方都有不能言语表达的隐情？

二、提出划归井陉管辖的要求

结合《井陉县志》，当时山西平定县划给井陉县管辖的有8个村庄，分别是地都、岸底、王家堰、张家峪、大梁江、小梁江、固兰、汪里。[①]从1984年编修的《井陉县地名资料汇编》来看，汪里属于固兰公社，有997人，耕地1129亩。大梁江位于支沙口公社驻地往西4公里处，有1138人，耕地1677亩。据载，梁家于明末从山西平定县城西棋盘街迁此，后来繁衍生息，子孙亦多，故名为大梁江。小梁江位于支沙口公社驻地往西3公里处，有657人，耕地1077亩。此处据大梁江较近，大部分人是从大梁江迁移过来的，故名小梁江。地都位于南峪公社，距离驻地西南5公里处，与山西省娘子关接壤。有1577人，耕地1993亩。

据段氏族谱记载，明成化年间，段增库从山西平定迁移至此。王家堰，1971年后改为王家岩，亦在南峪公社。有554人，耕地面积622亩。据宋氏族谱记载，明万历年间，宋进宗从井陉县岸底迁移至此。张家峪，位于南峪公社驻地西3公里处。有301人，耕地332亩。据张氏族谱载：清同治九年张明从本县张家洼迁立此村。岸底位于南峪公社西5公里处，有195人，耕地332亩，据宋氏谱书记载：明万历年间，宋进宗从山西平定县河北村迁立于此。[②]

① 井陉县志编纂委员会. 井陉县志［M］. 石家庄：河北人民出版社，1986：30.

② 井陉县地名办公室. 井陉县地名资料汇编［G］. 1984：188，139—140. 还需要说明的是，此地名志所载的是村落，而档案中所记载的20世纪50年代是汪里和梁江两个乡。由于当时施行小乡制，一个乡只辖4个村落，与现在乡的建制不同。

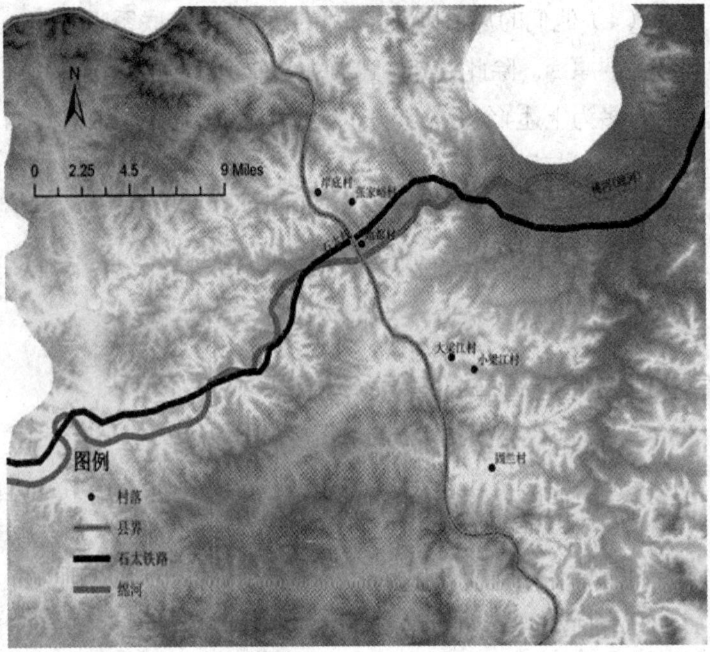

图1 改属村落示意图

就目前档案中有关记载来看，其中涉及或者保留的群众来信有：吕小千等来信两件；汪里乡人民委员会催问来信一件。而吕氏信件是这次事件的肇始。

吕氏第一封信件强调了两个划归平定管辖的不便利因素。其一，领导的不方便。村干部到平定县里开会，往返不仅误工，而且路费开支也较大。[①]其二，汪里、梁江两乡在气候上与井陉相同。

就信件内容来看，其反映的无非是应该划归井陉，不应该留在平定的内容。但是，在信件的落款以及群众签字上，似乎可以得出更多的信息。

首先，在信件的落款上，分为两类人群。一类是汪里乡人民委员会：梁湖、吕士功、李印祥、吕云、吕有来、吕小千、吕刘祥。另一类为人民代表：李士福、于宝清、梁全会、吕栓来、吕步庭、李嫁美、蒋秀兰、吕文科、李印贤。其次，在信

① 内务部. 转去吕小千等要求将山西省平定汪里乡划归河北井陉的信二件［Z］. 山西省档案馆藏，档案号：C64—03—91—04. 1956：4.

件的末尾盖上了平定县人民政府汪里乡的公章。最后，可以看到这封信件是给中央人民委员会写的。这让人不禁怀疑，这到底是谁提出来的意见，居然可以加盖乡公章？关于两地费用差额计算的这么清楚，难道是普通老百姓所为？按理说，乡作为地方一级行政区划，有召开人民代表大会的权利。且乡人民代表会议的职权有：听取与审查乡人民政府的工作报告；向乡人民政府反映人民的意见和要求；建议与决议本乡兴革事宜等。且还规定，每一个月举行一次人民代表会议。[①]这虽然是新中国成立初期进行的规划，但是数本《中央人民政府法令汇编》都有关于乡村政权建设的内容。最起码可以看出，乡一级政权建设虽然还在建设当中，但是乡的基本规章制度在1955年左右已经建立。那么，改属井陉的问题到底有没有提交到乡人大来进行讨论？根据以上的规定，应该是提交乡人大进行了讨论。如果没有提交乡人民讨论，那么这就只能代表乡干部的态度。因为信中落款的第一类人来看，显然这是干部群体。

之后，吕小千、吕云等人又给山西省民政厅写信，其中述及的理由第一条还是隶属于平定县之下的诸多不方便。讲到“到平定县开会或办理其他的事情，必须先到井陉城坐车，然后才能去平定。这样往返需要三天的时间。”同时，还提到货物的运输也是这样的，这就使成本上升，物价上升。[②]第二点理由，与前一份信件要求划归的理由相比较，是有所改变的，改变之处就是提到了农业集体化。大意为，现在正是农业集体化的高潮，他们乡的土地与平定不相连，而与井陉相接。因此，如果不划归井陉管辖，有碍于农业集体化的施行。[③]从这一条理由上来看，此地的改划与农业集体化相勾连。但是，单单就农业集体化而言，似乎并没有多大的说服力。难道他们没有把自己的自然条件说出来吗？这一理由岂不更有力！当然，群众来信还是有提到这一点的，因为群众来信的不全，我们目前难以看到。这一点可以从1956年山西民政厅给山西省委组织部的公函中看到。公函中提

---

① 中央人民政府法制委员会. 中央人民政府法令汇编：1949—1950［G］. 北京：法律出版社，1982：172.

② 内务部. 转去吕小千等要求将山西省平定汪里乡划归河北井陉的信二件［Z］. 山西省档案馆，档案号：C64—03—91—04. 1956：8.

③ 同②

到：群众划归的理由有二，其一为，汪里、梁江两乡在气候上与井陉相同。①这也就印证了刚才的说法。

此外，1956年7月5日，平定县汪里乡人民委员会再次给内务部写信，要求回复是否同意他们划归井陉。这样他们就可以安心生产了。②

不免疑问，清代这些地方是归属于平定还是井陉？在《平定县志》当中，可以看到，平定与井陉的分界线是以白城村——测鱼村——七里村——梁庄——旧关——地都一线为界。地都还属于山西省平定县，大梁江比较难确认，因为大梁江虽然在甘桃驿东面，但是无法确认梁庄的所在。就目前可以搜索到的梁庄之名，似乎都不太可能。也就是说，大、小梁江，就处于平定与井陉之间。岸底与王家岩也是长期处于平定与井陉的分界线之上，难以说清楚到底归属于何。总之，这八个村落，长期处于山西与河北省交界。

三、划归井陉管辖原因的分析

为了支撑当地归属井陉管辖的观点，在来信中就全乡日常生活用品有关内容展开了论述，为了便于理解，现摘抄如下：

“日用品计算：食盐全部供应2170.0斤，每斤差额0.25元，共差542元；食油每人每月三吊，共吃3400斤，每斤差额11.5元，共差510元。煤油每户每月8吊，共用2250斤，每斤差额0.05元，共差127元，火柴每户每月1包，共用5110包，每包差0.02元，共差102元。……山货方面：柿子全年收入63900斤，每斤差额0.18元，共差洋1150元；黑枣全年收入53550斤，每斤足费差额共636元；核桃收入25260斤，每斤差额足费共455元；花椒收入1455斤，每斤差额0.5元，共差725元。……毛皮特产在本

---

① 民政厅党组. 关于划归井陉的原因［Z］. 山西省档案馆藏，档案号：C64—03—91—05. 1956：9.

② 内务部. 有关平定汪里乡来信的询问［Z］. 山西省档案馆藏，档案号：C64—03—91—06. 1956：10.

县不能推销，运输推销河北井陉县全年51350斤，每斤差额0.05元，共差额2567元；干部赴县开会，全年路费以700元计算，每趟务工差额以井陉计算路途，误工700余个……”①

从以上诸多关于日常生活的信息中，可以看到，这个所谓的差额是：如果仍旧归属平定，所消耗的费用比归属井陉多出来的钱。也就是说，归属井陉以后，就可以减少这笔消耗。但是，以上信息也透露出一些问题，为什么日常生活供应中没有提及粮食？是否此地因地处太行深处，粮食产量比较少，没有提及的必要？抑或是另有“隐情”？毛皮特产如果是此地区收入的主要来源，不能在平定销售，这岂不减少了群众的主要收入？

带着以上问题来分析此区域。如前所述，于1956年就开始申请。同年5月14日，山西省人民委员会给河北省人民委员会去函，并附上要求划归井陉县的简图一份，询问河北省是否同意划归。同时也表达了山西省同意划归井陉县的看法。②在1957年3月，国务院发函山西省人民委员会和河北省人民委员会，大意为同意划归，希望两省就此问题能协商解决。③接着，于1957年4月13日，山西省人民委员会函平定县人民委员会，通知其与河北省井陉县人民委员会取得联系，正式办理移交手续，同时该两乡原来配备的补贴和脱产干部也随着乡的调整而变动。另外，在移交前两个乡分别召开以“区划变动”为中心议题的乡人民代表大会。移交完毕后将移交情况及人口数字等基本情况报告民政厅备案。④正如前面所说，乡一级政权的建设在此事上还是发挥了作用的。不知道当时是否召开了乡人民代表大会，但是从

---

① 内务部. 转去吕小千等要求将山西省平定汪里乡划归河北井陉的信二件［Z］. 山西省档案馆藏，档案号：C64—03—91—04. 1956：6.

② 山西省人民委员会. 函商将平定县汪里、梁江两乡划归井陉县管辖问题［Z］. 山西省档案馆藏，档案号：C64—03—91—08. 1956：12.

③ 国务院. 关于同意将山西省平定县汪里、梁江两乡划归河北省井陉县领导的批复［Z］. 山西省档案馆藏，档案号：C64—03—91—09. 1957：15.

④ 山西省人民委员会. 关于将平定所属汪里、梁江划归河北省井陉县领导的通知［Z］. 山西省档案馆藏，档案号：C64—03—91—10. 1957：16.

山西省人民委员会的通知上来看，按理说，应该是如此的。如果之前没有召开乡人民代表大会，此时召开，就犹如揭开了“盖子”，这时候就再难以隐瞒下去了。如果之前就是代表了多数民众的看法，那么现在再继续划归应该是顺理成章的事情。

可是，就在1957年6月4日，平定县写给山西省人民委员会的信，让这一看似顺理成章的事情再起涟漪。现将原文内容抄录如下：

我县梁江、汪里两乡。上面同意划归河北省问题，我县也正在准备移交。可是，当两乡得悉后，特别是梁江乡，群众集体签名申请，表示不去河北省，经双方深入理解，才知道。1. 原来汪里乡有部分群众，在去年以前所以积极要求划归河北省，是因为当时山西粮食供应紧张，河北粮食有余，所以愿意到河北省去。2. 梁江乡亦属这个问题，有少部分人愿意去河北省。可现在不愿去了，说法挺多。说什么生在山西，祖祖辈辈在山西，不去河北。①

从上边摘抄的内容可以看到，之所以从4月到6月没有划归井陉是因为有部分群众不同意归属井陉。这样就可以知道，乡人民代表大会是否曾经召开过，但可以肯定的是，在事情肇始的时候确实有群众参与其中。当真正要划归的时候，即在上级的要求下召开乡人民代表大会的时候，有一些人就不愿意划归河北去了。不去河北的原因是“祖祖辈辈在山西，不去河北”，更为值得注意的是“山西粮食供应紧张，河北有余粮”这一句话，这是值得我们深究的。

在《井陉县志》中记载“1984年，经上级批准，全县28个乡的122个贫困山村，从1985年起免征农业税5年。”②而上述要求划归的八个村落，除地都外，均在其列。这虽然是1984年发生的事情，但是至少可以说明，这7个村落的农业并不发达。可以判断粮食生产，由于自然的条件，自然就难以与其他地方相比。

同时，可以看到，这两乡要求划归井陉的时间是1956年4月。而1956年是山西省内实现高级形式合作化的第一年，也就是土地无代价为集体所有，耕畜、大型

---

① 平定县人民委员会. 关于“山西省梁江、汪里乡划归河北省群众不同意”的报告［Z］. 山西省档案馆藏，档案号：C64—03—91—11. 1957：17.

② 井陉县志编纂委员会. 井陉县志［M］. 石家庄：河北人民出版社，1986：335.

农具等主要生产资料折价卖给集体，实行统一经营、按劳分配。①山西省粮食总产量还不是很稳定，1953年的总产量是86.4亿斤，1954年下降为82.3亿斤，1955年又下降为74.5亿斤，到1956年又上升为86.7亿斤，而1957年又下降为70亿斤。②此外，1956年8月3日晨，汪里村西坡发生泥石流，45户连人带房全部湮没，死93人，重伤2人，毁耕地298亩，死牲畜31头。③

除了以上信息之外，还可以比较山西省与河北省粮食产量及征购数量。

表1　1955—1988年河北省农村粮食占有量统计表（单位：万公斤、万人、公斤）

年度	粮食总产量	征购	农业销售	农村占有量		
				数量	农业人口	每人平均
1955	770642	158570	140728	752800	3233.01	233
1956	681813	127983	200086	753916	3261.94	231
1957	819145	183545	126167	761767	3309.84	230

说明：资料来源于河北省地方志编纂委员会编：《河北省志·粮食志》，北京：城市出版社，1994年，第54页。

表2　1953—1978年山西省粮食产量、人均数量表（单位：万公斤、人均公斤）

表格	粮食产量	人均	农村占有量	人均	其中口粮	人均
1955 ~ 1957	401409	308	325292	250	255610	199
1958 ~ 1962	387053	278	310548	223	235120	168

说明：资料来源于山西省地方志编纂委员会编：《山西通志·粮食志》，北京：中华书局，1996年，第119页。

在表1当中，1955—1957年，河北省农村占有粮食为2268483（752800 + 753916 + 761767）万公斤，农业人口为9804.79（3233.01 + 3261.94 + 3309.84）万人口，那

① 平定县志编纂委员会. 平定县志［M］. 北京：社会科学文献出版社，1992：92.

② 王谦. 关于农业生产问题的报告——1957年11月20日在中国共产党山西省第一届代表大会第二次会谈上［R］. 中共山西省委农村工作部. 农业生产合作社资料汇编：第3集. 1957：9.

③ 平定县志编纂委员会. 平定县志［M］. 北京：社会科学文献出版社，1992：53.

么两者相除得出约等于231.36公斤，即河北省1955—1957年度，农村人均占有粮食产量为231.36公斤。与表二的第一栏，也就是1955—1957年度，山西省农村人均占有粮食产量，相比较，明显河北省少于山西省。出现这样的情况可以归结为两个原因。一方面在算法上，这里计算的是1955—1957年的平均数，这并不能体现每一年的农村占有粮食总量。另一方面，就是在粮食征购率上有所不同。

以上算法难以统计到具体年度，这样的计算是不可信的。因此，就可以转换一个思考角度。我们就要看平定县和井陉县在同一年的亩产量为多少，总产量为多少，再乘以各省的征购率，这样就可以得出哪个县征购的粮食比较多，即哪个县农村占有粮食少。

表3　三定前和三定时期产购对比表（单位：万公斤原粮）

年度项目		征购实绩	其中征收	征购占产量 %
三定前	1953	125119	14233	29
	1954	122403	43919	29.7
三定时期	1955	92217	37676	24.7
	1956	98887	35363	22.8
	1957	69822	28887	19.6

说明：资料来源于资料来源于山西省地方志编纂委员会 编：《山西通志·粮食志》，北京：中华书局，1996年，第112页。

表4　部分年度农作物播种面积、产量表

年度	1949	1952	1957
总播种面积（万亩）	52.79	52.90	51.94
粮食作物面积（万亩）	47.71	47.79	46.82
粮食总产量（万公斤）	4291	4461	4138
平均亩产量（公斤）	90	94	89

说明：资料来源于平定县志编制委员会编：《平定县志》，北京：社会科学出版社，1992年，第101页。

为了更好地解释这个问题，我们可以结合表三、表四以及《平定县志》

来说明。在解释之前，还需要说清楚的是，表三当中的征购占产量，亦即所谓的征购率。1955年平定县的粮食总产量是4316万公斤，1956年平定县的粮食总产量是5045万公斤。[①]这样，1955年平定县的粮食征购量为1066.052万公斤（4316*24.7%），1956年平定县征购的粮食为1150.26万公斤（5045*22.8%）。1955年井陉县的粮食征购量为1455.006万公斤（7070*20.58%），1956年井陉县粮食征购量为1191.5196万公斤（6348*18.77）。按照这样来看，这里的群众岂不是留在平定更为有利，为何要划归井陉？

表5　1949—1990年人口统计表

年度	总户数	总人数	年度	总户数	总人数
1949	64613	268575	1955	63967	262386
1950	67664	274887	1956	61143	241328
1951	69635	283978	1957	62397	239265
1952	69504	284270	1958	59801	238617
1953	67531	278919	1959	58478	242318
1954	65235	266879	1960	58968	237684

说明：资料来源于平定县志编制委员会编：《平定县志》，北京：社会科学出版社，1992年，第67页。

表6　1949—1984年人口变化统计表

年度	户数	人口	其中			
			男	女	农业人口	非农业人口
1955	49582	182304	97106	85198	175239	7065
1956	50133	188615	99433	89182	179818	8797
1957	50564	218847	116843	102004	196235	22612

说明：资料来源于井陉县志编纂委员会：《井陉县志》，石家庄：河北人民出版社，1986年，第155页。

在以上计算的基础上，再将该县的人口因素考虑入内，进而得出人均占有粮食量的比较。从表5可以看到，1956年，平定县的总人口数为241328口。1956年平

---

① 平定县志编制委员会. 平定县志［M］. 北京：社会科学出版社，1992：92.

定县的粮食总产量是5045万公斤。那么粮食总产量除以总人口数，即为人均粮食占有量，亦约等于209.05公斤（5045万公斤/241328）。同样，1956年，井陉县总人口为188615口（见表6）。同年粮食总产量为6348万公斤。因此，人均粮食占有量约为336.56公斤（6348万公斤/188615）。

两县相比较，可以看到人均占有粮食量的变化。但是这一分析比较宽泛，还希望能有更加细致的说明。从上述的分析已经可以看到两个县征购的粮食量，粮食总产量扣除征购粮食的产量，得到的就是农村粮食的占有量。为了更好地解释这个问题，有必要了解农村粮食统购统销的流程。《农村粮食统购统销暂行办法》中规定：农村粮食统购统销，应分别核定每户农民的粮食产量，分别规定各类农户和不生产粮食的农村居民的用粮标准，按户计算用粮量；凡生产粮食的农户，按照核定的粮食产量，减去用粮量和实缴公粮后，粮食有余的为余粮户，不余不缺的为自足户，不足的为缺粮户，不生产粮食的农村居民也为缺粮户；国家对余粮户分别核定粮食交售任务进行统购，对缺粮户分别核定供应量进行统销，对自足户不进行统购统销。……[①]这就梳理清晰了征购粮食的对象。也就是说，不论在平定县还是井陉县，征购粮食的对象都是余粮户。整个统购统销的逻辑是将余粮户的粮食征购上来，之后再返销给缺粮户。那么，用农村粮食占有量除以农业户口人数，算出来的只是一个大概的农村人均粮食占有量。这样一来，1956年平定县的粮食总产量是5045万公斤，1956年平定县征购的粮食为1150.26万公斤（5045*22.8%），1956年，平定县农业人口为200221人。[②]那么其农村人均粮食占有量为194.522公斤（5045万公斤—1150.26万公斤/200221）。同理，1956年，井陉县粮食总产量为6348万公斤，1956年井陉县粮食征购量为1191.5196万公斤（6348*18.77），同年，井陉县农业户口人数为179818人。那么井陉县农村人均粮食占有量为286.76公斤（6348万公斤—1191.5196万公斤/179818人）。因此，可以大体看出两者农村人均粮食占有量的差距。

此外，《农村粮食统购统销暂行办法》规定：在新粮收获后至粮食统购工作

① 中共人民政府国务院. 农村粮食统购统销暂行办法［G］. 中共中央文献研究室. 建国以来重要文献选编：第七册. 北京：中央文献出版社，2011：105.

② 山西省统计局，等. 山西人口四十年［R］. 北京：中国统计出版社，1993：200.

结束前，统购的粮食品种只能卖给国家，不准卖给私人；对非统购的粮食品种，允许随时进入国家粮食市场交易，不加限制。[①]从这里看出，农民如果有余粮，只能卖给国家。正如前所述，1953年粮食施行统购统销以后，国家取缔了私人粮食流通市场。那么，这八个村落都处于平定和井陉的交界，亦处于山西省和河北省的交界，且其多与井陉联系密切。当然也知道山西省与河北省粮食统购价格的差异。正如表7、表8所示，1956年山西省主要粮食统购价格为每50公斤，小麦10.54元、玉米5.92元、高粱5.46元、谷子5.97元、大豆7.21元。而1956年河北省主要粮食统购价格为每50公斤，小麦10.94元、玉米7.58元、高粱6.56元，谷子7.03元。从整体上来看，河北省的统购价格要高于山西省。不论当地农作物种植品种以何为主，只要划归到井陉县管辖，那么收购的价格一定高于山西省。如果继续归属于山西省，其粮食作物只能出售给山西，若卖到了河北省，这与《农村粮食统购统销暂行办法》中的规定是相违背的。

表7　1950—1966年河北省主要粮食统购价格表（全省平均，单位：50公斤、元）

年份 品名	1954	1955	1956	1957
小麦	10.97	10.94	10.94	10.94
玉米	7.57	7.58	7.58	黄玉米 7.501
高粱	6.54	6.56	6.56	6.83
黄豆	9.08	8.94	8.94	8.94
谷子	7.02	7.02	7.03	7.26
稻谷	10.25	10.12	10.17	10.44
小米	9.55	9.55	9.55	9.58
大米	15.51	15.49	15.34	15.31

说明：资料来源于河北省地方志编纂委员会编：《河北省志·粮食志》，北京：城市出版社，1994年，第302页。

① 中共人民政府国务院. 农村粮食统购统销暂行办法［G］. 中共中央文献研究室. 建国以来重要文献选编：第七册. 北京：中央文献出版社，2011：106.

表8　1950—1990年山西省主要粮食购销价格变化表
（单位：50公斤：元1954年前为旧人民币折算）

项目 年度	统购价						
	小麦	玉米	高粱	谷子	稻谷	大豆	平均
1956 年	10.54	5.93	5.48	5.97		7.21	5.86
1957 年	10.54	5.94	5.48	5.97		7.21	5.86
1958 年	10.54	5.93	5.69	6.26		7.57	6.00

说明：资料来源于资料来源于山西省地方志编纂委员会 编：《山西通志·粮食志》，北京：中华书局，1996年，第112页。

这样看来，“祖祖辈辈在山西，不去河北”，这只是群众的所想所感，抑或是要求划归井陉管辖的一个由头。同时也解释了为什么反对者提出“山西粮食供应紧张，河北有余粮”这一句话。即解决了本部分提出的问题，也就是，井陉粮食供给多于平定。且此地多处山区，毛皮特产是当地创收的主要方式之一，划归井陉后，不仅能销售出去，且价格也比平定稍高些。而事情并没有这么简单。1957年又有群众反对去河北。

四、划归井陉过程中的波折

如前所述，有部分人反对汪里、梁江两乡划归井陉管辖。平定县民政局之后决定，等到1957年秋天以后再进行议论。①之后的情况如何，档案资料没有记载。但是，1959年2月，山西省民政厅函阳泉市人民委员会，汪里、固兰两个农场仍旧要求划归井陉管辖。②距离上次申请，又过了两年。这时候的平定县，并入阳泉市，

① 山西省民政厅. 关于你县汪里、梁江两乡群众要求并经国务院正式批准划归河北省领导的问题［Z］. 山西省档案馆藏，档案号：C64—03—91—12. 1957：18.

② 山西省民政厅. 山西省民政厅函请查报原汪里乡要求划归井陉领导的前后情况的通知［Z］. 山西省档案馆藏，档案号：C64—03—91—13. 1959：19—20.

成为阳泉市的一个郊区，组成了新的阳泉市郊区人民委员会，驻地仍然在平定。就在同年的11月，撤销了阳泉市郊区，设平定、东回、岩会、荫营、矿区5大人民公社。[①]这也解释了，为什么在档案中写道：阳泉市东回乡汪里、固兰农场。[②]

除了国务院办公厅给予山西、河北的关于对汪里、固兰[③]两个地方进行调查的电文以外，随函还转发了一封关于汪里、固兰农场写给中央有关负责部门的信件。从这一封信件中，可以看到1957—1959年间的大概过程。

原来，在给中央写完申请信以后，县里就派干部进行调查和规划。在得知当地的一些群众反对划归后，平定县于两年间先后5次到地方动员群众，但是效果都不太理想。之后，井陉方面也曾出面说，如果没有得到干部、群众的一致通过，他们也不愿意接收。1959年12月，县里突然通知乡到县里办理有关划归的手续。在信中还说到，当时井陉的干部就把划归的手续带走了。可是，当询问到井陉的有关干部时，其回复是不知道此事情。[④]至此，事情已经较为清晰。1956年，汪里、固兰要求划归井陉管辖，在接到上级同意以后，相关部门进行交接，可是突然有人提出反对意见。不禁疑惑，到底是谁在反对改属？而这一答案就在1959年重提划归的信中。信中写道："个别干部和群众不同意，就能代表了大家的意见？"[⑤]从这一句当中，可以看出，确实是有部分干部对于改属井陉管辖是有意见的，可以看出，在归属井陉管辖这一问题上，当地分为两派。

同时，信里还提到，在询问井陉有关领导的时候，领导提出可以将汪里、固兰划归井陉管辖的事和娘子关的地都划归井陉管辖结合起来，一并办理。[⑥]那么，

---

① 平定县志编制委员会. 平定县志［M］. 北京：社会科学出版社，1992：28.

② 山西省民政厅. 山西省民政厅函请查报原汪里乡要求划归井陉领导的前后情况的通知［Z］. 山西省档案馆藏，档案号：C64—03—91—13. 1959：19.

③ 说明：此时候梁江已经归属固兰管辖，因此在此没有再提梁江.

④ 山西省民政厅. 山西省民政厅函请查报原汪里乡要求划归井陉领导的前后情况的通知［Z］. 山西省档案馆藏，档案号：C64—03—91—13. 1959：22.

⑤ 山西省民政厅. 山西省民政厅函请查报原汪里乡要求划归井陉领导的前后情况的通知［Z］. 山西省档案馆藏，档案号：C64—03—91—13. 1959：23.

⑥ 山西省民政厅. 山西省民政厅函请查报原汪里乡要求划归井陉领导的前后情况的通知［Z］. 山西省档案馆藏，档案号：C64—03—91—13. 1959：24.

1956年当时申请的村落共8个，其他的村落是什么情况？志书载：1958年10月，地都、王家岩、张家峪、岸底4村划归河北省井陉县管辖。[①]也就是说，大梁江、小梁江、汪里、固兰这四个村落是在这个时候再次申请的。或者说汪里等4村落划归在此之前。在查阅相关志书后，记载到1957年3月22日，汪里、梁江两乡划归河北省井陉县。[②]由此来看，有关志书在这一内容的记载上与档案的记录有出入。但是从划归井陉管辖的时间前后顺序上，是与档案内容相吻合的，也就是汪里、固兰先行划归井陉县，其他几个村落随后划归到井陉。

1959年3月6日阳泉市人民委员会发出通知。按照相关规定，在群众同意的情况下，为了便利领导和发展生产，将阳泉市所属的汪里、固兰、大梁江、小梁江划归井陉管辖。随着行政区划的变动，所配给的补贴制干部4人，也归属井陉管辖，并发给工资分配工作。[③]

五、结语

汪里、梁江等8村落划归井陉管辖，看似地域很小，但是“麻雀虽小五脏俱全”。从1956年申请开始，到1959年改属行动底定，期间经历了不少波折。最初划归过程一帆风顺，在进行交接的时候，突然有干部和群众反对划归，这就导致这一改属的行动延宕了两年。就是在这一曲折的进程当中，可以看出许多的真相。

就长时段而言，这一地区长期处于山西省和河北省的边界，可以说即了解山西也谙熟河北。正是由于处于太行山脉之间的特殊地理位置为其作了“底色”。然而长期将庞大的山体作为一个固定的几何实体，没有深入了解山体内部的村落以及居民是如何受到政治乃至经济的影响。只有深入庞大山岳的内部，只有深入彼时的社会，才能了解政区变动的机理，探索“制造”政区的脉络。就本文来说，划归事

① 平定县志编制委员会. 平定县志［M］. 北京：社会科学出版社，1992：28.

② 平定县志编制委员会. 平定县志［M］. 北京：社会科学出版社，1992：27.

③ 山西省阳泉市人民委员会. 关于大小梁江、固兰、汪里四村划归石家庄井陉区领导的通知［Z］. 山西省档案馆藏，档案号：C64—03—91—14. 1959：27.

件发生的时间是1956年。如上所提，这是高级社合作的第一年，这样的政治背景是深入大山群众内心的。也就是说随着统购统销的不断深化，干部及群众的体认发生了变化。统购的任务加重，干部担心上级下达的指标难以完成。与此同时，出于自身条件地贫民瘠，粮食多为上面所征购，自我口粮难以保证，再加之，群众与邻省乡亲比较。综合导致，村民自我幸福感下降。除此之外，这里民众靠山吃山，如果将山货卖与山西，其利润大不如出售于河北。且剩余的钱，也不够购买本地不能自产或产量并不多的物品。这样民众要求划归井陉就不难了解。再者，虽然档案文献中没有看到当地干部分为两派的明显字眼，但是不言而喻，当地的干部对待改划这一问题也分为两派，而这对改属井陉的进度影响重大。正是反对者的意见，改属井陉的过程延期两年。且不说行政过程对政区变动的影响有多么大，单看政治态势对于干群的影响就不难理解政治演进与政区的关系。政策在传达过程当中，不同的人群对于政策的体会不同，产生不均质的现象。固然一种政策的出台是为了更好的统治，但这一初衷并不能为所有人所认同，就不同的人群而言，认知出发的角度不同，其对政策的功效也不同。有的可以依仗这一“藤蔓”，达到自己的利益诉求。

新中国成立以后，国家意志得到有效的贯彻，而这得力于基层政权的建设。正是这样一种条件下，为研究者提供了不可多得的样本。统购统销也是在这样的条件下进行的。反过来说，假若没有统购统销的施行，这8个村落也有可能仍旧归属于山西。可是历史仍旧是历史，不能假设，不过至少可以说明一点，政治对于地理的影响不是一蹴而就的，是一个长期的过程。特别是像这样处于省界之间的地域，地理只是舞台的背景，而人在其中是主角，只有深入研究才能探索政区改易的肌理。政区不再是无生命的几何体，而是不同利益群体诉求的媒介，其不单单是官方治理地方的工具，还是民众生计的依托。就自然条件而言，地都、王家岩、张家峪、岸底同属绵河流域。而绵河源出于山西，流入河北。如果按流域来划分的话，岂不是更应该留在山西？这样看来，地理中自然区域法则有失偏颇。那么，人文区域呢？同样，这里的人既能懂山西方言，也通河北方言，两地沟通有无，不存在间隙。这样看来，在小尺度的研究中，自然区域等原则很难在此应用。而“人”才是这一区划的主角。当然，并不能说自然条件不重要，由于视角的下放，自然条件只是作为一种“底色”。也就是说，在小尺度的政区研究过程中，在一定条件下，政区纯粹就是“人造”的，是一个不断再造的过程。

关于庆云县的街道路名称的思考

李保坤

庆云县是著名的历史名城，旅游强县。位于鲁西北平原北部，地处两省（山东、河北）三市（滨州、沧州、德州），北以漳卫新河为界，与河北省的盐山县、海兴县隔河相望，东与无棣县毗连，南与阳信县接壤，西与乐陵县交界，位于华北、胜利、大港三大油田中心，是连接华南华北、东北、北京、天津的重要交通枢纽，素有“进京门户”和“山东北门”之称。全县总面积501平方公里。东距渤海湾50余公里，县城距北京340公里，距济南154公里，距德州123公里。滨大、滨德高速均已开通，国道205线、国道339线、省道315、246线相互贯通，加上县乡村公路，已经形成了一个便利的交通网。

庆云县的隶属沿革。县境周以前属兖州地域，商属蒲姑（亳姑、薄姑）国，周为齐国北部地区，西周武王时即有姜齐无棣邑（今于家店村北），春秋时为齐国北部渔盐之区。秦属齐郡无棣境。汉至南北朝，县境为阳信县地。汉属渤海郡，三国时属乐安郡，晋属乐陵国，南北朝属乐陵郡。隋开皇六年（公元586年）置县，因古有无棣水和无棣邑，故称无棣县。县治在今庆云县于家店村北无棣古邑，隶属渤海郡。唐改属沧州。于家店古城历经隋唐、五代、宋代前期和金泰和三年以后，除中间迁治时间外，先后为无棣县治530余年，为建县之始。北宋治平元年（1064年），县治迁至境内保顺军城（今无棣县信阳乡城角、花园一带）。元至元二年（1265年），无棣县并入乐陵县，隶属于棣州。忽必烈实行东西分治，均称“无棣县”，分别隶属济南路棣州和河间路沧州，即东无棣县、西无棣县。东无棣县隶属济南路棣州，西无棣县隶属于河间路沧州；西无棣县即庆云县的前身，西无棣县习惯称之为（沧州无棣县），即今庆云县；东无棣县习惯称之为（棣州无棣县），即今无棣县。西无棣县徙治隋唐无棣城，东无棣县治仍居保顺军城。明洪武四年（1371年），无棣县废。洪武六年（1373年6月）析安乐州北地置庆云县，治鬲津河北岸庆云乡（即河北庆云镇，也称旧庆云）。相传有一年在旧庆云城东卧龙岗上空出现彩色云朵，甚为壮观，是年这一带风调雨顺，五谷丰登，故名庆云。清咸丰四年（1854年）后，隶属河间府沧州；雍正九年（1731年）属天津府。1912年隶属河北省沧州；抗日战争时期，属河北省沧州。日伪时期，属河北省沧州道。1938年4月中国共产党领导下的抗日民主政府建立，隶属冀鲁边区六三专区，1944年冀鲁边区与清河区合并为渤海行署，属该行署一专区。新中国成立后，隶属山东省德州专区；1952年12月划归河北省沧州专区；1958年盐山、庆云、孟村三县合并，称孟村回族自治县，不久改称盐山县，隶属天津市；1961年恢复庆云县，隶属沧州专区；1965年3月15日四女寺减河（今漳卫新河）以南部分划归山东省，庆云县政府驻地移至解集村东，隶属德州地区。国务院1994年12月17日批准撤销德州地区和德州市，设立地级德州市和德城区。庆云县划归德州市。

庆云县是一个旅游产业飞速发展的地方，又是一座商贸城，外地人喜欢来庆云旅游与购物，所以庆云的路名一定要起到指向标的作用。让庆云的路名既有实用功能，还要体现历史文化和艺术修养。庆云的路名用词优雅吉祥，体现地方特色。

一、根据庆云的历史命名

庆云县通过道路的升级改道，县城形成一个大环，这个环好似一个大的金盆，城区面积达到了五十四平方公里。小县域大县城的构想正在慢慢地变为现实。因此，原有“东环、西环、南环、北环”这样的道路名称必须要更名。原北环有世界知名的AAAA景区海岛金山寺，这条路就更名为“金山路”；西环的南部有AA景点石佛寺，这条路就更名为“石佛大街”；东环连接庆云县的开发区，这里是庆云古八景比较集中的地方，北面通往旧庆云古城的景点“东岳晨钟”，南面通往庆云现在的著名景区“庆云宫”，庆云宫供奉的是泰山奶奶碧霞元君，传说庆云是碧霞元君的娘家，所以命名为“东岳大街”；建设街直通北海公园，此公园的主题是李之仪，就更名为“之仪街”；开元街这个名字与庆云的历史文化没有任何的联系，应该有一条符合庆云文化内涵的路名；再如“唐枣”树所在地，要有“唐枣路”；“南环路”有云天职业学院、一中、四中、五中、金书小学、云天幼儿园等，应该更名为“学苑路”最为合理；“庆崔路”沿路出了元代广威将军齐秉节（齐家村人）、明代兵部尚书甄实（甄家村人）、清代振威将军马奇峰、民国龚威将军马龙潭（中马村人）、民国陆军少将马金印（前马村人）、民国陆军少将蒋英先、清代太原总兵蒋临照（蒋家黄邱村人）、共和国中将刘存智、刘存信（魏家洼村人）、少将阎文彬（小屯村人）等将军，所以更名为“将军路”最为合适；柴林庄村是鲁北抗日英雄第一村，应该有一条英雄路或者街道；通往严务乡庄科村的路应该叫作“吴钟路”，这样让全世界都知道庆云是八极拳的创始之地，在吴钟故里后庄科村应该有“八极”与“弘声”路或者街道；中马村是龚威将军马龙潭的家乡，村内一定要有“龚威路”“龙潭路”；东辛店镇古称“子牙镇”“槐荫镇”，传说是碧霞元君的娘家，又是唐三藏出家的原金山寺的故地，“月亮城堡”是AA景点，这里的街道应该有：“槐荫”“泰山”“碧霞”“子牙”“月亮城堡”等路街道的名称；在德惠河、漳卫新河、马颊河的这些地方，要有“大禹”路与街道的名称，以纪念他对于庆云的贡献；庆云八景是明清时期著名的八个景点，分别是“棣城烟雨”“鬲河夜泊”“西山牧笛”“杏岸晓云”“东岳晨钟”“雁滩渔歌”“月沽春涨”将来增加路适当选择一下作为路名。通过这样命名街道，就起到了一个指向牌的作用，有利于外地客人了解庆云的景区，有利于提高庆云景区和企业的知名度，更是有利于大家了解庆云的历史与名人。

二、以京津冀命名为招商引资服务

为了更好的与北京、天津、河北搞好对接，在庆云的开发区应该有“北京”“天津”“河北”路或者街道名字，庆云要把与北京、天津、河北合作的方方面面的文章做好，首先要在街道路命名上下工夫，在开发区把北京、天津、河北县（市、区）的名称变成庆云县的地名，打造庆云就是京津冀门户的深刻印象。庆云在近现代二百年一直是天津市的南郊区；1965年才从河北省划到山东省的，庆云开发区的街道路都要与河北、北京、天津相联系，要有通州、和平、河北、河西、河东、北辰、西青、红桥、南开、津南、沧州、河间等县（市、区）名字，通过以这些地名命名，拉近庆云县北京、天津、河北的亲情，北京、天津、河北的人来到庆云就有一种归属感，这样就有利于北京、天津、河北人来庆云投资创业，更有利于庆云面向北京、天津、河北所有县（市、区）招商引资，合作洽谈的成功率会大大提高。

立足农村发展需要　推进乡镇地名工作

陈爱存

做好农村地区的地名工作是建设社会主义新农村，实现城乡统筹发展的重要举措。农村地名工作是城市地名工作的延伸拓展，两者既有相同点又有不同点，必须针对农村地区的实际情况和特点，立足于服务农村经济社会发展，探索农村地名工作的规律和方法，采取灵活多样的形式开展工作，实现地名工作的城乡一体化发展。下面结合近年来莱芜市开展乡镇地名工作的经验，就如何做好农村地名工作做简要分析。

一、充分认识农村地名工作的重要作用，把乡镇地名工作摆在重要位置

由于我国城乡二元结构的长期存在，农村地区的公共服务设施建设滞后，在人们的印象中，地名标志是城市的特有设施，农村就几条街道，还起什么名字，设什么标志，都是多余的事情，甚至在民政部门部署地名设标工作的过程中，有的乡镇领导和民政助理员竟然不知道地名设标工作是民政部门的职能，可见农村地区地名意识的落后。近年来，由于我国加快统筹城乡发展，大力加强社会主义新农村建设，乡镇小城镇建设日新月异，人们对强化包括地名标志在内的公共设施服务功能的要求越来越迫切。莱芜市成立地级市的时间比较晚，城市化水平较低，然而伴随着全市经济社会各项事业的快速发展以及城乡一体化发展战略的实施，小城镇建设步伐明显加快，特别是一些重点城镇的区域规模越来越大，街道和居住区倍增，其服务功能日趋综合化、多元化。和过去一样，只靠方向和建筑物识别所在区域方位的办法显然不行了，尤其是全市招商引资工作和工业园区建设的大力推进，城镇的

外来企业、人口显著增多，企业的注册、房产登记和身份证件的标准化都需要地名和门牌号码，人民群众和社会各界都迫切要求加强地名设标工作。因此，要求地名工作者在做好城市地名工作的同时主动适应这一需求，高度重视农村地名工作，坚持城乡发展一体化的理念，把农村地区的地名工作作为今后一个时期的工作重点，投入人力、物力加快推进。由于农村地名工作对很多地区来说是工作的新领域，在人才、经验等方面存在不足，工作中会遇到诸多困难，地名工作者对此应有充分的思想准备，切忌照搬城市的工作思路和经验，必须结合农村的特点，在工作实践中探索新思路新方法，要深入基层加强调研，充分了解农村地区与城市在各方面的差异，了解基层干部群众对地名工作的具体需求，了解各地区的文化习俗和经济社会发展特点，因地制宜地指导他们开展工作，并通过试点等形式不断改进工作，创造新经验，务求实效，防止形式主义，使地名工作真正为农村地区的建设和发展服务，为统筹城乡一体化发展，建设社会主义新农村做出应有的贡献。

二、适应农村经济社会发展需要，因势利导做好组织动员工作

做好农村地名工作关键是要充分调动乡镇干部群众的积极性，只有让基层广大干部群众看到地名工作带来了实实在在的利益，才能真正主动地做好地名工作。在开展农村地名设标工作中注重与当地的经济社会发展实际相结合，力争做好宣传动员的三篇文章。

一是加强宣传引导，以示范点促进地名工作。把农村地名设标列入工作重点，召开农村地名设标工作专题会议，进行宣传部署。针对农村地区存在的问题，采取了“试点先行建立示范，以点带面全面推开”的工作思路，在全市选择了两个条件较好的乡镇，成立了地名工作领导机构，结合乡镇道路建设和绿化工程，严格按照国家的标准编制了地名规划，设立了路标，地名标志成为小城镇建设的一道亮丽风景线，并通过召开现场观摩会议，让各个乡镇体验到农村建设标准地名设施的好处。这些示范点建设工作为全市的农村地名设标工作树立了榜样，起到了鼓动引领和示范带头作用。

二是联合企业加强动员，借力推动地名工作。在组织工作组到乡镇做工作时发

现，近年来莱芜市大力开展招商引资工作，加快工业区建设，各个乡镇都有一批外地企业入住，他们大多来自南方发达地区或山东省沿海地区，他们在企业注册和对外宣传时，经常抱怨企业地址缺少标准的地名和门牌号，既影响了企业形象，也给企业的对外贸易和邮政通讯带来了诸多不便，地名工作者就联合企业做地方政府的工作，这让当地的政府意识到地名设标工作直接影响到地方的形象和经济的发展，提高了做好地名工作重要性的认识。比如寨里镇，在第一批的设标乡镇里没有该镇，可是由于这个镇的一家大型南方商贸企业，要求设立标准的路名和门牌号，并多次向市里有关部门反映，这引起了镇政府的高度重视，主动联系市、区民政部门指导他们开展地名设标工作，在短短的一个月的时间里，该镇就率先完成了10余条主要道路和部分小街小巷的命名规划和设标工作。目前有类似状况的几个乡镇也已完成了地名规划工作，进入了设标阶段。

三是结合各类创建活动，借载体带动地名工作。结合小城镇建设和优秀旅游城市、星级旅游景点的评选等创建活动，动员乡镇驻地和较大的旅游区建设标准化地名标志，特别是重点旅游区，按照上级的要求，建成一批具有地方和景区特色，与周边环境氛围相协调的地名标志。这些措施使各项工作相互促进，协同发展。

三、立足农村实际，建设特色鲜明、群众喜闻乐见的乡镇地名

建设农村地名必须把群众认可满意作为衡量工作的重要标准，也只有这样才能使地名工作在农村地区顺利开展下去，产生实效。在地名规划编制、审核、批复和路名设标的各个环节都要适应农村地区的实际情况和特点，做到公开透明，提高社会各界的参与度，力争编制出群众认可、规范标准、富有文化品位和地方特色的地名，防止脱离群众和地方实际。为此，严格论证、审批手续，把征求社会各界意见、召开听证会和公示作为地名规划法定的程序，没有相关文件各级政府不予批复，克服过去街道名称领导“一拍脑袋定乾坤”的落后状况，让地名工作集思广益，充分体现社会各界的意愿。

为了增强当地群众认同感，在编制乡镇地名规划时始终立足地方的历史文化传统，遵循当地风俗习惯，力戒求大求洋，脱离地方实际，以避免引起群众的不满。

在所有乡镇村街道的命名中，尽量使用或参考当地的历史传说和历史地名，尤其是对当地群众熟知的地名加以保留，使乡镇村的地名地方特色鲜明，群众耳熟能详，朗朗上口，很快就能在当地流传使用。另一方面，对农村地区固有的传统习俗给予了重点照顾和关注，对居住区街道使用吉祥如意类的名称，对工业、商业区主要使用发达致远类的名称，避免使用生僻字和谐音不吉祥的词语。在编制门牌号码时，回避末位数含“4”的门牌，避免群众反感。设置路标时尽量不让带有广告的大型路标遮挡路边商户，这些措施维护了群众利益，避免了矛盾纠纷，取得了很好的效果。

由于农村地区财政状况各异，对地名标志的材质不做统一要求，只要是大小规格和字体符合国家标准要求，材质可以是钢、铁和石料等各种材料。既可以是政府财政拨款，也可以采取市场化运作，用商业广告的形式筹集资金，解决了乡镇资金不足的问题。市区划地名网上开辟乡镇地名专栏，让市民随时查阅，这既增强了乡镇地名工作的服务功能，也便于社会的监督，提高了地名工作的信息化水平。

四、探索建立长效工作机制，促进农村地名工作持续健康发展

地名工作涉及面比较广，单靠民政部门很难做好。为了加大工作力度，在各乡镇成立了地名工作专门机构，乡镇领导牵头，民政、公安、城建、教育、文化等相关部门参加，并邀请当地的文化名人参与，形成整体工作合力，并将地名规划工作纳入到区和镇的城镇规划和交通道路建设规划，做到通盘考虑，同步规划，同步建设，同步维护，将地名工作从源头上抓起，加大了落实的力度。

为实现农村地区地名工作的规范化，将上级政策法规集结成册下发到各乡镇，规范指导农村地名工作，并针对乡镇工作中出现的具体问题，结合实际，制定了包括地名工作组织领导、规划编制审批、命名设标程序等一系列配套的工作制度，让基层工作人员开展工作有标准、有示范、有章可循。由于乡镇公共设施的管理体制相对落后，居民自觉维护公共设施的意识也相对较弱，这为乡镇地名标志设施的维护管理带来了困难，往往是设置一批新路标使用不到几年，就出现了大量破损和丢失的现象，既失去了地名标志的作用，又影响了地方形象，严重制约了乡镇开展地

名设标工作的积极性。因此，搞好农村地区地名管护工作就显得格外重要，必须建立一套行之有效的管护制度，做到建管并重。在试点过程中，致力于健全管护制度的探索，帮助各乡镇建立了包括巡查维护、损坏赔偿等一整套的管护措施、办法，有效解决了这一难题。地名档案储存了丰富宝贵的地名资料信息，是实现乡镇地名工作有序管理重要一环，市、区民政部门先后帮助乡镇建立起地名工作档案，完善了档案管理制度，这既保留了地名工作的成果，为开展新命名设标工作、提高咨询服务和后续管理提供了重要依据，也解决了工作人员调整后的工作和管理问题。以上措施保证了乡镇地名工作的持续健康发展。

地名研究的方法

詹·滕特　著　王连伟　译

摘　要　开展地名研究有两种基本方法：第一种方法专注于从词源、词义和起源上来探究地名；第二种方法则把主要精力放在对某个地方各类地名的整理和分类上。通常说来，这种差异不容易明确区分。本文对这两种方法的不同之处进行了区分并对它们的应用提出了建议。

关键词　地名研究；地名学；广泛的；密集的；定量的；定性的

一、研究范式

对于一个学科来说，对其研究领域利用个案剖析和多案例分析来进行微观层面和宏观层面对比，非常普遍。这种区别类似于谈论天气和气候。早些时候，人们通过描述和分析一个特定地方特定时间的气象特征，随后据此描述和分析一个地区整个年度的普遍天气特征和不同类型。例如，在医学上，个案剖析和多案例分析分别对应着诊断学和流行传染病学两个专业术语。在研究范式上，对比方法通常用定性研究和定量研究这两个通用名词来表达。

定性研究方法目标是获得对一种特定现象和案例的深度理解。这种研究方法探究并回答某个单一案例或者小的集中样本包括为什么、是什么、在哪里、什么时间和怎么样这五个方面的问题。这种研究所得出的结论不能被推广适用，只能得出一些命题（信息判断或假设）。定性研究的结果后面通常都会跟着定量研究以此来寻求假设的经验支持。

定量研究方法从经验上，通过借助统计学、数学、计算机技术或者询问具体小范围问题的方式，尝试揭示不同现象和整体之间的深层意义和关系类型。

二、澳大利亚国家地名调查模式（ANPS paradigm）

澳大利亚国家地名调查项目（ANPS）承担的使命是建立一个全国范围内的地理名称国家数据库，虽然认可研究中的双重途径，但是却认为定性和定量这两个词太笼统模糊。它们只关注搜集和分析的数据类型，却忽视了所从事的这项研究的过程和实际。因此，ANPS采用密集型地名法（intensive toponymy）和分布型地名法（extensive toponymy）这两个词来更精确地分别替代定性和定量这两种研究方法。密集在一定意义上被用在“与密度相关的，内在长度、深度、丰富程度，显著区别于外部空间的程度和数量”。而广泛在一定意义上被用在“与广度相关的，意味着相当数量的物体，与密集相对，在视觉上有拓展和延伸的影响”或者“超越或者占据一个大的表面或者空间，很大程度，很大范围……影响深远，很大理解范围，广泛应用或实际操作，全面综合性的……意味着相当数量的物体”。（牛津英语词典）

可能最显而易见使用的词语是微观地名学和宏观地名学，而这两个词语早已被地名学学科所使用，并且有它们自己的具体特殊的含义，使用这对词语容易带来不必要的困惑。科茨（2013a）用语义学和专名学这两个词语来区分这两种研究方法，定性研究寻求回答语义方面的问题“X为什么被叫作X”“X是怎么被叫作X”和“X被叫作X有何含义”；定性研究询问名称方面的问题“我们如何或者我们是否应该用专门修辞来表达Y系统各要素以及各要素之间的关系” 科茨同时也认为最重要的方法论是词源学，主要是因为“所有的名称一旦具有它被创造时的意义……最初的含义能够被重新获得……”。这是一个相当脆弱的论据，正如科茨所宣称的，尽管词源学是英国最经常使用的种类，我们也不能因此就得出结论说它内在的比词义学方法更重要。这是一场归谬法的争论。这两种方法为了不同的目的讲述不同的故事和回答不同的问题。宣称一种方法要比另一种方法重要，类似于认为音韵比语法更重要。

按照ANPS的实践，词语“分布”和“密集”将在讨论地名研究方法中被使用。

三、地名研究：简要回顾

像其他学科一样，地名学同样使用这些研究模型。与心理学、语言学、教育学和社会学这些研究领域不同，地名学看起来不刻意与它们之间划一条清晰的界线。实际上，一提到哪些学科更热衷于进行定量调查，心理学和社会学就浮现在脑海中。例如，亨特和李赫（2008）对1935到2005年之间发表在北美社会学两大顶尖期刊上的1274篇文章进行了综合分析，发现大约三分之二的文章用到了定量分析方法。

在地名学会议上，大多数提交的文章倾向于使用密集型模式，回答特殊地名词源和词义等方面的问题。换句话说，研究停留在宏观层面，考察地名离散情况，很少有文章集中于地名群的类型分析。这有些不可思议，因为地名学非常容易的、合乎逻辑的倾向于分布式分析。例如，下面的分析反映出很多情况：

- 地名的实践和类型（临时性、空间性）（见凯利，1999）。
- 特定地名类型的地区分布或地理特征（见西姆斯-威廉姆斯，2006）。
- 定居方式（见坎贝尔，1991；西姆斯-威廉姆斯，2006）。
- 一个地区的地貌特征（主要是形状特征）（见沃特金斯，2011）。
- 地名的语法/句法（见麦克米兰，1949；朗，1969；辛金，1969；利特尔，1978）。
- 语言地理学（如名称类型的地区分布）（见麦克戴维，1958；切希尔，2011；沃特金斯，2011）。
- 地名对于房产价值的影响（见诺里斯，1999）。

另外，分布式地名研究法通常比密集型地名研究法更容易操作。像在线地名词典、数据库以及Excel和Spss等计算机程序的使用使得分布式地名研究法开展起来相对容易。密集型研究通常依赖于不容易获取或保存的书面文件。

如同一些支持大多数地名研究本质上属于密集型模式这一观点的论据一样，一项对发表在期刊《地名》（name）上1952年第1期到2014年第62期的所有文章的统计分析发现了以下情况（见表1）。

表1　《地名》杂志1952—2014年间地名研究的发表情况

《地名》杂志上发表的文章	发表数量
定性方法	223（54.4%）
定量方法	64（15.6%）
混合方法	29（7.1%）
其他	94（22.9%）
合计	410

本文建议地名学家和通常意义上的专有名词学科需要在密集型研究和分布型研究之间划出清晰的界线。如同诊断学和流行传染病学相比一样，这两种研究方法都需要有自已特有的标签。

四、地名研究的方法

（一）密集型地名研究

每一个地名背后都有一个故事——这个地名是某个人在特定时间、因为特定理由赋予的，有时也会因为各种理由而被改来改去。从事一项密集型地名研究就是撰写一个地方的传记，主要是来回答以下几个“wh”问题：

- 谁（who）给这个地方起的名字？
- 什么时候（when）给这个地方起的名字？
- 为什么（why）起这个名字？
- 这个名字有什么含义（what）？有什么（what）特征？
- 这个名字源自何处（where）？（涉及语言或者地方起源）这个地方的位置（where）？

表2以图表的形式阐释了这几个“wh”问题是如何与地名学的不同构成元素相

关联的。

表2 与地名学构成元素有关的“wh”问题

<table>
<tr><th>总体地名学</th><th>通用元素</th><th>特殊元素</th></tr>
<tr><td>地理位置 / 特征</td><td rowspan="3">有何特征？</td><td rowspan="3">为什么这样命名 / 特征(这个名字源自哪里？这个名字有何含义？)</td></tr>
<tr><td>谁命名 / 特征</td></tr>
<tr><td>什么时候命名 / 特征</td></tr>
</table>

澳大利亚昆士兰州蒙特维尔小镇的名称由来就为密集型地名研究提供了一个恰当的例子，回答了五个“wh”问题（见滕特，2012）。汉娜·史密斯带着她的六个孩子从英国举家搬迁到美国，然后在康涅狄格州的蒙特维尔小镇定居。在1879年，汉娜和她的几个儿子迁到了昆士兰州，在雷德兰湾定居。1989年她们再次搬迁到布莱考山脉，他的儿子亨利和弗雷德在那里购买了一个岛屿。当地的小镇叫拉泽巴克，矗立在陡峭的山坡上。同一年，亨利在那里申请创办了一个收件局（类似于邮局）。1897年，他向昆士兰州邮政和电报局的副局长申请将拉泽巴克改名为佛蒙特。请求被拒绝，但在母亲的要求下他又重新提出申请，这次是将名字改为蒙特维尔，为了纪念他们在康涅狄格的故乡。这项请求于1897年11月27日被官方正式通过。

- 谁（who）给这个地方起的名字？亨利·史密斯
- 什么时候（when）给这个地方起的名字？1897年11月27日
- 为什么（why）给起这个名字？为了纪念汉娜·史密斯家族的故乡
- 这个名字有什么含义（what）？源自法语词“mont”（山脉）和“ville”（乡镇）
- 这个名字源自何处（where）？从美国康涅狄格州移来

在很多情形下，很难寻找到这五个“wh”问题的部分或全部答案，因为地名的获得和一些必需的文件资料（如果曾经存在）已经不见踪迹太长时间了。

ANPS调查项目研究人员提问的其他问题包括：

- 这个地方或地形以前还有其他的名字吗？
- 如果有，它们是什么？
- 对于每一个或所有名字，提出并讨论五个“wh”问题

• 以前的所有名字为何被取代

• 这个名字属于哪种地名研究类型？（见滕特和布莱尔，2011）

ANPS调查项目同时确定了密集型地名研究的三个基本研究领域：

1. 地名身份辨识

2. 地名文件管理

3. 地名意义阐释

其中的每一个研究领域都含有许多项参数：

1. 地名身份辨识（五项参数）：

a.它的拼写形式（包括以前曾用名）

b.语言要旨（语态、语法、语义、语源）

c.地名要素的特征类型

d.它的具体要素的单元、等级和类别（建立在语义构成要素基础上）

对于参数a、b和c，需要一种更加有效的语言知识

2. 地名文件管理（三项参数）

a.主要从书面资料收集

b.最好在原始资料中寻找

c.按照标准的参考文献格式标注

3. 地名意义阐释

a.它的自传

b.建立在大多数可靠资料基础之上

密集型地名研究属于基层研究，通常是分布型地名研究的基础，尽管分布型地名研究理所当然可以不借助密集型地名研究而独立展开研究。《地名》杂志上应用密集型地名研究方法发表的典型文章包括：宾果（2011），科茨（2013b），克拉克（2014）以及探讨密苏里地名起源的系列文章，兰熙（1999）和麦卡弗里（2003，2012）。

（二）分布型地名研究

分布型地名研究比密集型地名研究更喜欢更大范围、更广地域的研究。它建立在地名研究数据集、语言库、地名表、地图、地图集等基础之上。分布型地名研究

比密集型地名研究在许多方面操作更简单。在分布型地名研究中，地名作为自变量和地区、地名类型和外形特征等因变量可以一起被测量。这方面的例子可以参考滕特和斯莱特叶2009年的一篇文章。文章调查了1788年欧洲大陆移民到来之前荷兰、英国和法国在澳大利亚海岸线的各种地名实践。荷兰、英国和法国的地名实践是自变量，同时7种地名类型是因变量。这样分析运用了滕特和布莱尔开发的地名分类方法（2009；2011）。这种地名特征包括：

- 描述型（标志着一种未来的内在特征），如怀德湾，面包山，三里湾
- 关联型（表明一些东西总是或经常与故事或物理环境相关），如鲨鱼湾，渔人结，电报角
- 偶然型（记录与故事相关的大事件、小事件、场合、日期或行为），如渴音，斯特岛，1770岛
- 计算型（反映了对命名者的理性反作用，与故事有关的强烈暗示），如希望岛屿，失望山，美丽角
- 变动型（从另外一个地方或故事完全获部分引入一个地名），如纽卡斯尔，威塔拉，海德堡
- 本土型（将本地地名或词语引入到原系统中），如艾尔斯岩石，乌鲁姆鲁，旺加拉塔
- 命名型（通过用一个合适的名字作为地名来怀念或纪念一个人或其他实体组织），如阿德莱德，特洛奥岩石，麦瑞岛

下面的交叉列联表中的自变量和因变量揭示了这三个国家的各种地名实践（见表3）。

对这些数据更多的分布式挖掘进一步揭示了大量定量分析还没有发现的生动事实。最令人感兴趣的个别项目是描述型和命名型。荷兰在澳大利亚大陆签署的150年合约期间，就先后给153个地方命名。在此期间，荷兰绘制长达55%的大陆海岸线轮廓图（从约克角到纳茨群岛，最远到达澳大利亚海岸，包括塔斯玛尼亚海岸的南部和东部）。荷兰绘制这片水域地图的用途是用来航海航运（对航行和进港休整非常重要的位置都进行了命名）和商业贸易（寻找新市场），不像随后一段时期英国和法国打上了殖民烙印。荷兰地图上标注的地名反映了他们的商业目的，大多数本质上是描述型和命名型（由荷兰“东印度贸易公司”命名）。

如表3所显示，命名型的地名远远超过其他任何类型。同时，荷兰倾向于通过

“东印度贸易公司”进行官方命名。英国更喜欢高贵品质和政治特征，毕竟他们中的很多人都是捐赠者。法国看起来似乎更文明进步，他们以科学家、文学人物、哲学家、军事和小说人物来给地方命名。

《地名》杂志上应用分布型地名研究方法发表的典型文章包括：坎贝尔（1991），麦克阿瑟（1996），阿尔乔（1999），诺里斯（1999）和凯利（1999，2000）。采用混合研究方法的一个例子是克拉克（1978）；采用其他研究方法的例子有麦克阿瑟（1995，2000），冉内克（2005）和滕特·布莱尔（2011）。

表3　1606—1803年间欧洲政权在澳大利亚的地名实践

地名类型	地名所占比例		
	荷兰	英国	法国
描述型	14.4%	20.2%	9.3%
关联型	12.2%	14.9%	6.3%
偶然型	3.6%	11.3%	1.9%
计算型	5.0%	3.6%	1.3%
变动型	4.3%	6.0%	0.6%
澳大利亚本土型	0.7%	0.4%	0
命名型	59.7%	43.5%	80.6%

五、总结评价

密集型和分布型这两种地名研究方法不仅彼此间相辅相成，而且对于整个地名学学科研究来说也是意义重大。

旧时期的地名实践（这场讨论涉及欧洲、中东、中国、日本、南亚和东南亚）与新时期的地名实践（这里包括美洲、欧洲在非洲的早期殖民地以及澳大利亚和新西兰）风格迥异。早期的地名倾向于更多的集中于密集型研究，强调语源和地名含义（科茨，2013a）。然而，密集型地名研究的大多数“wh”问题无法回答，因为大部分的地名因为年岁太久导致它们起源的信息资料都早已不知所踪。从另一方面来说，新时期的地名大多数“wh”问题可以被回答，因为许多涉及地名的原始文件和记录仍然以图表、劳工和定居者的日记、幸存者的记录以及其他一些政府记录的形式存在。

分布型地名研究总的说来不需要这些记录，因为它感兴趣的是揭示地名实践与地名类型之间的关系、特定地名类型的分布位置、地理特征、定居类型等等。提醒我们是谁，我们从哪里来，是关于一个地方历史的丰富信息来源，同时是构成一个国家和民族文化和语言遗产的重要组成部分。在很多地区，它也揭示了本地区开发和定居的年代。运用分布型地名研究这种方法，我们可以讲出来许多内容丰富的故事。

美国地名工作的启示

林　辰

美国对地名工作十分重视，地名工作的法制化、标准化、信息化程度较高，并具有很强的包容性、开放性，对我国地名工作具有借鉴意义。

一、美国地名工作概况

（一）美国地名管理机构

美国的地名管理机构是成立于1890年、隶属于内政部的美国地名委员会，由国土安全部、国防部、内政部、农业部、中央情报局、商务部、国会图书馆、邮政总局、政府印刷局等联邦机构的代表组成，主要职责是审核地名命名申请，公布地名信息，颁布地名管理原则、规定和程序。地名委员会不会对无名地理实体进行命名，只是获得授权来处理新地名的申请。

美国各州、县均有各自的地名委员会，作为当地的地名管理机构。

（二）美国地名命名的有关规定

一是使用罗马字母，即通常采用的英文字母。二是符合地方使用习惯。三是地名法定。通过国会法案和行政命令确定，或经过相应管理部门审核的地名为正式地名。四是一个地理实体只有一个正式名称，非正式地名不允许单独使用。五是严格禁止正式地名中含有种族歧视、少数民族歧视、性别歧视、宗教歧视的词语。六是允许以去世5年以上的人名命名地名，且此人必须与该地理实体具有直接和长期的联系。国内或国际著名人士的名称也可用作纪念性地名，即使其与该地理实体没有直接联系。七是避免地名重名。

（三）美国地名信息化建设和公共服务

美国地名信息系统（GNIS）中的国家地名数据库包含了超过250万条的地名信息，包括自然地理实体名称、居民地名称、区域名称、文化设施和生产设施名称。每条记录的相关信息包括：正式地名的书写形式；特征分类信息；位置信息以及部分地理坐标；用于定位的官方地图；海拔高度；同一地理实体的其他名称及拼写。

美国地名信息系统的产品之一是国家地名索引，该索引包含了按州分类的地名和专门地名录，包括现今地名和历史地名。另一个产品是国家数字化地名索引，即一张储存有地名信息的光盘。

二、美国地名管理工作的特点

一是地名管理的法制化程度高。首先，地名管理权限分明。各部门依法行政，各司其职，按照各自权限做好有关实体名称的管理工作。如由联邦政府出资建造的州际公路，由联邦政府命名。其次，地名法规较为完善。美国的地名管理法规可操作性强，不仅规定了普通情形，也兼顾了特殊或例外情况；不仅有原则性规定，还明确了具体的、可遵循的标准。最后，依法处理地名纠纷。一旦地名有冲突或发生重名，地名的所有者将通过司法途径而非行政途径寻求解决。

二是公众广泛参与。一方面，命名过程注重社会参与。地名委员会在开展审核评估时，十分注重听取当地地名管理部门、联邦和所在州有关部门、地方政府及公众的意见。在新地名命名过程中，要召开听证会听取相关群体意见。另一方面，地名更名注重听取社会意见。美国对地名更名非常慎重，除少数特定情况外，国内地名一般不予更名，更名申请需经过州地名委员会、联邦和州及部落有关部门、当地政府、其他机构及公众的共同评估。

三是具有很强的包容性。首先，允许以人名、外国地名命名地名。美国允许使用已去世人名，包括国内、国际人名命名本国地名。外国地名的使用也很普遍，早期移民搬用他们故土的地名来命名相关地理实体，一般在前面加上一个"新（New）"字。其次，尊重民族和地区习俗。美国尊重原住民、少数民族及当地使用习惯，具体表述不强求全国一致；同时，禁止采用带有种族、民族、性别、宗教歧视色彩的词语。最后，地名标志不排斥外国文字。其他文字的地名不能单独使用，只能作为以罗马字母形式地名的附属标志。

四是地名信息化水平和信息开放程度高。首先，美国已建立了全国统一的国家地名数据库和地名信息系统。地名委员会委托有关大学和科研机构开展地名普查工作，以搜集更多地名及相关信息，完善该数据库和信息系统。其次，信息资源共享程度高。美国地名信息系统不仅包含电子地图和有关地名要素，而且在与有关部门合作基础上，该系统具备了更多有价值信息。最后，地名信息服务注重公益性。只要出于公益或学术研究目的，均可向联邦有关部门免费索取地图等有关地名资料。

五是注重历史地名保护。首先，历史地名的涵盖范围广。美国对历史地名的认定比较宽泛，只要具有40年以上历史，就被认定为历史地名。其次，保护历史地名的意识强。对历史地名进行更名非常困难，超过40年历史的地名更名需经过州立法机构批准。最后，注重历史地名研究。联邦政府出资委托与地名有关的科研机构开展地名文化和历史地名研究，探索地名的来历与含义，如对一些来源于印第安语的地名进行考证等。

六是地名标志实现城乡全覆盖。美国的地名标志较为完善，不论城市还是郊区，不论高速公路还是乡村道路。几乎每个路口都设有地名标志，实现了地名标志城乡全覆盖。

三、对我国地名工作的启示和建议

（一）进一步重视地名工作

一是恢复各级地名委员会。地名工作涉及诸多政府职能部门，为加强对地名工作的领导，加快全国地名标准化进程，建议恢复各级地名委员会，作为地名工作的协调机构。地名委员会作为非独立机构，可由外交、国防、工信、民族、公安、民政、财政、国土资源、住建、交通运输、水利、文化等部门派员组成，其日常工作可由民政部门承担。二是大力推进地名立法工作。建议国家对现行地名管理条例尽快加以修订，解决地名管理法规滞后问题，以更好地规范各地地名管理工作，提高全国地名的规范化、标准化水平。

（二）提高地名工作开放性和包容性

一是建立地名工作的社会参与机制。在地名管理工作中应引入社会参与机制，地名的命名更名，尤其是公益事业和公共服务设施的命名更名过程中，采取召开听证会、发放征求意见表、网上征求意见等形式，扩大地名工作的社会参与。二是适当放宽人名命名地名条件。为充分利用我国丰富的历史文化资源，弘扬地方历史文化特色，建议修订现行地名管理法规，放宽以人名命名地名的条件，制定可操作的具体规定。三是有条件地使用外国文字标注地名。目前，一些地方在地名标志上使用英文取代汉语拼音标注地名的现象较为普遍。建议对此行为加以正确规范引导，在地名标志上标注标准汉字及汉语拼音的前提下，允许标注英文或其他国家文字作为附属信息。

（三）促进全国地名信息资源整合

一是完成全国地名普查工作。联合国强调，获得国际标准最好的办法就是强力推进国内的标准化进程。建议国家应用最新技术，提高地名标准化、信息化水平，加快完成全国范围的第二次地名普查工作，建立覆盖全国的、统一的地名数据库和地名信息系统。二是大力推进部门间信息共享。加强地名管理各部门与其他部门间信息资源整合，更好地满足大数据时代政府和公众对信息的需求。三是加强地名信息公共服务。在地名普查和信息资源整合的基础上，积极开发形式多样的地名信息公共服务产品，如地名查询网站、电子地图、手机查询地名软件等，提高地名公共服务的信息化水平。

（四）致力历史地名保护

一是制定历史地名保护法规。加强历史地名保护是挖掘历史文化遗产和传承中华文明的内在要求。当前，随着城市大规模建设开发，历史地名大量消亡。建议国家将历史地名保护提上重要议事工程，参照文物保护办法制定历史地名保护法规和历史地名保护名录，实行分级保护。二是开展历史地名宣传。采取多种方式广泛宣传弘扬历史地名及其文化内涵，如设置历史地名保护标志，组织编制历史地名书志图册，编纂历史地名档案、地名工具书等。三是恢复使用历史地名。鼓励社会各界合理利用本地区历史地名资源，形成地缘文化特质和区域品牌特征。

管窥国外地名命名的原则

卢　明

一、双重命名原则

由于许多国家民族组成不同，语言习惯存在差异，要使当地人与外地人都能明白地名的含义，既加强国家统一管理又体现对当地语言文化的尊重，就要遵循使用双重命名原则，用国家官方语言和地区土著语言共同确定地区名称。在世界多国，双重命名也成为一种命名特殊地区地名的一种原则被确定下来。

澳大利亚各州和地区多使用双重命名，以此来体现对长期存在的不同文化和语言群体地名的认可。在维多利亚州，通过命名同时认可两种文化，以两个不同的名称，构成一个双重名称的两部分，通常一部分来自非原住民语言，另一部分来自澳大利亚原住民语言。

新西兰广泛使用双名或别名命名，包括一个毛利语名称和一个非毛利语名称。一般而言，原毛利语名称应放在前面，后跟正斜杠，然后是非毛利语名称。双名或别名同样代表了新西兰的历史和文化。双名和别名命名承认某些社区的原毛利语名称和非毛利语名称的平等性和特殊重要性。这种重要性可以是历史的，也可以是文化的。

1. 双名和别名命名规定了新西兰的两种官方书面语言。注意，一个名称不一定或甚至通常不是另一个名称的翻译。

2. 双名和别名命名可以克服大规模替换可能造成的某些问题，如身份的丧失和混乱，特别是在紧急情况下。

3. 对于书面形式的双名命名，需要两个名称同时显示，对于别名命名，可以说明是一个名称或所有名称。

4. 随着时间的流逝，原毛利语名称可能每天都会获得认可和使用，并最终取代非毛利语名称。

5. 澳大利亚地名委员会双名命名描述准则鼓励使用斜线两侧的空间。

6. 地名的文化和历史层面非常重要，甚至比过去命名时的现实考虑更为重要。

西班牙语是所有自治大区的官方语言，但无论是加泰罗尼亚和巴利阿里群岛还是加利西亚，都明确规定他们所有的地名必须使用相应的加泰罗尼亚语或加利西亚语作为官方名称。在瓦伦西亚自治大区、巴斯克和纳瓦拉自治大区，因多数居民只讲卡斯蒂利亚语一种语言，因此规定其地名可以根据相应语言的使用情况使用双语言名称或单语言名称。在阿斯图里亚斯同样规定使用巴勃莱语和卡斯蒂利亚语的双语言形式。

二、地名不重名原则

地名不重名和双重命名并不矛盾。地名不重名是指在一个时期，在一种语言中，对一个地理实体，只能有一个正式名称。这是一项国际性原则，由联合国第一届地名标准化会议（1967年）通过，也称为地名的单义性原则。在接受这一原则时，应确保在其管辖范围内，没有地理实体在同一时期，在任何一种语言中使用一个以上的正式名称。当存在多种语言时，可在每一种语言中确定一个正式名称，也即上面所提到双重命名。

在澳大利亚，一个地名被指定前，需要进行核实该名称是否未被其他州或领地使用。如果在某州或某领地之内确实存在重名，相关部门应尝试为其中一个地名或两个地名找到可以被接受的替代名称。如果一个州内或领地内有重名，相关部门应相互联系以图达成一个可接受的解决方案。

美国地名委员会为美国本土、其领土范围内以及海外领地中的地理实体确定了一个官方名称、拼写及其应用，保证一个地理实体一个名称。加拿大地名命名也坚持单义性原则，即在一个时期，在一种语言中，对一个地理实体，只认可一个正式名称。

新西兰地名法律要求要避免重名，特别是在可能造成混乱的地方，因为应急服务系统机构需要迅速、准确地识别位置。委员会不支持人口密集区出现重名。但

地理实体没有直接联系。

在新西兰，在一个人在世期间，不得用该人名给地物、地点或皇家保护区命名。如果使用已故人士的名字，一般应使用姓或主要祖先的名字。提议审议前最少应有两年的过渡期。

六、民主性原则

国外一些国家十分注重地名命名的民主性，命名和更名过程中要召开听证会听取相关群众意见，对命名更名结果进行公示，以此来保证公众的知情权、民主参与权，这样也有利于地名命名、更名结果的推行。

美国地名命名和更名过程十分注重发挥公民民主性，注重征求公众意见。一方面，命名过程注重社会参与。地名委员会在开展审核评估时，十分注重听取当地地名管理部门、联邦和所在州有关部门、地方政府及公众的意见。在新地名命名过程中，要召开听证会听取群众意见。另一方面，地名更名注重听取社会意见。美国对地名更名非常慎重，除少数特定情况外，国内地名一般不予更名，更名申请需经过州地名委员会、联邦和州及部落有关部门、当地政府、其他机构及公众的共同评估。

在澳大利亚，对于命名、更名和改变边界的提议，需要向两类公众团体征询意见：一是直接相关社区，包括受提议直接影响的地区周边的居民、纳税人和企业；二是扩大社区，包括来该地访问的团体，在此地区有利益或服务的政府或非政府组织。作为最低要求，如果命名、更名或改变的边界提议将影响当前地址，命名结构必须书面联系直接相关社区。如提议不影响当前地址，命名结构必须在当地全州发行的报纸上发布广告，征询公众意见。

七、符合公众利益原则

地名命名、更名要符合公众利益。要考虑地物、聚居地或道路命名、更名或改变边界为广大居民带来的长期后果和影响。改变现有地名或边界将不仅影响现在的社区居民，还将影响未来的居民、企业、业主和访客。改变聚居地和道路的现有地名和边界会影响应急响应区划分、土地所有权和地址。只有能够表明其对社区的长期利益超过私人或公司利益，或超过其短期效果时，才会进行更名。

地名命名、更名不得妨碍公共安全。地名和边界不得危害公共安全和应急响应的操作安全性，或导致交通、通信和邮政服务的混乱。许多应急响应服务和其他公共服务是按聚居地边界或道路延伸长度划分的，命名必须确保不会给操作带来负面影响。

国外地名相关法律法规概述

巩学法

为加强地名的管理，多数国家都以法律法规的形式对地名事务进行了规范。早在19世纪，许多国家就制定了与地名有关的法规。例如，挪威在1863年颁布的一项地籍制度方面的法案中，就规定了如何修订农场名称的拼法，并于1886年将政府批准的标准化农场名称正式出版。

各国国情千差万别，所以地名法规内容也不尽相同。如爱沙尼亚《地名法案》《地名形成和使用条例》《全国地名登记册保存条例》《地名委员会条例》；澳大利亚《地名命名指南2010》《西澳大利亚州地理命名政策与标准》；俄罗斯《俄罗斯联邦政府条例》；美国《公法80—242》（1947）授权美国地名委员会制定与国内和国外地名有关的原则、方针和程序；《南非地名委员会法案》（1998）；《新西兰地名委员会法》（2008）；韩国《铁原郡“里”的命名和区域相关条例》等。

这些法规都要定期审查，以确保地名法规能够以适合于当前的政治、行政、语言和文化情况的方式履行职能。一般而言，各国地名法规多是从地名含义、地名更名、地名语言的使用、标准地名的使用、纪念性地名的使用和地名文化遗产保护等方面进行规定。

一、地名含义的规定

各国都十分重视对地名含义的规定，严禁带有各种歧视性质、贬义含义的字词出现在地名中。同时对阻止地名的商业化也作出规定。

2012年第十届联合国地名标准化会议提出，要阻止地名商业化。认为地名商业化的做法“把受影响的地方和名字变成了商品，这可能会促进更换当地长期使用的地名，并威胁到国家地理术语的完整性”。该决议依照联合国教育、科学及文化组织2003年10月17日通过的《保护非物质文化遗产公约》的规定，确认地名是非物质文化遗产的一部分。《执行〈保护非物质文化遗产公约〉实施指示》提出，“商业活动不应威胁非物质文化遗产的存续性，还应特别注意避免商业滥用，并确保商业用途不会扭曲非物质文化遗产对有关社区的意义和目的。”世界各地一些地名当局已经制定标准，限制或禁止这种商业性地名。

美国禁止在地名中包含对任何种族、民族、性别或宗教团体具有贬义的字词。澳大利亚不批准被认为具有冒犯性或可能具有冒犯性的地名。加拿大禁止在地名中包含贬义的、可能被理解为广告的，或为商业企业或产品做推广的字词。

二、地名更名的规定

世界各国对更名都十分慎重，除非涉及粗俗、贬义、歧视含义或出现重名现象，一般情况下不予变更地名。确实有必要更名的，更名的法律条件及程序也十分复杂。

美国地名委员会不鼓励地名的更名。除了发现贬义地名和重名现象外，一般不允许更名。所有更名提案将由美国地名委员会与州立地名主管机构、联邦相关机构、其他权威机构以及公众一同合作评估。加拿大规定，当地公众长期使用的地名一般不能更名。俄罗斯规定，除了重名、恢复历史地名等情况外，一般不允许更名。爱沙尼亚规定重名、容易误导的地名，具有粗俗或贬损含义的地名，与本国的历史与文化相悖的地名应该更名。

在以色列，地名委员会批准的地名只有委员会本身或法院方可改变。以色列地名委员会是总理办公室的一部分，其成员系根据专业而非政治因素任命的，只有常务秘书是政府官员。其决定（不含街道和街区名称）具有法律约束力和官方地位。该委员会下设三个小组委员会。地名须先经有关小组委员会批准，再提交政府地名委员会全体会议审议，政府地名委员会每年召开大约三次全体会议。全体会议批准并以会议记录的形式公布一个地名，就授予了该地名官方地位。

三、地名语言的使用规定

地名是一种重要的语言现象，属于专有名词。一般而言，地名法规中对地名所使用的语言会做出明确规定。规定使用本国官方语言，同时尊重各地少数民族语言，同一语言中做到一地一名，多使用罗马字母书写。

美国的地名以罗马字母书写，可添加变音符。这就意味着，地名可不遵循英语语言中适用于其他单词的拼写规则，可以包含有字面上的语法错误、拼写错误、不当的组合词或缩略词。以反映当地居民普遍采用或偏好的具备历史意义的拼写或形式。

俄罗斯依照俄语使用地名的规则和传统，用俄语字母拼写地名。但少数民族地区可以使用当地民族语言，必要时附注罗马字母。俄语地名转写为罗马字母时，按照俄语转写规则进行。

爱沙尼亚的地名一般采用爱沙尼亚语。对于地名采用其他语言，如有历史或文化方面的正当理由，则予以准许。如果要在大部分居民讲爱沙尼亚语的地区命名非爱沙尼亚语的地名，地方政府必须先征得内政部的同意。恢复历史上使用的爱沙尼亚语地名是允许进行地名更名的一条重要理由。已经使用了非爱沙尼亚语地名的，可以另行命名一个爱沙尼亚语地名。

加拿大规定可以有英语、法语双语地名，但在一种语言中，应做到一地一名。鼓励源自因纽特语言和美洲印第安语言的地名（包括通名），但所有地名书写时都用标准罗马字母和变音符号。

新西兰规定英语和毛利语是官方语言，一个地理实体可以在英语和毛利语中有不同的名称。新西兰地名通常使用罗马字母书写，可以增加变音符号。

四、标准化地名的使用规定

国外一些国家要求政府文件、正式出版的地图中必须使用批准的官方地名，一般由国家地名委员会负责监督标准化地名的使用情况，并通过相关法律保障实施。

例如美国规定，联邦地图、海图等出版物，以及文件中必须且仅使用经美国地名委员会批准的地名。挪威《地名法》规定，标准地名须上报测绘局并登记在数据库中。所有官方机构必须使用标准地名。文化事务部出资设立地名顾问，向社会提供地名咨询服务。国家设立上诉委员会，处理涉及地名事务的法律纠纷。

爱沙尼亚规定，国家的正式文件必须使用标准地名。公共标识、路标、公告和地图中一般使用标准地名，但为了节省篇幅，可以按照规定使用简称，省略通名等成分。爱沙尼亚规定地名委员会负责监督官方地名的使用，必要时通过内政部提出使地名符合法令要求的建议。对社会上不能依法使用标准地名的情况，官员可根据相关法律的规定进行罚款。罚款的上限为10000克伦尼（约6500元人民币）。而政府官员违反在政府机构的文件、地图、公共标识、路标和公告以及法人地址中使用官方地名要求的，最高处以五十天薪资的罚款。

五、纪念性地名的使用规定

纪念性地名包括为了纪念人或事件而命名的地名。以人名命名地理实体的情况是人类社会的共同现象，但过度使用则会损害地名的稳定性，因此世界各国普遍对以人名用作地名进行了限制。用生者的名字作为地名的现象基本是被禁止的，而且对逝者离世的时间也有一定的规定。纪念性命名一般仅一次性地用于新命名的地理实体，而不是更改已有地名。

第八届联合国地名标准化大会决议规定了纪念性地名命名的一些做法：一是建议国家主管当局不鼓励在某人在世时使用其姓名命名地名；二是建议国家主管当局在其准则中明确声明要等待多长期间才可使用纪念地名。

根据联合国地名标准化大会决议中对纪念性地名命名的一些建议，各国纷纷对纪念性地名命名的标准和要求作出了相应的法律规定。美国规定，在符合公众利益的前提下，可以用人名命名地理实体，但该人士应是在国内外享有盛名，或与相应地理实体有着直接、长期的关联，或对该地物所在的地区或州做出过重大贡献，并且已经去世5年以上。一般只用姓氏、教名、昵称、头衔等，而不使用全名。提出命名申请应该附有当地居民或政府机构人士签字的请愿书。

加拿大规定，人名不应用作地名，除非这种应用符合公众利益。要用人名作为地名，此人应对该地理实体所在地区做出过重大贡献，且此类贡献是被公众认可的，而不是仅被一个团体或少数特殊利益团体认可。不得使用灾害、事故或灾难中受害者的姓名。命名申请至少要在该人士去世两年后才能提出，且去世者的家属不能作为命名申请者。通常只用姓氏或昵称，而不用全名。不以外国人的名字作地名。加拿大规定有重要纪念意义的事件也可以用作地名，但该事件必须发生在10年以前，且仅一次性地用于无名地理实体。

俄罗斯规定可以用直接参与地理实体发现、研究、开发或者奠基的人的名字命名地名。也可以用国家和社会名人、科学家和文化名人的名字命名地名，但都要在这些人去世之后。

六、地名文化遗产保护的规定

第八届联合国地名标准化大会决议指出，根据联合国教育、科学及文化组织2003 年10 月17 日通过的《保护非物质文化遗产公约》，地名完全属于非物质文化遗产。

在第十届地名标准化大会决议中，确定了评价地名作为文化遗产的标准。建议确认和保护这种地名或地名库应采用以下准则：

（a） 地名的使用年限，即可能最早的记录日期；

（b）地名的弹性，即地名使用到现在的持续时间或其超越历史的显著能力；

（c）地名或地名所指地名现象的罕见性；

（d）地名明确体现一地特有的文化、地理、历史、社会或其他现实情况以及地方、区域或民族特性重要成分的能力；

（e）地名的魅力，这相当于这一地名及其所指地方给人的相应归属感；

（f）地名激发意识或深刻的、丰富形象的能力，而这些形象或者意识未必与历史或本地使用者常识有关。

根据以上标准，各国纷纷以法律的形式规定各自国家的地名文化遗产，对地名文化遗产进行保护。美国规定，起源自印第安原住民语言的地名是美国文化遗产的重要组成部分，支持并提倡将源自印第安原住民语言的地名用于官方用途。为此，鼓励编制该类名称有关的权威文件。为了便于社会理解，印第安地名可在保留自身通名的前提下增加英语通名。对公布已久、已获广泛接受的印第安地名进行更名的提议，通常不予考虑。

爱沙尼亚规定，命名时优先选择具有历史或文化价值的名称。鼓励使用具有丰富文化内涵的老地名，在这类地理实体发生变更后，优先用老地名派生新地名。澳大利亚规定，应优先使用源自于原住民或具有历史背景的名称。除非为了避免重名或误导的需要，否则不倾向于改变已经长期使用的地名。

齐长城沂源段考略

张艳霞

齐长城西起济南市黄河河畔，东到青岛市黄海海滨，东西蜿蜒千余里，经实地测量齐长城全长1237.8华里，蜿蜒起伏在1518座山峰上，几乎把整个山东南北一分为二。此军事巨防，史称千里齐长城。据实地调查齐长城的西起点在今济南市长清区古济水河畔的钜防。即，今长清区孝里镇广里村东北500米处的“岭子头”，东经116° 34.5′，北纬36° 21.6′。齐长城的东终点在青岛市黄岛区于家河村东北入海处。此处现为青岛市黄岛开发区保税区东侧，东经120° 11′，北纬35° 59l′。2001年，国务院命名为国家级文物重点保护单位。

一

齐长城始建于春秋时期，距今已有2500余年。最早载于《管子·轻重篇》：“长城之阳，鲁也。长城之阴，齐也。”相传齐长城为齐王齐桓公所建，司马迁《史记·楚世家》中载：“乘山岭之上筑长城，东至海，西至济洲，千余里以备楚。”其实，齐长城的修筑时间不只在齐桓公主政期间，前前后后历经若干年。关于齐长城的建筑年代，史家多有考述。张维华先生检查文献后指出，齐长城的建筑年代，其说有四点：即齐长城已存在于齐桓公时代；从姓氏编钟铭文推测有战国初年和春秋中叶之说；齐长城建于齐威王初年；齐长城建于齐宣王之时。经考证，张维华先生提出：“齐长城西南之一段始因于防，其后因军事上之重要，故首先筑为长城。其南界之长城，当建筑于齐威王之时。”王献唐先生指出：“齐长城从春秋时期开始修筑西段，在鲁襄公十八年早已完成；战国齐又向东展修一段，齐宣王时复向东修至海滨。全部完工，使一千多里的长城，衔接起来，作为齐国南境国防线。”齐长城在中国历史上占有重要地位，具有很高的考古和旅游价值，它比欧洲人公元前459年修建的79公里长的雅典壁垒早200余年，比秦长城早400余年，堪称“中国长城之父”“世界壁垒之最”。

二

从现在的地图上看，沂源县及附近的齐长城正好位于整个齐长城的中段，在这里也有主线和复线之说。主线自淄博市博山区东南部、淄川区西南部与沂源县东北部交界处的太平山进入沂源县境内。主线曲折向南穿露原三岔、土门、悦庄三个乡镇。即，起点由太平山向南转东越过云蒙山、大峪顶、胡兰顶、小崮顶、大崮顶（又称西大崮，海拔809米，笔者注）东的2400米地段，目前只大崮顶有遗址。大崮顶上，巨石垒成的城墙内，大小不等的兵营房屋遗迹40多处，崮北部两处石门扼上山的咽喉，关口有人工开凿的石阶。南部有加工粮食的石臼，直径30厘米，深25厘米。相传当年曾有大量驻兵把守。由此向东，越过锥子崮（海拔705米）、马头崮、无路岭（海拔528米）、至红崮堆（海拔617米），有4550米长的遗址。其中无路岭有底宽10米、顶宽7.5米、高1.2米的墙体40米，还有墙高1米、宽0.6米、直径13.5米的圆形兵营遗址，中间筑有使其一分为二的隔墙，并有巨大采石场遗址。从红崮堆向东南，经东大崮（海拔750米）、透明崮至龙王崮（海拔725米）的3700米地段，只有龙王崮遗址尚存。从背面看，龙王崮形状如同古城堡，造型奇特，有山门、城墙；东南一侧怪石林立，山势险峻。东大崮还有大量未用完的石料散落在山顶。从龙王崮向东北越过长城岭有2500米的遗址。由此向东北转东南至小辛庄北山，间隔2650米无遗址。从小辛庄、七里寺北山向东南越过高嘴子山，至驴皮崮有4750米的长城遗址。其中小辛庄北山有150米的墙体，东山脚有20米墙体；高嘴子东山脚有20米墙体；驴皮崮南山有30米墙体。再由驴皮崮至上枝村东山向东进入临朐县境聚粮崮。关于齐长城主线走向及位置，政协沂源县文史资料第5辑中有《古齐长城》一文，作过简单介绍，《沂源县志》《沂源县地名志》中都有简要记载，而复线情况却无任何描述，专家们也未曾实地考察过，其长度表述更是不详。

三

齐长城沂源段复线从博山、淄川与沂源交界处的太平山（此山海拔903米，笔者注）主线分叉转向东北方向，经沂源与淄川界山之之岭，沂源与临朐、淄川界山淹子岭（海拔867米）分叉向东南经原三岔乡黑虎台（海拔875米）、毛爪子山、凤凰山（海拔627米），过大石河到临朐县五井镇北水沟村北山，继续绵延向南攀上临朐县寺头镇庙子鞍山，直至沂源县的核桃崮（海拔713米）南的东大崮（海拔750米）与主线相连。这条复线上有淹子岭遗址、凤凰山遗址、大石河栈道遗址、北水沟北山遗址、庙子岭遗址和核桃崮遗址。这条复线所在的凤凰山，古称玉泉山，与临朐县界相交。这里建有齐长城大型城堡，古堡内有一大型青石，似一巨壁横立于大城中心。石质光滑柔润，宽大、方正，给人以光明厚重之感。奇特的是石的正面，布满带金丝的美丽花纹，若龙犹凤。据传，此石，天每欲雨，则全石湿润，似水洗过，花纹更加清晰；小雨中，水点击石，见金钱闪现；雨霁天将晴时，石上花纹，时隐时现，图案十分逼真。人们称其为“云龙三星”，奇观天成，给人以神秘莫测之感。

这个齐长城大型城堡，据说是齐长城沂源境及附近的三个最大城堡之一，当时能屯兵近万。那时科学不发达，天气不能预报，守城将士们，就是靠这块灵石预测阴晴，以避灾情。凤凰山齐长城复线遗址现为国家AA级旅游景区。

据刘镇宗、王新生在中国长城博物馆主办的《古代齐国长城临朐段考察简报》中说，西从702高地向东经大崮，南坪山，西蓼子南山，高嘴子，驴皮崮（海拔642米，笔者注）进入临朐的是齐长城的主线，全长55公里。但是，鲜为人知的是，古齐长城临朐段除了主线，还有4条复线。另据曾参加古齐长城实地考察的《大众日报》记者杨润勤2004年11月10日报道说，“研究人员实地考察后认为，四条齐长城复线地处临朐。据了解，大关复线早在1997年被专家认定，经随行的齐长城研究专家张华松初步断定，齐长城嵩山复线的身份是成立的，其他线路如像刘镇宗所考察的那样断续相连痕迹明显，其原始身份也应该成立。这一发现，印证了古代临朐在战略位置上的重要性”。由此得知，临朐齐长城的主线与多条复线均与沂源县境内外的齐长城主线和复线相关联。其中比较明显的有洪山复线、铜陵关复线和蒋峪复线，但需要专家们进一步考证。

登高俯视，沂源境内齐长城的主线与周边复线的走向及位置，基本和原三岔乡的周边乡界相吻合。

据杨润勤2004年11月齐长城实地考察系列报道中说："沂源境内有齐长城3万多米，其中遗址明显处1600余米（此处指主线，笔者注）。"

四

由于齐长城中段地处齐国腹地正南方，一旦防线被冲破，敌军将毫无遮拦地兵临齐国故都临淄城下，因此这里是齐国为保卫国都临淄需要重点防守的地段。所以增设多条复线以增强防御能力，这也是当初修筑齐长城时设计者智慧的体现。聪明智慧的齐国人一定会在险要地段层层设防，而太平山——淹子岭——凤凰山——庙子岭——核桃崮一线山高路陡，利用地理优势设置复线也就顺理成章了。这样也符合主线在外，复线在内的基本防守理论，因为复线才是第二道防线，这也印证了这里在古代战略位置上的重要性。其中凤凰山雄踞鲁中腹地，周围千峰笼翠，层峦叠嶂，特别是南侧，处处悬崖峭壁，险峻挺拔，与附近的摩天岭、弥河构成了具有战略意义的要地。复线沂源县凤凰山、临朐县九杰与北水沟三大齐长城兵营布局呈三足鼎立，遥相呼应，扼齐国南大门弥河谷地咽喉。凤凰山下的三岔店村（原沂源县三岔乡政府驻地）就是历史上重要的交通要塞和商贾云集之地，此足以印证。

五

齐长城在起伏连绵的泰沂山脉的山岭之中，虽沿线有平谷之地，但沂源县境内的原三岔、土门及悦庄镇北部多为山岭，不管是长城主线，还是复线部分都依山就势由石而筑。山岭之地又多筑在峰顶处，故齐长城又有"长城岭"之称。如龙王崮以东一段就叫长城岭，城墙多用大小不一的石块砌成。而本地广大的石灰岩地区中，崮状山体连绵不断，两侧悬崖峭壁，是天然的屏障，所以称之为山险墙。在沂源县齐长城沿线海拔600米以上山峰很多，车马厮杀的战场是难以在这群山之中摆开的，且南有海拔1108.3米的鲁山屏障。因此，用山险墙代替城墙不无道理。在这里充分利用山险墙代替长城的作用显示得淋漓尽致。况且利用山险墙代替城墙还节省了大量人力、物力，减轻了许多劳役之苦。现存城墙遗迹一般在山系顶峰险要处少见，这就说明当时此处没有修筑城墙，有的地方即使修筑，规模也很小，所以城墙的遗迹不多，这也许是人们来这里很少见到长城的原因之一吧。在山系岭脊外缘陡险处，长城内侧地势较外侧要高出许多，一般可高出2—3米，而外城墙内只填以3—4米宽的土沙或碎石，所以齐长城较多处地段为单城墙，即只有外墙，无内墙，即使有内墙也较低，却也起到了很好的设防作用。城墙的构筑特点是因地制宜，充分利用地形，建筑材料就地取材。

从建筑设计上来看，齐长城主要由关、烽火台、团城和城墙四种建筑形式组成，其沂源县齐长城复线段也是这种形式。关全部建在山口要道上；烽火台则建在大关的山崮之顶，用以传递敌情；团城是建在关两侧高山大崮顶上的石围墙塞，用以屯兵和观察敌情。

六

春秋战国时，为什么修筑齐长城？泰山学者、齐长城研究会会长李继生撰文说，一是齐国为保家卫国而进行战略防御。二是为了称霸诸侯，“不战而屈人之兵”。三是联军伐齐的兵事接连不断，齐想在战火中崛起，在血肉横飞的防线上称霸。这就是长城巨防的历史意义所在。

我们现在所说的山东齐鲁大地，就是以齐长城为界。城北为齐，城南为鲁。战国时期齐国以齐长城为界在长达五百余年的动荡战乱中，胁鲁楚，伐燕赵，攻卫宋，争首霸，取七雄，成为泱泱之大国。所以说，山东号称“齐鲁”或简称“鲁”或别称“齐”，有着很深的历史文化渊源和较固定的地域范围。今天的齐长城虽然已经失去了以往军事上的重要防御作用，但作为春秋战国时期强盛齐国的见证和我国最早的长城遗迹，是劳动人民智慧与力量的结晶，是齐鲁大地的脊梁，将永载史册。修复齐长城，使其成为社会主义教育基地，中国长城开发的第二个旅游区以及保护好这一大型文化遗产，意义非常重大。

济南五龙潭及秦琼第、灰湾泉历史考辨

周长风

一

济南泉源众多，自宋代至民国年间，名泉中声誉最隆的不外乎趵突、金线、珍珠、黑虎四泉，到清末被称为“四大名泉”。在宋代典籍中，并没有黑虎泉的记载，那么为什么说“自宋代”呢？因为宋代的舜泉就是明代至今的黑虎泉。在宋代，舜泉名气显赫，张邦基《墨庄漫录》列举了济南7处名泉，舜泉居首，其下依次为趵突、金线、珍珠等。

到金代，名泉碑上刻有黑虎泉，名泉碑收录在元代《齐乘》一书中。但是根据《齐乘》的《名泉碑》夹注，这个黑虎泉应在城西，今天的五龙潭一带。到元代，城南古历山（大致位于今护城河南岸一线，已夷平）上的舜庙，因残破而迁建至城内，新舜庙配有舜井，后也被称作舜泉或舜井泉。至迟在明代，原来古历山下的舜泉上建了黑虎庙，舜泉就渐渐改称黑虎泉了。以上说法的详细考证为另一篇文章，这里不能展开，但结论是趵突、金线、珍珠、黑虎（原舜泉）乃济南历史上的四大名泉，它们的地位不始于金代名泉碑，可以远溯至宋代诗文。

1948年，北洋大学采矿系地质学科方鸿慈在《地质论评》第13卷第Z2期发表《济南地下水调查及其涌泉机构之判断》一文，将济南城区的泉水按内城外西南角、内城外东南角、内城外西侧、内城大明湖南侧四个区域，划分为趵突泉涌泉群、黑虎泉涌泉群、贤清泉涌泉群、北珍珠泉涌泉群。

1959年，山东师范学院地理系教师黄春海在《地理学资料》第4期发表《济南泉水》一文，将济南市区的泉水划分趵突泉泉群、黑虎泉泉群、珍珠泉泉群、五龙潭和江家池泉群。他的划法与方鸿慈并无二致，只是以“五龙潭和江家池”代替

“贤清泉”而已，因此“四大泉群”首倡之功还应归于方鸿慈。方鸿慈后为我国著名水文地质专家。

为什么黄春海要用“五龙潭和江家池”代替“贤清泉”呢？这是因为当时五龙潭和江家池比贤清泉涌量大、名气大。按说，用潭池且还是两个领衔泉群，实在别扭，黄春海为什么如此办理呢？大概黄春海觉得五龙潭毕竟不是泉，起码不属于名泉（这个问题后文详细论述），江家池虽然是泉，明万历年间，山东提刑按察副使、安徽人张鹤鸣名之天镜泉，但是当地百姓只管叫它“江家池”，况且这名又太俗。难以取舍之间，黄春海便都写上了。可这终归是个问题，后来济南老百姓和众多的文化、科技专家一齐作了选择，选了名字大气又有形象感的“五龙潭”。比如，山东人民出版社1964年4月出版，时任山东省政协驻会委员、曾任济南市博物馆副馆长的郑亦桥撰著的山东名胜古迹丛书之《济南》，水利电力部上海勘测设计院1964年撰著的论文《济南喀斯特承压水成因的初步研究》（见1965年1月内部印发的《中国地质学会第一届全国水文地质工程地质学术会议论文摘要汇编》），均表述为“五龙潭泉群”。现在看来，“五龙潭”还是选对了，如今的贤清泉、江家池，一年有三季几乎不再喷涌，模样和气势已难比五龙潭。从这点说，黄春海也是有贡献的。

四大泉群，大致呈田字形，西南是趵突泉群，东南是黑虎泉泉群，东北是珍珠泉泉群，西北是五龙潭泉群。

金线泉在金元时代名声高居珍珠泉之上，即使到1930年代初，尚不失四大名泉之风韵，后因泉边大兴土木而屡遭破坏，至20世纪50年代已无畴昔神采，泉池中神秘金线也消失了。人们甚至又命名了一个新的金线泉，而这新金线泉泉池还不到四个半平方米，全无名泉应有之堂堂器宇。

由领衔西北泉群始，五龙潭正式进入了济南名泉的行列，并取代金线泉，得与趵突、珍珠、黑虎三泉并驾齐驱。虽然近60年不再提“四大名泉”，但四大泉群之首泉几等同于四大名泉了。特别是先后有了趵突泉公园（1956年建）、五龙潭公园（1985年建），却没有珍珠泉公园、黑虎泉公园，五龙潭想低调都难。可是，人们在介绍五龙潭时对它的身世众说纷纭，而它的历史还是很有意思的，大有仔细考辨之必要。

二

元代济南人，著名政治家、文学家张养浩在《复龙祥观施田记》中写道：他幼年时多次往来于五龙潭，听老人们说，这里原是唐代秦琼府第遗址，一天晚上雷雨大作，溃陷为渊。百姓惊恐之余，传告里面藏有神灵，不敢就近修筑民舍。这时有人提出，深渊乃为龙的居所，适宜建道观，祀五方神龙，以镇守本土，祛除灾难。于是就有积德行善之家，备齐物料，聚集工匠，建起这座龙祥观，“于今殆八十余年矣”。张养浩还写道：龙祥观建成后，即由王姓葆光法师主持祠事，传至第六代为刘志义，这篇记就是应刘志义登门请求而作。

张养浩至治元年（1321）六月辞官还乡，泰定二年（1325）宦居济南的山东道廉访使许师敬升任中书左丞，根据文意可知，此记写于张许交会的这段时间。许师敬在山东几年已不得而知，但根据其生平经历推断，至多两三年。据此从1323年上推“八十余年”，可知五龙潭的形成、龙祥观的始建、五龙潭因龙祥观祀五方神龙而得名，均应在1240年左右，金朝已经覆灭、元朝尚未建立的蒙古汗国时期，笼统可说金末元初。

现在的人们多没有读过《复龙祥观施田记》，得知这个事情大都通过今人文章多一句少一句的转述，因此往往认为张养浩所说的是天方夜谭般。其实，不能这样轻易地断言，尤其当你面对的是堪称一代英杰的张养浩。

在古代，社会生活是简单缓慢的，自然环境和人文环境的变化也是缓慢的，除非是遇到大的天灾和战争。不像现在，即使没有大灾大难，几十年来社会和环境早已天翻地覆，甚至屡经变迁了。那时，在和平时期，一个地区几十年里民间也不会有多少值得代代传递的信息。

张养浩生于咸淳六年（1270），他10岁左右，听闻五龙潭与龙祥观的故事，距1240年不过区区40年左右。所以对于张养浩来说并不遥远和失真，就是祖辈父辈的亲身经历、亲眼所见、亲口相告，仿佛就发生在昨天。至于文章中说，有渔者善泳，在水下见到玉石台阶。那是讲，正是这些他人难以考证的神秘性传闻，最终成为促使龙祥观兴建的重要动因。

1995年初，在济南经七路小纬六路一银行宿舍建筑工地，发掘出秦琼之父秦爱的墓志，上面记载秦爱宅与秦爱墓都在齐州历城县怀智里。许多研究者据此认为，秦琼第应在今经七路小纬六路一带。

今天看来，五龙潭与经七路小纬六路中间隔着许多街巷，不在同一个社区，实际上两者直线距离尚不到三公里。

在唐代，居民的生活聚落，即如今概念的“社区”，在城市为“坊”，在乡野为“村”。“里”则是按照行政原则确定的基层行政组织，百户为一里。一“里”内的村庄并没有定数，中原地区的村庄平均约30户人家，那么一“里”有三四个村庄、方圆七八里地应算正常。所以，俱在历城城西的五龙潭与秦爱墓，唐代时极有可能同属怀智里地界。

据济南市博物馆原考古部主任韩明祥先生的考证（见《济南历代墓志铭》，黄河出版社，2002年12月第1版），秦爱墓志应由唐贞观初年京城的大手笔撰文书写，书者疑为弘文馆学士、大书法家虞世南；从唐太宗下诏追赠秦爱官职，到秦琼改葬其父，中间仅两个月左右，估计志石亦由京城的高手刻就，运至济南。

这就带来一个问题，在长安所刻墓志云葬于故宅所在的怀智里，到了济南还真不一定如此埋。怀智里也有可能就在后来的五龙潭周围，并不包括今经七路小纬六路一带。这里水位太浅，又是居民密集区，不适宜较大的墓葬，所以葬到了以西不远的属于其他乡里的郊野，当然墓志就不可能也来不及修改和更换了，何况志文还敬录有皇帝诏书。

秦爱墓址所在，隋唐时当是一处大型墓地。在秦爱墓以东相距约百米处，2001年12月发现隋代吕道贵墓。吕道贵乃隋文帝之母吕苦桃的堂兄，初授济南郡守，后加仪同三司，为四品官。据出土墓志，开皇十二年（592）二月八日安葬。而在吕道贵墓西南方约60米、距秦爱墓更近处，则是其兄吕仓墓，其灵柩由他处移来，与吕道贵同日安葬。据墓志，秦爱是于唐贞观二年（628）正月十三日改葬的。两者相距仅36年。有学者认为这里应属隋唐时的贵族墓区，从上述情形看，是很有可能的。二吕墓志俱云“葬于历城西南宝公山北”，宝公山即今马鞍山和与之相连的英雄山。

历史上，墓志请外地高官、名家撰书，其后由于各种因素墓地另择，与墓志不符的情况，亦有所见。秦爱“终于齐州历城县怀智里宅”是无可置疑的，而改葬于怀智里则不能完全肯定。因为按隋唐墓志写作惯例，墓址一般写城、乡、里、山之北原、东原，或山北、山阴、旧茔、先茔之类，极少有只写到行政区划“里”的，除非写时无法太具体。秦爱墓地的确切位置，当时身在京城的秦琼可能并不确知，或是尚待秦琼回乡确定，长安至齐州路途遥远，也未必回乡，于是只大致写上故宅所在区域。当然凡事皆有例外。

至于秦琼第，张养浩只是说："闻故老言，此唐胡国公秦琼第遗址。"秦琼于唐贞观二年正月为其父迁墓，此时距秦爱去世的隋大业十年（590）十一月，已近40个年头，且中间又经历了长期战乱和改朝换代。秦琼功成名就后的"秦琼第"，是否能等同于他少年从军前的"秦爱宅"呢？恐怕不能。并且老人传说的"秦琼第"已是700年前的往事，至那时仅为"遗址"。所以，张养浩并没有坐实，我们也不必坐实。再者，此地是不是"秦琼第遗址"，与五龙潭实际成因，并无逻辑上科学上的关系，所以不能以唐代此地有"秦琼第"吗，来质疑五龙潭因溃陷而成。

综上可知，五龙潭的形成虽然奇异，但张养浩却是按故老讲述的真实事件，而不是仙人神兽之类的灵怪传说来记录的。五龙潭因溃陷形成是事实，关于水下的传闻则是当时当地敬畏神灵之人对这件事的理解和解释。所以，我们不能断章取义，毫无根据地怀疑事情的可靠性。这个神奇而真实的故事，不正是济南泉水历史文化的宝贵财富吗？

关于五龙潭"秦琼第"的事，还有明清史料值得重视，可作为张养浩记述的延续和补充。明崇祯《历城县志》载："秦叔宝宅，在西关沙苑。"清代乾隆年间王初桐《济南竹枝词》和董芸《广齐音》、嘉庆年间范坰《风沦集》均持此说。嘉庆年间尹廷兰《华不注山房文集》云："胡公宅址在铁塔西阛阓间，其地冈阜塽垲，今为客邸，里人所谓花店者也。每岁腊月，卖花者麇集，秦氏裔孙来收花税。其事虽不经，然父老相传已久，不可谓无征矣。"

五龙潭以西明清时有关帝庙，庙前有一座铁塔，铁塔所在之处后为铁塔街，铁塔街南端向西是花店街，清光绪二十八年（1902）济南《省城街巷全图》标有"沙园"，是一条小街巷，北接直通花店街的上元街，南头稍向西弯，紧靠西圩子墙。"沙园"应是沙苑之遗存。

在这张地图上，沙园以北只隔天王寺巷，便是标着"穆家楼"三字的一条小街巷。这条小街巷1990年尚存，仅八个门牌号，人们口语就叫它"穆家楼"，后面并不带街巷等字。这里是明代济南籍万历二十年（1592）进士、官至吏部稽勋司员外郎穆深（号桂阳）故宅之所在。明崇祯《历城县志》记载："穆深宅，沙苑西，土人名其地为穆家楼。"明代王象春成书于万历四十四年（1616）的《齐音》，有《穆桂阳深》诗，写道："风雨荒庐沙苑东，名贤讲席没蒿中"。作者在诗注里又写道：穆深落职后，“讲学于城西沙苑者二十年，竟赍志以殁”。

由以上可知，明清之时，铁塔街、花店街、上元街周遭，即五龙潭以西区域，便是沙苑。五龙潭畔至今尚存的清代石碑，上书“唐左武威大将军胡国公秦叔宝之故宅”。据目前所见最早记载此碑的范坰《风沦集》可知，其刻立年代不晚于清代嘉庆年间。以上史料使我们不得不小心，今人绝不能在没有可靠证据的情况下，轻易否定历代文献关于秦琼宅第在五龙潭一带的记述。

许多著作文章在否定五龙潭“秦琼第”时说，秦爱墓志记载，秦爱及其父祖，三代仕宦，而地方志记载和济南民间传说，秦琼出身寒微，其家世代居西关为铁匠，号称“冶铁秦家”，因此志乘与传说关于秦琼的记述均不可靠。传说可置之不论，志乘却不是这样说的。明崇祯《历城县志》云：“秦叔宝宅，在西关沙苑。子孙世以铁冶为业，世称铸铁秦家云。”清乾隆《历城县志》照录。这里明白讲当铁匠的是秦琼的后人，而非先人，因此不能据之说事。

至于说秦琼故宅在今济南槐荫区大槐树街（原大槐树村），那是20世纪后期自称秦琼后代者所言，并无任何明清和民国文献可征。倒是清代嘉庆道光年间的济南人朱照，在《锦秋老屋笔记》中说秦琼“历城南山终宫人。”终宫，今写作仲宫。不过，他接着说：“显贵后建府第于净池边，今之五龙潭也。”

三

在张养浩写《复龙祥观施田记》的20多年前，元代大文人赵孟頫于至元二十九年（1292）十一月七日到济南府同知任上，元贞元年（1295）春应朝廷之召，离济赴京。赵孟頫的弟子杨载在赵孟頫去世两个月，至治二年（1322）八月写的《赵公行状》云：赵孟頫在济南期间，某年“旱，祷龙洞山，有云如车盖，随马而行，顷之，大雨骤至。逾月复旱，东门外有龙潭，潭上有庙，公为文以责之。是夜雷雨大作，槁苗复苏。”济南历代地方文献并无东门外有龙潭之记载，应为西门无疑。张养浩记中也写道：龙祥观“凡水旱疠疫必祷，既祷，恒见应，居民益神之。”赵孟頫应是到了龙祥观里，把祈雨文念给龙王爷听的。

元代于钦（1283—1333）是山东青州人，又长期在山东为官，晚年致仕还乡后撰成《齐乘》，由其子于潜在至正十一年（1351）刊刻行世。其卷二写济南大明湖时提到“城西五龙潭”；卷五写道：《水经注》说，泺水北为大明湖，西有大明寺，水成净池，“池今名五龙潭，潭上有五龙庙”。五龙庙即龙祥观，元明清时亦称五龙堂、五龙坛、五龙宫，位于五龙潭西。

元代至正十三年（1353），孔颜孟三氏教授赵本所撰《重建五龙堂记略》开头也写道：“历下名泉众矣，独在城西有潭，深且阔。故老相传，以为斯渊有神龙，故曰五龙潭。”

由以上便知，杨载的“东门”确实错了；而关于五龙潭的名称，在元代并无其他说法，可谓众口一词。只是元明清时书面或简称“龙潭”。

清代康雍乾时期的济南世家子弟朱照在《锦秋老屋稿》中讲：“古净池，深潭，莫能穷其底。好事者建小神庙于潭边，塑五神像，乃曰五龙潭。小神者，龙神称谓之词，非小庙也。”其关于五龙潭的得名与元人的记述是一脉相承的。

清代著名学者桂馥在《潭西精舍记》中说：“历城西门外唐翼国公（此亦是秦琼封号，作者注）故宅，一夕化为渊，即五龙潭也。潭之名始见于于钦《齐乘》，其言曰：《水经注》泺水北为大明湖，西有大明寺，水成净池，池上有亭，即北渚也，今名五龙潭，潭上有五龙庙，亭则废矣。”清代尹廷兰《潭西精舍后记》对此抨击道：“以潭为胡公宅，则伪撰故实。”其实，桂馥并没有“伪撰故实”，这段话的第一句明显源自张养浩《复龙祥观施田记》，只不过略去了“闻故老言”的要素。而桂馥说潭名始见于《齐乘》，则完全是他的不对，须知《齐乘》要晚于《复龙祥观施田记》。1985年，已故济南文史专家严薇青先生在《济南掌故》一书中沿用了桂馥的说法。此书多次再版印刷，影响很大，以致今人将五龙潭一名首见之功，皆归于钦而不论张养浩了。

至于于钦说五龙潭是北魏《水经注》记载的古大明湖的一部分（视作湖畔大明寺清洁用水之净池），这是根据五龙潭所在位置的一种推测，并不能以此否定张养浩的记述，两者可并行不悖。

《水经注》距《齐乘》有800多年时间，期间随着人口的增加和聚集，济南城西的地理面貌会发生很大变化，至五龙潭形成之前，这里应湖底抬升，水面北退，已不再是大明湖之一隅，而变成泉湾密布的陆地。随着城市的扩张，到20世纪50年代初期，大明湖南岸水面一直是北退的，五龙潭以北的湖域尤为显著。

关于五龙潭的名称，还有两个问题需要说明。清代淄川人王培荀，在四川荣县知县任上撰写的《乡园忆旧录》，将五龙潭误记误写成“黑龙潭”。济南有黑龙潭，在城东南的龙洞山里，明清方志和诗文多有记载。严薇青先生在《济南掌故》中说：“五龙潭，旧名‘五龙坛’，也作‘五龙堂’、‘乌龙潭’。”“乌龙潭”一说仅见于清代曲阜人孔昭虔作于嘉庆年间的《乌龙潭八咏》，这组诗是赓和他的老乡、前辈桂馥的《潭上杂咏八首》，而桂馥在诗中写的是“五龙潭”。《乌龙潭八咏》收录在孔昭虔的《镜虹吟室诗集》，此集乃他去世后由其子孔宪恭收集整理遗作而成。所以“乌龙潭”一说“前不见古人，后不见来者”，孤立无凭，极不可靠，亦应是误记误写。因今人多照抄照转，故提及。

五龙潭边能否考虑复建龙祥观（至于名称或再议），里面除了必须有的五方神龙外，还可加入关于赵孟頫、张养浩的内容。如今五龙潭景区的历史文化元素未免单薄。

还有一事附记于此。2010年，五龙潭公园新建“秦琼祠”，由书法家李铎书匾。直书“秦琼”不符合中华传统道德礼仪和祠堂规范，应书“秦公祠”，或书“唐胡国公祠”为善。至于百姓口头如何称呼，则顺其自然。可惜事已至此，想改也难。

四

由山东人民出版社1988年10月出版的，张蕾编撰的《济南名泉》说：“五龙潭又名龙居泉、灰湾泉。……从金代起，五龙潭就被列入七十二泉，不过在《名泉碑》上，它的名字写的是灰湾泉，而不是五龙潭。”后来众多济南文士著书撰文时不加详考，“张云亦云”，乃至2013年出版的、由济南市史志办公室组织编撰的《济南泉水志》，也采用了五龙潭旧称灰湾泉的说法。

其实，《济南名泉》的这段论述有很明显的疏漏，本应引起人们对其严谨性、准确性的怀疑——《名泉碑》上既有灰湾泉，也有龙居泉，五龙潭至多只能承其一，并且《齐乘》的《名泉碑》注中已标明龙居泉在“长城岭西”。再是，根据张养浩、于钦、赵本等元代人的记述可知，金代并无五龙潭，五龙潭形成之初即赋此名。那么根据什么讲，元代的五龙潭就是金代的灰湾泉或龙居泉呢？包括《济南名泉》在内，并没有今人一本一篇持此说法的书籍文章论及。

金代名泉碑只会刻录泉名，而见于《齐乘》时泉名下则有注。今天我们已经看不到元代版本的《齐乘》，现存最早的明嘉靖四十三年（1564）版本便是如此，注应为于钦所添加。

在《齐乘》记载的泉名“曰灰湾、曰悬清”下，有“城西五龙堂东”的字样。《济南名泉》作者等或许觉得五龙潭太重要了，而不愿意承认名泉碑上没有五龙潭，于是硬把“湾”等同于“潭”，说也在五龙堂东的元代的五龙潭，就是金代的灰湾泉。

其实，灰湾泉与五龙潭并存了几百年。明崇祯《历城县志》、清乾隆《历城县志》和道光《济南府志》均明确记载“灰湾泉，五龙潭东”。1914年出版的《济南指南》载：“灰湾泉在五龙潭东。”1927年付印的《历城县乡土调查录》载：“灰湾泉，在五龙潭东，疑即悬清泉之水汇也。”其他还有许多史志典籍可证，就不一一列举了。至于灰湾泉灭失于何时，似已无人知晓。

至于说五龙潭又名龙居泉，更是望文生义。明代晏壁《济南七十二泉诗》有《龙居泉》：“东望扶桑海岱连，澄潭月冷水涓涓。钓竿一拂珊瑚树，惊起潭心龙夜眠。”说龙居泉是五龙潭，其依据大概就是泉名和晏诗中的“潭”“龙”二字。但是《齐乘》的《名泉碑》注疏、清道光《济南府志》、民国《历城县乡土调查录》《济南名胜古迹辑略》俱称其在今历城区柳埠镇的长城岭，而诗中的第一句也应是描写登山所见。

在古代乃至20世纪前半期，济南涌泉遍地皆是，人们不屑于把深不见底的渊潭也凑为泉数。前述元代赵本所云：“历下名泉众矣，独在城西有潭。”清代乾隆三十二年（1767）山东巡抚崔应阶《重修五龙潭神祠记》云：济南西门外之北，“泉源竞发，其大者曰江家池，又北，汇为五龙潭，潭西有龙神祠。”细考以上两段之文意，便知作者不认为五龙潭属于众泉之行列。

明代晏璧作《济南七十二泉诗》，遍咏名泉，而无五龙潭。清代桂馥《潭上杂咏八首·七十三泉》说得更明白：“名泉七十二，不数五龙潭。”

明崇祯《历乘》、清康熙《历城县志》、康熙《济南府志》均未将五龙潭列入“泉”属，而归于“潭”类。

清道光《济南府志》胪列了历城151泉，包括当时湮灭莫考的，其中并无五龙潭。五龙潭与其他潭，是同池洲陂湾相提并论的。

民国《济南快览》《历城县乡土调查录》《济南大观》《济南名胜古迹辑略》《济南市山水古迹纪略》中的“名泉”部分，亦不载五龙潭，或独作一类，或归于“湖川”，或列入“名湖”。

从以上文献可看出，在往昔人们的总体认知中，无论实体还是名称，潭是潭，泉是泉，两不混淆，元代五龙潭不会是金代灰湾泉。

还有个特殊的例子，值得多说几句。清代同治年间王钟霖作《历下七十二名泉考》（有钞本名为《济南七十二名泉考》），其中写道：“五龙泉，在天镜泉北，名五龙潭。广而深。传有潜龙，祷雨灵应。潭上祀龙神，塑五龙，盘楹柱如生。晴午入庙，隐若欲雨。流为三娘子湾，一云灰湾。”将五龙潭列入泉类，王钟霖也知道这样做并不恰当，可他实在割舍不下，于是就自作主张以“泉”易“潭”。然而名册上叫“五龙泉”，简历中又讲其真实姓名是“五龙潭”，因为不这样，济南人不认可，外地人无处寻。这倒也说明旧时五龙潭就是潭，没有什么泉的前身。

或许有人要问，王钟霖文中的“灰湾”不是灰湾泉吗，不是指五龙潭吗？通览这段文字以及该文对其他泉的表述，很明显，“一云灰湾”紧承上句，意思是“五龙潭水流入三娘子湾，还有一种说法是流入灰湾”，所以“灰湾”不是五龙潭无疑。这里的“灰湾”应是灰湾泉。

但需要说明的是，也不能简单地说“灰湾”是灰湾泉的省称。灰湾泉似有比较大的泉池，像湾，又有其他泉水如东蜜脂泉、混沙泉汇入，所以它也像五龙潭一样，往往不被视为泉，而被视为湾，叫灰湾。比如，《济南大观》第四章“名湖”载：“灰湾，在五龙潭东。”《济南市山水古迹纪略》将灰湾与别的湾列在一起，区别于湖河泉井等其他水体，写道：“灰湾，在五龙泉东，流经城西北壕，入清河。”“五龙泉”应是“五龙潭”之误，此书有“五龙潭”之条目，亦不与泉同列。

另有一种可能，灰湾泉是灰湾泉，灰湾是灰湾，二者紧邻，似分似合，灰湾主要由灰湾泉的泉水汇流而成。比如明崇祯《历城县志》、清康熙《历城县志》俱在泉类列举“灰湾泉”，又在湾类中列举“灰湾”，而池类列举了“江家池”，泉类就无“江家池泉”或它的另名“天镜泉”。

五

五龙潭因地面塌陷而形成，这从地质学的角度看，完全有可能，讲得通，且有今例为证。

2004年12月9日北京《新京报》刊登发自济南的报道：2004年10月28日凌晨3时，轰隆一声巨响，把五龙潭边一家茶楼的主人陈允宪惊醒。待到8点多钟，陈允宪走出茶楼，与潭边晨练的老人看见，五龙潭有20多平方米的水面正咕嘟嘟地涌着水泡，大约20多分钟后，水面恢复平静，大家发现冒水泡的那片潭底塌陷下去。当天上午公园工作人员探测，塌陷之处长约5米，宽约4米，深约3米。陈允宪说，塌陷前几天，五龙潭底沿南北走向已裂开了一个大缝，当时都没在意。五龙潭公园经营科长董大鹏还讲述了一个奇怪的现象，2003年济南泉水全部停喷干涸，五龙潭水面也缩至10平方米左右，但却不见死鱼死乌龟，众多的鱼包括一些身长1米的大鱼，都不见了踪影。董大鹏怀疑水下有大的洞隙。

到了10月31日清晨，潭水突然变浑，又有一串串水泡冒出，水位上涨了两厘米。地质专家推测，这可能是新的塌陷所致。与此同时，公园工作人员发现，潭池西南临岸的路面，出现了一条长三四十米、宽六七厘米的裂缝，路旁石凳也向潭池方向倾斜。11月7日，山东省地矿工程勘察院环境地质处研究员刘爱国说，不能排除五龙潭下面存在熔岩空隙，并正处在一个小型断裂带上，而塌陷则为断裂活动引发的小地震所致。12月5日，五龙潭突然涌起黄色浊流，潭水再次变浑。

2004年10月29日济南当地的《齐鲁晚报》，有对五龙潭前一天潭底塌陷的报道，10月31日济南当地的《生活日报》有对五龙潭水前一天变浑上涨的报道，俱比后来《新京报》的报道简略，但是并无相左之处。可记的是，《齐鲁晚报》说，潭边茶楼名叫龙滩茶社，潭底塌陷的大坑距西岸10余米，原本1米多深的潭水，最深处已达4米多。《生活日报》说，30日早上6时15分左右，28日的塌陷处再次冒出一股股浑水，并伴随一串串水泡，大约一小时后，潭水逐渐恢复常态。到了下午5时，公园工作人员测量才发现，水位较前一天上涨了两厘米。

发生地面塌陷也并不是济南才有，只不过往昔济南地下水富且浅，易于形成湾潭。即使人工掘得一坑，便有泉水涌出，宛如天成。旧时济南内城里外湾潭很多，比如前面提到的灰湾，还有三娘子湾、回龙湾、贺家湾、白龙湾，这些湾的形成原因或许和五龙潭差不多，大概时间更早，没有记载罢了。

济南的泉水已大不如以前，随着城市躯体凶猛地膨大，对水源地、水脉肆意地挤压侵占，泉水的生命恐怕越来越式微，现在保泉的力度根本抵不上毁泉的力度，不信20年后再看。然而我还是希望我的判断是错误的，这样五龙潭才不会彻底干涸，永远是济南人拥有的神秘的境界和活泼的传说。

山东诸城地名历史溯源

古　帅

地名学是独立于地理学之外的一门学科，它研究地名的形成和演变[①]。但是对于地名的形成和演变，其与地理环境、社会风俗文化、民族、人口迁移、方言等诸多因素有着密切的联系。这也就使得不同区域呈现出各具特色的地名。

诸城自汉初置县以来，已经有2100多年的历史了，若从先秦时期东夷部落中的邾、凤等部落算起，那诸城的历史就更为久远了，诸城的众多地名正是诸城悠久历史的最好证明。笔者从地名的角度来探究诸城的历史，以期对当前诸城的地方文化建设和经济规划建设提供参考。就当前的诸城地名研究来看，主要的成果有张德仁先生主编的《诸城村名史话》和崔金河先生主编的《诸城地名探源》，再者像唐琦先生的《诸城地名小考》、邹金祥先生的《“诸城”名称的由来》等，这些研究成果都为本文提供了借鉴与参考。在此，笔者拟选取诸城地名中的三个重要片段加以分析和阐释。

一、东武

今天的诸城市所在地，其实并不是一直以来都被称作诸城的。据《太平寰宇记》记载，诸城之名“取县西三十里汉故诸县城为名”[②]，而诸县（治今枳沟镇乔庄），是汉初与东武县同时设置的，至高齐时撤销。自汉初东武县的设置至隋开皇

---

① 曾昭璇. 广东地名学研究的地理学　方法和民族学方法［M］. 载氏. 岭南史地与民俗. 广州：广东人民出版社，1994：3—8.

② 乐史. 太平寰宇记：卷二十四河南道密州条［M］.

十八年（598年）改东武县为诸城县，今天的诸城市（古城子附近）都是被称为东武县的，前后延续近800年。

那么“东武”二字从何而来呢？乾隆《诸城县志》卷十六记载：“东武，本山名……其为县著于汉而实肇始于周秦之间。”[①]据《齐道里记》，“东武县本有东武山，忽因三日昼昏，山移在会稽”。另据《越绝书》：“龟山，一曰怪山，往古一夜自来，故谓怪山也。地名东武里，《吴越春秋》遂以为东武山徙会稽也。”同样，在《东周列国志》中也有琅琊东武山一夜飞至会稽的荒诞传说。但是不管怎么说，“东武”之名在汉代之前就已经存在确是不争的事实，东武县、东五里也是因东武山（冈）命名的。

据《水经注》记载：“（潍水）东北过东武县西，……县因冈为城，城周三十里。”[②]这里所说的“冈”就在今天的古城子附近。从地形上来看，现在的古城子一带确实是诸城市区地势最高的地带，汉代之前这里或可被称为东武冈（或东武山），前引东武里或许就是在东武冈上发展起来的一个较小的聚落，时至汉初，在这里设置了东武县。

据明万历《诸城县志·古迹》记载：“古城，在今县治城东南门外里许高岗之上，址周约五六里，东北、东南、西南三面城角犹隆然圮而不夷。独西北角一面尽为雨水冲成沟壑，无复遗址。土人从来称为‘古城’，莫知何城也。”很明显，这里最初的东武县城是建在东武冈上的，可称之为东武故城。它从“东武冈”上一直顺着缓坡向东延伸至卢河西岸，大约至东汉时期，东武县城已移至冈下另筑新城，也就是后人所说的“南城”。“南城”的修建标志着东武县新的开始，虽经北魏和明初的两次较大的重建，但从唐宋元明清至今一直作为县治所在地沿袭下来。

自隋开皇十八年（598年）改东武县为诸城县，东武之名不复存在。如果从先秦时期的东武山算起，东武之名至少前后存在了1100多年。直至清嘉庆二十五年（1820年）县人王庚言编纂的一部诗集仍命名为《东武诗存》，我们或可从其中看出些许东武遗风，而今天诸城市内的东武街等名称更是昔日东武的流风余韵。

---

① 李文藻，宫懋让. 诸城县志·沿革表［M］.

② 郦道元，陈桥驿. 水经注校证［M］. 中华书局，2008：630.

二、密州

北魏永安二年（529年），分青州置胶州，治东武。隋结束了南北分裂局面，统一全国，隋初进行了一系列的政区改革，其中最为重要的一个变革就是废郡置州。隋文帝开皇五年（585年），改胶州为密州，同时废高密郡[①]。开启了诸城的“密州时代”。纵观唐宋时期的诸城，唐代密州屡有反复，诸城作为密州州治并不稳定，隋文帝开皇五年改胶州为密州后，隋炀帝大业三年（607年）就改密州为高密郡，隋朝短暂，覆入唐后武德五年（622年），复改高密郡为密州，天宝元年（742年）复改密州为高密郡，乾元五年（758年）再复改高密郡为密州[②]。五代时期，政权更迭，密州之名亦时撤时用，后梁亡后，诸城归属后唐，“复密州故名。”[③]历经宋金元时期，虽然随着南北形势所变，密州一度升级为安化军节度使，但其反复和延续的时间并不长，诸城作为密州州治较之唐代稳定得多。明统一全国，“明太祖洪武元年夏四月置山东行中书省……（洪武二年）夏六月戊戌，省密州，以诸城县隶青州府，以州治为县治。”[④]至此，密州作为州级政区名称前后延续了近800年。无论是诸城的城市规划建设，还是地方文化的发展和繁荣，“密州时代”无疑都做出了重大的贡献。诸城作为密州州治的“密州”之名撤销了，但是，时至今日，我们仍能从密州街道、密州路、密州路小学、密州宾馆、密州春酒业等名称中看出诸城人民对昔日密州的那份向往和追忆。

那么作为密州州治的“密州”之名是缘何而起的呢？古人多以山水命名，前述东武县其实就是因临近东武山（岗）而定县名，而这里说的“密州”则是依密水而定名的。

密水，即今百尺河。密州、高密都因密水而得名。据乾隆《诸城县志》记载：“密水，即百尺水。……《水经注》（曰）俗谓之百尺水，古人堨以溉田数十顷。……至巴山前入于潍。《水经注》（曰）迳高密县西，下注潍水，自下亦兼通

---

① 李文藻，宫懋让. 诸城县志·总记［M］.

② 同①.

③ 同①.

④ 同①.

称焉，盖入潍仍可名密水也。”[①]也就是说，密水不完全是指今百尺河，百尺河注入潍河后至高密段均可称为密水。其实古代河流就有互受通称之例，例如沂水入泗水后的下游亦可称沂水[②]。又查《水经注》：“应劭曰：（高密）县有密水，故有高密之名也。……古人堨以溉田数十顷，迳高密县西，下注潍水，自下亦兼通称焉。乱流历县西碑产山西，又东北，水有故堰，旧凿石竖柱断潍水，广六十许步，掘东岸，激通长渠。……（高密）县南十里，蓄以为塘，方二十余里，古所谓高密之南都也，溉田一顷许。陂水散流，下注夷安泽。”[③]据此，我们不仅清楚了密州、高密之名源于密水，更能看出汉魏之际密水（今百尺河以及其汇入潍河后的下游）流域的水利工程建设的基本情况。

又据《水经注》：“潍水又北，左会汶水，北迳平城亭西，又东北迳密乡亭西，郡国志曰：淳于县有密乡。……潍河又东北迳下密县故城西，城东有密埠。……余按应劭曰：密者，水名，是有下密之称。俗以之名阜，非也。”[④]很明显，这里提到的密乡、下密、密埠和高密、密州一样，它们都是因密水而为名的。

三、诸城

诸城之名开始出现于隋开皇十八年（598）改东武县为诸城县，至此，东武之名消失，而诸城之名历经宋元明清而至今。据《太平寰宇记》记载，诸城之名“取县西三十里汉故诸县城为名。”故而乾隆《诸城县志》记载诸城之名是“蒙诸之名而非其地矣”。既然诸城之名取之于诸县，那我们接下来就看诸县的历史。

据《水经注》记载：“潍水又东北，迳诸县故城西，春秋文公十二年，季孙行

---

① 李文藻，宫懋让. 诸城县志 · 山川考［M］.

② 晏昌贵. 竹书《容成式》九州考略［M］. 历史环境与文明演进——2004年历史地理国际学术研讨会论文集. 北京：商务印书馆，2005：48.

③ 郦道元，陈桥驿. 水经注校证［M］. 中华书局，2008：632.

④ 陈烨. 诸城县志：古迹［M］.

父城诸及郓。传曰：城下其邑也。王莽更名诸并矣。……又分诸县之东为海曲县，故俗人谓此城为东诸城。”另据明万历《诸城县志》记载，“古诸邑城，在今县西南三十里石屋山北二里，春秋（鲁）庄公二十九年城诸，及（鲁）文公十二年季孙行父帅师城诸即此。”[①]春秋时期的诸城位于齐、鲁两国的交界地带，军事上的筑城防御势难相免，季孙行父在此筑城，故此城“亦呼季孙城”，城下即其邑——诸邑。至于诸县的设置，那已经是汉初的事情。

据《读史方舆纪要》记载：“汉置诸县，属琅琊郡。晋属城阳国。太康末，属东莞郡。刘宋、后魏因之。北齐省县入东武。”于此，诸县的置废经历已经很清楚了，至于前引《水经注》中提及的“东诸城”与季孙氏“城诸”之诸城略同，它们都不是政区意义上的诸城之始，我们或可把它们看作汉初诸县之“前身”。到此可简单总结一下：诸城之名，实际上取之于汉初之诸县，而汉初之诸县实肇始于春秋时之诸邑（季孙城）。我们可以继续沿着这一线索追溯，诸邑和诸县之“诸”源自何处呢?

据清乾隆《诸城县治》记载，“诸，鲁邑，……在今县西南三十里石屋山北，亦呼季孙城，或曰即由诸冯名也。”对于“诸冯”之名出现较早的和引用较多的是《孟子·离娄下》所记载的“舜生于诸冯，迁于负夏，卒于鸣条，东夷之人也。”对于舜生于诸冯之“诸冯”所在，学界讨论甚多，但是，诸县之名源自于诸冯的可能性是存在的。“诸冯”之名又源自何处呢？对于这一点，朱玲玲先生在《舜为“东夷人”考》一文中对此有较好的解释。该文从语言学的角度出发，认为“诸冯”中“冯”字类似于“句吴”中的“句”“邾娄”中的“娄”一样，都属于先秦时期根据发音需要，在地名专名前加上的发声字或在其后加一语尾字[②]。这样的话，诸邑、诸县之“诸”与诸冯之“诸”实为一体，它们根源于诸冯之“诸”的可能性也就更大了。另外，王献唐先生遗著《炎黄氏族文化考》中也从语言学的角度对“邾娄”进行了分析，认为以“邾之转音为诸”[③]。这样的话，我们可以认为诸冯、诸邑、诸县之“诸”来源于先秦时期东夷部族中邾族之“邾”了。

---

① 陈烨. 诸城县志：古迹［M］.

② 朱玲玲.舜为“东夷人”考［J］. 南方文物，2011，（1）：140—141.

③ 王献唐. 炎黄氏族文化考［M］. 济南：齐鲁书社，1985：70.

自隋开皇十八年（598年）改东武县为诸城县至今，“诸城”之名历经1420年延续了下来，如果追溯至汉初的诸县、春秋时期的诸邑，甚至至先秦时期的诸冯、郲娄，“诸城”的历史就更为久远了。

参考文献：

[1] 曾昭璇. 广东地名学研究的地理学　方法和民族学方法［M］. 载氏. 岭南史地与民俗. 广州：广东人民出版社，1994：3—8.

[2] 乐史. 太平寰宇记：卷二十四河南道密州条［M］.

[3] 李文藻，宫懋让. 诸城县志·沿革表［M］.

[4] 郦道元，陈桥驿. 水经注校证［M］. 中华书局，2008：630.

[5] 李文藻，宫懋让. 诸城县志·总纪［M］.

[6] 李文藻，宫懋让. 诸城县志·山川考［M］.

[7] 晏昌贵. 竹书《容成式》九州考略［M］. 历史环境与文明演进——2004年历史地理国际学术研讨会论文集. 北京：商务印书馆，2005：48.

[8] 郦道元，陈桥驿. 水经注校证［M］. 中华书局，2008：632.

[9] 陈烨. 诸城县志：古迹［M］.

[10] 陈烨. 诸城县志：古迹［M］.

[11] 朱玲玲. 舜为“东夷人”考［J］. 南方文物，2011，（1）：140—141.

[12] 王献唐. 炎黄氏族文化考［M］. 济南：齐鲁书社，1985：70.

唐尧与唐尧陵考

鄄城县地名办

一、唐尧所处的时代与环境

唐尧虞舜时代，属新石器时代晚期，正处在父系家长制氏族部落联盟濒临解体的时代。那时还没有文字，不同于殷（商）时代，已有甲骨文字可以证明。《山海经》上写的，也只是春秋时期以来，经过战国时期多人辑录的古代神话传说。上古史所记载的历史传说和某些神话传说，虽然有很大区别，但都可以反映出当时历史的影子。时代愈近，历史的传说愈近于真实。例如，殷墟文字未发现之前，对殷（商）历史的文字记载，只是根据历史传说，并没有当时的记录可资证明。殷墟文字不仅证明了殷（商）世系古籍的记载基本正确，还发现了后人不知道的英雄人物，如妇好等。春秋战国以及西汉人拟作的古代传说的书，即使互有抵牾，也总会从中反映出上古历史的影子。例如《礼记》是西汉人采录先秦典籍编定的。《礼记》篇关于“大道之行也，天下为公……”大同社会的一段记述，固然反映了儒家的理想，也透漏出传说中父系氏族公社的影子。

《书经》据说是周代史官采集传闻写成的记录，其中《尧典》说：“汤汤洪水方割，怀山襄陵，浩浩滔天……”孟轲的弟子们写成的《孟子》一书，也说：“当尧之时，天下犹未平，洪水横流，泛滥于天下，草木畅茂，禽兽繁殖，五谷不登，禽兽逼人，兽蹄鸟迹之道交于中国。”又说：“当尧之时，水逆行，泛滥于中国，蛇龙居之，民无所定，下者为巢，上者为营窟。”这几段记载，反映了当时水患的严重程度，也正是尧联合各氏族部落同自然作斗争的大环境。

二、唐尧的来历与影响

古史传说：尧是帝喾的儿子，距黄帝五世，舜是颛顼的七世孙，距黄帝九世。禹是颛顼的孙子，距黄帝五世，这与《竹书纪年》说黄帝至禹三十世，都是无可稽考的传说。中华民族认同炎帝、黄帝是大家的共同祖先，是合乎道理的。但是，一定要像《世本》《帝王世纪》那样，把每个人都编进世系里，就违反了氏族部落发展、联合、斗争、融合的历史规律。

我国古代传说中最早的氏族联合部落首领炎帝，活动在渭河流域到黄河中游地带，从事农业，号神农氏。所以炎帝可能是羌人氏族部落的宗神，其后裔有烈山氏部落，再后有共工氏部落，其子后土，能平九土，治水成功，奉为社神，“九有”“九土”实际是九个氏族、九个地方。“九州”之说，也可能来源于共工部落的九个氏族。“四岳”称九州之险，说明是共工部落的外围地区，四岳姜姓，发展为齐、吕、申、许。古羌人的一部，曾东下到今山东地方，更多的散布在陕、甘、青、藏及四川、宁夏广大地区，称为氐羌或羌戎。

当夷人（夷族）和羌人的一些氏族部落活动在黄河流域时，有些氏族部落从北方发展起来，黄帝即是他们想象中的祖先。传说黄帝率以野兽为图腾（族徽）的六个氏族组成的部落联盟，南下黄河流域，同炎帝（族）、蚩尤（夷族）作战，胜利后发展为二十五个氏族，在黄帝后裔的十二姓中，有的已和夷人中的一些氏族同姓，互相融合了。黄帝的后裔，还有一些是戎狄，后来融为华夏族南下，有些留在原地。《史记·匈奴考》说：“匈奴，其先祖夏后氏之苗裔也。”黄帝的后裔陶唐氏，祁姓，其所以称陶唐氏，可能是在鲁西南陶地一带发展起来的一个氏族，为避洪水又到今河北中部唐地。《夏书》说：“唯彼陶唐，有此冀方。”《史记·集解》韦昭注：“唯唐皆国名，犹汤称殷商也。”张晏说：“尧为唐侯，国于中山，唐县是也。”其中一支曾迁到山西汾水流域，后裔建立唐国，为周成王所灭。还有一支继续南下到汉水流域，其后裔也建立了国家。河南西南部有唐县，1914年改为唐河县；湖北随州市有唐城镇；丹江自淅川境南流由丹江口入汉江，是他们活动的遗迹。所以有尧子丹朱伐三苗到丹水的传说。

以上记载说明，尧是黄帝族的后裔，但在很大程度上已经与炎帝族、夷族融合了。这便是唐尧的来历。

关于尧对后世的影响。《尧典》说，尧“钦明文思，允恭克俭，光被四表，格于上下”“克明俊德，以亲九族，九族既睦，平章百姓，百姓昭明，协和万邦，黎民於变时雍。”《论语·泰伯》说：“子曰：大哉尧之为君也，巍巍乎唯天为大，唯尧则之，荡荡乎其有成功也，焕乎其有文章。”《帝王世纪》说：“天下大和，百姓无事，有老人击壤于道，观者叹曰：大哉帝之德也。老人曰：吾日出而作，日入而息，凿井而饮，耕田而食，帝力何有于我哉！”《墨子》说：“尧唐高三尺，土阶三等。”《太平御览》说：“韩子曰：尧之王天下，冬日鹿裘，夏日葛衣，茅茨不剪，采椽不断，粝粮之食，藜藿之羹。”《庄子》说：“尧之治天下也，使天下人欣欣然，人乐其性。”“尧观于华封，华封人曰，嘻，愿圣人富寿多男子，尧说：多男多惧，多富多事，多寿多辱。”《吕氏春秋》说：“尧有子十人，不与其子而授舜。”《孟子》答咸丘蒙问“舜南面而立，尧率诸侯北面而朝之”时说：“此非君子之言，齐东野人之语也，尧老而舜摄也。”《尧典》曰：“二十有八载，放勋乃殂落，百姓如丧考妣，三年，四海遏密八音。”

上述记载说尧以钦、明、文、思四德以安其民，尊敬让人，德化达到四方，感动了上上下下，任用贤人，亲睦所有氏族，使各个部落协和，风俗改变。尧功德伟大，不干涉人民生活，人民安居乐业，尧衣食住行都很节俭。尧死时，百姓像死了父母，三年不举乐。所有这些，充分说明尧对后世的影响是很深的，特别是儒墨两家对他最为尊崇。《书经》起于尧典，孟子道性善，言必称尧舜。但对氏族部落联盟首领的选举制度，墨家宣扬为唐虞揖让是不存在的，也为当时儒家特别是孟轲所反对。总之，炎帝与黄帝并称，唐尧与虞舜并称，都存在着民族融合的痕迹。他们都是民族融合的神圣人物，影响深远。

三、尧葬谷林的佐证

《史记·五帝本纪》说：“黄帝崩，葬桥山。”“舜南巡狩，崩于苍梧之野，葬于江南九嶷，是为零陵。”而不说尧葬何处。为此梁玉绳在他的《史记志疑》一书中提出：“书黄帝葬桥山，而不书颛顼、帝喾葬顿丘，尧葬成阳。史偶不书，非关意义。史以书葬桥山为唤醒求仙之惑，则书舜葬零陵，当作何解？”这个指出是很必要的，不能认为自己见到的才可以写，这不能不说是史记的疏忽。《吕氏春秋》说："尧葬谷林。"皇甫谧说："谷林即城阳。"《括地志》说：尧陵在濮州雷泽县西三里，雷泽县本汉成阳县。晋郭缘生《述征记》说："成阳县东有尧陵，有碑。"（以城西较为准确）。

笔者曾去鄄城县察看谷林尧陵遗址，有明碑记及清末濮州知州缪润祓写的"帝尧陶唐氏之墓"碑。据居民说："尧陵有祭田四百亩（今为县苗圃），合抱柏树若干株，均淤埋地下。北部为尧陵，前为尧母庆都灵台，其南有庙有碑。东南部有接官厅，是致祭官员休息之所。"

《大清一统志·唐尧陵》条说："陵高四丈五尺，广二十余丈，上有庙。"《水经注》说："今成阳城西二里有尧陵，陵南一里，有尧母庆都陵，于城为西南，称曰灵都，乡曰崇仁，邑号修义，皆立庙。四周列水，潭而不流，水泽通泉，泉不耗竭，至丰渔笋，不敢采捕，前并列数碑，枯柏数株，檀榆成林，二陵南北，驰道径通，皆以砖砌之，尚修整。尧陵东城西五十余步中山夫人祠，尧妃也，石壁阶墀仍旧，南西北三面，长栎联荫，扶疏里余。中山夫人祠南，有仲山甫冢，冢西有石庙，羊虎倾低，破碎略尽，于城为西南，在灵台之东北。"按郭缘生《述征记》自汉迄晋二千石及丞尉，多刊石，叙述尧即位至永嘉三年二千七百二十有一载，记于尧碑。北魏时期，尧陵区还很完整，清嘉庆间还有相当规模。由此可见，尧陵一带，不仅是鄄城古迹集中之所，也是汉碑晋碑较多之地。宋人洪适著《隶释》一书，所收汉碑，内有尧陵四碑，即可证明。

一是汉济阴太守孟郁修尧庙碑，记载了汉桓帝刘志永康元年（167年）济阴太守河南郾师人孟郁修尧庙的情况，并有汉桓帝延嘉十年（167年即永康上半年）二月奉宣皇帝诏书来祀，使府内百石吴升守卫园陵，列种柏树，及"诏书九月三往大祀"等记载。

二是成阳灵台碑。此碑乃汉灵帝刘宏建宁五年（173年）济阴太守审晃、成阳令管遵等所立，记载了汉尊尧之由和建筑规模以及祭仪之盛况。有尧母墓"名曰灵台，上立黄屋，尧所奉祀""汉感赤龙，尧之苗裔，当修尧祠，追远复旧，朝廷克省，帝纳其谋。岁以春秋奉为太牢，祀时廷尉选位……上阙通天，户向少阳，前设大殿，俟神之堂，地既石墀，其下清凉，可舞八俏，以歌大章"。

三是帝尧（陵庙）碑。此碑乃汉灵帝刘宏熹平四年（175年），故济阴太守刘部、后济阴太守张宠集资所立。内有"尧陵庙"及将（匠）作史胡能、守陵掾仇伯等记载。说明了是为尧陵庙立碑，也记载了主修人、匠作人和守陵庙人。

四是汉成阳令唐扶碑。汉灵帝刘宏光和六年（183年）著名经学家閰葵斑（成阳人），仰慕帝尧后裔成阳令唐扶，在成阳敬老爱幼，赏罚分明，讲经乐道，清正廉洁，吏服其德，民受其恩，监狱空虚，县无坏人的政绩，为其立碑以颂之。此碑因自认是帝尧后裔，也可能在谷林附近。

以上四碑，均可为尧葬谷林的佐证。关于后汉祀尧事，在四碑所记之前，汉章帝时已著为祀典了。《大清一统志》："汉章帝刘炟元和二年（81年）东巡狩，遣官祀尧于成阳。安帝刘枯延光三年（124年），复遣使祀尧。"一直到宋朝例俊濮州致祭，诏守陵立户不衰。明清祀尧如故。如：明嘉靖初，都御史陈风梧（濮州人）委濮州知州张环修尧庙，嘉靖二十三年（1544年）王道撰《濮州帝尧陵祠碑》，考证尧葬谷林，嘉靖二十四年（1545年）濮州知州薛孟撰立《祭尧陵碑》，清乾隆元年（1736）山东巡抚岳浚上疏奏请于濮州重修尧陵……据文献记载，祭祀尧陵，始于公元81年，终于1905年，在长达1824年的漫长岁月里，祀尧之举一直不断，充分说明尧在人民心目中的位置。

根据以上事实，说明帝尧、尧母、尧妃均葬谷林。《史记·集解》引皇甫谧的话说："尧都平阳，于诗为唐国"。《通鉴外纪》说："郑玄曰：尧游成阳而死，葬焉。成阳在今为县。"尧都平阳，葬谷林，是出游东巡死在途中的吗？根据"尧老舜摄"的话，这不可能。因为尧母庆都陵在成阳，就不是东巡事出偶然的了。三代后的人，总是对上古的事以今拟古，把氏族部落联盟领袖说成帝王，把联盟说成是统一的国家，把联盟领袖住的地方当作都市。岂知那时部落常常因为适应生活环境的需要而作必要的移动，或者是所属各部落分别住在几个地方。尧开始住在陶地（今定陶一带，包括成阳），后又住在唐地（今河北唐县一带），这就是陶唐氏的由来。可知尧原在东方，其所以有都平阳之说，当系洪水之际，避居汾水流域高原地带的行动，其后仍迁居成阳一带，死后乃葬谷林。正如王国维在《殷周制度论》中所说："自上古以来，帝王之都皆在东方。太皞之墟在陈。大庭氏之库在鲁，黄帝邑予涿鹿之阿。少皞与颛顼之墟皆在鲁、卫，帝喾居于亳。惟史言尧都平阳，舜都蒲坂，禹都安邑，俱僻在西北，与古帝宅京之处不同。然尧号陶唐氏，而冢在定陶之成阳，舜号有虞氏，而子孙封于梁国之虞城。孟子称舜生卒之地皆在东夷。盖洪水之灾，兖州当其下游，一时或有迁都之事，非定居于西土也。禹时都邑无可考，自太康以后，以迄后桀，其都邑及其地名见于经典者，率在东土，错处河济间，盖数百岁，商有天下，不常厥邑，而前后五迁不出邦畿千里之内。故自五帝以来，政治文物所自出之都邑，皆在东方。惟周崛起西土，武王克纣之后，立武庚三监而去，未能抚有东土也……自五帝以来，都邑之自东方而移于西方者，盖自周始。”

尧居东方是正常的，在平阳是临时性的，这个论断，理由充分。因而“尧崩于成阳，葬于谷林”是十分可信的。为什么“尧崩于成阳，葬于谷林”是十分可信的。为什么山西临汾（古平阳）也有尧陵呢？据《大清一统志》记载：“尧陵，在临汾县东七十里。《城冢记》俗谓之神林，陵高百五十尺，广二百余步，《通志》（山西）：陶唐氏陵前皆山，惟此地为平土。深丈余，有金泰定二年碑记，明初访历代帝王陵墓，而临汾阙如，县志明嘉靖间，立守冢道士五，置守冢户十，取陵前闲田给焉。按《汉书》《括地志》《述征记》《皇览》《文献通考》诸书均载，尧陵成阳谷林，惟《城冢记》载在平阳，而非唐宋前书，难以征信。”

国家文物局1981年出版的《中国名胜辞典》尧陵条说：“相传为唐初所建，金泰和二年（1202年）碑文记载：唐太宗征辽曾驻跸于此。因谒尧陵，遂塑己像。元中统间道士姜善信，奉元世祖（忽必烈）命，修筑尧陵，祠内碑碣十余通，记尧王功绩与陵宇沿革。”李唐以陇西族自山西起家，李渊从唐公到国号唐，后又被尊为唐高祖。李世民推崇唐尧建尧陵，纪念唐尧同加封老子是同一意图，是可以理解的。建陵是出于对唐尧的崇敬，对民族的团结前进是有益的，但不能以“尧都平阳”之说，否定“尧葬谷林”的事实。

为什么东平又有尧陵呢？对这个问题，清山东巡抚岳浚在《濮州改祀尧陵议》的奏折中讲得十分清楚：“东平一陵，实属沿误，随委员查视，尧陵实濮州城东南六十里古雷泽之东谷林庄前，有享殿三间在焉，谷林寺旧设祀田一顷二十亩，濠地四十亩，州官春秋祭享。”东平建有尧陵之原因，在于“自金末黄河屡决，谷林旧迹无存。至明洪武间未经深究，始于东平葺陵建庙以祀尧，伪以传伪，相沿已久”。《一统志》也说：“自金末河决，尧祀移于东平州芦泉山之阳，然尧陵自在谷林，不在东平。”

从上面的叙述中可以看出，从建陵年代上讲，濮州陵最早，建于东汉，山西临汾则建于唐，东平尧陵建于明；从修建陵（庙）次数上讲，濮州最多，见于史书记载的就有五次：东汉三次，明一次，清一次；从祀尧时间上讲，濮州最长，长达1824年，历朝历代均未间断；从陵庙规模上讲，濮州尧陵最大。由此可以证明“尧陵谷林”的事实。

历史、传说、经济：“琅琊台”地名考

李井铭

摘　要　琅琊历史由来已久，时至今日，琅琊名气犹存。秦始皇琅琊石刻、徐福求仙、琅琊王氏、书圣王羲之以及欧阳修笔下的琅琊，总有一个一个为世人所知。本文以琅琊地名为源头，考证琅琊地名来源、琅琊世家大族及琅琊地名作为一种文化资源对当今琅琊地区旅游经济发展的促进作用进行阐释，以期对琅琊有更好地了解和认识。

关键字　琅琊台；历史；传说；经济

琅琊台，位于青岛西海岸新区东南海滨。其三面环海，西面临陆，又名琅琊山，海拔183.4米。琅琊台，台顶平敞，周长150余米，台基面积5.88平方公里，琅琊台南坡稍缓，海中有斋堂岛，西南有沐官岛；琅琊台北坡陡立，临龙湾，邻西海岸新区的金沙滩，西北是越都秦郡的故址琅琊城（今琅琊镇），东北远望大珠山和灵山岛，地理位置优越。

2008年，“琅琊台天文历法学术论证会”召开，中科院院士陈建生、国家天文台理事长赵刚等12位天文学家一致认定，位于胶南市的琅琊台，是一座古观象台，是迄今已知的地面上遗迹尚存的我国最早的观象台遗址。认为琅琊台兼具观象授时、宗教祭祀的功能，有观日出、定时节、望云气、祭祀四时主等天文历法、星占以及宗教政治方面的功能。琅琊台的时代下限在秦汉时期，从古文献记载看来，琅琊台的起源可能更早，上推到西周初年，甚至是尧帝时代。①

① 凌翔，潘江文. 光明日报［N］. 北京：光明日报社，2018-04-16（2）.

一、琅琊台地名的历史渊源

史籍中最早的记载出现在《山海经·海内东经》："琅琊台在渤海间，琅琊之东。"《水经注·潍水注》记载，琅琊最初用作山名，曰"琅琊，山名也"。《史记·秦始皇本纪》索隐对琅琊台的解释则为"盖海畔有山，形如台，在琅琊，故曰琅琊台。"处在琅琊，山形如高台，故名琅琊台，认为琅琊台名字的来源是从它的外形和所处行政区划决定的。

春秋时期，琅琊是齐国东方边境的重镇——琅琊邑。当时的文献史籍对此有大量的记载。《管子·戒》记载："桓公将东游，问于管仲曰：'我游犹轴转解，南至琅琊'"。《晏子春秋·内篇下》有记载："景公出游，问于晏子曰：'吾欲观于转附朝舞，遵海而南，至于琅琊。寡人何修，则夫先人之游？'"这就是说景公要沿着先人（桓公）之迹，到芝罘、琅琊作边地之游。可见齐国时琅琊已在，齐景公和齐桓公都曾巡游到琅琊。琅琊（今山东胶南）还是春秋战国时期五大港口之一。《越绝书》和《吴越春秋》记载：公元前473年，越王勾践攻灭吴国，随后占领了被吴国战败的齐国之地。越王勾践来到当时的齐地琅琊，目睹琅琊优越地理位置、肥沃土地，认为琅琊地山川峻秀，肥沃富饶，地势险要，南挖吴越，北取中原，西进晋秦，遂后，越王勾践决定从会稽（今浙江绍兴）徙都琅琊（今胶南琅琊夏河城），建立新都城，作为新的霸业基地，并在城东南五公里的琅琊山筑起琅琊台。[①]《战国策》曰："齐东有泰山，南有琅琊，西有清河，北有渤海，一所谓四塞之国，地方两千里"等等。当然，作为最初的行政区划，琅琊区域范围并非一成不变，《太平寰宇记》"晋武帝咸宁三年，改封东莞王伷为琅琊王。薨，子恭王观嗣；薨，子睿嗣。"西晋时琅琊归属徐州，包含临沂等地。虽然琅琊的区域范围因为历代政治区划会发生变化，但无疑，琅琊的地域作为一个文化名称流传了下来。

琅琊在现在的盛名很大原因来自秦始皇时期的东巡至琅琊并留刻石。秦始皇统一中原建立秦王朝以后，十年内东巡五次，其中，三次到达琅琊，登琅琊台。李斯曾经作刻石"纪功，颂秦德"，记录秦始皇的丰功伟绩。记载当年秦始皇东巡的刻石已毁，但秦二世至琅琊的刻石还在，现存在北京中国历史博物馆，是我国今存最

---

① 李革新. 讲述青岛的故事［M］. 济南：山东省地图出版社，2013：377.

早的刻石之一，具有宝贵的价值，同时，它也是研究秦代历史和文字的珍贵资料。公元前219年，秦始皇第二次登上琅琊台，眼见群山大海拱抱的古台遗址，陈旧、破损，便敕令夷平旧台，另筑新台。令迁徙黔首三万户于台下，耗时十二年，建造了函谷关外唯一的行宫——琅琊台行宫。在琅琊台顶建"望日亭"并立碑，碑上留有左丞相李斯小篆，精雕镌成。正如《史记·秦始皇本纪》记载："二十八年，始皇东行……南登琅琊，大乐之，留三月""作琅琊台，立石刻，颂秦德，明得意。"当下，琅琊台名气的存在很大一部分原因是秦始皇三登琅琊台并留刻石。

二、琅琊士族与历史传承

魏晋南北朝时，门阀政治最是兴盛。门阀，是门第阀阅的简称。门第指的是家族的背景、地位的贵贱；阀阅指那些为朝廷建有功勋的世家。门阀，作为中国特殊历史时期的一种特有现象，影响深远，对当时的政治、经济、文化都有着不可估量的作用。甚至，在一定程度上，它影响了当时的历史进程。当时的世家为标榜、宣扬功勋和荣耀，在大门的两侧立柱，题记功业，左边的叫阀，右边的叫阅。显而易见，门阀指的就是那些世代为官、地位显赫的名门望族。门阀最早在东汉末出现。"尊世胄，卑寒士"，曹魏实行九品中正制则助推了门阀的兴盛。下品无高门，上品无贱族，如此的等级观念，成为当时政治发展的主流意识形态。强者愈强，弱者愈弱，名门望族进行政治垄断，于是，在政治舞台上活跃的，便都是这些名门望族，其中的佼佼者便成为大门阀。这些门阀拥有极高的特权，政治上，掌握选官、用官的标准和权力，门阀谋取特权，操控官场；经济上，掌握资源，甚至富可敌国，势力极大；文化上，通过讲学收徒，门生故吏遍天下，实现文化垄断，形成一股坚强的社会力量。更有甚者，不但世代为朝廷命官，同时，与皇族结亲，在一定程度上左右朝廷。

琅琊王氏，是王姓的郡望之一，是当时门阀士族的代表。琅琊王氏始祖为周桓王之子王子成父，本为姬姓，后因驱逐赤狄有功，被赐姓王姓。王姓在战国时出了一员大将，即秦国名将王翦，秦始皇扫六合定中原，王翦祖孙三代都立有赫赫战功。后来王翦的曾孙王元一支，迁到山东琅琊（今山东省胶南市琅琊台西北）。西汉时，《汉书》记载，琅琊王氏中，王吉，官至博士谏大夫，其后代世世为官，"有累世之美"开创了琅琊王氏显贵的先河。而琅琊王氏的后世子孙，无不以"汉谏议大夫吉之后"为荣耀。

琅琊王氏最辉煌的时期，则是在东晋，史称"王与马，共天下"。马是晋元帝，东晋开国皇帝司马睿，王便是琅琊王氏的代表——琅琊王氏一族最显赫的人物王导。司马睿最初受封琅琊王，得到王氏一族的鼎力支持。晋末丧乱，在王导的策划下，又拥立司马睿建立东晋政权。司马睿的发迹和琅琊王氏是密不可分的。因此，在司马睿登基典礼上，王导与司马睿一同坐在龙椅上，"王与马，共天下"成为历史传奇，也成为琅琊的一段佳话。王导官居宰辅，共辅佐了元帝、明帝、成帝三任帝王，成为东晋王朝初期的实际缔造者和操纵者。而王氏子孙及家族成员也多为朝中要员。政治上，王氏成为朝局的左右者，王氏家族曾先后出过8个皇后，与皇室公主联姻的有20多人。在军事上，掌握兵权，政治地位不可动摇，对整个东晋王朝影响至深。在文化上，士族门阀垄断文化教育，王氏一族在文化上的成就颇负盛名，有著名的书法大家王羲之和王献之。刘禹锡那句"旧时王谢堂前燕，飞入寻常百姓家"，其中的"王"指的便是琅琊王氏。

琅琊颜氏也是琅琊地区的士族代表，其家族源远流长，自颜回第二十四世孙颜盛由鲁迁至琅琊定居后一直作为大家族存在。嗣后琅琊颜氏家族更是人才辈出，其主要成就集中在文化领域，为传统文化留下无数宝藏。颜氏在家训、哲学、文学、史学、文字学、书法、绘画等领域成就卓著，为中华传统文化的丰富和发展做出了突出的贡献。琅琊颜氏是魏晋南北朝时期没有习染玄风而保持传统经学的少数高门士族之一。南北朝时期，颜氏家学由最初的传承"周官、左氏学"及早期儒家典籍，到后来精于史学、文字音韵、训诂学，再到工于书法艺术，形成风格独特的颜真卿"颜体"书法，走过了一个显著的发展历程。颜氏家学呈现文化发展的不间断性和相对稳定性，同时颜氏家学的范围也逐渐扩大，在颜氏整个家族中，已经形成了传承儒家思想并把它应用到日常生活、社会生活的文化氛围。

士族、门阀在史册、文化、政治上的影响不仅在当时让琅琊成绩著作为人所知，而且在后世发展中琅琊作为一个政治、文化的代表留在人们的印象中。当谈到魏晋南北朝，当想到士族、门阀，当想到颜氏家学，琅琊成为一个名词出现在人们的脑海，这也为琅琊作为一种旅游的文化资源传承提供了载体。

三、琅琊传说与旅游文化

秦始皇三次登上琅琊台，为琅琊台加上了帝王的光辉。徐福求仙药的传说更是让琅琊台在后世、在民间广为传颂。《史记·秦始皇本纪》记载，始皇二十八年（公元前219年），秦始皇率文武百官东巡郡县至琅琊台，“齐人徐市等上书，言海中有三神山，名曰蓬莱、方丈、瀛洲，仙人居之。请得斋戒，与童男女求之”。因为琅琊地处古渤海畔，琅琊一带经常有海市蜃楼出现，因此方士和秦始皇深信海市蜃楼是为海上神山，苦求不已。琅琊则是方士们聚集之地，而徐福是齐乡方士的代表，与徐福一同请求寻仙山的还有其他方士。始皇帝同意了徐福的请求，派他率领数千童男童女入海寻求长生不老药。经过几年，花去了许多费用，也没有得到神药。公元前210年，秦始皇第三次登临琅琊台，民间传说，徐福担心受到惩罚，编造谎言，海上常有大鲛鱼兴风作浪，始终不能上山求仙，请派善射者一同。随后，徐福率童男女三千人，装载五谷种子、技艺百工下海。围绕徐福为时十年的入海求仙活动，后世形成了徐福传说，成为琅琊文化重要的一部分。[①]

秦始皇一生，五次出巡，三登琅琊，留下丰富的记载和传说。其中，最具魅力的当属琅琊刻石和徐福东渡。这些遗迹遗存和传说为后世留下宝贵的史料。为现在当地旅游事业发展留下了丰富的物质和文化资源。1992年，山东省人民政府将琅琊台确定为省级文物保护单位。1993年，青岛市人民政府批准建立青岛琅琊台风景名胜旅游区，当地政府对景区进行大规模的保护性和恢复性、开发性建设，投巨资修建和修复琅琊文化陈列馆、徐福殿、云梯、观龙阁、秦兵马俑布阵陈列馆、御路、琅琊刻石、秦始皇遣徐福入海求仙群雕、望越楼、琅琊刻石亭、亭子兰炮台、海洋生物陈列馆等景点。[②]1995年，山东省人民政府批复建立“青岛琅琊台省级旅游度假区”。1996年，胶南市旅游局根据全市制订和修订“九五”计划要求，草拟了《胶南市旅游业发展“九五”计划和2010年长远规划纲要》，促进当地旅游资源开发。在琅琊台当地，“琅琊台”地名渊源、民间传说，成为旅游文化中重要的人文

---

① 中国人民政治协商会议胶南市委员会编著. 千古琅琊台［M］. 青岛：青岛出版社，2013：147.

② 王志民. 山东省历史文化遗址调查与保护研究报告［R］. 济南：齐鲁书社，2008：243.

景观资源，为其旅游事业发展提供了资源保障。

以琅琊文化陈列馆为中心。该馆2000年建成，按照秦代建筑风格，通体由红柱黑瓦构筑，分为序厅、主展厅和引廊3部分，以《琅琊台图》为中心，配以古琅琊地区的大事年表、琅琊郡历史变迁图等。矗立在琅琊台文化陈列馆前的是2001年落成的秦始皇青铜铸像，"千古一帝秦始皇"，面海而立，张开双臂，临风大乐，再现了他一统海内、登琅琊的形象。这也成为来此地的游客合影留念之地。此外，有求取仙药产生的徐福殿位于琅琊台前侧，"云梯"路下端，建筑面积871平方米。正殿内正中是徐福塑像，高2.7米，手握奏简，面南端座，栩栩如生。殿内壁画展示了徐福一生的主要活动。据统计，1994年，琅琊台接待游客5万人次，创收7万元。胶南市第一次出现旅游收入。1995年4月，所在市旅游局加挂海上旅游管理办公室牌子。1995年8月7日，胶南市国有资产管理局批复成立"青岛琅琊台风景名胜区开发有限公司"，由胶南市旅游局国有资产经营。①2012年，度假区投资800多万元建设了龙湾和将军台2个社区服务中心，2012年琅琊台度假区实现旅游收入6300万元，同比增长12%。②

在历史的发展中，琅琊行政区划虽然会发生变化，但琅琊作为一个名词留在历史和人们的记忆中，地名不是简单的消失，而是融合时人时事作为特有的资源在不断移植、融合、再生、传承。通过琅琊地名文化的挖掘和历史再现，更可以助推当地旅游资源的保护和旅游经济的发展，为琅琊保存厚重的历史文化，找到琅琊地名文化的这根脉络，找到琅琊千百年来的文化之源。

① 胶南市政协文史资料委员会. 胶南文史资料：第七辑［M］. 青岛：青岛出版社，2004：42.

② 黄岛区史志办公室. 胶南年鉴2013：总第十一卷［M］. 北京：方志出版社，2013：115.

济宁源自一个叫碻磝的地方

郭　伟

济宁这个名字无疑与济水有关系。济水是我国古代著名的“四渎”之一。所谓“四渎”，指的是江、河、淮、济，即长江、黄河、淮河、济水。这四大河流中，只有济水销声匿迹了。因为黄河夺济入海，其下游把济水的河道占领了，当今山东境内的黄河基本上就是济水的故道。从现在的一些地名上还能看得出，如济南、济阴、济阳，当然也包括济宁，并且单从名字看，济宁当为与济水有关的最为重要的城市。冠以“四渎”称为“宁”的城市只有两个：江宁和济宁。江宁现在成为南京了。能够称宁的地方，名气都比较大，诸如南宁、西宁、辽宁。

然而，谁能想到，济宁这个名字竟源自一个叫碻磝的地方。

碻磝，qiāo áo，本义为多石不平貌。宋代黄简《犁春操为谢耕道作》有诗句，“水淫兮石啮，田碻磝兮一跬九折”。作为地名，其故址在今聊城茌平县高垣墙村。

北魏泰常八年（公元423年），北魏设置济州于碻磝。济州的设置与南北朝时期的历史形势密切相关。碻磝城作为大河重镇，是南北双方保卫疆土、扩充地盘的往来关隘，军事要津，历来是兵家必争之地。

碻磝城位于济水南岸，即后来的黄河南岸，是河上要津，史称碻磝津。早在东晋时期，碻磝城已成为重要的战略要地。太元八年（383年），淝水之战后，谢玄就遣龙骧将军刘牢之、济北太守丁匡据碻磝。

后有东晋左将军向弥留戍碻磝，以此威胁着北魏的侧背，使北魏不敢妄为。公元422年魏宋之战，魏发兵南渡济水，攻占碻磝，屯军于此，泰山、高平、金乡、青州等济东地方皆降于魏①。魏从此占领碻磝，立济州治于碻磝，领五郡十五

---

① 司马光. 资治通鉴新注［M］. 陕西人民出版社，1998.

县[1]。因为磓磝位于济水岸边，故称济州，这是济州一名的来历。

也就是说，当年的济水流经磓磝。济水，发源于河南省济源县王屋山，流经山东入渤海，下游屡经变迁。《周礼·职方》《汉书·地理志》《说文》作泲，他书皆作济。《尚书·禹贡》载："导沇水，东流为济，入于河，溢为荥，东出于陶丘北，又东至于菏，又东北会于汶，又东北入于海。"这就是古济水的大体流向。随着历史的推移和地貌的变迁，济水在新莽时出现旱塞，唐高宗时又通而复枯。而黄河多次改道南侵，逐渐冲入济水河床入海。有一段记载也许会帮助我们加深对济水的认识。唐太宗李世民曾问大臣许敬宗："天下洪流巨谷不载祀典，济水甚细而尊四渎，何也？"许敬宗答曰："渎之为言独也，不因余水独能赴海也，济潜流屡绝，状虽微细，独而尊也。"济水水量不算很大甚而时常干涸，几近消失，为何能位列四渎？古人把有独立源头，并流入大海的河流称为"渎"。济水是我国史书中记载的四大河流之一，济水虽然细微，却能独流入海，济水这种不达于海誓不罢休的顽强精神，就是它始终位列四渎的原因。"朝宗未到海，千里不能休。惟独是清济，万古同悠悠。"唐代诗人白居易曾在他的诗中这样赞美济水。

位于济水岸边的济州成了当时一个重镇。《通典》说唐济州治，即古磓磝城。著名的唐代诗人王维就曾被贬到济州做司仓参军。王维（701—761年）是盛唐山水田园诗派的代表人物。他继承和发扬了谢灵运开创的山水诗而独树一帜，使山水田园诗达到一个高峰，在中国诗歌史上具有重要的地位。王维自幼聪颖，九岁便能作诗写文章。开元七年（公元719年）十九岁时赴京兆府试，中解元；开元九年（公元721年）二十一岁便考中状元。王维中状元后，即任太乐丞（八品），开始仕宦生涯。刚步入仕途的王维，因一个事件与济州结缘。他任职不久，因为手下伶人犯禁，受牵连而贬为济州司仓参军（从九品）。从开元九年（公元721年）秋，至开元十四年春，王维于济州做了个为皇家辛辛苦苦看粮仓的九品小官——司仓参军，一待就是四年半的时光。

在王维诗文总集《王右丞集》中，收录了王维在济州所写的《济州过赵叟家宴》《济上四贤咏三首》《裴仆射济州遗爱碑》等诗文，还有开元九年（公元721年），王维被贬，东去济州时，写的一首《被出济州别城中故人》。《新唐书》记

① 魏收. 魏书［M］. 中华书局，1974.

载："（王维）开元初，擢进士，调大乐丞，坐累为济州司仓参军。"这里的济州就在聊城的茌平。而到了公元952年（后周广顺二年），又置济州于巨野县城，并辖郓城、任城、金乡为属县。（历史上，巨野与任城在许多时期属于一个行政区域。公元518年即北魏神龟元年，置任城郡，巨野县一度属任城郡）。立于后周显德二年（公元955年）的"屏盗碑"，其碑文中提到，"皇朝建济州於巨野县"。五代后周之时，巨野泽仍"薮泽深洼，港汉纵横，灌莽丛生"。凭此险要，"盗贼"啸聚山林，出没于水泽之中，聚散无常，打家劫舍，滋扰百姓。后周太祖郭威深以为忧，新建济州于巨野，并诏令"以武略事累朝，以战功登贵仕"，任命贤能，派汉权为济州刺史。"屏盗碑"中说："济，新造之郡也。"

巨野因大野泽而得名。由于历史上济水与"大野泽"相通，地处"大野泽"的巨野自然成了水运交通和战略地位至关重要的地区。《水浒传》中提到的济州这时就在巨野，当时的梁山泊主要在济州辖区。《水浒全传》第十一回"朱贵水亭施号箭，林冲雪夜上梁山"中描写，"陆虞候火烧草料场"欲烧死林冲，被林冲意外躲过。林冲杀死陆虞候等后"亡命"至柴进的东庄，为避官府擒拿，柴进举荐林冲暂避到"山东济州管下一个水乡"——梁山泊。《水浒传》中提到的官府屡次征剿梁山好汉也是从济州水陆并进直奔梁山的。

1150年（金天德二年），黄河泛滥，淹没巨野，济州治所又迁到任城。其间，数次来回迁移。1271年（元代至元八年），升州为济宁府。

这是济宁这一名称的由来，是由州升府改的名，如升邹县为邹城市，升巩县为巩义市一样，多加了一个字。不过，这时的济宁府治是在巨野。次年，移府治于任城。可见巨野也曾叫过一段时间济宁。现在说到济宁一名的由来，多认为因巨野一代曾被河水淹没，而任城"地势高亢，关津险阻""可保安宁"，故名济宁。可见这是后人的臆测强解。

任城本是太皞伏羲氏血食享祭的任国所在地，历史不是一般的悠久，至少在夏代就已建城。《水经注》称"夏后氏之任国也"。这个任国作为小祭祀国一直延续至战国时期。秦设郡县制称为任城县。春秋时期的任、宿、须句、颛臾四国均为风姓，奉太昊为其祖先。《左传·僖公二十一年》记载："任、宿、须句、颛臾，风姓也。实司太皞与有济之祀，以服事诸夏。"任国是太昊后裔建立的风姓国，负责祭祀太昊和济水。据考证，位于济宁市任城区的凤凰台应为现存最早的伏羲祭祀台。到了唐代，人们还皆知凤凰台为太昊伏羲台遗址。李白在《任城县厅壁记》中提到："青帝太昊之遗墟，白衣尚书之故里"，李白这里所提到的任城太昊之遗墟，实际上就是凤凰台。"凤台夕照"是济宁州志上有名的"济宁八景"之一。"故郡志列于八景之中，洵为济之胜迹也"。凤凰台作为任国的国家祭坛，其实应称作风皇台，在祭祀太昊的同时，也祭祀济水。可见，今天的济宁在上古时期就与济水有着先天的联系。元代，京杭大运河途径济宁。济宁恰恰位于大运河南北之间的居中位置，是运河的水脊，闸口众多，过往船只到济宁必须落帆停船等候提闸放水方能通过。明清时期，每天最多时停留上千艘船只，因此说济宁是运河的咽喉之地，是江北最大的码头和物资集散中心。济宁清代人口达14万之众，仅次于济南和青岛。全省两个直隶州，一个济宁，一个临清。济宁是当时全国33个工商业大城市之一，运河沿线上的对外商贸的7大商埠之一。

自济州这一地名出现以来，从茌平漂移到巨野，从巨野漂移到济宁，地名迁移于三地。如果不加详审，认为王维曾在济宁或巨野任职，岂不有失严谨，与历史不符？这种地名转移的现象在历史地理中称作地名漂移理论。地名漂移是指地名从一个地方移到另一个地方，特别是一些历史地名往往有较大的迁移。

在历史研究、学术探讨中会经常遇到地名漂移现象，如果不清楚同一地名不同历史时期所指的区域，就会牵强附会，攀附名人，甚至捕风捉影，胡编乱造，留人笑柄。目前，许多历史文化遗迹之争也与此有关。

参考文献：

[1] 刘洪山. 寻觅济州城——碻磝史迹 [J]. 光岳论坛，2016，3.

[2] 高文秀. 唐朝诗人王维在茌平 [M/OL].（2012-02-07）. http://blog.sina.cn.

[3] 丁永林. 水浒钩沉 [M/OL].（2010-09-20）. http://blog.sina.cn.

[4] 张培安. 济宁的历史地理变迁 [M/OL].（2011-11-28）. http://blog.sina.cn.

略谈地名的文化特性及其他

王荣炬

摘　要　地名是自然实体和物体的标记，是人类活动空间相关实体、物体的特定的声像符号。地名具有政治性、民俗性、时空属性、主客属性、地域属性等特征，用这些抽象的特征解释纷繁芜杂的地名现象。

关键词　地名；文化；特性

地名是什么？法国学者绍克吕说："地理是横的历史，历史是纵的地理。"地名便是这"纵横"网络线脉上繁星一般的自然实体和物体的标记，是人类活动空间相关实体、物体的特定的声像符号。如果没有这些特定的声像符号，这"纵横"史地图，便成了一张哑图、盲图。

地名是人类社会发展的产物，同时，又是普遍的社会现象，它的名字和人类有着同样古老的历史。随着人类文明的进步发展，地名的文化含量和品位日渐高雅、成熟，臻于完美。从而，在文化天地里开辟了一条独具特征的文化航线——一套体系完整的"地名学"。《苏联大百科全书》说："地名学首先就是语言学科。"《牛津大辞典》也说："地名学是研究一个国家或一个地区的地名的学科。"这一学科的辉煌，中国独领风骚于全世界，因为她不仅有着辽阔的幅员，众多的民族，悠久的历史，并有浩如烟海的地名资料。中国的一套二十四史，有17部涉及对地名的翔实而宽泛的记述。《汉书·地理志》记载地名近5000条，对突出的50条，逐一作了源远的探析，堪称世界研究"地名学"的嚆矢。《禹贡》《山海经》《水经注》《西域图文志》以及《读史方舆纪要》等，基本上都属于地名专著。从宋代以后，中国地方志成书7000多种，计10万卷之多，内中有关地名的篇章数不胜数。

新中国成立前，外侮入侵，祖国周边地名备遭凌辱，仅大兴安岭一带和吉林省的嘉阴一带，就有64条地名被纂改为非汉化名字。其他一些地方，也长期处于混乱无序状态。新中国成立后，国家对地名作了全面整顿，先后颁发了《关于处理带有歧视或侮辱少数民族性质的称谓、地名、碑碣、匾联的指示》等7个法令文件。20世纪70年代末，从中央到地方，各级政府成立了地名委员会和办公室这一常设机构，对全国地名展开了空前的清查整顿。当时的诸城县地名委员会采取专业人员与群众相结合，学者、专家与民间知情人相结合的办法，用3年多一点的时间，将全县3000条地名调查考证清楚。每条地名图、文、表、卡一应俱全，经上级验收审定，入档存真。

一、地名的政治性

方志大师章学诚有言："地近易核，时近迹真。"地名的实体的源头，至今没有人能够说得清楚。但有一点可以确定，从"有地无名"时代，进入真正的"地"之有名，当是始自人类社会产生之后。人类为满足生存发展、部族争斗、人丁流徙之需要，给自己活动空间的实体和物体赋予了各个不同的声像标记，这就是地名的雏形了。因为它是人类社会的产物，受人的意识支配而生成、存在，所以它的名字必然被人们赋予一定的含义。这些含义的重要成分之一，就是具有比较鲜明的政治性。也许从表象上看，有些地名距政治十万八千里。但是细究起来，其政治的内涵也是不可忽视的。河南"博爱县"之名是吉鸿昌将军所赋，当时那里人民政治上还未翻身解放，何论博爱？其中隐含了将军善良的心愿，却不能不说是一种政治上的企盼。

既然地名是一种普遍的社会现象，社会一旦变革，也必然要改变这个现象。历史的变迁，朝代的更替，部族的兴衰，国家的分合，每每都要改变地名的思想内容和标志。这种改变是多元化的，最鲜明最敏感的首推政治。汉代王莽篡权之后，未待政权巩固，便对大批地名改帜换标。这就是历史上有名的王莽五易地名。20世纪

70年代，我国珍宝岛上空阴霾骤起，“珍宝岛”这个汉语名字，遂被改成了“达曼斯基岛”这一外来名字。台湾自古是中国的领土，长期使用“台湾”这一汉语名字。洋人一得手，就把它改成“福摩萨”。“珠穆朗玛峰”，这条名字是中国人民依据民族传统而得名。外强乘隙时，将它改作“埃佛勒斯峰”。一言以蔽之，有什么样的政治，就必然拥有什么样的政治色彩的地名。最典型的“文革”时期，极左路线的政治要实现全国山河一片红。仅诸城一个县，当时被改成红色地名的就有300多条。

不能讳言，中国的历史上曾经不止一次地出现过大汉族主义和大国沙文主义的政治。这些政治色彩浓厚的地名至今历历清晰：中越边界的“镇南关”（友谊关），中朝边界的“安东”（丹东），内蒙古的“归绥”（呼和浩特），新疆的“迪化”（乌鲁木齐）。此外，属于省级以下遍布河北、山西、宁夏以及陕西和其他地区的大量使用靖、平、安、武、化、定、威等强化、侮辱、歧视之类文字作地名的，更是屡见不鲜。

由上可见，地名的政治性是鲜明的。

二、地名的民俗性

地名的重名，是地名学的一大忌。然而，不重名又谈何容易。因为疆域那么大，种族那样多，语言文字、宗教信仰以及地区传统、民情风俗等形形色色，各不相同，以同一把尺子制衡去要求地名“统一化，规范化，科学化，标准化”，岂不是异想天开？再说，既有世代沿袭的陈规陋习，又有新时期的民族政策，莫说天壤地塞边远地带，就是通衢大邑，重名也是难免的。德国柏林偌大一个城市，全世界与其重名的竟有118个。“科威特”这条地名，既是国名，也是首都名，既是省份名，也是省会名。中国的“少林寺”这条地名，仅大陆就有10处；“钓鱼台”一名，连同北京“钓鱼台国宾馆”在内，也达10处；其他如“花城”“石钟山”“杏花村”“桃花源”以及“琅琊”“庐山”“北山”“赤壁”等等，有重名的地名不胜枚举。

形成重名而又不易改动的原因很多，其中民俗也是原因之一。

民俗又有两种，一种是没有任何主观意念的约定俗成的民俗，它不带有意识形态的思想观念。另一种是带有意识形态思想观念的民族的或宗族的民俗。前一种具有普遍性，后一种多生成于边远地区、少数民族地区和特殊地域。正是这些民俗的存在，使人们对某个地名产生了世代沿袭的认可。先说带有主观意念的民俗形成的地名。清代官方曾将“南京”改为“江宁府”，但人民百姓硬是沿袭不改，仍称“南京”。新中国成立初期，“琅琊”（今属胶南，时属藏马，原属诸城）一名，当地政府曾拟定改换，百姓联名逐级要求保留，获准。这些地名的改动与保留，都是遵从了当地人们的意愿，尽管有重名之虞，但对整体地名的影响或破坏是不大的。倒是那种不带有主观意念的民俗性地名，所带来的问题就严重得多了。因为它以方言土语随心所欲地将语义、语音、谐语、绰号混用一通，从而把地名给演变了。譬如“吉林”“几林”“吉临”“吉凌”“鸡林”等，把一条正规的地名弄得多声多形又多义。《吉林通志》和《吉林旧闻录》上都说：“……这些名字是俗用、旧称或‘吉林’的谐音，无甚可考之处。”这里的“俗用”和“谐音”，便是地名的民俗性了。类似的演变遍及全国各地，本地及诸城亦颇多，“象舟”演变成“相州”，“黄花涧”演变成“皇华”，“燮儿”演变成“斜里”，“桃源”演变成“桃元”“桃园”，“绕紫阿”演变成“鹞子窝”，“太平庵”演变成“太平安”，“麻姑馆”演变成“马虎馆”……代复一代，约定俗成，大家便公认了它们的正确无疑，不但民俗应用，有时连国家文书和社会上的标名志号也尽皆如此了。

特别说明的是，这里的民俗不仅“俗”在地名上，而且现实生活中无处不“俗”。开始发端于地名，尔后铺天盖地。如“嫁乞随乞，嫁叟随叟”演成“嫁鸡随鸡，嫁狗随狗”，“三个丑裨将敌比诸葛亮”演成“三个臭皮匠……”“狗皮不通”演成“狗屁不通”，如是等等，纯属风马牛不相及。但别小觑这种民俗能量，它不仅深得国人的公认、赏识，而且已跨越了国门远播加拿大、美国、澳大利亚和周边国家，成为远离地名的另一种单独文化派系。

由于民俗性地名遍及全国，加之大都未加整理、考证，既庸且犷，因而对总体地名学术意义的影响是不可低估的。一条规范地名的结构是十分严谨的，必须由三个结构构成，首先是词语结构，其次是专名与通名结构，再次是音、形、义三要素结构。而演变了的地名却相去甚远，就连三要素之一的“义”的含义也常常说不清道不明。有多少人识得“皇华”“斜里”的庐山真面目呢？

三、地名的时空属性、主客属性、地域属性

地名的生命，取决于地名的稳定程度。一条地名若像凛风烛影那样左右摇曳极不稳定，它的生命也就岌岌可危了。然而从本质上来说，世界各国大约有60%以上的地名（中国是47%）属于不稳定的。因为它受人的意识支配而存在。人的意识从何而来呢？来源于他们所处时代复杂多变的社会现象。如此复杂多变的意识所支配的地名如果是静止的、稳定的，岂非怪事？人对地名的管理是从不稳定中求其稳定，不稳定才是它的基本规律。

同一个自然实体或物体，在不同朝代不同时期，有着不同的使命、使用价值，从而也就有着不同的称谓。也正因如此，才会出现同一个“南京”，此时是“建康”，彼时是“建业”；同一个“天津”，此时是“天津洲”，彼时是“天津卫”；同一个“台湾”，此时是“夷洲”，彼时是“琉球”；同一个“诸城”，此时是“东武”，彼时是“诸县”；城东同一座山，此时是“卢山”，彼时是“故山”。在这些地名的变化规律中，中外古今都是以“两头小中间大”的定式。像“太平洋”“南极”“长城”“黄河”“长江”这些广为全球人类使用的名称，其变化概率甚微以至于零。最底层的那些居闾村落等名称的变化也都很小。变更率最大的是县市以上的特别是行政区域的名字，几乎每条地名的变化不低于数十数百次。“南京”这条地名从古至今变化了近2000次。看起来似乎凌乱、随意，实则不然，它是严格地按照一条定律——时空性在变换、运动。任其变化多大，总是受制约于时间和空间，因时空而所需，为时空而所限，超越时空的地名是永远没有的。每出现一个新朝代、新时期，往往要有一批新地名应运而生。例如，历史上出现了秦朝，于是便出现了诸城的“卢山”这条地名。出现了宋朝，便出现了“常山”这条地名。有了秦始皇重建六国长城之后，于是便有了一大批“××口”“××关”“××隘”“××台”“××墩”“××堠”这许多新生地名。随着兵燹荼毒，干戈频仍的秦、汉时代到来，一大批新地名，如“堡”（土筑）”“铺”“店”（驿站）“屯”“皂”（养马场）“寨”等不仅充塞了边关，且遍及中原，直至吴越。因古代的战争形式是大跨越、突奔袭、大推进、大周旋的运动战，战争打到哪里地名便诞生到哪里。如今，这些军用地名已为民用，而时空

性的鲜明犹如昨晨。

地名的另一个属性，则是依附性（也是主客性）。地名与地名之间和人与人之间的关系相同，不是孤立的。它们的生成时间和人口出生一样，有早晚先后之分。譬如先有了“泰山”，而后有“南天门”“王母池”“碧霞洞”；先有了“卢山”，后有“圣灯岩”“饮酒台”……它们（地名）的实体从此便有了主、客之分。承载者为主，被承载者为客。主、客体是相对的，不是绝对的。它的作用主要是地理方位的指代作用。一旦提到“山东”“山西”，“江左”“江右”，便可从图上举手指认。

比较而言，地名的地域性就复杂得多了。因为时空性、主客性均有共同性、普遍性，而地域性则不具有共同性、普遍性。它所具有的是特殊性和地域性。地名的基本要素是语音、语言、语义和文字形态、文辞结构的综合性组合。而中国56个民族，单就文字的不同，语音语义的不同，文字章法使用的不同，同一实体称谓的不同，这就给地名带来了方方面面的无法逾越的障碍，例如，一般的普通地名组合序位是，专名在前，通名在后，如“三里庄”“柳树店”“董家崖头”。而在云南贵州傣族壮族那里恰恰相反，通名在前，专名在后，并且声、形、义也完全不同。再如，“湖泊”是地名中的通用名，而在内蒙古却写成“诺尔”，在西藏又写成“错”……鉴于此，国家将960万平方公里的幅员列分为六大板块，每个板块地域在扬长避短、求同存异的原则下，保持各自特色的地名书写称谓，譬如此地的“县”就是他地的“旗”，从而赋予了地名的地域属性。具有地域属性的“地名”方能完全承受、胜任各自地域地名的使命。

日照市村落地名景观分析

张　文　王　慧　吴　军　辛本伟

摘　要　地名作为一种非物质文化遗产，是一种复杂的社会人文现象。以日照市具有详细来源信息的村落地名为研究对象，运用文献查阅、数理统计和GIS等方法，对地名进行分类的基础上，探讨地名与自然和人文要素之间的关系，分析村落地名的区域景观特征。研究发现：地名的分类与自然环境、人文地理要素关系密切。自然类村名体现了村庄所在地的自然条件特征，地形是影响区域村庄命名的最主要自然要素，充分反映了日照市山地丘陵为主体的地形特征对区域村落形成与发展的基础性作用；人文类村名中姓氏类村庄占绝对优势，反映了在区域村落演化中姓氏宗群的主导性地位；结合类村名中，以地形与姓氏结合地名为主，体现了自然基础与人文要素的复合影响。日照市自然类地名景观在空间上表现为以五莲县中西部为主核心、莒县东北部为次核心向东港区和岚山区沿海一带扩散，与日照市地势形态空间特征相吻合；人文类地名景观在空间上表现为以莒县南部为主核心，五莲县中东部为次核心，莒县北部和岚山区北部相对集中的格局，反映了日照市人文历史演化由西向东、由陆地向临海扩展的空间特征。总体上，村落地名景观在空间上表现为以五莲县中南部、莒县中西部为主核心，东港区和岚山区交界地区为次核心向周围地区扩散，体现了区域自然要素空间态势与人文演化的复合空间形态特征。

关键词　地名景观；GIS；村落；日照市

引言

地名是人们赋予各个地理实体的专有名称[①]。地名指示着地表特定的空间，不仅是一个简单的名称，更是人类文化不可分割的一部分。地名景观是某历史阶段被人类命名，占据一定地域范围并显示出相同的文化或自然特征的地理风貌区片，包括其名称及名称所涉及的文化或自然资源[②]。因此，地名是一定地域特定人地关系的写照，地名景观的空间差异及其变化，则反映了区域人地关系的空间差异及其演化特征。

地名与地名景观的研究在人文地理学科领域早就受到关注。1926年法国人文地理学家A·多扎的《地名起源和发展》中提出用文化地理学的方法来探讨地名的年代层序[③]；苏联地理学家B·A·茹奇克维奇所著的《普通地名学》中对地名学和地名景观进行了比较系统的研究[④]。孙冬虎等从区域地名群及其地理分布特征、特定地域地名命名背景等方面对地名景观进行了探讨[⑤]；华林甫从中国古籍文化、中国地名史等角度对地名学及地名景观进行了相关研究[⑥]。近20年来，在定性研究的基础上，GIS技术等定量方法逐渐被应用于地名与地名景观研究。史蒂芬·杰特（Stephen C. Jett）将地名作为语言要素，对美国亚利桑那州纳瓦霍锡安峡谷和青利大峡谷地区的地名演化和人们生活之间的关系进行了研究[⑦]；卡尔·英奇·桑德雷德（Karl Inge Sandred）研究了英文地名替代、演变的影响要素在变化

---

① 赵荣，王恩涌，张小林，等. 人文地理学［M］. 北京：高等教育出版社，2006：257—258.

② 王扬. 城市地名景观研究——以南京城老城区为例［D］. 南京：南京农业大学，2011：18—22.

③ 同②.

④ B.A.Жучкевич. 普通地名学［M］. 崔志升，译. 北京：高等教育出版社，1983：3—73.

⑤ 孙冬虎. 华北平原城镇地名群的发展及其地理分布特征［J］. 地理研究，1990，9（3）：49—56.

⑥ 华林甫. 中国地名学史考论［M］. 北京：社会科学文献出版社，2002.

⑦ Stephen C Jett. Place-naming，environment，and perception among the Canyon de Chelly Navajo of Arizona［J］. Professional Geographer，1997，49（4）：481—493.

着的社区内的改变状况[①]；格雷姆·吉尔（Graeme Gill）将地名看作可操纵的符号，探讨了莫斯科的地名革新[②]。王彬、岳辉选取广东省64个典型地名的通名，运用EOF模型和GIS技术对地名进行研究，科学解释了广东省地名通名的空间分布规律[③]；李亚娟等运用GIS技术对中国169个历史文化名村的空间位置进行数字化分析，探究了中国历史文化名村的时空分布特征及其成因[④]；陈晨以北京市地名作为离散点，基于GIS中核密度估计法，分析了北京市地名景观的空间分布特征[⑤]。

1987年，联合国第五届地名标准化会议第六号决议提出："地名是民族文化遗产。"2007年，第九届联合国地名标准化大会暨第24次联合国地名专家组会议上，地名正式被确定为"非物质文化遗产"[⑥]。地名，是历史命运的容器，蕴藏着说不完的故事和道不尽的乡愁，包含着人们对地理实体的精神寄托和价值追求。地名不仅是中华民族五千年文明史的记录和见证，也是世界文明史的记录和见证[⑦]。然而，近年来，一些地方对地名文化保护不够，乱改地名，导致许多具有深厚文化内涵的地名快速消失；一些地方在地名命名时盲目贪大、媚洋、求怪，导致"大、洋、怪、重"等地名乱象大量滋生，对地名文化传承造成了很大伤害。据民政部统计，近30年来，仅伴随基层行政区划和建制村调整，我国

---

① Sandred Karl Inge. English stead-A changeable place-name element in a changing community [J]. Studia Neophilologica，2001，73（2）：164—170.

② Gill Graeme. Changing symbols：The renovation of Moscow place names [J]. Russian Review，2005，64（3）：480—503.

③ 王彬，岳辉. GIS支持的广东地名景观EOF模型分析 [J]. 地理科学，2007，27（2）：281—287.

④ 李亚娟，陈田，王婧，等. 中国历史文化名村的时空分布特征及成因 [J]. 地理研究，2013，32（8）：1477—1485.

⑤ 陈晨，修春亮，陈伟，等. 基于GIS的北京地名文化景观空间分布特征及其成因 [J]. 地理科学，2014，34（4）：420—429.

⑥ 付长良，范晨芳. 地名规划概论 [M]. 北京：中国社会出版社，2011：179—186.

⑦ 刘江伟. 地名文化是全人类的共同财富——访中国地名文化遗产保护促进会会长刘保全 [N]. 光明日报，2015-04-24（2）.

就有6万多个乡镇名称和40多万个村名被废弃[①]。因此，研究地名景观、保护地名文化，对于传承弘扬中华优秀传统文化有着深远的历史意义。

本文以日照市村落地名为研究对象，首先运用文献查阅、数理统计等地理学方法对地名进行分类，分析地名与自然和人文要素之间的关系，并在此基础上利用GIS技术对地名景观的空间分布特征进行研究，分析地名景观的类型特征和空间特征，以期丰富地名景观的研究方法与实证经验，对日照市地名文化的保护工作提供参考思路。

一、研究对象与研究方法

（一）研究对象

以日照市域范围内具有详细来源信息的行政村级村落地名为研究对象，分布于日照市东港区、岚山区、五莲县和莒县两区两县范围内。

1. 研究方法及数据来源

本研究基于文献查阅、数据统计和GIS技术等方法。首先，运用文献查阅和数理统计的方法收集村落地名、地名来源等数据，其中没有详细地名来源信息的地名不予统计。根据《山东省地名志（第一卷）》（行政区划.居民地卷）[②]《五莲县地名文化探索》[③]等地方文史资料综合分析，最终确定符合条件的行政村280个。

其次，利用GIS技术的空间分析功能，对上述数据进行空间分析处理，研究地名景观特征。

① 任欢. 我国部署地名文化保护工作［N］. 光明日报，2016-03-23（1）.

② 冯永忠，孙月恒. 山东省地名志［M］. 山东：山东省地图出版社，1999：1066—1115.

③ 单亦灵. 五莲县地名文化探究［M］. 北京：中国文史出版社，2014：177—179.

二、日照市村落地名的分类及景观特征

（一）村落地名分类体系

对地名进行分类首先需要研究地名的命名理据。地名命名理据即地名的命名来由，根据已有的研究成果来看，很多地域的命名是与人们生活的地理环境直接相关的，反映当地的地理方位、地形、气候、水文等自然要素特征或姓氏、历史人物等人文要素风貌①。

根据日照市村落地名、地名来源所反映的与自然和人文因素之间的关系，将研究对象分为自然类村名、人文类村名和结合类村名三大类。自然类村名进一步分为地形、水文、方位和资源四类；人文类村名分为姓氏、建筑和意愿三类；结合类村名分为水文与方位结合类、姓氏与地形结合类、姓氏与水文结合类和姓氏与方位结合类四类，见表1。

表1　农村地名分类体系

类型		主要用字
自然类村名	地形	岭、台、所、峰、山、谷、坡、崖、口、峡、洞、沟、石、峪、岗、坪、顶、梁
	方位	上、下、前、后、东、西、南、北
	资源	林、果、金、茶、茅、桑、菜、榆
	水文	水、海、河、泉、峪、湖、汪、源、泽、涛
人文类村名	姓氏	张、王、郭、李、高、秦、刘、徐、安、陈、傅、范、田、黄、安、宋、童、魏、孙、赵、姜、杜、谢、杨、于
	建筑	楼、台、坛、阁、院、墩、亭、碑、塔、庙、寺、坊
	意愿	长安、天宝、凤凰、吉祥、翰林、圣旨、仁、安、旺、兴
结合类村名	姓氏与地形	彭、孙、薄、何、石、魏＋岭、沟、峪、坪
	姓氏与方位	石、宋、杨、胡、鲍＋后、西、北、东
	水文与方位	河＋西、北、东
	姓氏与水文	唐＋河、王＋海

① 褚亚平，尹钧科，孙冬虎. 地名学基础教程［M］. 北京：测绘出版社，2009：28—165.

（二）不同类型村落地名的景观特征

将所研究的280个村名进行逐一查证，分类统计。结果显示，其中，自然类村名107个，人文类村名139个，结合类村名34个。具体的统计分类情况见表2。

表2　日照市村名分类统计

类型		总数（个）	所占比例（%）	东港区	岚山区	五莲县	莒县
自然类村名	地形	42	15.00	8	2	19	7
	方位	24	8.57	0	0	19	13
	资源	22	7.86	3	1	12	6
	水文	19	6.79	5	2	3	8
	小计	107	38.22	16	5	53	34
人文类村名	姓氏	95	33.93	12	3	36	35
	建筑	28	10.00	6	1	11	8
	意愿	16	5.71	2	2	10	3
	小计	139	49.64	20	6	57	46
结合类村名	姓氏与地形	16	5.71	4	1	8	5
	姓氏与方位	8	2.86	3	0	5	5
	水文与方位	7	2.50	1	0	5	2
	姓氏与水文	3	1.07	0	1	1	2
	小计	34	12.14	8	2	19	14
总计		280	100	44	13	129	94

由表1和表2可知，研究对象中人文类村名所占比例最高，达到49.64%，说明在区域地名形成发展过程中，人文要素影响力度相对较强。所研究村名中，自然类村名占38.22%，体现了自然要素在村庄命名中的基础性作用。结合类村名占所研究村庄的12.14%，其显示了村庄命名的多元性、复杂性特征。

1. 自然类村名

（1）地形与地名

日照市地处鲁东丘陵区，境内地势中部高，四周低。由表2可知，在统计的107个自然类村名中，有42个村名与地形相关，占自然类村名比例最大，达到39.25%。这充分反映了当地山地、丘陵、平原相间分布，以山地丘陵为主体的复杂多样地形条件对村落命名的直接影响。由表1可知，日照地形村名通用字主要有岭、峰、山、顶、台、沟、石等。例如："平台"因村北有岭且岭顶平坦而得名平台；"青山顶"因村有山脊又高于村东的小青山而得名青山顶①。

（2）方位与地名

中国自古就有"山南水北谓之阳""山河以东谓之左，山河以西谓之右""高为上，低为下"等表示方位的原则②。方位村名的产生多源于村庄与道路、河流等地理事物接近，以其作为参照物，把方位词与这些实体结合形成村名，既指明了村子的相对位置，又增强了方位感；还有根据两地的相对位置命名的村名，并且由于村庄的不断扩大和延伸，当之前的村名满足不了其需求的时候，也常会在原有的村名上添加方位词语，更准确地描述村子的特征。由表2可知，在统计的107个自然类村名中，有24个村名与方位相关，占自然类村名的22.43%，在山地丘陵为主的地区，以方位命名，方便记忆和辨识村庄间的相对位置。由表1可知，方位村名通用字主要有上、下、前、后、东、西、南、北等。例如："南店"明初郭氏迁此安庄之南经营客店，故名南店；"西村"在修水库时大庄部分居民迁此，因处当地牛家村西侧，故而取名西村③。

（3）资源与地名

日照市自然资源丰富，村落的命名也有一部分与资源相关，这里主要指土壤资源、动植物资源、海洋资源以及矿产资源。由表2可知，在统计的107个自然类村名中，有22个村名与资源相关，占自然类村名的20.56%，其映射出局地丰富的自然资源对村落形成和发展的影响。由表1可知，资源村名通用字主要有林、果、金、

---

① 冯永忠，孙月恒.山东省地名志［M］. 山东：山东省地图出版社，1999：1066—1115.

② 褚亚平，尹钧科，孙冬虎. 地名学基础教程［M］. 北京：测绘出版社，2009：28—165.

③ 同①.

茶、茅、桑、菜、榆等。例如："桑园"宋代建村，因多桑树得名桑园；"大茅庄"清末建村，以村处多茅草而取名大茅庄[①]。

（4）水文与地名

河流影响着人类聚落的形成，人类早期的经济社会活动往往是在临水的地方。日照市境内有付疃河、两城河、绣针河、巨峰河、龙王河等8条河流，河流受地形、地势影响显著，山溪性河流源短流浅，水系多树枝状，自西向东注入黄海[②]。由表2可知，在统计的107个自然类村名中，有19个村名与水文相关，占自然类村名的17.76%，体现了当地河流众多，村民傍水而居的生活特点。由表1可知，水文村名通用字主要有海、河、峪、泉、湖等。例如："东海峪"因地处海边而名东海峪；"潮河"明初于潮白河北岸立村，以河得名[③]。

2. 人文类村名

（1）姓氏与地名

以姓氏命名是最常见的命名方式，其姓氏多指建村人的姓氏，有时也指当地望族的姓氏。以姓氏命名，透露出中国古代宗法社会背景下的家族情况、移民情况、价值观念、民间风俗等诸多文化信息。由表2可知，在统计的139个人文类村名中，有95个村名与姓氏相关，占人文类村名的68.35%，反映了氏族宗群在区域社会经济发展的地位和作用比较显著。由表1可知，姓氏村名通用字主要有张、王、安、李、高、杜、杨等。例如："安庄"明初安姓建村，故名安庄；"高家村"明朝洪武年间高姓住此建村，故名高家村[④]。

（2）建筑与地名

建筑是一定地区文化特色和时代背景的体现。为纪念建筑物存在的意义或方便记忆地理位置，按照聚落附近的建筑物来给村落取名的命名方式十分常见。由表2可知，在统计的139个人文类村名中，有28个村名与建筑相关，占人文类村名的20.14%，在一定程度上反映了当地建筑文化历史与特色。由表1可知，建筑村名通

---

① 冯永忠，孙月恒.山东省地名志［M］. 山东：山东省地图出版社，1999：1066—1115.

② 同①.

③ 同①.

④ 同①.

用字主要有楼、台、坛、阁、院、墩、亭、碑、塔、庙、寺、坊等。例如："院上"因在昆山北麓古寺院一侧建村而得名院上；"高阁庄"因在大街南北两头各建了一座阁楼而取名高阁庄[①]。

（3）意愿与地名

无论是战争年代还是和平年代，追求安定、祥和、自由的生活都是人们不变的美好愿望。因此在对村落命名时，不免会把自己的意愿加入其中，便常常可见以吉祥词语、嘉言雅语而入名的地名，这些村名寄托了人们对安乐幸福生活的真心祈求。由表2可知，在统计的139个人文类村名中，有16个村名与意愿相关，占人文类村名的11.51%，表达了人们对安定生活的向往。由表1可知，意愿村名通用字（词）主要有长安、天宝、凤凰、吉祥、翰林、圣旨、仁、安、旺、兴等。例如："大长安坡"取太平吉祥之意故名大长安坡；"安东卫"明洪武十七年置安东卫，以安东方之意，故名安东卫[②]。

3. 结合类村名

（1）姓氏与地形结合类地名

将姓氏与地形结合起来给村落命名便产生了姓氏与地形相结合的村名，此类村名既纪念了建村人的姓氏，又充分体现出当地的地形地貌特征。由表2可知，在统计的34个结合类村名中，有16个村名属于姓氏地形结合类村名，占结合类村名的47.06%，综合体现了地形要素与社区氏族、家族对村庄命名的复合影响。由表1可知，姓氏地形结合村名通用字主要有彭、孙+岭、坪等。例如："彭家岭"由彭氏最初建村，因村处山岭中，取名彭家岭[③]。

（2）姓氏与方位结合类地名

将姓氏与方位词结合起来给村落命名便产生了姓氏与方位相结合的村名，此类村名一般是建村人为了方便记忆自身村落与当地已存在的村庄之间的位置关系或者是表示与各种地理实体之间的相对位置而使用的命名方式。由表2可知，在统计的34个结合类村名中，有8个村名属于姓氏方位结合类村名，占结合类村名的

---

① 冯永忠，孙月恒.山东省地名志［M］. 山东：山东省地图出版社，1999：1066—1115.

② 同①.

③ 同①.

23.53%。由表1可知，姓氏方位结合村名通用字主要有宋、杨+后、西、东等。例如：“宋家路西”明末宋氏因建村大路之西而取名宋家路西①。

（3）水文与方位结合类地名

将河流、湖泊等水文实体与方位词相结合便产生了水文与方位相结合的村名，此类村名不仅可以表明水文实体与村落之间的相对位置，更增强了方向感。由表2可知，在统计的34个结合类村名中，有7个村名属于水文方位结合类村名，占结合类村名的20.59%。由表1可知，水文方位结合村名通用字主要有河+西、北、东等。例如：“西山河”东靠四姑山，山水汇成小河流经村中，故名山河，清乾隆年间立村，因在山河之西取名西山河②。

（4）姓氏与水文结合类地名

将姓氏与水文实体结合起来为村落命名便产生了姓氏与水文相结合的村名，此类村名不仅体现了建村人或村落中名门望族的地位，更表明了当时的水文实体对村落生存和发展的重要性。由表2可知，在统计的34个结合类村名中，有3个村名属于姓氏水文结合类村名，占结合类村名的8.82%。由表1可知，姓氏水文结合村名通用字主要有唐+河、王+海。例如：“王家海屋”由康熙年间王姓建村，因居海边搭屋捕鱼，故名王家海屋③。

三、日照市村落地名景观空间特征

（一）基本原理与研究过程

利用上述分类结果，以日照市现行行政区划图作为底图，村庄所在地的地理坐标为空间点数据，运用GIS中基于核密度估计（KDE）的空间平滑法（Spatial

① 冯永忠，孙月恒.山东省地名志［M］. 山东：山东省地图出版社，1999：1066—1115.

② 同①.

③ 同①.

Smoothing）[①]，得到日照市各类地名核密度分布图，进而从空间可视化与量化角度分析日照市村落地名景观的空间分布特征。

具体方法步骤是：将所研究的280个村庄作为离散点，通过GoodyGIS提取各村所在地的地理坐标并导入ArcGIS中，利用GIS中基于核密度估计（KDE）的空间平滑法（Spatial Smoothing），得到日照市各类地名核密度分布图。

核密度方程的几何意义为：密度分布在每个x_i点中心处最高，向外不断降低，当距离中心达到一定阈值范围（窗口的边缘）处密度为0，见图1。网格中心处的核密度为窗口范围内的密度和：

$$f(x)=\frac{1}{nh^d}\sum_{i=1}^{n}K\left(\frac{x-x_i}{h}\right)$$

这里 $K\left(\frac{x-x_i}{h}\right)$ 为核密度方程，h为阈值，n为阈值范围内的点数，d为数据的维数。

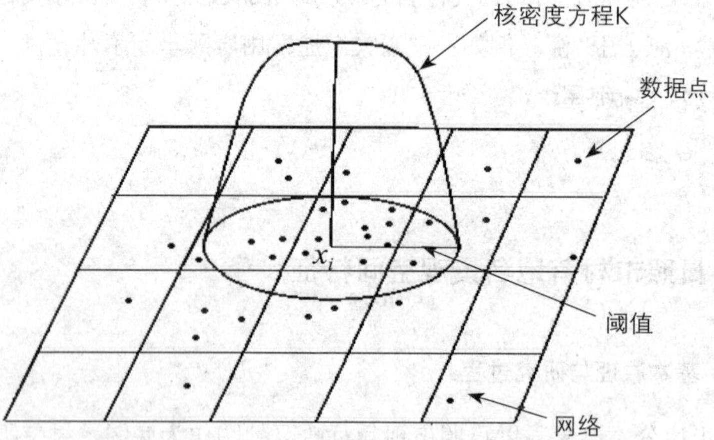

图1　核密度估计
Fig 1　Kernel density estimation

① 陈晨，修春亮，陈伟，等.基于GIS的北京地名文化景观空间分布特征及其成因［J］. 地理科学，2014，34（4）：420—429.

（二）日照市村落地名景观核密度总体空间特征

1. 自然类地名景观空间特征分析

依山傍水、避风向阳是我国古村落选址的重要原则。选择地形类村名和水文类村名研究其景观空间特征。以地形类村名、水文类村名的地理坐标为点数据分别做出核密度分布图（图2）。

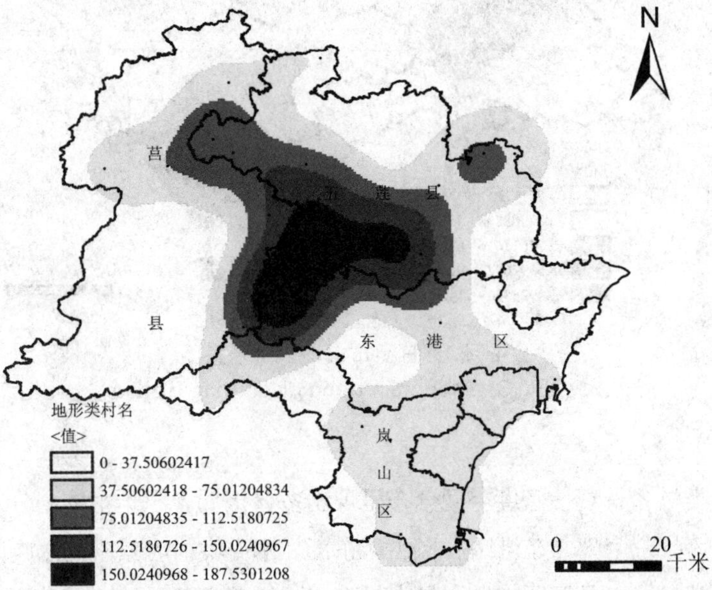

图2　日照市不同类型自然类村名核密度分布

Fig 2　Kernel density distribution of different types of natural village name in Rizhao

由图2可知，日照市地形类村名景观核密度空间分布呈现一核一带格局，主核心位于五莲县中南部、莒县交界地区，沿西北——东南向东港、岚山带状延展。日照市山地丘陵为主体的地形特征使地形成为影响区域村庄命名的最主要自然要素，结合日照市山地大势示意图（图3）可以看出，地形类村名多集中分布于市域中部地势较高的西北——东南向的山地丘陵区域，如红泥崖、鸡山沟、竖旗山、青山顶等村庄。地形类村名延展地带走向与区域地势整体向东南方向倾斜的方向大致一致。

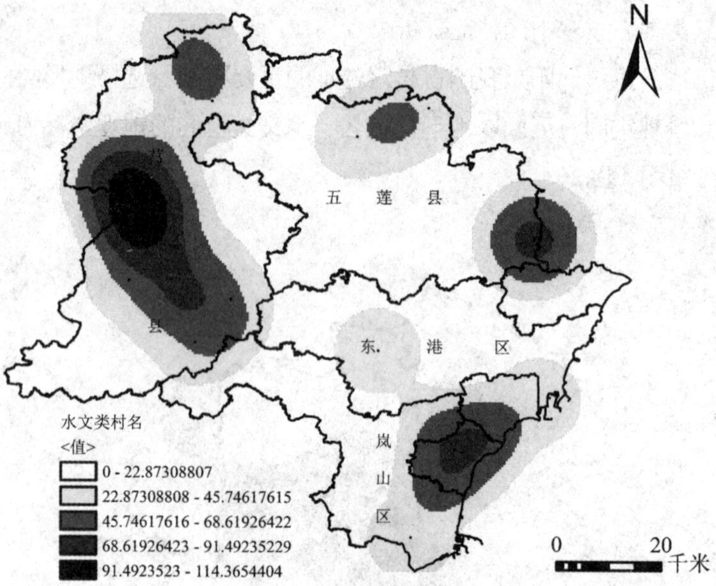

图3　日照市山地大势示意图

Fig 3　Mountain trend diagram in Rizhao

水文类村名景观核密度空间分布呈现出多核格局，三个主核心分别位于莒县西北部、五莲县东南部、东港区和岚山区东部。水文类村名景观的影响因素分为河流和海洋两类。沭河是日照市域内最大的河流，由莒县西北部入境纵流于泰沂山脉、长城岭脉和雪山山脉之间，境内干流长 83.29千米。因此，在其流经的地域，形成全市水文类村落地名最集中的核心。如果从日照市地势中部高四周低、略向东南倾斜的形态特征来看，其河流大多呈放射状由中部地区四方分流，与河流相关的村落地名相对集中分布于中部较高的山地丘陵区外侧，即地形类村名的外围，如坝上、寨里河、潮河、高泽等。从海洋要素出发，东港区和岚山区依托东南部辽阔的海岸线，使得水文类村名集聚，如东海峪、涛雒等。

分析自然类地名景观核密度空间分布图（图4）可以看出，自然类地名景观核密度空间分布呈现出主次核排列格局，即以五莲县中西部为主核心，莒县东北部为次核心并向东港区和岚山区沿海一带扩散。自然类地名景观的空间分布格局是区域自然地理环境格局的反映。

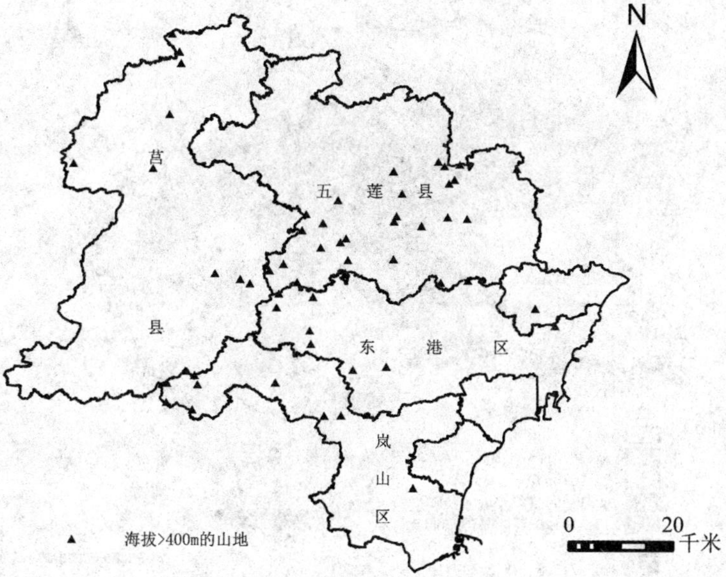

图4 日照市自然类村名核密度分布
Fig 4 Kernel density distribution of natural village name in Rizhao

2. 人文类地名景观空间特征分析

分析人文类村名景观核密度空间分布图（图5）可以看出，人文类地名景观核密度空间分布呈现出多核格局，以莒县南部为核心，五莲县中东部为次核心，莒县北部和岚山区北部相对集中。日照市历史悠久，文化底蕴丰厚，日照先民早在旧石器时代就在这里繁衍生息并保留下许多历史文化遗存。据统计，在20世纪90年代以前，日照地区考证的龙山文化遗址有一百余处，遗址大部分属于"莒县南部群""莒县北部群""东港区东北部群"和"岚山区北部群"四个聚落群[①]。龙山文化遗址的空间分布以"莒县南部群"最为集中，其次是"东港区东北部群""莒县北部群""岚山区北部群"。其空间分布反映了日照在历史文化演化过程，由西向东，由内地向沿海逐步展开的空间态势。而人文类村名的空间景观

① 刘红军.日照地区龙山文化［M］. 济南：山东友谊出版社，2006：1—80.

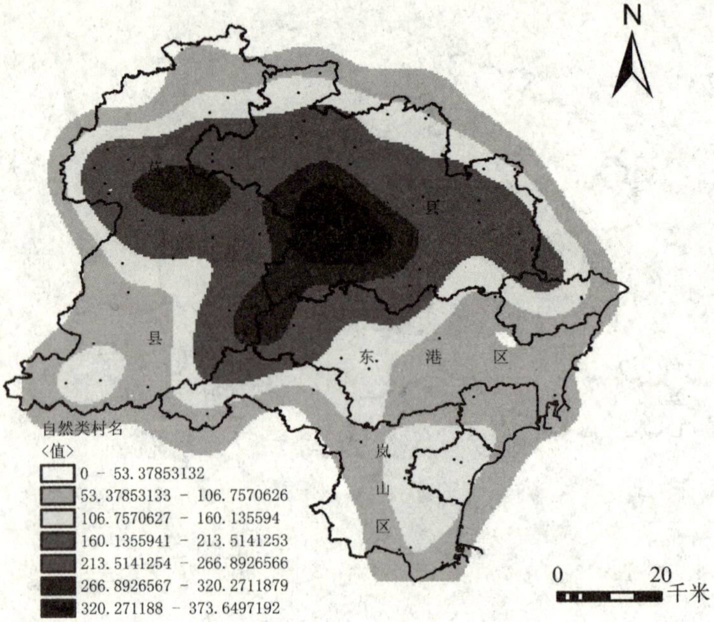

图5 日照市人文类村名核密度分布

Fig 5 Kernel density distribution of human village name in Rizhao

特征与龙山文化遗址在空间上分布高度吻合，说明了社会因素对村落地名的影响之深远。

3. 结合类地名景观空间特征分析

分析结合类村名景观核密度空间分布图（图6）可以看出，结合类地名景观核密度空间分布呈现出一核一带的格局，即以莒县中南部为核心，五莲县西北部、中部和南部小核心连接成带向东港区和岚山区扩散。水文、地形等自然因素与姓氏等人文因素相结合的村名景观，反映了在长期的历史演化中，村落地名空间景观格局受人文要素、自然要素的复合作用。如果说莒县西南部核心主要受历史人文作用影响的话，由五莲中西部向东港区、岚山区的密集地带则反映了在区域地势水文格局控制下村落地名分布由山地丘陵向滨海平原逐渐扩散的态势。

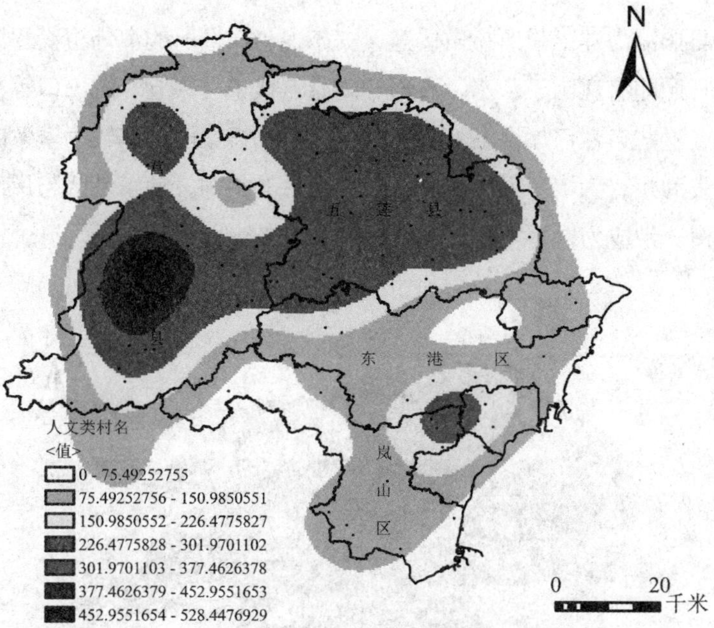

图6 日照市结合类村名核密度分布

Fig 6 Kernel density distribution of combination village name in Rizhao

4. 日照市地名景观核密度空间特征

分析日照市地名景观核密度空间分布图（图7）可以看出，日照市地名景观核密度空间分布呈现出三核格局，即以五莲县中南部、莒县中西部为主核心，东港区和岚山区交界地区为次核心向周围地区扩散。日照市地名景观空间分布格局是自然要素与人文要素空间不均衡的综合体现。

莒县县域地势北高南低，四周环山，沭河北入南出纵贯全境，莒县盆地及沿河平原土层深厚，地势平坦，地下水储量丰富。县城位于中西部的莒县平原，是区域历史文化的主要发源地。因此，自然和人文要素的复合作用形成了以莒县中西部为核心的村落地名景观空间分布特征。五莲县地处鲁东低山丘陵与鲁中南低山丘陵衔接地带，境内有30座海拔500米以上的山峰，群山连绵，中部低山隆起，南北两向倾斜，河流呈放射状四方分流，是潮河、付疃河、沭河等区域主要河流的发源地。山前平地、岭间平地、潮河河谷平原为农业生产和居民生活提供了良好的环境条件。在地形、水文、历史文化等要素综合影响下，形成了五莲县中南部村落地名景观空间分布核心。

明代，日照沿海建卫设所抗击倭寇，安东卫与石臼所的海外贸易逐渐繁荣；清康熙年间，日照即有岚山、荻水、石臼、涛雒、栈子、夹仓、龙王口等七个自然口岸；到清末，这些自然口岸逐渐变为当时区域性物资集散地和较为繁荣的商港；海洋资源的开发利用，为人口发展和村落聚集提供的便利，使东港区与岚山区交界地区的东南沿海一带成为村落地名景观空间聚集的次核心。

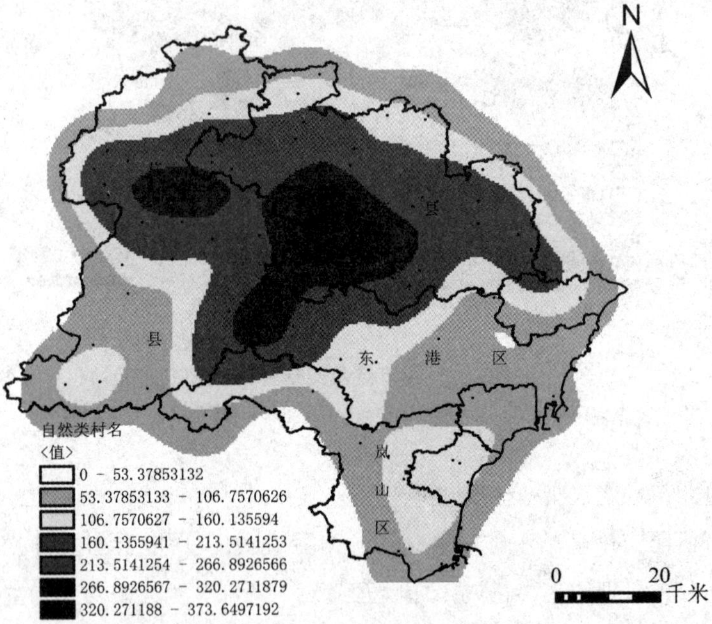

图7　日照市村名核密度分布
Fig 7　Kernel density distribution of village name in Rizhao

四、结论与讨论

研究表明，地名的产生和发展与自然环境、人文地理因素有着不可分割的密切关系。地名景观的空间差异，在很大程度上反映了区域自然和人文要素的地域差异。

首先，自然类村名体现了村庄所在地的自然条件特征，地形是影响区域村庄命名的最主要自然要素，山地丘陵为主体的地形特征在日照村落命名上得到了充分反映；人文类村名是区域人文要素的重要体现，蕴含了日照市区域历史文化特征，姓氏类村庄占绝对优势，反映了在区域发展中姓氏宗群在区域社会文化发展上的显著地位；自然和人文结合类村名是自然条件与人文要素复合影响的结果，结合类村名中，以地形与姓氏结合地名为主，体现了地形条件与姓氏宗群的复合影响。

其次，自然类地名景观在空间上表现为以五莲县中西部为主核心，莒县东北部为次核心并向东港区和岚山区沿海一带扩散，与五莲县和莒县多丘陵山地、境内多河流、东港区和岚山区沿海一带的自然地理特征相吻合；人文类地名景观在空间上形成了以莒县北部、中南部，五莲县中部和岚山区北部为较明显核心的集中区，反映了当地人文历史地域的演化特征；总体上，村落地名景观在空间上集中分布于莒县和五莲县，并向东港区和岚山区扩散，体现了区域自然要素空间态势与人文演化的复合空间形态特征。

根据日照市第二次全国地名普查初步统计，与第一次地名普查比较，截止到2011年，全市约有198个自然村名已经消失。一些具有悠久历史和显著地域特色的村落地名如邵家洼、大花崖东沟、凤凰台等已经消失。因此，建议相关部门采取有效措施，创新体制机制建设，加强对村落地名的保护。本次研究所涉及的地名，仅仅是日照市村落地名的一部分，大量的村落地名由于缺乏深入的考证，不能够明确其村名来源信息。有必要结合地名普查，组织相关专业力量开展广泛的田野调查，充分发掘村落地名的丰富内涵。地名作为世界文化遗产的一部分，是全人类的共同财富。应该站在保护世界文化遗产的高度认识和推进中国地名文化遗产保护工作，进一步提高对乡村地名保护、发掘和研究等相关工作的认识。

参考文献：

[1] 赵荣，王恩涌，张小林，等.人文地理学［M］. 北京：高等教育出版社，2006：257—258.

[2] 王扬.城市地名景观研究——以南京城老城区为例［D］. 南京：南京农业大学，2011：18—22.

[3] В.А.Жучкевич. 普通地名学［M］. 崔志升，译. 北京：高等教育出版

社，1983：3—73.
[4] 孙冬虎.华北平原城镇地名群的发展及其地理分布特征[J]. 地理研究，1990，9（3）：49—56.
[5] 孙冬虎.中国地名学史[M]. 北京：中国环境科学出版社，1997.
[6] 孙冬虎.南海诸岛外来地名的命名背景及其历史影响[J]. 地理研究，2000，19（2）：217—224.
[7] 华林甫.论郦道元《水经注》的地名学贡献[J]. 地理研究，1998，17（2）：193—200.
[8] 华林甫.中国地名学史考论[M]. 北京：社会科学文献出版社，2002.
[9] 华林甫.中国地名学源流[M]. 长沙：湖南人民出版社，2002.
[10] Stephen C Jett. Place-naming，environment，and perception among the Canyon de Chelly Navajo of Arizona[J]. Professional Geographer，1997，49（4）：481—493.
[11] Sandred Karl Inge. English stead-A changeable place-name element in a changing community[J]. Studia Neophilologica，2001，73（2）：164—170.
[12] Gill Graeme. Changing symbols：The renovation of Moscow place names[J]. Russian Review，2005，64（3）：480—503.
[13] 王彬，岳辉.GIS支持的广东地名景观EOF模型分析[J]. 地理科学，2007，27（2）：281—287.
[14] 李亚娟，陈田，王婧，等.中国历史文化名村的时空分布特征及成因[J]. 地理研究，2013，32（8）：1477—1485.
[15] 陈晨，修春亮，陈伟，等.基于GIS的北京地名文化景观空间分布特征及其成因[J]. 地理科学，2014，34（4）：420—429.
[16] 付长良，范晨芳.地名规划概论[M]. 北京：中国社会出版社，2011：179—186.
[17] 刘江伟.地名文化是全人类的共同财富——访中国地名文化遗产保护促进会会长刘保全[N]. 光明日报，2015-04-24（2）.
[18] 胡其峰.保护地名遗产，延续历史文脉——全国地名文化建设研讨会发言摘登[N]. 光明日报，2015-05-29（5）.

[19] 任欢.我国部署地名文化保护工作 [N]. 光明日报，2016-03-23（1）.

[20] 冯永忠，孙月恒.山东省地名志 [M]. 山东：山东省地图出版社，1999：1066—1115.

[21] 单亦灵.五莲县地名文化探究 [M]. 北京：中国文史出版社，2014：177—179.

[22] 褚亚平，尹钧科，孙冬虎.地名学基础教程 [M]. 北京：测绘出版社，2009：28—165.

[23] 孙冬虎.地名史源学概论 [M]. 北京：中国社会出版社，2008：89—97.

[24] 刘保全，杨光浴，谢前明，等.地名调查学概论 [M]. 北京：中国社会出版社，2009：13—35.

[25] 刘红军.日照地区龙山文化 [M]. 济南：山东友谊出版社，2006：1—80.

烟台地名的方言特色

初志伟

摘　要　烟台地处胶东，方言属于胶辽官话。通过从语言学角度进行研究，对“疃”“夼”“埝”等具有烟台地方特色的地名用字进行考察，进一步了解方言词汇的特点和演变轨迹。反映出当地地形地貌，语言风俗和历史文化特色，并对形成这些特色的社会背景进行初步探讨。

关键词　地名特殊用字；烟台方言；疃；夼；埝

作为活跃在口语中的语言符号，地名是活生生的方言教材。根据古代清声母入声字和次浊声母入声字在今天各地的分化规律，山东方言可分为中原官话、冀鲁官话、胶辽官话三大部分。其中，烟台方言属于胶辽官话的一部分。

地名的方言是地名的表层，旨在从语言学角度入手探索地名的语言矿藏，发现地名在语音、语义、修辞方面的特点，通过对地名词汇的研究，进一步了解语言，特别是方言的词汇特点和演变轨迹。地名具有一定稳固性，地名的稳固性造成了语音发展的相对滞后性，地名语音发展的相对滞后性的集中表现就是生僻音多、古读多、异读多、方言音多。这些特殊的地名用字及读音成了汉语音韵研究所依据的独特历史古文献。

关于地名方言用字的探索，早在汉代就已经展开。《尔雅》《说文》《释名》等都有解释，后世的注疏则更为详细。中国历史悠久、地域辽阔，地名不乏具有地方特色的生僻用字及读音。仅以山石水土等常见地形为例，山有“峒”“崮”“峁”“崴”“峪”；石有“碚”“砭”“硖”“砬”“磡”；水有

“汕”“沪”“氿”“滘”“溢”；土有“圳”“埔”“圻”“坻”“垡”等，不胜枚举。

这些生僻用字一般是某地的地名专用字，不为外地人所了解。据古文字学家陈梦家考证，殷墟卜辞中的地名用字有500多个；东汉时期，许慎的《说文解字》收录9353个单字，其中地名专用字800多个；20世纪80年代的《现代汉语词典》收录地名用字也有400多个，占收录总字数的5%。被词典收录的地名用字只是冰山一角，在第一次全国地名普查中，在一个县的地名用字中，字典查不到的竟多达上百个。[①]在2002年实施的《信息技术信息交换用汉字编码字符集第八辅助集》收录的GBK字符集库以外的地名用字2501个，这是在1∶250000国家基本比例尺地形图上选取的。如果依据1∶50000比例尺，估计地名专用字在4000左右，而且在更大比例尺地图上，还要更多。[②]所以说，地名用字的数量之多，至今还没有确切的数字，语言学界、地名学界及政府部门几十年来也没有能够完全掌握。

烟台地名就是特殊地名用字的富矿。烟台境内自然环境复杂，历史上居民迁徙频繁，地名丰富多彩，具有明显的语言特色。

如同北方多“庄”，东北多“屯”，苏北多“墩”，在烟台方言中，“疃”是最为常见的村落地名用字。它不一定体现在地名里，一个村，即使名称里不含疃，亦可称为“××疃”。也就是说，“疃”在烟台地区已经代替“村”字，成为表示村的通名。由于烟台方言中合口呼变为开口呼，没有［u］韵母，所以疃在烟台话中读为［tǎn］，在口语中一般儿化，读为［tǎnr］。

疃亦可写作“畽”，但一般词典没有收录。《现代汉语词典》将其解释为“村庄（多用于地名）”。《汉语方言大词典》进一步指出在冀鲁官话中，大地主的土地可称为“疃”，鲁西南地区一些处于两山之间的平地的村庄也使用“疃”。“疃”为什么会在烟台方言中有村的意思呢?

据推论，“疃”在《说文解字》释为：“禽兽所践处也。”段玉裁注：“兽足蹂地曰厹，其所蹂之处曰疃。”也就是说，“疃”本意指田舍旁禽兽践踏的空地。《诗经·豳风·东山》里有“町疃鹿场，熠耀宵行”的诗句，町疃即指鹿迹，指野

① 李如龙. 地名中的同名异形和同形异名［J］. 地名知识，1986（6）.

② 刘宝全. 慎重处理地名用字，保护地名文化资源［J］. 中国地名，2002（6）.

鹿出没的地方，泛指舍旁畦陇。[①]

西晋张华在《博物志》里描绘了一幅生动的图景：“县多麋兽，十百为群。掘食草根，其处成泥，名曰麋畯。民人随此畯种稻。不耕而获，其收百倍。”意思是说古人耕种方法落后，亦缺乏生产工具，因此跟随结队而过的麋兽，其觅食践踏之处杂草难以滋生，可以开垦为良田。这种被麋兽践踏过的地方就称作“疃”。于是古人学会逐“疃”而居，所费力少而收获良多。后来，“疃”逐渐演变为地名用字，南宋陆游《入蜀记》中就有“每十余里，有村疃数家而已”的说法。

如今，“村”字是表示农村聚落使用最为广泛的通名。然而，收录800多个地名用字的《说文解字》竟然没有收录“村”字，此前的文献中也没有“村”，可见“村”字作为地名用字出现可能不早于东汉，肯定要晚于村的早期形态的出现。据考证，“庐”“丘”“聚”等字在早期承担了表示不同类型的村的含义的功能。《说文解字》虽未收“村”，但收录有“邨”字，释义为“地名，从邑，屯声。”北宋初年徐铉注曰：“今俗作村。”也就是说“邨”是“村”的原型字。至于后期“邨”何以演变为“村”，除含义读音相似外，或许还考虑到了聚落的特征，即有树木生长。树木成为村落的主要标志。

“村”字的广泛使用是在魏晋时期。其分布范围随着华夏文明的传播而扩大，中原王朝，蛮夷地区、番邦属国的聚落都以“村”来代替，不再细分。到了唐代，“村”成为所有野外聚落的统称，跨越了具体名称的时代界限，并进而成为国家基层行政单位，从而赋予了社会制度的意义。

地名是对自然环境的素描，反映了人们对自然环境认识的广度和深度。烟台地形多为山地丘陵，多数河流入海，不会造成洪涝灾害，人们建村时考虑取水方便，故将村庄建在低洼之地。因此形成了颇具特色的“夼”字地名。

夼，从字面上看“大”“川”为“夼”，指“夏季暴雨洪水季节汇聚大水的洼地”。《辞海》《现代汉语词典》《汉语大字典》等工具书也将其解释为“洼地”，并注明常见于山东地名。但根据《牟平县志》《莱阳县志》等地方志书记载，夼的本字或为“圹”，指山谷长广处或两山之间的村名。

清刘书年《刘贵阳说经残稿》：“两山之间谓之峪，峪必有平地，数顷和数十

① 胡承珙. 郭全芝. 毛诗后笺（上）. 黄山书社，1999：712.

顷不等。”据分析，“夼”可能类似于“峪”。华北许多地方称山谷为“峪”，也以“峪”作为地名。但烟台地名不见“峪”字，用“峪”的地方对应的就是“夼”字，二者在地理上也呈现互补分布。

“峪”有山谷之意。根据《音学五书》记载，山谷之谷，虽有“縠”“欲”二音，在古汉语中，“欲”乃正音。字义为山谷，乃峪本字，后繁化加山为峪。苏轼诗曰：“入谷惊密蒙”，自注“谷音浴”。①古代西部民族名“吐谷浑”仍用古音。“欲”“浴”“裕”等字从“谷”得声，可见一斑。

如果将“夼”简单地解释为洼地是不准确的。夼应该是坐落在山谷里或两山之间的平坦的条状地块，而洼地是块状、片状，并且与山区无关。“夼”是烟台山地丘陵面貌的反映。在烟台，用“夼”做地名的村庄绝大多数位于山区，以号称“胶东屋脊”的栖霞为例，全县以“夼”命名的自然村多达80余个，数量位于胶东之首。莱阳、牟平、海阳以“夼”命名的自然村亦不下40个。整个山东半岛带“夼”字的村不下400个。与之形成鲜明对比的是，虽然在口语中“沟夼”并举，但以沟命名的村庄数量要少，或许从一个侧面反映出沟指较小的水道，而较小的水道难以容纳一个村庄。作为大沟的“夼”则可以容纳大小不一的村庄。

埝，亦做墘，水中沙洲、土台和高丘之谓也。《汉语大词典》：埝，方言，连绵的山丘。在烟台地名中专指丘陵、小山岗。“埝”是比较生僻的用字，常被外地人误作为“港”，一般字典均未收录。最早收录“埝”字的是辽代统和十五年（997）《龙龛手鉴》，作者行均和尚为译佛经，先考汉字，遂收26430字，但他对“埝”字音义并不明了，仅载：“埝，胡降反”。民国《牟平县志·方言》载：“丘陵曰埝，亦曰墘，埝墘俱音讲”。《莱阳县志》载：“墘，读如讲，陵名，亦为村名。”

岚，原义为山间雾气，用在地名中指以灌木为主的山林。“岚”的本字应是“峦”，本义是小山。《说文》讲峦：“山小而锐”。因在烟台方言中，古莱母的合口字读作开口，将［luán］读做［lán］，后来口口相传，没有落实成字，人们忘了它本来的意思，误用“岚”字代替。

以“岚”为地名最著名的是莱山区楞岚、埠岚、松岚及辉岚（辉石埠），四

① 顾炎武. 顾炎武全集·音学五书［M］. 上海：上海古籍出版社，2012：855.

地相隔不远，亦称“四岚王”。据清朝道光年间《牟平县志》记载：“王姓散居境内，不胜枚举，其较著者如下四岚，原籍江南，相传宋时，其先世宦游莱州，后徙牟平。散居槾岚、松岚、埠岚、辉岚（今辉石埠）……见文献志者有王淮王维庭等。”民国版《牟平县志》亦有类似记载。

此外，《牟平县志》有“山林曰岚子”的记载，在烟台一些地方志中，也常见“耕地山岚”的说法，都是地名错字的延续。

交通路线与地名的关系十分密切，古代的驿传制度在元代发展为系统的急递铺制度，明清沿用。这在北方留下了三十里铺、四十里铺之类的地名。“堡”读［pù］时与“铺”字相通，意为驿站。如开发区三十里堡，古驿道铺站距皆为10里。当时福山至登州府140里，第一站铺为次兴铺（即十里铺），第二站铺为岗嵛铺，第三站铺为城阴铺。清乾隆年间，城阴铺废，因其距福山城30里，更名三十里堡，沿用至今。莱山区亦有三十里堡，因距牟平县城有三十里而得名。

堡读［pù］或许是北方人演变出的读音。明末张自烈撰《正字通·土部》载：“今边隅有哨堡，堡转音普。”“堡”也读［bǔ］，指高土堆、周围有土墙的居民点，后来也泛指没有围墙的聚落，与黄土高原的地貌相吻合，分布在山西、陕西、甘肃一带，如陕北著名的瓦窑堡。［bǎo］与［bǔ］是文读与白读的区别。“堡”读“补”是存古，钱大昕《十驾斋养新录》称“今北人读堡为补”，他的依据来自唐代李匡乂《资暇集》：“今人呼帽为慕，礼为里，保为补，褒为逋，暴为步，触类甚多，不可悉数。”

地名在流传使用过程中容易产生音变现象。地名中的音变现象大多可用语流音变来解释，就是几个字在连读的过程中，相邻的音素和音节相互影响导致的语音的变化，如儿化、同化、弱化、轻声、合音、变调等，但在书写上没有改变。

一般来说，地名的语音变化与语言的语音变化大体上是一致的，不过也有少数地名的语音有滞后现象，还保留着古音。

烟台有许多“×格庄”，“格”字让人摸不着头脑，实际上源自“家”。家在《广韵》为“古牙切”。其古音为［gā］，在明代官话的语音演变中发生颚化，即发音时舌面前部略向硬腭方向抬起，使辅音带一些［i］的色彩，所以现在读［jiā］。由于语音发展的不平衡性和地名的稳固性，烟台地名里仍然保留了古音的特征，加之在“姓氏+家+庄”的结构中，“家”处于三个音节的中间，经常读轻声，轻声又引起音节弱化读［gē］。逐渐与现代“家”字的读音对不上号。为了反映地名的实际读音，便找同音字来代替。而“格”与“家”同属古见母字，声母相同，因此地名用字随之改变，用同音字“格”来代替，北京、天津、青岛常见的“各庄”“戈庄”和“哥庄”也是这个原因。

以上只是对比较有特色的烟台地名用字进行简单考察。从中可以反映出当地地名命名时的地貌、人口迁移路线、语言风俗的相互影响。这些特殊的地名用字，也是维系早期移民和海外华人乡情的纽带。在语言学上，地名的方言特色反映汉语语音发展的不同历史层次，甚至反映了语音上的民族融合。地名通过文字而记载，通过语言而传播。这些地名特殊用字虽然读音或释义不同于国家制定的标准读音和意义，但是体现了烟台独特的地理文化特点和地域特色。地方在制定相关法律法规时，应通盘考虑，既要加强地名管理工作，做好地名标准化处理，也要兼顾地方特色，弘扬多彩的地名文化。

参考文献：

[1] 王彦. 山东地名中的山东方言 [J]. 民俗研究，2002（2）.

[2] 刘再聪. 村的起源及“村”概念的泛化——立足于唐以前的考察 [J]. 史学月刊，2006（12）.

[3] 罗福腾. “夼”字释义订误 [J]. 辞书研究，1999（6）.

[4] 庞光华. 上古音及相关问题综合研究——以复辅音声母为中心 [M]. 广州：暨南大学出版社，2015.

[5] 齐焕美，于建华. 图说齐鲁地名文化 [M]. 青岛：青岛出版社，2013.

从地名到姓氏——邾国与朱氏

张 栋

摘 要 姓氏文化是中华文化的一个重要组成部分，其起源可以追溯到母系氏族社会。早期，姓与氏区分严格。姓是一种族号，氏是姓的分支。秦汉以后，姓氏逐渐合一。《通志》记载：“秦灭六国，子孙皆为民庶，或以国为姓，或以姓为氏，或以氏为氏，姓氏之失，由此始……兹姓与氏浑为一者也。”不难发现，地名是姓氏重要来源之一。中国姓氏浩多繁杂，因此选择较有代表性的朱氏为个案，阐释邾国是如何演变为朱氏的，总结其演变方式，展现地名的影响力。

关键词 古国；姓氏；邾国；朱氏

古国名称是中国姓氏的重要来源之一，常见者如齐、鲁、宋、吴、魏，生僻者如钟离、莘。山东历史上古国众多，是许多姓氏的发源地。“国”字的含义在汉语中经历了一个复杂的演变过程。总的趋势是从具象到抽象，其涵盖范围也越来越大。现今谈到的古国多是西周以来的诸侯国。

一、“国”的含义简介

当代提到‘国’字，许多人首先联想到的是中国、法国等类似的主权国家概念，但是其最初的含义却并非如此。近代西学东渐以来，“国家”成为英文单词state的中文翻译，“国”也逐渐被赋予同等的含义。但在古汉语中“国”与“家”

的含义有很大的差别。儒家经典《大学》提到：“古之欲明明德于天下者，先治其国；欲治其国者，先齐其家。”[①]这说明先秦时期“国”与“家”确实有分开使用的情形。

“国”字的含义在《说文解字》有明确解释：“国，邦也，从口从或。”段注：“戈部曰，‘或，邦也’。古‘或’‘国’同用。”‘或’，《说文解字》：“邦也，从口、戈以守其一。一，地也。”段注：“盖或、国在周时为古今字。古文只有或字，既乃复制国字……而封建日广，以为凡人所守之或字未足尽之，乃又加口而为国。”《邑部》：“邦，国也。”段注：“《周礼》注曰：‘大曰邦，小曰国’析言之也。许云：‘邦，国也’、‘国，邦也’，统言之也……古者城郭所在曰国、曰邑，而不曰邦。邦之言封也，古邦、封通用。”也就是说“国”最初是指以城池为核心的一片土地，“邦”是指以“国”为中心的封地，后来也用“国”来称呼封地。[②]古汉语的复杂性可见一斑，因此并非所有的先秦文献都遵循这一规律。一般而言，“古国”一般既可以指夏朝之前古老的邦国，也可以指夏商以来的古老国家。[③]

上述说法以夏为界把“古国”分为两个时期。总体而言，“古国”的发展基本上经历了这两个时期，但还可以进行更为细致的划分。即夏以前的邦国，夏商时期的古国，西周以后的诸侯国。夏以前的邦国多不可考，多根据考古发掘的结果进行研究，各类文献记载的主要是夏之后的古国。今山东省内的“古国”也可如此划分。古代山东的土著居民是东夷族群，文化自成体系，学界惯称其为东夷文化。东夷文化主要分布于山东沿海、泰山周围至苏北淮河故道一带，是周王朝之前山东的主体文化。

夏商时期，山东比较著名的古国有蒲姑、奄、莱等。享誉全国的齐与鲁是开始于西周的古国。邾国也是同期的诸侯国。从邾国到朱氏，去邑为朱的过程正是邾国历史的写照。

---

① 朱熹. 四书章句集注［M］. 北京：中华书局出版社，1983：3.

② 丁四新. 先秦哲学探索［M］. 北京：商务印书馆，2015：257.

③ 王震中. 邦国、王国与帝国：先秦国家形态的演进［N］. 河南大学学报（社会科学版），2003（4）：29.

二、郳国君主本姓

根据诸多学者的研究成果，郳国君主与百姓并非同族。郳国的百姓是东夷族群的一支，属于奄族。文献中与郳国有关，且以“郳”为姓氏的人皆为郳国君主。关于郳国百姓的记载却无迹可寻。因此下文主要分析郳国君主姓氏。

“考三郳氏族应分二支：一为三郳人民，一为三郳君主。其土著人民，乃炎帝、神农之后，当时所谓东夷者也。其分封君主，乃黄帝、轩辕之裔，当时所谓华夏者也。邃古之世，震旦神壤，此二大民族并峙对立，黄帝兴而炎帝微，其子孙遂为被统治者，三郳之土著，其一也。黄帝后裔，历唐、虞、三代，类为统治者，三郳之君主，亦其一也”。[①]郳国的民众则是炎帝后裔，在与黄帝的斗争中失败，沦为被统治者。夷与郳娄具有相同的含义，都是炎帝部族的通称。“郳娄为炎帝族名，例与蛮、貊、戎、狄相同，蛮、貊、戎、狄为分名，夷为总名。郳娄与夷一事，故郳娄亦为总名。唐、虞以前，不称蛮、貊、戎、狄，呼为郳娄。唐、虞以下，呼其东方者曰夷，西方曰戎，南方曰蛮，北方曰狄。四夷之名立，郳娄之旧名泯矣。……以各地郳娄之多（指地名），知炎族支派分布之广，更知三郳氏族乃其中一系，非一一皆从邹县迁出。其郳娄一词，乃炎族通称，亦非三郳专有”。[②]根据上述观点，郳国的君主与民众并非同族，君主为黄帝后裔，民众是东夷土著。由于该论断缺乏足够的物证支持，所以准确性也无法确定，而且也没有明确指出郳人姓氏。

上述论断虽然缺乏科学性，但也说明郳人与上古非华夏族群存在千丝万缕的关系。“邹又叫作郳，（《左传》隐公元年）杜注：‘今鲁国邹县’，今山东南境，仍叫作邹县。但是，‘故郳国在黄州黄冈西安东南百二十一里’（《史记·楚世家》正义引《括地志》），即今湖北黄冈”。[③]不同的文献记载存在冲突，导致分析郳人本姓时出现分歧。“所以后人把祝融当做南方集团的代表，也可以说没有错误，不过这所指的是楚，是蛮芈，是夔，是郳等氏族。其他散处各地的氏族并不属

---

① 王献堂. 炎黄氏族文化考［M］. 济南：齐鲁书社，1985：1.

② 王献堂. 炎黄氏族文化考［M］. 济南：齐鲁书社，1985：85.

③ 徐旭生. 中国古史的传说时代［M］. 桂林：广西师范大学出版社，2003：64.

于苗蛮集团”。[①]但考古结果却推翻了上述论断，湖北黄冈的邾国故城年代上限界定为战国时期，远晚于《春秋》的记载。但该论断也并非毫无意义，上述文献表明邾人与楚人有着非常密切的关系，在其他文献里有更为直接的记载。

《大戴礼记·帝系篇》云：“陆终氏娶于鬼方氏，鬼方氏之妹谓之女隤氏，产六子……其五曰安，是为曹姓。”[②]根据《史记·楚世家》记载，陆终是高阳后裔，高阳是黄帝的孙子，因此曹安也是黄帝后裔。《世本·卷四·五帝谱》载：“吴回氏生陆终，陆终娶于鬼方氏之妹，谓之女隤，生子六人……五曰安，是为曹姓……曹姓者，邾是也。”[③]根据《世本》的说法，曹就是邾，邾人是曹安的后人。《世本》云：“陆终产六子其五子曰安，邾即安之后，周武王封其苗裔邾挟为附庸居邾。自安至仪父十二世，进爵称子，是为邾子克。”[④]《春秋释例·氏族谱》：“邾即安之后也，周武王封其苗裔邾挟为附庸，居邾。”[⑤]

《邾公钟》铭文：“陆·之孙，邾公作氒禾钟。”[⑥]王国维先生释“螗”为“螽”，“以声类求之，当是螽字。陆螽即陆终也”。[⑦]铭文的记录是最确凿的证据，是邾国君主本姓曹的有力支撑。尽管“螗”的释读存在不同说法，但邾并非邾国君主本姓应该可以确定。“邾”为地名的可能性更大。

三、“邾”本为地名

要确定“邾”最早是否表示地名，了解“邾”的含义是必要步骤。想了解一个字的含义，就要从该字的源头开始探究。已知最早的“邾”字出现在金文中。金文

---

① 徐旭生. 中国古史的传说时代［M］. 桂林：广西师范大学出版社，2003：66.

② 王聘珍. 大戴礼记解诂［M］. 北京：中华书局，2008：127.

③ 秦嘉谟等辑，宋衷注. 世本八种［M］. 北京：中华书局，2008：4.

④ 王聘珍. 大戴礼记解诂［M］. 北京：中华书局，1983：52.

⑤ 杜预. 春秋释例（十五卷附校勘记二卷）［M］. 聚珍版丛书，清乾隆敕刊本，381.

⑥ 中国社会科学院考古研究所. 殷周金文集成［M］. 北京：中华书局，2007：95.

⑦ 王国维. 观堂林集［M］. 石家庄：河北教育出版社，2003：442.

就是青铜器铭文。

“邾”在金文中有两种字形。较早的写法是“鼄”，是国名，象形结构。古文字研究者认为“鼄”从朱从黽。黽现在写作黾，有表示多足节肢动物的意思。《说文·黽部》：“鼅鼄，鼄蟊也。”段注：“自关而东，赵魏之交谓之鼅鼄，或谓之蠾蝓，蠾蝓者，侏儒语之转也。”[①]“鼅鼄”就是蜘蛛，所以“鼄”当是蜘蛛的意思，是邾人的图腾，后演变为邾人生活地区的代称。比较晚的写法是从朱从邑，也是今“邾”字的直接来源。“朱”为声部，“邑”则是聚落的意思，是地名标志，鄣国、鄫国都属于此类。

其他文献记录也可为之佐证。《春秋释例·氏族谱》：“邾即安之后也，周武王封其苗裔邾挟为附庸，居邾。”[②]《续汉书·郡国志》：“陈有朱邑，盖朱襄之地。”《路史》：“朱襄氏都于朱。”注：“朱或作邾。”《路史》：“武王得曹挟，复封之朱，曰朱娄。”上述文献中多次出现“居邾”“朱邑”“都于朱”等记述，“邾”在周之前已是某一地区的名称。

周代实行分封，周天子把土地赐给功臣、姻亲、帝王后裔，称为诸侯，其占有的地区称为国。“国”在周初成为一级区划的称呼。曹安是上古帝王颛顼后裔，也在受封之列。《通志》载：“邾氏，颛帝元孙陆终第五子曰安，赐姓为曹，其子孙亦以姓为氏。周武王时，封安之苗裔曰邾挟为附庸，居于邾。今兖州仙源东南四十里，古邾城是也。”仙源即今曲阜，是宋代区划名称。邾地在周初的大分封中变成邾国。

因此“邾”字作为地名的历史可谓是源远流长。如果从有成熟文字的商代算起，距今已有三千六百多年。在漫长的历史中，邾又从地名演变为姓氏。

---

① 许慎撰，段玉裁注. 说文解字［M］. 上海：上海古籍出版社，1988：680.

② 王聘珍. 大戴礼记解诂［M］. 北京：中华书局，1983：381.

四、朱姓的诞生

邾国在国君夷父颜的治下达到极盛。《世本》载："侠生非，非生成，成生车辅，车辅生将新，将新生訾父，訾父生夷父。"夷父颜是邾国第七个君主，名颜，字夷父，即邾武公。鲁国君主娶邾武公的女儿为妻，鲁邾两国结为姻亲。鲁国是重要的姬姓诸侯国，与周王同姓。或许两国间的密切关系博得了周天子的好感，夷父彦的次子可以得到封地。《春秋释例·氏族谱》载："夷父颜有功于周，其子友别封为附庸，居郳。"[①]夷父颜立有何种功勋已不可考证，鲁邾联姻应该起到非常大的作用。《世本·氏姓篇》载："邾颜居郳，肥徙郳。"宋衷注曰："邾颜别封小子肥于郳，为小邾子。"[②]小邾国的首个君主存在以上两种不同记载，但年代相同，都是夷父颜时期。

在夷父颜的帮助下，小邾国在诸侯国林立的西周晚期逐渐站稳脚跟。小邾国是从邾国分出来的封地，地位是邾国附庸，并没有爵位。但很多时候，事情就是不可预料。《春秋释例》载："齐桓公请王命，命之。"[③]小邾国的第四任国君郳犁来为求生存，不得不依附齐国，几乎沦为齐国附庸。在上海博物馆收藏的楚竹书中有这样一句："进华孟子以驰于郳廷"，意思是说，齐桓公曾经和自己宠幸的宋国女人孟华子一起，乘车在小邾国境内游玩。总的来说，齐桓公尊王攘夷的政策对小国多少还是有好处的，齐国也曾存邢救卫。郳犁来唯齐国马首是瞻，自然也追随齐国尊王攘夷。由此博得周天子好感，又经齐桓公请命，被周王册封为子爵，得以位列诸侯。

虽然小邾国极力讨好周围大国，但最后还是难以摆脱亡国的命运。《路史》记载："小朱十四世而朱二十有九世灭于楚，封其君为鹿侯。"公元前260年前后，邾国与小邾国被楚国吞并。

《通志》记载："小邾国亦为楚灭，其遗族亦改邾姓为朱。"《元和姓纂》："朱，颛顼之后，周封曹挟于邾，为楚所灭，子孙去'邑'为氏。"右耳旁是

---

① 杜预. 春秋释例（十五卷附校勘记二卷）［M］. 聚珍版丛书，清乾隆敕刊本：458.

② 秦嘉谟等辑，宋衷注. 世本八种［M］. 北京：中华书局，2008：34.

③ 杜预. 春秋释例（十五卷附校勘记二卷）［M］. 聚珍版丛书，清乾隆敕刊本：459.

“邑”字的变形，有国都、城市、土地、国家的意思。两郑遗民去邑为氏，或许以此纪念丢失土地，沦落他乡的经历。

从郑到朱，从地名到姓氏，正是中国地名文化源远流长的一个缩影。对于回不去的家乡，中国人通过各种各样的方式排解浓浓的乡愁。用故乡的名称当姓氏，祖祖辈辈传递下去，足见情深意切。在社会流动性日益加速的今天，更应当把蕴含国人乡愁的传统地名保护好、利用好，为弘扬优秀传统文化添砖加瓦。

参考文献：

[1] 朱熹. 四书章句集注［M］. 北京：中华书局出版社，1983.

[2] 丁四新. 先秦哲学探索［M］. 北京：商务印书馆，2015.

[3] 王震中. 邦国、王国与帝国：先秦国家形态的演进［N］. 河南大学学报（社会科学版），2003（4）.

[4] 王献堂. 炎黄氏族文化考［M］. 济南：齐鲁书社，1985.

[5] 徐旭生. 中国古史的传说时代［M］. 桂林：广西师范大学出版社，2003.

[6] 王聘珍. 大戴礼记解诂［M］. 北京：中华书局，1983.

[7] 秦嘉谟等辑，宋衷注. 世本八种［M］. 北京：中华书局，2008.

[8] 杜预. 春秋释例（十五卷附校勘记二卷）［M］. 聚珍版丛书，清乾隆敕刊本。

[9] 中国社会科学院考古研究所. 殷周金文集成［M］. 北京：中华书局，2007.

[10] 王国维. 观堂林集［M］. 石家庄：河北教育出版社，2003.

[11] 许慎撰，段玉裁注. 说文解字［M］. 上海：上海古籍出版社，1988.

新泰红色地名初探

牛尊先

地名，是具有特定方位、范围的地理实体的专有名称。红色地名，是众多地名门类中的一个重要分支。新泰作为沂蒙山革命根据地的重要组成部分，红色地名精彩纷呈，内涵丰富，是新泰优秀地名文化中的精华。对新泰红色地名进行研究，加以传承，具有重要的现实意义和深远的历史意义。

一、新泰红色地名的形成

新泰红色地名的形成与新泰区域的革命斗争史实密切相关。

新泰地处鲁中山区，是沂蒙山革命根据地的重要组成部分，具有光荣的革命传统。早在1923年，新泰境内就发生了煤矿工人罢工。同年11月，新泰进步青年徐琳就加入了中国社会主义青年团。1926年，境内有了共产党员的活动。1931年8月，新泰第一个中共地下党支部建立。1933年9月，中共新泰县委领导了具有重要影响的龙须崮暴动。抗日战争时期，新泰成为了沂蒙山抗日根据地的重要组成部分。1938年，50余人参加了徂徕山抗日武装起义，500余人参加了八路军山东抗日游击第四支队。抗战初期，新泰一度成了山东抗日指挥中心，中共山东省委、中共苏鲁豫皖边区省委先后在新泰境内驻扎。八年抗战中，新泰军民单独和配合八路军主力部队作战1000余次，攻克日伪据点、碉堡60余处，毙、伤、俘日伪军5000余人。解放战争期间，新泰一度成了中国共产党和国民党反动派进行军事较量的主要战场之一，陈毅率领华东野战军指挥机关两次在新泰境内驻扎，并且在境内的龙廷进行了莱芜和孟良崮战役的前期指挥，新泰境内发生大小战斗上百次。同时，新泰人民在“一切为了前线，一切为了胜利”“砸锅卖铁，支援前线”的口号下，奋勇支前，为中国革命的胜利做出了突出的贡献。

在革命战争年代，新泰境内出现了许许多多的英雄事迹。据1993年4月版《新泰市志》记载，新泰共有革命烈士2016名，这尚不包括在解放战争的腥风血雨中被还乡团等反动武装残酷杀害的数千名村级干部和积极分子。在山东省人民政府公布的全省著名烈士中，新泰籍著名革命烈士共103名，占到了泰安市共计205名的50.5%。新泰大地的许许多多自然实体、行政区域中发生了可歌可泣的英勇战斗，形成了一个又一个蕴含着新泰人民英勇精神和不屈奋斗历程的红色地名，成了新泰人民的宝贵精神财富，也成了新泰地名文化中的瑰宝。

二、新泰红色地名的分类

新泰市红色地名数以千计，根据成因，大体可分为四类。

一是著名革命事件类。

1938年1月1日，中共山东省委以光化寺为集合地点，举行了震起泰山南北的徂徕山抗日武装起义。莲花山在抗日战争时期也曾经举行了莲花山抗日武装起义，一度成了新甫县抗日民主政府所在地。寺岭是八路军山东抗日游击第四支队举行首次抗日伏击战的地点。1938年2月18日，四支队在四槐树桥头伏击日军，用地雷炸毁日军大小汽车各一辆，炸死炸伤日军40余名，其中炸死日军大佐一名。观音堂、老寨山均曾发生过可歌可泣的战斗，老寨山烈士的英勇壮举还曾经被创作为大型画作悬挂于中国革命历史博物馆。这些事件使得这些地名永远具有了鲜红的颜色，形成了一个又一个的红色地名。

二是著名革命人物类。

由新泰革命人物形成的红色地名有育才小学、王克传烈士墓、王芳故居等多个。

赵育才是岳家庄乡冯家村人，著名革命烈士。1945年2月23日，日伪军500余人包围了东堂峪村。当时，村内驻着泰宁县机关工作人员和围山区公所、税务所全体同志。为保存革命力量，县、区机关和民兵组织突围，时任围山区区长的赵育才和通讯员负责掩护。在连续的拼杀中，赵育才身负重伤。他面对冲入院里的敌人，拼死一搏，光荣牺牲。为纪念这位把自己的一生献给革命事业的烈士，刘杜区建立的第一所完全小学被命名为“育才小学”。

王克传是新泰市东都镇西都村人，抗美援朝一等功臣、二级人民英雄。他曾在战役支前中荣立一等功。参加新泰县区武工队后编入县大队，后又编入华东野战军8纵队24团1营1连4班当战士。他在菏泽沙土集战役中立三等功；在开封战役瓦脊屋战斗中立二等功，并评为“战斗模范”。1949年，在淮海战役、渡江战役多次战役中，先后荣立一等功一次、二等功三次、三等功四次。1950年参加抗美援朝战争，英勇作战，多次立功。1952年9月，王克传出席抗美援朝英模大会，被授予“抗美援朝模范班长”“一等功臣”“二级人民英雄”等光荣称号，并荣获朝鲜人民民主主义共和国“军功勋章”。由新泰市人民政府所建的王克传烈士墓，60多年来一直是进行革命英雄主义教育的重要地点。

王芳早年参加抗日活动，1938年2月参加八路军山东抗日游击队四支队，是中国公安战线的卓越领导人，曾任中共中央委员、中央顾问委员会委员、公安部部长、国务委员等职。其故居保留了王芳的部分用具，反映了一位无产阶级革命家的成长过程，吸引了许许多多的各界人士瞻仰。

除此以外，新泰境内还有多处由革命人物形成的红色地名。

三是革命遗址类。

革命遗址类地名在新泰境内有数百处。2015年12月，由中共新泰市委书记担任编审委员会主任、中共新泰市委党史委主编的《新泰革命遗址纵览》，收编了新泰重要的革命遗址158处，其他遗址21处。实际上，仅抗日战争期间，新泰境内就发生大小战斗1000余次，形成的战斗遗址数以千计。这些革命遗址已经成了具有特定意义的红色地名。

四是特殊地名类。

新泰红色地名中还有一类特殊的地名，这类地名是由于新泰人的英勇事迹在新泰境外形成的红色地名。1933年9月5日，中共新泰县委率领60余人，携枪40余支，在龙须崮举行了暴动。龙须崮上竖起红旗，回荡着“打土豪，分田地”“打倒旧政府，建立苏维埃”的响亮口号，在山东全省的革命史上产生了重要影响，龙须崮也成了重要的红色地名。“李干山”也是因新泰人的英勇事迹在新泰境外形成的又一个著名的红色地名。李干是新泰市翟镇董家庄村人。他参加人民解放军以后，作战勇猛，屡立战功。1946年7月9日在淄博天台山阻击战中腿部受伤后，时任华东野战军第八纵队排长的李干命令战士们掩护地方机关和群众转移，自己全身绑好手榴弹，勇猛地冲向敌群壮烈牺牲。为弘扬李干烈士的英勇精神，李干所在排被命名为“英雄李干排”，成了华东野战军第八纵队的一支战功赫赫的英雄集体，李干英勇牺牲的天台山更名为“李干山”，从此，李干山成为一个激励千千万万的人民勇往直前的红色地名。

三、新泰红色地名的现状

新泰境内有中共活动的90多年的历史证明，红色文化已深深地扎根于新泰大地。

在中共新泰地方组织的重视下，新泰为弘扬红色地名文化作了大量卓有成效的工作，形成了丰富多彩的地名文化。与红色地名联系在一起的，是独具特色的新泰红色地名文化，有红色地名本身承载的地名文化，有红色地名歌谣、红色地名诗文、红色地名故事等。早在1943年9月20日进行的平顶山战斗后，就形成了《攻克玉皇山》的民歌广泛传唱。新泰人还先后出版了《税卡》《老寨山的彩虹》《莲花山上英雄歌》《新泰市革命遗址纵览》等多种新泰红色地名读物。新泰旅游部门推出红色旅游线路，对徂徕山、莲花山、老寨山进行旅游开发。新泰市国税局、新泰市东都镇等分别建立了以红色地名为重要内容的革命传统教育展室。党史部门和各个相关乡（镇街道）为红色革命基地设立标识、竖立纪念碑。据不完全统计，从新中国成立以前一直到目前，境内共设立各种红色地名标志性碑刻200多块。新泰烈士陵园园区占地面积89亩，各类纪念设施完备。该园认真挖掘整理革命史料，积极开展形式多样的宣传教育活动，每年接待前来祭扫的群众达4万余人次，较好地发挥了爱国主义教育基地的作用，已向向民政部申报晋级为“全国重点烈士纪念建筑物保护单位”。

新泰市还积极开展红色地名文化的研究。2009年11月，新泰市红色文化研究会成立，这是山东省县级城市第一个红色文化研究社团，该社团将红色地名研究作为重要研究课题。原中共中央政治局委员、中央军委副主席、国务委员兼国防部长为新泰市红色文化研究会题写会名，曾在新泰浴血奋战的罗荣桓元帅之子担任名誉会长。新泰市红色文化研究会的成立，对于深入发掘和研究新泰红色地名文化，将起到重要促进作用。

四、关于红色地名的保护传承的思考

在新泰市1946平方公里的土地上，有着数以千计的红色地名。新泰红色地名历经战斗的洗礼和岁月的磨炼，默默记载着新泰人民光荣革命历史，见证着新泰党组织从孕育到壮大的历史过程，大大丰富了具有新泰地域特色的靓丽的地名文化风景线。新泰红色地名作为传统与现代之间的连接点，是追忆先烈血脉的绳结，是探寻党史渊源的轻舟，是进行革命传统教育的生动教材。然而，新泰境内也有一些凝聚着红色足迹、红色故事的红色地名，由于种种原因并不为人熟知，甚至淹没在历史长河中，亟待抢救、挖掘、保护和弘扬。因此，不仅要对已知的红色地名进行保护，还要深入发掘和研究在历史上所形成的所有红色地名。

一要领导重视，将红色地名的发掘、保护和研究列入重要议事日程。新泰红色地名，曾经在传承革命精神和弘扬红色文化方面发挥了重要作用，这是各级领导重视的结果。在全面建设经济文化强市的今天，更要高度重视红色地名文化的保护和传承。

二要统一协调，制定规划。红色地名，作为一个个广泛分布的地理实体，既有行政区域的管辖，也有业务管理的属性，需要在各级党委政府的统一领导下，充分发挥组织、宣传、党史、史志、民政、旅游等各个部门的作用。为此，党委政府对本辖区的红色地名要统一协调，制定规划，使各个部门明确职责，形成合力。

三要大力加强红色地名的宣传力度。除了采用各种生动活泼的形式在各种媒体进行大力宣传以外，还要组织出版《新泰红色地名故事》《新泰红色地名歌谣》《新泰市红色地名简介》《新泰红色旅游指南》等多种宣传书籍资料，使全市红色地名的丰富内涵家喻户晓，深入人心。

四要开展红色旅游。新泰红色地名丰富，有着得天独厚的红色旅游资源。要做好结合的文章，把红色地名作为旅游景点的符号，与旅游景点结合起来，引导更多的人重走革命路，感受红色地名，追忆历史，彰显老一辈革命者的丰功伟绩，展现爱国主义的博大精深，彰显红色地名的魅力，寓教于乐，寓教于游，使红色旅游成为革命传统教育的重要内容。

为了把红色资源利用好、红色基因传承好，民政部区划地名司组织启动《红色地名文化保护弘扬规划课题研究》。作为社会组织的中国地名文化遗产保护促进会，也及时召开了“红色地名文化保护弘扬研讨会”，就如何发扬革命传统，保护红色地名进行了深入研讨。国家民政部部长在国务院第二次全国地名普查领导小组召开的加强地名文化保护暨清理整治不规范地名工作视频会议上指出：地名承载着人类文明发展的历史，是国家和民族历史的见证、文化的记忆、情感的寄托。习近平总书记2016年7月1日《在庆祝中国共产党成立95周年大会上的讲话》中要求：“全国广大青年要深刻了解近代以来中国人民和中华民族不懈奋斗的光荣历史和伟大历程。”我们要积极响应党中央的号召，大力弘扬红色地名文化，传承革命精神，使红色地名灵魂代代相传。

徂徕山抗日武装起义集合地——徂徕山光化寺

胶莱河名的历史含义

陶瑞法

胶莱河，位于胶东半岛泰沂山脉与昆俞山脉之间，干流全长130公里，分北胶莱河和南胶莱河两部分，其分水岭位于平度市万家镇姚家至窝铺段。其中，南胶莱河长30公里，在姚家村东与北胶莱河分水，向东南流经平度、高密、胶州，注入胶州湾；北胶莱河流经平度、高密、昌邑三市交界，自南姚家向西北流经万家、崔家集、明村、马戈庄、新河等镇，至莱州市海仓口注入莱州湾。北胶莱河长100公里，其中在平度境内就有77公里，与平度可谓关系密切。现存史料最早记载胶莱河泛滥成灾，给平度造成灾害是清咸丰四年（1854年），在此之前还没有胶莱河溃移的记录，因此谚语称胶莱河是“铜帮铁底老胶河”。

据《明史·河渠志五》记载：“胶莱河，在平度州东南，胶州东北。源出高密县，分南北流。南流自胶州麻湾口入海，北流经平度州至掖县海仓口入海。”实际上，《明史》所说胶莱河在“平度州东南、胶州东北”应该指的是南胶莱河，真正流经平度的主要是北胶莱河，其准确方位应该是平度的西南至西北。南胶莱河在吴家口入胶州境，在平度流经区域很少。元至元十七年（1280年），姚演献议开胶莱运河，得到元世祖同意，委派山东东西道宣慰使阿巴赤督率“益都、淄莱、宁海兵万人开河”。到至元十九年，终于把胶莱水道打通。“凿地三百余里，起胶西县东陈村海口，西北达胶河，出海仓口，谓之胶莱新河”。胶莱河，盖因胶州（胶州湾）和莱州（莱州湾）首字得名，这一名称的使用很可能始于元代开通南北胶莱水道之时。

事实上，胶莱河之名的由来没有这么简单，单“胶”与“莱”二字的历史含义就远非胶州（胶州湾）和莱州（莱州湾）所能涵盖。

先说“胶”。《史记·晋世家》：“晋平公元年，伐齐，围临淄，东至胶。”《战国策》卷九：“苏代曰以胶东委燕。”《太平寰宇记》：“胶水县，汉胶东国地。”由这些字眼我们可以看出，“胶”是一个地理名词，指的就是胶水，胶东即胶水之东之意，这一地名早在春秋战国时就有了。至于胶水为何名胶水，东汉桑钦《水经》说：“水色如胶，故曰”。作为胶莱河的前身，郦道元《水经注》具体记载了北魏时胶水自源地到入海的地理名称：“胶水出黔陬县胶山，北过其县西，又北过夷安县东，又过当利县西，北入海。”对应今天的地理名称说就是源出胶南铁橛山，北经胶州、高密、平度、昌邑，至莱州境内，北入渤海。实际上北魏《水经注》所说“胶水出黔陬县”与《明史》记载“胶莱河源出高密县”并不矛盾，历史上的黔陬县就曾属于高密县（郡），而且发源于胶南境内的胶河（在胶州、高密、平度交界的刁家丘入南胶莱河）流经区域也大部分在高密县。“胶水”作为县名，历隋、唐、宋、金、元五朝，至明洪武二十二年始改为平度。胶州之名始于元代。元之前，秦置黔陬县，隋以胶水之名立胶西县，元太祖二十二年置胶州（州治胶西县城）。因此，胶州之名亦来源于胶水之称。

“莱”的称呼就更久远了。据《莱州府志》记载：“莱之开辟以来，夷于唐（尧）虞（舜）三代。”禹把天下分为九州，胶东半岛属青州，称东夷或莱夷。《尚书·禹贡》：“隅夷既略，莱夷作牧。”今莱州境地，商周时为莱国地，汉属东莱郡，直至隋开皇五年（585年）始有莱州之称。

因此，胶莱河之名绝不是胶州（胶州湾）和莱州（莱州湾）首字的简单合写，它承载了太多的历史含义。除春秋战国时“胶水”名载史册外，光“胶莱海运”之争论自元至元十七年（1280年）莱州人姚演建议开胶莱运河，到清雍正二年（1724年）遣内阁大学士何国宗视察胶莱河，永不通竣止，就一直持续了444年。期间，开凿、疏浚胶莱河之事屡议屡罢，工程时上时下，漕运时启时废，可谓一波三折、命运多舛。今天，重开胶莱河，沟通胶州湾与莱州湾的呼声又起，是否可行，牵涉太多，我们拭目以待。

胡缵宗与秦安

安俊维

胡缵宗（1480—1568），字世甫（父），原字孝思，号鸟鼠山人，别号可泉，明代正德三年（1508年）进士，嘉靖年间曾任苏州知府、山东巡抚等职，是明代中期著名的学者、诗人、书法家。他曾主持或亲自编纂过方志类、文选类书籍数十种，著有《鸟鼠山人集》《雍音》《唐雅》《秦安志》等。文学方面，胡缵宗的名气没有李梦阳等前七子大，但也是文学复古运动的重要成员。书法方面，擅长颜体楷书，墨迹甚多，观者有口皆碑。笔者试就其与秦安有关的地名进行梳理和探究。

胡缵宗画像
（现代，仿照原画绘制）

一、秦安县

甘肃秦安位于天水市北部、渭河以北，历史上曾属于陇西郡、天水郡、略阳县、成纪县、显亲县等管辖。公元1150年，金天德二年（南宋绍兴20年）始设秦安县。自此，作为县级行政区域，秦安县的地名一直沿用下来，直到今天。

秦安县是胡缵宗的故乡，是他少年读书、青年结婚、中年丁忧、晚年著述和憩游的地方。关于他的籍贯，很多文献中的记载是错误的，如明清之际学者钱谦益《列朝诗集小传》《明清进士题名碑录索引》（上海古籍出版社1980年版）等。《明清进士题名碑录索引》载：胡缵宗，陕西泰安人，正德三年进士（1730页）。这主要是由于传写或刻印中的文字错误造成的，将“秦安”传为“泰安”。此为

“亥豕鲁鱼”之谬。虽大家学者，亦难免百密一疏。1990年，毛西旁在《文献》杂志撰文《胡缵宗当为秦安人》，罗列出了记载错误的文献。目前，胡缵宗为甘肃秦安人已是学界共识，再无异议。

胡缵宗常用的钤印有“可泉”“胡世父氏”“鸟鼠山人”等。胡缵宗字世甫，而印章刻的是“世父”，“父”应是“甫”的通假字。“鸟鼠山人”与“可泉”是胡缵宗的号。鸟鼠山在今天的渭源县境内，在明代属于巩昌府，而秦安县也属于巩昌府。还有，胡缵宗题写书法时，落款经常是“天水胡缵宗”。天水在明代称为“秦州”，也属于巩昌府管辖，现在是中国历史文化名城。之所以冠以“天水”而非“秦安”，是因为天水的地域范围更大些。可以看出胡缵宗的气魄很大，视野很开阔，活动半径也很大。当然秦安作为他的家乡，是他人生中重要的节点。据笔者统计，他在故乡秦安总共居住生活了约42年时间。而他享年共81岁，所以他在故乡度过了人生的一多半时间。

嘉靖壬辰（1532年）夏四月，胡缵宗在山西右布政使任上，其父胡士济病故。于是他回乡丁忧，在秦安生活了3年。胡缵宗丁忧期间，以秦安县城为中心做过一些短期旅行，对附近的山川风物进一步实地考察，这为他写作《秦安志》打下了很好的基础。这期间，他完成了《秦安志》，这是秦安县历史上第一部县志。可以说，胡缵宗是秦安方志事业的奠基人。此外，他还作有《秦邑赋》，并留下了大量歌咏秦安风物的诗歌。如今，故乡人用砖雕的形式全文展示了《秦邑赋》。登临凤山，望山川相缪，读先贤赋文，使人发思古之幽情。

二、多士坊（胡家巷）

秦安县的多士坊（胡家巷）是一条古坊巷，是胡缵宗家族聚族而居的地方。胡家巷东临学巷，沿学巷可到秦安文庙。秦安文庙大成殿是明代建筑，现在保存完好。从秦安文庙的规制可以看出明清两代本地文教的昌盛。据秦安史地学者王广林考证，明弘治、正德间，秦安人成文林、胡缵宗、丁继文先后中举，陕西按察副使兼督学杨一清说：“秦邑将多士矣。”多士坊取名盖源于此。

在胡缵宗生活的时代，这里居住有胡缵宗的叔伯昆弟、孙述先（举人）、李元

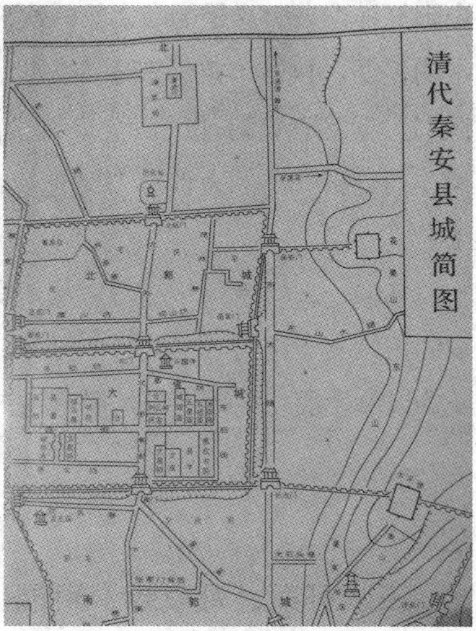

芳（举人，曾任蓬莱同知）。明末清初还有路坦然（曾任延平知府）、路道庸（书法家）父子。可见，多士坊人才济济，名不虚传。

至于多士坊为什么又称胡家巷，大概是因为这里是胡家聚族而居的地方。胡缵宗的高祖胡钺从甘肃漳县迁徙到秦安县。曾祖是胡海。祖父胡琏，以国子监生任河北南皮知县。父亲胡士济也担任过四川的知县。胡缵宗是秦邑胡氏第五代孙。由于胡缵宗在秦安县的名气很大，其家族名人辈出，所以本地的老百姓将多士坊俗称为“胡家巷”。

胡缵宗就出生在胡家巷里，他在这里接受了诗礼之家的最初的文学启蒙和文化熏陶。胡家巷的祖宅则一直有后裔居住，延续到21世纪初。21世纪初，由于旧城改造，胡家巷北端的民居被拆除，修建了钢筋混凝土的居民楼。胡缵宗祖宅中明清时的古建筑已经毁圮不存，有部分栋梁、柱子、门窗等建筑构件被本地百姓拆除后重新利用上了。和胡家祖宅对门的是孙述先家。孙述先是胡缵宗的姐夫，也是胡缵宗的老师。他是举人出身，曾任山东登州通判。多士坊中的古民居古建筑多已毁坏，唯有李元芳故居中的南房保存下来，是秦安县保存年代最久的一座古民居建筑。这座房屋是土木结构，面阔五间，进深两间，两栋窗棂多有木刻雕花。它见证了这里的繁荣，也送走了旧时王谢。

在秦安县博物馆收藏有“多士坊”的木质牌匾，是万历丙午年（1606年）重修多士坊时制作的，采用的字是胡缵宗生前题写的。

多士坊匾额图片

1489—1495年，胡缵宗兄弟随父在成都、资阳等地读书。这是胡缵宗第一次离开家乡。在陇蜀途中的见闻无疑开阔了这位少年的视野。1495年祖母李孺人去世，他们随父回到家乡。之后的5年时间里，在家读书。据笔者走访胡氏后裔，这个阶段胡缵宗很可能是在多士坊和可泉寺之间走读。而且秦安民间有他读书时走夜路的传说。两地的距离约3里，步行20分钟就到了。

1502—1504年秋，胡缵宗从西安回来，依旧在家读书。1503年，24岁的他和16岁的王姓女子结婚。二人感情很好。胡缵宗在国子监读书时生活窘迫，王氏常典当配饰以解燃眉。胡缵宗对她很感激。

三、可泉、可泉寺、可园

1. 可泉

可泉在今秦安城南长山下，流经村坪沟，横贯邢泉村。胡缵宗曾作《可泉诗》《可泉歌》，称赞山泉"可之""可浸""可薮"，故名可泉。所以说，胡缵宗是可泉的命名人，或者更名人。就像唐代的柳宗元被贬到永州时，曾将当地的冉溪改名为"愚溪"，并作有《八愚诗》《愚溪诗序》。不过，当年柳宗元是愤懑的、自嘲的，而胡缵宗则是喜悦的，"申申如也，夭夭如也"。

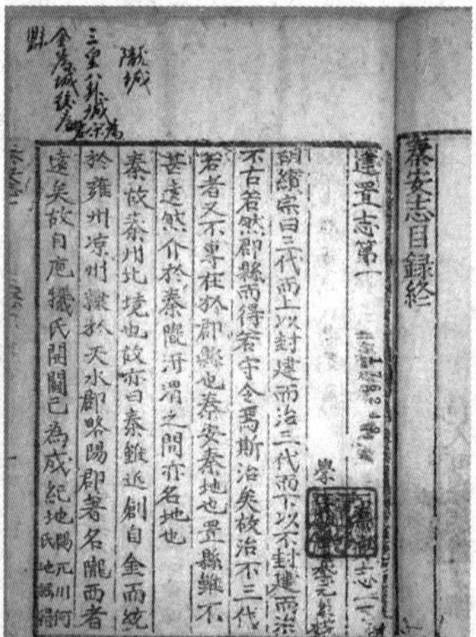
秦安志目録終
建置志第一
胡纘宗曰三代而上以封建而治三代而下以不封建而治
不古若然郡縣而得若守令焉斯治矣故治不三代
若者又不專在於郡縣也秦安秦地也置縣雖不
甚遠然介於秦隴汧渭之間亦名地也
秦故秦州北境也故亦曰秦雖延創自金而統
於鞏州涼州隸於天水郡略陽郡著名隴西者
遠矣故自庖犧氏開闢已為成紀地

甘肃省图书馆藏《秦安县志》

《可泉歌》中有一句"上有三窟焕如台，下有七穴灿如斗"。三台俗称滴檐水，指可泉三处悬檐滴水，七穴即七处泉源，有老虎穴、炕眼门等泉水。现在，本地的百姓一般用"邢泉"来统称这些泉水，或者用滴檐水、老虎穴等分开指称。可泉作为泉水的名称，只存在于史志或个别读书人口中。

胡缵宗将自己的作品集称为《鸟鼠山人集》。笔者认为，之所以称为《鸟鼠山人集》而不称为《可泉集》，是因为鸟鼠山在《尚书·禹贡》和《山海经》等古籍中都有记载，名气比可泉要大得多。《鸟鼠山人集》的书名既增加了古朴苍茫的气息，也可以让作品更加广泛地流传。

2. 可泉寺

可泉寺为胡缵宗幼年读书所在地。他晚年辞官又寓居于此，著书立说，并雇佣刻工刻印书籍。可泉寺的始建年代待考。早在明正德时已为城南名寺，见之于名人题咏。可泉寺南依长山，东南有一脉清流。寺内庭院主殿前有石塔，塔上有石佛，下有清流。寺内古木萧萧，寺外林果飘香，屋舍井然。

胡缵宗60岁时告老还乡，属于正常退休。古代官员退休称作“致仕”。他的晚年生活主要是著述、课农（监督农事）。明嘉靖三十三年（1554年），胡缵宗《鸟鼠山人集》在秦安刻印出版，为甘肃省见于记载的最早私家刻本。

陇溪九逸图

刻印过胡缵宗书籍的清渭草堂在哪儿？笔者认为应在明代的巩昌府治，今定西市陇西县。那么鸟鼠山房又在哪儿呢？笔者采访了史志学者王广林、胡喜成、李雁彬等人，都不能确定具体位置。笔者认为鸟鼠山房应在秦安，似不在城区多士坊，因为多士坊比较富庶，而“草堂”“山房”一般比较简陋，在城郊，如汉末的南阳卧龙岗、唐代的杜甫草堂，都在城郊。又因为除了多士坊和可泉寺—可园，史籍上没有注明胡缵宗别的住处，那么极有可能在可泉寺—可园（可泉寺与可园位置相近，故笔者连在一起写）。

除了上文所说的著述、课农，他也有悠然的放松时刻。从他还乡的1540年中秋开始，他会和孙述先等八位老年士绅在四时佳节集会一次。他们相约在每年元夕（元宵节）、上巳（农历三月初三日）、端午、中元（中秋）、重九（重阳节）、长至（冬至），修禊雅会，号称“陇溪九逸”。仿若《兰亭集序》中所记载王羲之等人那样流觞曲水、畅叙幽情。胡缵宗《陇溪九逸图序》记载：“皤首皓皓，野服翩翩，登皋呼鹿，策石探泉”“或寿以诗，或借以歌”“抱膝长吟，击琅浩歌”，享受快乐的退休生活。

3. 可园

除了广袤的山野林泉，营建园林也是中国文人的一种传统。胡缵宗曾任苏州知府。据王世贞《艺苑卮言》卷七记载：“胡孝思（胡缵宗）才敏风流，公暇，多游行湖山园亭间，从诸名士一觞一咏，题墨淋漓，遍于壁石。”这足以见他对园林的喜爱。

在明代，修建园林为一时之风气。在16～18世纪，苏州有园林200余处，保存尚好的有数十处，如拙政园、留园、网师园和环秀山庄等。它们构筑精致、意境深远，体现了中国文人士大夫的审美意趣和诗意栖居的追求。这种时代风尚，自然也影响到了胡缵宗。他在城南修筑了可园、鸟鼠山房，或读书，或盘桓，或写字，优哉游哉。

可园在可泉寺以南。明清两代，县内名门望族多在此处修建别墅。清乾隆时著名学者、秦安知县牛运震有“侯氏园中月明夜，可泉亭畔读书时”的诗句。明代可园的面貌已不可知晓。能知晓的是具体的位置和大概的面积大小，即现在的可泉书画院，还有历代的沿革。后来到了清代，这里是杨于果的非能园。杨于果（1750—1817年），字硕亭，号审岩，秦安县人，著有《史汉笺论》4卷，《审岩斋诗文集》8卷。杨于果老年辞归故里后，常在此游憩。到了民国，这里又被王友曾买下，建为可园。20世纪50年代，可园连同附近的高家花园被毁。

虽然几经易主，遭遇曲折，可是可园原址依然有迹可循。邢泉村的村民和胡缵宗的后代为了纪念胡缵宗，于20世纪90年代修建了胡缵宗纪念馆。纪念馆位于可泉书画院内。馆中陈列展示有胡缵宗父亲胡世济的墓碑、胡缵宗早朝诗拓片、影印画像、《陇溪九逸图》复制品、胡缵宗著作、书法、匾额楹联等。

胡缵宗纪念馆，周流了400多年以后，又以它最初的主人来命名。寄托了秦安人对以胡缵宗为代表的乡贤、名人的崇敬之情。他的官声、书法、著作、诗歌等影响了后辈学子，为我们留下了很多物质和文化遗产。可谓流惠桑梓。

四、秦安景观

胡缵宗在《秦安志》中有“八观十二咏”的记述，“八观”为陇溪春色、锁峡秋光、兴国梵宫、九龙湫窟、陇首晓耕、高峰晚眺、墨土嘉禾、古庙奇槐，“十二咏”为陇坻盘云、莲花屯玉、九龙挺秀、七星献奇、黉宫柏盖、龙峪稻香、印台云锁、玉钟石蕴、可泉膏沃、海子潆洄、陇川九曲、阳崖五出，展示了古成纪独具特色的文化景观。他所命名的景观中有的牵涉到地名。这些地名多半流传至今，体现出秦安在地名上的继承性和延续性。文化景观是开展全域旅游的重要资源。可泉先生的景观命名是秦安旅游业的无形资产。

在这20处景观中，牵涉到地名并继续使用的9处是——

兴国梵宫　指兴国寺，胡缵宗题有“兴国寺”和“般若”两块木匾，今只存“般若”匾。

九龙湫窟　据现存于中山乡九龙庙的元代碑文记载，某次地震之后，在九龙庙附近，涌出一眼清泉，为九龙山圣母之湫泉，称九龙湫。

锁峡秋光　指秦安县城兴国盆地以北的锁子峡。

陇坻盘云　陇坻是指关山西麓，现在位于天水市张家川县境内。

莲花屯玉　莲花指县域东北的莲花镇。莲花镇因有莲花山而得名。

九龙挺秀　九龙山即中山梁，属大陇山支脉，是秦安县的主山，“秦在万山中，九龙之秀崛然起，蔚然集，有不与众山同者，钟灵孕秀，人以归是山焉。”（《秦安志·山水》）

七星献奇　七星指县城东北的七星台，也称“杨家坪”。

玉钟石蕴景观

玉钟石蕴　玉钟指安伏镇玉钟峡。

可泉膏沃　可泉前文已述。可泉水可灌溉城南菜圃，是当时唯一川水地。

胡缵宗一生的经历是很丰富的，读书、仕宦、研习书法、著书立说、吟诗作赋，活得充实而自在。在他身上较为集中地体现出儒家知识分子“学而优则仕，仕而优则学”“达则兼济天下，穷则独善其身”的精神。他的一生也有坎坷，70岁时被陷害（召回京城受杖刑），甚至有些屈辱和窝囊，但是他很达观。《中庸》讲“君子素其位而行，不愿乎其外。素富贵，行乎富贵；素贫贱，行乎贫贱；素夷狄，行乎夷狄；素患难，行乎患难。君子无入而不自得焉！？”这种乐天知命的精神在胡翁身上也有体现。祸福吉凶，操之在我，我自著述、吟哦、郊游，乐在其中。

笔者用胡缵宗《可泉》一诗来结束此文：

九龙山半出吾泉，泻金鸣玉到陇川。
茅屋数椽荫梧竹，沙溪一曲抱桑田。
秋芹郁郁擎朝露，春韭离离驻夕烟。
引鹿时寻发源处，三台七斗自渊玄。

北京市通州区胡同地名初步研究

聂珊珊

摘　要　本文根据通州区地名志、当代行政地图以及其他书籍材料，整理出北京市通州区城区与村落的定名与分类，并从城区定名和村落定名两个角度进行分析和研究。通州区地名与通州早期文化融合、历史事件、生活风俗、宗教信仰等方面密切相关，本文从多个角度探究北京市通州区地名的历史文化价值。

关键词　北京；通州；地名

引言

我国历史悠久，在这片土地上生活着56个民族，各地的自然条件不同，人文环境自然也就不同。地名就像历史的载体，记录着一个民族的前进或衰落，表现着不同区域的自然与人文，有着不能替代的历史价值和社会价值。[①]北京作为首都，又是一座历史古城，文化底蕴深厚。通州区的地名所蕴含的历史文化信息，是北京地名文化不可或缺的组成部分。通过研究通州区的胡同地名，可以更好地发掘北京深厚的历史文化。

北京市通州区位于北京市的东南部，是京杭大运河的北端，北京市东西长安街延长线的东端，“据唐代墓志铭载，此地北齐时即为潞县治，名曰潞城，渔阳郡

---

① 胡阿祥.《徐霞客游记》中的地名记述与研究［J］. 南京大学学报（哲学人文社会科学）1998（4）：61.

治亦在此，唐曾置玄州治在此。金天德三年（1151年）设州治，取‘漕运通济’之义命名通州，明洪武撤潞城而入通州，潞城之名从此消失。”[①]因为通州为军事要冲，又是漕运的终点，因而有不少胡同。下面对胡同的地名展开研究。

一、因人物而得名

这里的人物还可以作细分，一是指代一群人在某处聚居并以其中大部分人的姓氏定名，如沈家胡同，因为沈家大户最早来此定居而定名[②]，北史家胡同因清代史姓来此定居而定名。[③]同理还有毛家胡同、常家胡同、白家胡同等。二是因为纪念某个人的突出贡献或事迹而以他（她）的名字定名，如赵登禹大街，北起东关大街，南至江米店北口，因缅怀抗日将领赵登禹将军命名，原名东关大街。[④]

二、因已经消失或依然存在的地标性建筑而得名

地标性建筑，大多是公共活动场所，是某一区域的人们常去的耳熟能详的知名度很高的地方，是某一区域的地理标志，人们对它们很熟悉，虽然这些建筑因为某种原因或某个事件，被拆毁或者转移了，但人们依然习惯用它们的名字来标识周边区域，既是一种习惯性表达，也是对消失的建筑的怀念与回忆。地标性建筑，例如寺观、衙署、学校贡院、宫殿、王府、坛庙等，反映旧时通州风貌的多个侧面。

1. 反映了通州百姓传统的宗教信仰。通州有很多带有“寺”“庙”“庵”“观”等宗教色彩的街巷名称，如以道教宫观命名的三官庙胡同、悟仙观胡

① 通县地名志编辑委员会. 北京市通县地名志［M］. 北京：北京出版社，1990：15.

② 通县地名志编辑委员会. 北京市通县地名志［M］. 北京：北京出版社，1990：35.

③ 通县地名志编辑委员会. 北京市通县地名志［M］. 北京：北京出版社，1990：46.

④ 王彬、徐秀珊. 北京地名典［M］. 北京：中国文联出版社，2001：591.

同；以佛教寺庙命名的水月庵胡同、武定庵胡同、华严寺胡同、弥陀庵胡同、周仓庵胡同、莲花寺胡同、静安寺胡同等；伊斯兰教系统的清真寺胡同，以及以供奉行业神的监斋寺命名的监斋寺胡同等。其中最为典型的如清真寺胡同，因为元代的清真寺就在此，明代正德、万历时候都有翻修，而随着时间越来越久，交通越来越便利，很多周围的回民都聚集于清真寺旁，一起礼拜和生活，现在已经是京东著名清真寺之一。[①]张家湾镇也有一座明代时修建的清真寺，体现了伊斯兰教在通州的传播历史。还有东、西塔胡同，因靠近燃灯佛舍利塔为名。燃灯佛舍利塔在南北朝后期北周时始修，后在辽、明、清代都重修过，1979年成为北京市重点保护单位，是通州八景之一，名称为“古塔凌云”[②]。监斋庙因清代乾隆《通州志》记载，此地曾建有监斋庙（今已不存），所供之神为厨师、瓦匠的祖师爷，二行业每逢年节至此拜祖而得名[③]。堂子胡同因为满族人信奉萨满教，在该地建有堂子，立杆祭天而得名。

2. 反映了通州的民族融合历史。历史上在北京建都的少数民族政权有辽、金、元等，都与通州本地的文化进行着碰撞和交融，如回族、满族等22个民族，其中回族约占3%，满族占0.1%。回族人在通州的生活中最为常见，人数最多，并始终保有自己的民族特色。回族在通州的历史悠久，可以追溯到元代，据《元史》载：“通州皮货所，提领一员，大使一员，副使一员，用从九品印。延佑六年置”“通州甲匠提举司，秩正六品，达鲁花赤、提举、同提举、副提举各一员。”[④]他们通常聚族而居，在通州农村有不少回族聚集点，如于家务回民乡、张家湾镇回民村等，“元代在通州屯田，回民继人通州城、于家务定居，伊斯兰教伴随回族民众而传人县城。”[⑤]而且他们还有相当活跃的贸易活动，如在回民胡同设牛羊肉交易市场，卖牛羊肉和相关制品；享誉北京的清真特色大顺斋糕点最初也是在通州的回民胡同卖糖火烧发家，后来逐渐生意旺盛，在通州几乎与稻香村齐名；同样在回民胡同中

① 通县地名志编辑委员会. 北京市通县地名志［M］. 北京：北京出版社，1990：39.

② 通县地名志编辑委员会. 北京市通县地名志［M］. 北京：北京出版社，1990：372.

③ 通县地名志编辑委员会. 北京市通县地名志［M］. 北京：北京出版社，1990：51.

④ 宋濂，等. 元史　卷八十五志第三十五百官一　卷九十志第四十百官六.

⑤ 通州区地方志编纂委员会. 通县志. 北京：北京出版社，2003：599.

的小楼饭店从清末就开张，现在依然是通州最知名的饭店之一，因为清真特色菜而闻名。回民这些生意从明朝开始经营，直到现在通州区还有去回民胡同附近买牛羊肉、买回民特色糕点、吃特色回族饭菜的习惯。通州也留下了满汉民族文化交融的痕迹。满族有个习俗，即贵族死后要建坟并有人看守，通州有些地名与此相关，如穆家坟村因清代一穆姓皇亲死后葬在这个地方（至今仍有两座汉白玉石碑埋于地下）而名；桂家坟村因是清朝皇亲桂胜、桂太墓地而名。除了回族、满族这两个主要的少数民族外，通州还有与其他民族融合的痕迹，比如“海”在蒙语里有湖泊的意思，通州区位于燃灯佛舍利塔以西的西海子公园的名字就带有这一特点。

3. 反映通州区的文化教育发展情况。如清代用作乡试而得名的贡院胡同[①]，明永乐年间在此设都察院，清康熙十八年（1679年）三河大地震中都察院塌毁，后改建成试院[②]。位于贡院之南而得名的贡院前街；前、后射圃胡同位于大成街之南，因清时为射箭比武考取武状元之地，曾有东文（贡院）西武（射圃）之说。其后渐成街巷而名射圃胡同[③]。女师胡同因为1915年2月创办京兆女子师范学校，形成街巷后得名；大成街因为元大德二年（1298年）在该地建儒学、文庙，依孔子封号“大成至圣文宣王”得名[④]等。

4. 反映通州的衙署机构设置情况。以此命名的地名为人们回顾历史提供了资料。如通州卫胡同因为明建文四年（1402年）燕王朱棣置通州卫于此（卫为明代军队编制，属都司率领，隶五军都督府），形成街巷后依卫所而得名。同理还有神武卫胡同，因为燕王朱棣（1400年）置神武中卫于此而得名；大寺胡同因为靖嘉寺，俗称大寺，明初曾置僧正司于内而得名；司空分署街因为明代曾设有工部分署衙门，且西侧拱门上有刻“司空分署街”字样的石匾额（传为明朝宰相严嵩

① 通县地名志编辑委员会. 北京市通县地名志［M］. 北京：北京出版社，1990：49.

② 师毅，王文慧，包纪波，等. 北京科举地理金榜题名的历史遗迹［M］. 北京：世界知识出版社，2015：230.

③ 师毅，王文慧，包纪波，等. 北京科举地理、金榜题名的历史遗迹［M］. 北京：世界知识出版社，2015：232.

④ 通县地名志编辑委员会. 北京市通县地名志［M］. 北京：北京出版社，1990：42.

手笔）而得名[①]等。

三、因胡同形状特点而得名

通州胡同的定名也有一些是依据胡同的形状而来的。如半截胡同，因为胡同的西端只到中街，并不通南大街，所以得名；[②]楞棒胡同因为巷道拐了三个弯，看上去像个拐杖而得名；扁担胡同因巷道两端窄、中间宽状如扁担而得名；中街胡同因横穿九条街巷中部而得名；玉带胡同因自东向西中间拐了三个弯状，如玉带飘飘而得名；吉祥胡同因为巷道“形似铫（diào）子（用以烧水的大壶）嘴，故依形状曾名铫子嘴胡同；人们依谐音曾俗称吊死鬼胡同；后因称谓不雅，又与如意胡同相对而得今名等。

四、因行业而得名

通州城区有不少因为行业而得名的胡同，因为漕运的缘故，通州的城市商业十分繁荣。嘉靖二十八年（1549年）的《通州志略》载，通州古城内有专业行业交易的市场，如米市、杂粮市、果市、布缕市、杂货市、柴市、牛市等，“在城酒坊、食店，则处处有之”。有文形容：“街路之上，往来行人及商胡之驱车乘马者，填街溢巷，肩摩毂击，市肆丰侈，杂货云委，处处旗牌，左右罗列。如绒裘、袜、红帽子、书、瓷器、米、谷、羊、猪、葱、白菜等，或聚置床上，或积在路边，车运担负，不可尽数。至如壕堑之深广，城壁之坚致，楼榭台观之壮观，署宇仓社敞之宏大，非如沈阳之比，真畿辅之襟喉，水陆之要会也”[③]。

---

① 通县地名志编辑委员会. 北京市通县地名志［M］. 北京：北京出版社，1990：47.

② 通县地名志编辑委员会. 北京市通县地名志［M］. 北京：北京出版社，1990：31.

③ 李宜显. 陶谷集　第29卷　庚子燕行杂识上. 转注自张慧芝著，天子脚下与殖民阴影：清代直隶地区的城市. 北京：三联书店，2013：155.

因为行业而得名的胡同，如因长期有卖水果的集市而形成的北果子市胡同；因居民多以编织筛子为业而得名的筛子庄胡同；漕运兴盛时，因为鱼类交易市场而得名的鱼市胡同；因为地处旧东门而形成瓷器交易市场的瓷器胡同；因原来在这儿有酿酒厂而得名的大、中、小烧酒胡同，等。

五、因漕运而得名

运河最主要的功能是漕运，运粮路线是“经由现在的卫河，滏阳，滹沱，子牙，大清诸河汇集到当时的海滨，再遵潮白河即潞水，逆流而上到通州”①，然后再运往京城，这样较陆运相比更为节省。因漕运的缘故，通州的不少地名都与之相关。首先便是因漕运所挖的河流，如玉带河，因河道弯曲像玉带而得名。②本来作为漕运通道而开挖的，后来因为堵塞，渐渐不能使用，20世纪80年代明河改为暗沟，玉带河就变成了玉带河大街，下面仍有水流通过，作为排污河道使用。通州如这样的大街并不少，如通惠西路、玉带河东路等。

作为大运河北端最大的码头聚集之处，由辽至清建造了众多仓廒，也衍生了许多地名。“明代通仓有四座，分别是大运西仓（正统间定名），永乐七年建在通州旧城西城垣南段以外，有仓廒1971间；大运中仓，是永乐中设在通州旧城南门内以西，有仓廒703间；大运东仓，设在通州旧城南门内以东，有仓廒205间；大运南仓，天顺四年（1460年）设在通州新城南门

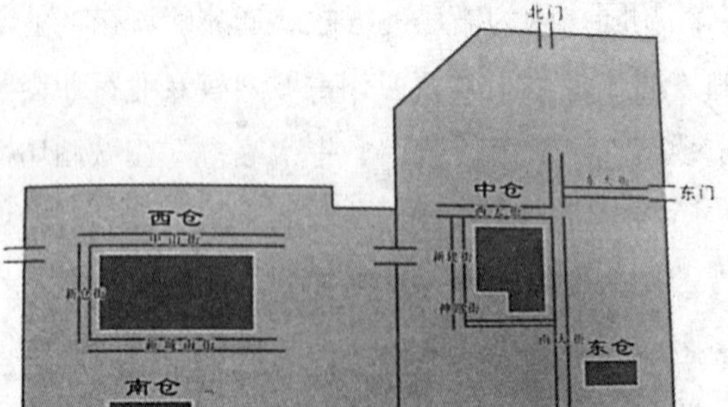

通州清仓分布示意图

① 侯仁之. 北京都市发展过程中的水源问题［N］. 北大学报，1955（1）：147.

② 通县地名志编辑委员会. 北京市通县地名志［M］. 北京：北京出版社，1990：328.

内以西，有仓廒510间。”[①]现东、西仓地名已经不存，只存地名中仓胡同，因邻近中仓而名。因明清时为进西仓西门的仓道而得名的新仓路[②]。比较有趣的是后南仓，因其在大运中仓、东仓、西仓之后建成的，位置又在大运南仓北面，所以得名后南仓[③]；因交粮前在这里晾晒、扬净稻糠而得名的东、西麦芋胡同；因江南各省漕运的糯米（北方称江米）储存、设店而得名的江米店胡同；因挨着北运河，南方大米、北方小麦在此销售，形成粮食交易市场而得名的粮食市胡同等。

因为漕运的历史文化而衍生的民俗文化如花会、庙会、旱船、高跷、拉洋片等更融合了各地民间活动特点。并产生了许多非物质文化遗产保护项目，如通州运河龙灯会、通州运河船工号子、里二泗高跷会、大运河的传说等等。

通过对通州地名的研究，大致可以了解通州城的街巷格局、衙署分布、商业集聚、民众的宗教信仰以及不同民族在这里共同生活和文化交流的景象，研究这些内容从中可以得到如下几个印象：

1. 通州是一个因为运河而形成的城市，漕运使其兴盛。

2. 通州是一个重要的军事要冲，多朝代都派军队驻扎在此。

3. 是一个多民族交融的地区，主要由满、汉、回三个民族共同创造，文化交流而成。

4. 通州是一个有着一定城市规划，商业相对发达的地区。

对于历史地名的文化价值，应当采取一定的措施来保护，如在原有历史地名的地方设立文物标牌，如胡同、村落都标示出其历史地名，也可以简单介绍一下知名历史地名的历史或发生过什么事情。有利于保护通州区历史地名文化，也可以增强通州人民的自豪感和幸福感。

参考文献：

[1] 通县地名志编辑委员会. 北京市通县地名志 [M]. 北京：北京出版社，1990.

---

① 周良，谷建华. 漂来的北京 [A]. 北京：中国书店，2012：71.

② 通县地名志编辑委员会. 北京市通县地名志 [M]. 北京：北京出版社，1990：25.

③ 通县地名志编辑委员会. 北京市通县地名志 [M]. 北京：北京出版社，1990：22.

[2] 孙冬虎. 北京东城区地名的历史文化价值举隅［A］. 北京历史文化保护区文献整理与研究课题［C］. 北京：2006.
[3] 周良，谷建华. 漂来的北京［A］. 北京：中国书店，2012.
[4] 华林甫.中国地名学源流［M］. 长沙：湖南人民出版社，2002.
[5] 侯仁之.北京历史地理［M］. 北京：外语教学与研究出版社，2014.
[6] 中国社会科学院历史研究所，北京民俗博物馆. 漕运文化研究［M］. 北京：学苑出版社，2007.
[8] 王彬，徐秀珊.北京地名典［M］. 北京：中国文联出版社，2001.
[9] 胡阿祥.《徐霞客游记》中的地名记述与研究［J］. 南京大学学报（哲学人文社会科学），1998（4）.
[10] 尹钧科. 北京历代建置沿革［M］. 北京：北京出版社，1994.
[11] 尹钧科，孙东虎. 北京地名研究［M］. 北京：北京燕山出版社，2009.
[12] 尹钧科. 北京郊区村落发展史［M］. 北京：北京大学出版社，2001.

论蜀地地理环境对苏轼人格形成的影响

韩　凯

摘　要　一地的地理环境包括自然环境与人文环境二维度，对当地士子的人格养育往往有潜移默化的直接作用。因而对蜀地地理环境的分析，是探析苏轼人格形成的原因不容忽视的一环。蜀地旖旎多姿的山川景物对苏轼“妙赏”风神及故土怀归情结的形成，重儒多气、萧散风流的人文环境对其君子人格、宦隐情结的形成极为重要。

关键词：蜀地；地理环境；苏轼；人格影响

自然与人文地理环境作为生存生态的重要组成部分，对当地士子主体风神养育的巨大影响，可借用苏轼表述江浙自然风光对当地居民影响的诗句“吴侬生长湖山曲，呼吸湖光饮山绿。不论世外隐君子，佣儿贩妇皆冰玉”[①]说明。

一、 蜀地自然地理环境对苏轼人格形成的影响

苏轼故乡眉州风光旖旎，令人流连。唐人贾岛在《送穆少府知眉州》一诗中评价道，“剑门倚清汉，君昔未曾过。日暮行人少，山深异鸟多。狖啼知峡雨，栈尽到江波。一路白云里，飞泉洒薜萝”[②]，并且眉州多秀山佳水，据笔者统计《太平

① 苏轼. 苏轼诗集［M］. 王文诰，注. 孔凡礼，校. 北京：中华书局，1982.

② 曹学佺. 蜀中名胜记［M］. 王云五. 丛书集成初编本. 上海：商务印书馆，1936：181.

寰宇记》所记，共有多棱山、龙鹤山、鼎鼻山等名山13座，平羌水、洪雅川、鱼凫津等名川13条[①]。秀美的故乡风光及山水美景，钟灵毓秀的蜀地自然环境培育了苏轼以诗意态度品察人生的“妙赏”风神及故土怀归情结。故土山川是其一生难以抹去的眷恋，如《寄黎眉州》中写道“胶西高处望西川，应在孤云落照边。瓦屋寒堆春后雪，峨眉翠扫雨余天”[②]。

冯友兰先生曾对“妙赏”进行定义，“就是对于美的深切的感觉”[③]，苏轼“妙赏”表现在以诗意的态度品察外在世界，呈现出与天地合一，与外世和谐的宏大生命境界。受蜀地秀美山川影响而形成的山川风物之赏，构成了苏轼“妙赏”风神的重要一环。其山川之赏，是一种“与天地合其德，与日月合其明，与四时合其序”[④]的境界，是其物我合一齐物思想的重要外在表现，如《江西一首》中说“江西山水真吾邦，白沙翠竹石底江。舟行十里磨九泷，篙声荦确相舂撞”[⑤]。再如其作于宋哲宗元祐元年（笔者按：本文苏轼诗作系年，从清人王文诰《苏文忠公诗编注集成总案》，巴蜀书社1985年版）《道者院池上作》：

下马逢佳客，携壶傍小池。清风乱荷叶，细雨出鱼儿。井好能冰齿，茶甘不上眉。归途更萧瑟，真个解催诗。[⑥]

此诗以风雨中道者院池景物为妙赏对象，荷叶随风而舞，鱼儿伴雨而出，与天地景物合一的无我之境中，苏轼诗意地栖居在大地之上。

苏轼山川风物之赏中有较多“以静譬动”“以动譬静”的作品，如作于宋仁宗嘉祐五年《鳊鱼》首二句：“晓日照江水，游鱼似玉瓶”[⑦]，以静态“玉瓶”比况动态

---

① 乐史. 太平寰宇记［M］. 王文楚，等点校. 北京：中华书局，2007.

② 苏轼. 苏轼诗集［M］. 王文诰，注. 孔凡礼，校. 北京：中华书局，1982：684.

③ 冯友兰. 论风流［M］. 三松堂学术文集. 北京：北京大学出版社，1984：612.

④ 王弼等注，孔颖达等正义. 周易正义［M］. 十三经注疏. 上海：上海古籍出版社，1997：17.

⑤ 同②：2050.

⑥ 同②：1438.

⑦ 同②：78.

“游鱼”，极言江水澄澈。再如作于宋哲宗元祐六年《再和杨公济梅花十绝》（其五）首二句：“春入西湖到处花，裙腰芳草抱山斜”①，用“抱”字将静态芳草写活，以动譬静，譬喻炼字间显露苏轼对自然万物细致、诗意的体察态度。

蜀地秀美的自然环境是苏轼乡隐情结形成的重要外在因素之一，故土怀归情结时常萦回在其脑海中，成为其重要的潜意识。宋仁宗嘉祐四年，二十四岁的苏轼随父离眉赴京，刚离眉，已有怀乡作品出现，如《初发嘉州》前四句“朝发鼓阗阗，西风猎画旂。故乡飘已远，往意浩无边”②。作于宋徽宗建中靖国元年诗作《过岭二首》（其一）：

暂著南冠不到头，却随北雁与归休。平生不作兔三窟，今古何殊貉一丘。当日无人送临贺，至今有庙祀潮州。剑关西望七千里，乘兴真为玉局游。③

此诗作于苏轼北还过大庾岭时，诗人将乘兴游岭当做成都玉局观之游，登岭遥望故土之关，足见其故土怀归情结，故土眷念于此可见。

值得注意的是，苏轼受蜀地自然环境影响所形成的故土意识，在其仕宦任职中出现了变体——“心乡”情结。心乡便是“此心安处是吾乡”④，反映其坦然达观面对人生失意，随缘而适的旷然风神，如《次韵韶守狄大夫见赠二首》（其一）：“无钱种菜为家业，有病安心是药方”⑤。再如作于宋神宗元丰七年《蒜山松林中可卜居，余欲僦其地，地属金山，故作此诗与金山元长老》：

魏王大瓠无人识，种成何翅实五石。不辞破作两大樽，只忧水浅江湖窄。我材濩落本无用，虚名惊世终何益。东方先生好自誉，伯夷、子路并为一。杜陵布衣老且愚，信口自比契与稷。暮年欲学柳下惠，嗜好酸咸不相入。金山也是不羁人，早岁闻名晚相得。我醉而嬉欲仙去，傍人笑倒山谓实。问我此生何所归，笑指浮休百

---

① 苏轼. 苏轼诗集［M］. 王文诰，注. 孔凡礼，校. 北京：中华书局，1982：1747.

② 同①：6.

③ 同①：2426.

④ 邹同庆，王宗堂. 苏轼词编年校注［M］. 北京：中华书局，2007：579.

⑤ 同①：2407.

年宅。蒜山幸有闲田地，招此无家一房客。[①]

题目点明其“心乡”所在，“蒜山林中可卜居，余欲僦其地”。诗句中多提欲归心乡语义：“问我此生何所归”“招此无家一房客”。而其欲归心乡的原因，在于仕宦浮沉经历，“我材濩落本无用，虚名惊世终何益”，由此可见苏轼“心乡”是其超越功名蹭蹬困境的重要途径。

考察苏轼仕宦经历，密州任时所筑超然台、黄州贬所所筑雪堂、颍州任时所筑择胜亭……，都是“心乡”处所，体现其“此心安处是吾乡”超越仕宦波折浮沉的“玄心”品质，如苏轼谓超然台“南望马耳、常山，出没隐见，若近若远，庶几有隐君子乎？”[②]，谓择胜亭“既濯我缨，亦浣我裳。岂独临水，无适不臧”[③]，谓雪堂“余之此堂，追其远者近之，收其近者内之，求之眉睫之间，是有八荒之趣”[④]。

二、蜀地人文地理环境对苏轼人格的影响

蜀地“文人才士每出，皆表仪一代，领袖百家”[⑤]的人文地理环境，其特点：“‘好文雅’成了巴蜀的传统”[⑥]。对苏轼人格养育也有不容忽视的巨大作用。依笔者之见，“文雅”很好地概括了蜀地道任精神与风流精神合一的人文环境。

蜀地人文环境，自西汉文翁兴学儒教后，“景帝末，为蜀郡守，仁爱好教化，

---

① 邹同庆，王宗堂. 苏轼词编年校注［M］. 北京：中华书局，2007：1277—1278.

② 苏轼. 苏轼文集［M］. 茅维，编. 孔凡礼，校. 北京：中华书局，1986：351.

③ 同②：577.

④ 苏轼. 东坡志林［M］. 朱易安，傅璇琮，等. 全宋笔记：第一编第九册. 郑州：大象出版社，2003：87.

⑤ 何宇度. 益部谈资［M］. 王云五主编丛书集成初编本. 上海：商务印书馆，1936：2.

⑥ 祝尚书. 宋代巴蜀文学通论［M］. 成都：巴蜀书社，2005：2.

见蜀地辟陋，有蛮夷风，文翁欲诱进之。乃选郡县小吏开敏有材者……遣诣京师，受业博士……每出行县，益从学官诸生明经饬行者与俱，使传教令……繇是大化，蜀地学于京师者，比齐鲁焉”[①]，儒家思想一直是当地士人秉持的主流人生态度。儒家“以道自任”的奋励精神，“君子动而世为天下道，行而世为天下法，言而世为天下则”[②]的行事准则，使蜀地士人形成了道任重义的人文传统，如扬雄“少而好学……为人简易佚荡……不汲汲于富贵，不戚戚于贫贱，不修廉隅，以徼名当世。家产不过十金，乏无儋石之储，晏如也。自有大度，非圣哲之书，不好也；非其意，虽富贵，不事也”[③]重义轻利的人生选择，陈子昂“臣闻上有圣君，下得直言，贱臣敢越次冒昧以奏……请为九等税钱以市骡马，差州县富户各为屯主税钱者，以充脚价……臣伏审计便宜，体大非一二状俱尽。陛下若以此奏非虚，或可采者，请勒臣付所司对议得失，然后具条目一一奏闻”[④]直言敢谏的政治气节，李白“此乃猛士奋剑之秋，谋臣运筹之日。夫不拯横流，何以彰圣德；不斩巨猾，无以兴神功”[⑤]匡扶社稷的雄志，俱体现蜀地“刚悍生其方”[⑥]的人文文化环境。

蜀地文化继承发扬儒家道统精神，不觉间滋养苏轼君子人格的形成，突出表现在“以手为口”的笔谏精神。“以手为口”出现在苏轼《游沙湖》：“余戏之曰：‘余以手为口，君以眼为耳，皆一时异人也’”[⑦]。所谓“以手为口”的笔谏精神，指苏轼在其创作中呈现出的以道自任、针砭时弊及特立高洁，不随时移的骨梗浩然之气，如宋神宗元丰三年正月所作《陈季常所蓄〈朱陈村嫁娶图〉二首》（其二）：

---

① 班固撰，唐·颜师古注. 前汉书［M］. 中华书局编四部备要本：第一六册. 北京：中华书局，1989：1191—1192.

② 朱熹. 四书章句集注［M］. 北京：中华书局，2012：38.

③ 扬雄撰，张震泽校注. 扬雄集校注［M］. 上海：上海古籍出版社，1993：406—407.

④ 陈子昂撰，徐鹏校点. 陈子昂集（修订本）［M］. 上海：上海古籍出版社，2013：199.

⑤ 李白撰，王琦注. 李太白全集［M］. 北京：中华书局，1977：1210.

⑥ 乐史. 太平寰宇记［M］. 王文楚，等点校. 北京：中华书局，2007：1461.

⑦ 苏轼. 东坡志林［M］. 朱易安，傅璇琮，等. 全宋笔记：第一编第九册. 郑州：大象出版社，2003：13.

我是朱陈旧使君，劝农曾入杏花村。而今风物那堪画，县吏催租夜打门。[①]

虽名为题画诗，然由题画起兴，直指王安石新政中“青苗”诸法侵夺民利处，直言对新法不满之情，针砭时弊。

再如宋哲宗元祐六年三月所作《和林子中待制》：

两翁留滞各皤然，人笑迂疏老更坚。共把鹅儿一樽酒，相逢卵色五湖天。江边遗爱啼斑白，海上先声入管弦。早晚渊明赋归去，浩歌长啸老斜川。[②]

面对元祐年间党争乱局及其“积以论事，为当轴者所恨”的政治处境，苏轼并未选择随流合污的政治态度，而是坚守自己的高洁之志，“迂疏老更坚”明言与旧党执政主流不合作的坚定意向。以“陶潜”自况，“归去”“老斜川”之愿寄托着其对旧党执政者不务江山社稷而唯事党争内斗的不满之情。

苏轼“以手为口”的笔谏精神，集中体现着儒家君子人格中刚健自砺的一面，“夙夜强学以待问，怀忠信以待举，力行以待取，其自立有如此者”，“儒有可亲而不可劫也，可近而不可迫也，可杀而不可辱也。其居处不淫，其饮食不溽，其过失可微辨而不可面数也，其刚毅有如此者”[③]。蜀僧祖秀曾赞美苏轼高尚的政治人格：“夫子之道，为后稷、伊尹，可以致其君于尧、汤。时议将加之于斧钺，而夫子尤讽于典章，海表之迁，如还故乡。”[④]

论述蜀地人文环境对苏轼人格的影响，风流精神是不容忽视的一维。蜀地士人在“山不高而秀，水不深而清，列眉通衢，平直广衍，夹以槐柳，绿阴翳

---

① 苏轼. 苏轼诗集［M］. 王文诰，注. 孔凡礼，校. 北京：中华书局，1982：1030—1031.

② 同①：1763.

③ 郑玄注，孔颖达等正义. 礼记正义［M］. 上海古籍出版社. 十三经注疏. 上海：上海古籍出版社，1997：1668，1669.

④ 释晓莹. 云卧纪谈［M］. 朱易安，傅璇琮，等. 全宋笔记：第五编第二册. 郑州：大象出版社，2012：6.

然”[①]的自然美景陶冶下，形成了萧散自由的主体风骨及美学追求。寒暑四季，春发冬藏，在蜀人的生活世界里，都可以成为其欢会游赏的对象，“尔乃其俗，迎春送腊，百金之家，千金之公，乾池泄澳，观鱼于江。若其吉日嘉会，期于送春之阴，迎夏之阳……厥女作歌，是以其声呼吟靖领，激呦喝啾，户音六成，行夏低徊，胥徒入冥”[②]。蜀人旧有“赏梅节”，“亭之上曰芳华楼，前后植梅甚多。故事，腊月赏梅于此”[③]；有踏青习俗，“眉之东门十数里，有山曰蟆颐，山上有亭榭松竹，山下临大江。每正月八日，士女相与游嬉饮酒于其上，谓之踏青也”[④]；有蚕市，“蜀人衣食常苦艰，蜀人游乐不知还。千人耕种万人食，一年辛苦一春闲”[⑤]。在萧散风神影响下，释、道二教在蜀地极为繁盛，“仙宫佛院，成都颇盛……殿宇廊庑，华丽高敞。观如元天、云台，寺如昭觉、金像、净居、净因、金沙，庙如昭烈，宫如青羊，俱不减两都规模，足供游眺”[⑥]。

蜀地浪漫萧散的人文环境使散逸放朗的生命状态成为苏轼仕宦追求目标之一，促成了其宦隐情结的产生。苏轼宦隐情结，是其生命自适渗透作用功名意识的产物，体现苏轼应对仕、隐二端矛盾的自觉调适，反映其新型生活态度，追求“隐吏”境界，《六月二十七日望湖楼醉书五绝》（其五）：“未成小隐聊中隐，可得长闲胜暂闲”[⑦]。作于宋神宗熙宁八年十一月《和张子野见寄三绝句·过旧游》：

前生我已到杭州，到处长如到旧游。更欲洞霄为隐吏，一庵闲地且相留。[⑧]

欲为隐吏而“一庵闲地且相留”，体现受功名意识影响的苏轼对生命“闲地”的向往与追求。

---

① 曹学佺. 蜀中名胜记［M］. 王云五. 丛书集成初编本. 上海：商务印书馆，1936：184.

② 扬雄撰，张震泽校注. 扬雄集校注［M］. 上海：上海古籍出版社，1993：35.

③ 田锡撰，罗国威校点. 咸平集［M］. 成都：巴蜀书社，2008：837.

④ 苏轼. 苏轼诗集［M］. 王文诰，注. 孔凡礼，校. 北京：中华书局，1982：161.

⑤ 同④：162—163.

⑥ 何宇度. 益部谈资［M］. 王云五主编丛书集成初编本. 上海：商务印书馆，1936：20.

⑦ 同④：341.

⑧ 同④：652.

隐吏境界首先是志性自然，偷闲疏懒的境界，反映生命萧散风神对功名追求的渗透及改造。如作于宋神宗元丰八年十二月《次韵答李端叔》：

若人如马亦如班，笑履壶头出玉关。已入西羌度沙碛，又从东海看涛山。识君小异千人里，慰我长思十载间。西省邻居时邂逅，相逢有味是偷闲。①

此诗作于苏轼以礼部郎中还朝期间，“西省邻居时邂逅”二句，及其同为元丰八年还朝后所作《次韵穆父舍人再赠之什》“凤池故事同机务，火急开樽及尚闲”②，都反映出入直西省后的苏轼内心对闲逸安恬生活的向往与追求，“偷闲”“及尚闲”反映苏轼融合功名意识与生命自适的宦隐选择。

其次，隐吏境界是政治自保，全身避害的境界，是苏轼面对仕宦风波自觉应对之策。其作于宋神宗元丰八年十一月二日后《次韵王定国得颍倅二首》（其二）：

滔滔四海我知津，每愧先生植杖芸。自少多言晚闻道，从今闭口不论文。滟翻白兽樽中酒，归煮青泥坊底芹。要识老僧无尽处，床头牛蚁不曾闻。③

阔别京师长达十五年的苏轼（笔者按：苏轼自宋神宗熙宁四年（公元1071年）七月离京至宋神宗元丰八年（公元1085年）十二月抵京，期间虽有熙宁十年短暂还京，因仅止于京郊，未能入都门，故笔者认为其仍在野，非严格意义上还京）面对即将进入的权利中心——西省，并未在此诗中展现出大鹏得以展翅，致君尧舜之志有望实现的欣喜激动之情，反而“自少多言晚闻道，从今闭口不论文”，欲过滟翻樽酒、归煮青芹的官居闲适生活，不难看出苏轼建立在政治自保意识基础上的宦隐追求。

相比自然环境的相对稳定性，区域人文环境往往随着时局变动，思想潮流演变等等因素而变化调整。但由于蜀地独特的封闭式边隅地理位置，加之古代交通不

---

① 苏轼. 苏轼诗集［M］. 王文诰，注. 孔凡礼，校. 北京：中华书局，1982：1408.

② 同①：1407.

③ 同①：1394—1395.

便，前蜀、后蜀政权对文化重视等因素，蜀地人文环境在五代普沦衰鄙之气中遗然独立，保留着身上的前代正脉血液，如苏轼在《眉州远景楼记》所评语“吾州之俗，有近古者三。其士大夫贵经术而重氏族，其民尊吏而畏法，其农夫合耦以相助。盖有三代、汉、唐之遗风，而他郡之所莫及也”①，呈现出独特的“孤岛文化”（笔者所言“孤岛文化”，指文化萧条时期，相对封闭的区域由于地理环境因素的影响，保留并传承着前代文化的余脉，该地士子在衰鄙猥颓的时代背景下，独守刚健自砺，风流逸散风骨的独特现象）。受此孤岛文化影响，宋代蜀地人文继续呈现着骨直自砺的道任精神与萧散逸兴的风流精神相融合的特点。

祝尚书先生指出：“两宋蜀人多直臣、诤臣”②，田锡颇具代表性，直言谏诤、关心国事、建言献策，如他在《上太宗答诏论边事》中写道“臣之颛愚，岂足上副宸衷；臣之狂直，敢不罄尽鄙怀……若陛下省罢塔庙之费耗，回充军旅之赏给，则孰不革其怨心，孰不致其死力”③。田锡对苏轼有直接影响，苏轼曾评其政治风节：“呜呼，田公，古之遗直也……而田公之言，常若有不测之忧，近在朝夕者，何哉？古之君子，必忧治世而危明主”④。蜀人原先萧野自任的风流精神同样未随五代乱世而消泯，在宋朝延续，“郫邑屋极盛，家家有流水修竹，而杨氏之居为最”“江水分流入县，滩声聒耳，以故人家悉有流渠修竹，易成幽趣”⑤“蜀中水陆舟车所经，凡有岩石，莫不镌佛像，岂地近西番，前代风气渐染如此”⑥。

① 苏轼. 苏轼文集［M］. 茅维，编. 孔凡礼，校. 北京：中华书局，1986：352.

② 祝尚书. 宋代巴蜀文学通论［M］. 成都：巴蜀书社，2005：523.

③ 田锡撰，罗国威校点. 咸平集［M］. 成都：巴蜀书社，2008：4—6.

④ 同①：317.

⑤ 范成大. 吴船录［M］. 顾宏义，李文校. 宋代日记丛编. 上海：上海书店出版社，2013：837，840.

⑥ 何宇度. 益部谈资［M］. 王云五主编丛书集成初编本. 上海：商务印书馆，1936：10.

三、结论

综上所述，可以在一定程度上讲，蜀地环境对苏轼人格养育影响极深。自然环境对其“妙赏”风神及乡隐情结的产生具有重要意义，把握苏轼“以手为口”笔谏精神、宦隐情结及诗意品味百态生活的成因，蜀地人文环境是不容忽视的重要方面。另需注意，苏轼之所以形成儒、释、道三家思想融一的天地境界，与蜀地环境有直接关系，其亲近佛禅态度，早在出蜀前已露端倪，“大峨山者，普贤大士道场，西竺僧所称高出五岳，秀甲九州，震旦第一山也。有苏稽渡，故子瞻读书处”①。

参考文献：

[1] 苏轼. 苏轼诗集［M］. 王文诰，注. 孔凡礼，校. 北京：中华书局，1982.
[2] 曹学佺.蜀中名胜记［M］. 王云五. 丛书集成初编本. 上海：商务印书馆，1936.
[3] 乐史. 太平寰宇记［M］. 王文楚，等点校. 北京：中华书局，2007.
[4] 冯友兰. 论风流［M］. 三松堂学术文集. 北京：北京大学出版社，1984.
[5] 王弼等注，孔颖达等正义. 周易正义［M］. 十三经注疏. 上海：上海古籍出版社，1997.
[6] 邹同庆、王宗堂. 苏轼词编年校注［M］. 北京：中华书局，2007.
[7] 苏轼. 苏轼文集［M］. 茅维，编. 孔凡礼，校. 北京：中华书局，1986.
[8] 苏轼. 东坡志林［M］. 朱易安，傅璇琮，等. 全宋笔记：第一编第九册. 郑州：大象出版社，2003.
[9] 何宇度.益部谈资［M］. 王云五主编丛书集成初编本. 上海：商务印书馆，1936.
[10] 祝尚书. 宋代巴蜀文学通论［M］. 成都：巴蜀书社，2005.
[11] 班固撰，唐·颜师古注. 前汉书［M］. 中华书局编四部备要本：第一六册. 北京：中华书局，1989.
[12] 朱熹. 四书章句集注［M］. 北京：中华书局，2012.

---

① 何宇度. 益部谈资［M］. 王云五主编丛书集成初编本. 上海：商务印书馆，1936：4.

[13] 扬雄撰，张震泽校注. 扬雄集校注［M］. 上海：上海古籍出版社，1993.
[14] 陈子昂撰，徐鹏校点. 陈子昂集（修订本）［M］. 上海：上海古籍出版社，2013.
[15] 李白撰，王琦注. 李太白全集［M］. 北京：中华书局，1977.
[16] 郑玄注，孔颖达等正义. 礼记正义［M］. 上海古籍出版社. 十三经注疏. 上海：上海古籍出版社，1997.
[17] 释晓莹.云卧纪谈［M］. 朱易安，傅璇琮，等. 全宋笔记：第五编第二册. 郑州：大象出版社，2012.
[18] 范成大. 吴船录［M］. 顾宏义，李文校. 宋代日记丛编. 上海：上海书店出版社，2013.
[19] 田锡撰，罗国威校点. 咸平集［M］. 成都：巴蜀书社，2008.

滨州市沿黄河“村名”文化浅议

朱　兵　贾金林

摘　要　滨州市地处黄河三角洲尾闾，聚居地的村庄地名就有百余个与黄河有关，以黄河的各种形式命名的村庄跟黄河有着千丝万缕的关系。这些黄河村庄地名，形象生动，多姿多彩，深刻地反映了黄河的历史和文化，值得我们深入发掘、探讨。

关键词　黄河三角洲；沿黄河；村庄命名；地名文化

滨州位于黄河下游、鲁北平原，地处黄河三角洲尾闾，素有“黄河边上最璀璨的明珠”之称。勤劳勇敢的滨州人民依黄河而居，饮黄河水、行黄河堤，在黄河泥沙淤积的土地上劳作，日夜与黄河打交道，因此这里的风俗民情带有浓重的黄河文化色彩，仅聚居地的村庄地名就有百余个与黄河有关，有以黄河决口地点命名者，有以村庄与黄河相处方位命名者，有形容黄河河势形态者，有以抗洪、引黄命名者，等等。这些黄河地名，形象生动，多姿多彩，成为黄河文化的重要组成部分。

一、以黄河决口事件命名

在古代，黄河屡屡在滨州市境域决口，淹稼禾，毁室庐，给人民群众带来了巨大的灾难，所以滨州市以黄河决口事件命名的村庄很多，如李家口、小开河、河溃、陷棣州、姚家口等。据《滨州市地名志》载，现滨城区李家口村原名青龙镇，址在黄河滩内，清咸丰十一年（1861年）黄河在此漫滩决口，村毁田淤。患后，为示黄河曾在此决口，又因李姓村民居多，故将新村命名为李家口。滨城区小开河村，明洪武二年（1369年）立村，清光绪二十七年（1901年）正月初五日，黄河在五甲杨决口后，30余户村民被迫迁徙新址另建新村。新村建成后，为示黄河在此决口，遂定村名为小开河。据《沾化县地名志》载，沾化县河溃村，此处原为荒碱涝洼之地，1922年黄河在利津决口后，此处行水多年，逐渐被淤为良田，为示此处曾是黄河溃决行水之地，立村后命名为河溃。另据《惠民县志》记载，陷棣州原为棣州、厌次故城，始建于唐贞观年间（627—649年），唐朝皇帝曾封其子四人为棣州王，镇守于此。唐太和二年（848年）城被黄河决口冲陷，遂将棣州故城易名为陷棣州。另据《惠民县地名志》载：惠民县姚家口村，据该村《姚氏族谱》记载，姚姓始祖姚龙、姚虎、姚代兄弟三人于明洪武二年（1369年）由河北省枣强县迁至黄河南岸，立村姚家，清光绪十一年（1885年）三月初十晚，黄河桃花汛决，黄河河道南移，姚家遂由居黄河南改居黄河北，次年，黄河在此又决口，村名遂改为姚家口。

二、以与黄河方位命名

滨州市的许多村庄依黄河而立，有居滩内者，有居堤外者，有居堤上者，因此，这些村庄多以与黄河的方位命名，如大堤庄、堤上邵等。据《博兴县地名志》载，博兴县大堤庄，此处原在黄河北岸，清光绪二十四年（1898年）黄河决口淹没北滩，原居住在河北岸的韩家墩、常王庄、辛庄等村民逃到黄河南大堤上建村，因新村位于堤上，故命名为大堤庄。另据《惠民县地名志》载，邵姓始祖邵彦明于明永乐年间（1403—1424年）由河北枣强县迁至黄河大堤下立村，取村名为堤下邵，清雍正八年（1730年），堤下邵村中部分居民，移居堤上以防水患，遂取名堤上邵村。

三、以黄河河势形态命名

黄河三角洲地区系由黄河泥沙淤积而成，土质松软，极易冲刷，黄河在这里时而自西向东流，时而自南而北流，瞬间可冲出一黄土高崖，也可冲出一深潭巨坑，故而一些村庄以黄河河势形态命名，如黄河崖、丁河圈等。阳信县黄河崖村，据《阳信县地名志》载，唐景福二年（893年），黄河从惠民南改道北流，流经阳信南，黄河北徙之后，居民于黄河故道的高崖处立村，定村名为黄河崖村。惠民县丁河圈村，据该村《丁氏族谱》记载，丁姓始祖丁从政在元至元年间（1341—1368年）由河北枣强县迁此，将村建于黄河拐弯处，村周三面环水，故命名为丁河圈村。

四、以抗洪、引黄等除害兴利命名

长期以来，滨州市的人民同黄河洪水进行了顽强的斗争，不断抗击洪水，取得胜利。新中国成立后兴建了一批引黄工程，让黄河为人民造福，因而诞生了一些除害兴利的村名，如姬家沟、引黄崔等。据《滨州市地名志》载，滨城区姬家沟村系明朝前立村，位于黄河畔，初名姬家。清末，为防黄河水患，姬家联络附近二十四村共挖了一条防洪沟，沟在姬家村中穿过，排洪畅通，为防黄河水患起了很大的作用，村名易名为姬家沟。据《惠民县地名志》载，惠民县引黄崔村位于黄河险工处，明成化年间（1465—1487年）立村，原名小崔家，新中国成立后在该村修建了引黄闸一座，开辟了引黄灌区，民甚得利，后将村名易名为引黄崔村。

五、以歌颂大禹命名

今天的滨州市是大禹治水、疏通九河的主战场，大禹治水的传说在这里广为流传，有的村名就是为发扬大禹精神而命名的。据《惠民县地名志》载，惠民县大年陈乡禹王口村，位于黄河北岸，清末黄河经常在此决口，光绪十六年（1890年）黄河在附近刘旺庄决口后，村民发扬大禹治水的拼搏精神，堵复了决口，为激励后人继承大禹精神，遂取禹王口为村名。

六、以黄河典故命名

黄河悠久的历史，产生了很多的典故，许多村庄就是以与黄河有关的典故命名。据《滨州市地名志》载，滨城区饮马庄村，因传赵匡胤下河东时曾在此处黄河边饮马休息，故取村名为饮马庄。据《惠民县地名志》载，惠民县二郎堂村原名西刘村，清末黄河决口，随水漂来一尊二郎神雕像，滞于村内，大水退后，村民集资兴建了一座颇为壮观的庙宇，将二郎神供奉于大殿内，前来烧香祈祷黄河安澜者络绎不绝，村名遂易为二郎堂村。

综上所述，滨州市村名注入了很多的黄河人文因素，是滨州人在长期的与黄河共存共生中产生的，并且这些因素深深地植根于伟大的黄河精神黄河魂，对我们深入了解黄河地名文化必将产生积极的推动作用。

寒亭区疆域村落及人口变迁初探

马学书　张晓丽

摘　要　寒亭区历史源自四五千年前。其疆域有史记载可追溯到夏朝，即属夏代寒国。以后随着朝代的变更而变更。汉代初期属下密县，后属平寿县。两晋、南北朝时，属下密、胶东二县地。隋代属潍水县，由胶东县改置。唐初属寒水县、潍水县，后属北海县。宋代、元代、金代仍属北海县。明初，地域属潍州，明洪武十年降潍州为县，始属潍县，治所潍城。清代仍属潍县，一直延续到1983年撤销潍县，设立寒亭区。

关键词　疆域；村落；人口变迁；区情；乡情；村情

寒亭区境域人口，秦代以前无史籍可考。秦代以后，随经济繁荣或者萧条而多次反复。元代人口降至最低，明代、清代、民国时期人口增长加快，新中国成立后，人口增长迅速。寒亭区总面积789平方公里，主要河流有潍河、白浪河、虞河、浞河、桂河等。地理特点是，中部地理条件优越，人口最多，密度最高；东南部次之；北部人口最稀少。

寒亭区历史悠久，远在四五千年前的原始氏族社会，就有人类在此生息繁衍。1973年，中国科学院考古研究所对里疃乡（现开元街道）鲁家口古遗址进行了发掘。遗址地层叠压关系清晰：第一层为耕土，第二层为战国时代文化层，第三、四层为龙山文化层，第五、六、七层为大汶口文化层。在龙山文化层中，发现10座房屋遗迹，出土鼎、鬶、罐、樽、壶、杯、盘等许多陶器；在大汶口文化层中，出土了石刀、石斧、石铲、石矛、石纺轮等石器，以及骨刀、骨罐、骨针等骨器。其中彩陶器物，图案精美，色彩绚丽，充分显示了当时人们的智慧和艺术造诣。

寒亭区疆域，有史记载可追溯到夏朝。据《潍县志稿》载：“溯自大禹治水，潍淄其道。厥后潍西平原始建四国：曰斟鄩、曰斟灌、曰寒、曰三寿（即平寿）。”寒亭区即属夏代寒国。本区现有385个自然村，由于建村年代久远，社会变迁，徙居频繁，本文列述本区历代政区名称的演变，并列举典型村落，说明其来历沿革，以窥其余村落的产生和发展。区内夏代建村的有寒亭、冯家花园、二戈官庄。寒亭为夏代寒浞称王之都邑。据《后汉书·郡国志》载：“寒亭，古寒国，浞封此。”又据《续山东考古录》云：“寒国故城在（潍城）东北三十里，今寒亭。”二戈官庄，为寒浞次子的封地。据《左传》注云：“封浇（寒浞长子）于过（今莱州市过西乡），封豷于戈（今南孙乡二戈官庄）。”又载：“少康元年（约公元前2079年），灭浇于过，灭豷于戈。”均证明夏代已有此村。

寒亭区汉代初期属下密县（隶属胶东国），后属平寿县（隶属北海郡）。今朱里街道后吉家为汉代下密县治所，三国时又为胶东县治所。据《汉书·地理志》载：“（北海郡）下密，前汉属胶东国。”又据《补三国疆域志》云：“北海国，汉置郡，（三国）魏太和六年（公元232年）改作国，统县四：平寿、下密、胶东、即墨。”今后吉家村东南里许，为古下密城遗址，并有以大殿、桃花店、荷花湾命名的地片。北张氏村，据《潍县志稿》载：“张氏出土汉镜（原书附有汉镜照片二幅），”这说明汉代此处已有村落。

两晋、南北朝时，寒亭区属下密、胶东二县地。据《魏书·地理志》载：“北海郡，汉景帝置，治平寿城。领县五：下密、剧、都昌、平寿、胶东。”后吉家仍为胶东县治所，而此时下密县治所为今潍城西关（平寿县治所自北魏时移置今潍城区符山镇平寿村）。此期间新建村落，如双杨店镇王固庄，为北朝时立村。据《潍县志稿》“北齐尼静恭等造像祀”碑载（此碑出土于王固庄井中）：“大齐天保五年（公元554年）为静恭等七世师造像。”又如洪福寺（村），古称寺上庄，亦为北朝时建村。据《潍县志稿》“北魏映房等造像碑”注云：“（碑）在县西北乡寺上庄洪福寺。”

寒亭区隋代属潍水县，由胶东县改置，治所仍在河滩镇后吉家。公元607年（隋大业三年），又将潍水县改为下密县，俗称东下密。村落如开元街道隋家庄子，其建村时间，据民间传说：“先有隋家庄，后有孟遐寺。”而孟遐寺为唐代所建，故该村当为隋代村庄。再如朱里街道亓家庄，为隋代柳氏立村。据《潍县志稿》载："柳氏一族始祖隋开皇五年由蜀东迁……今潍县齐家庄柳氏系萼之后。"

寒亭区唐初属寒水县（治所寒亭）、潍水县（治所后吉家），后属北海县（治所潍城）。唐代新建村庄已较多见。如开元街道唐代村董家杨孟，据《潍县志稿》载："董家杨孟庄后，有福圣院（原名孟遐寺），相传唐代所建，有唐槐一株。"此村古称孟遐村，据《潍县志稿》载："潍州北海县逢陵乡孝陵保孟遐村（宋元平三年）。"再如固堤街道固堤（村），亦建于唐代。据《潍县志稿》载：固堤"俗传古代拟设县未果，有画像刻石及相传之唐宋古寺，蔚然一方重镇。"此村金代称固底镇，据《金史·地理志》载："潍州，县三镇一：北海、昌邑、昌乐；镇一——固底。"又载："北海县有固底镇。"又如双杨店镇龙爪树（村），亦为唐代村。据《潍县志稿》载："龙爪树在龙爪树村外，乃古之倒垂槐也。相传唐（代）张亮征东时遇雨，曾晒甲于此。"树旁原有石碑一幢（文化大革命时遭毁），系1803年（清嘉庆八年）立石，上刻《龙爪树碑记》，书曰："干之盘转犹龙，枝之屈者为爪也。唐太宗过此，呼曰龙爪。"又如唐代村华疃，古称华宋村，当系华、宋二姓之村；据本村孙家街出土的唐代石碑载有"华宋村"；又据《潍县志稿》"东岳庙碑"载："华宋村有百户孙姓（即孙百户）。"

五代寒亭区属北海县，县治所潍城。此时村落如开元街道南张氏，据口碑记述，张姓唐代由四川成都府调任莱阳居职，在五代动乱时，弃职回归故里，路过此地定居于张氏村（今北张氏）以南，取村名南张氏（张姓现已传至39世，即繁衍达1100余年）。又如高里街道高里村，古称高累村，为五代晋立村。据《潍县志稿》"后晋东明寺碑"载："北高累村都维那赵可，南高累村杨景。"此村宋代又称高垒店，据《潍县志稿》载："金氏一族自宋、元祖居高垒店。"又载："李氏一族祖居高垒店。元末大乱，唯李、金二氏仅存。"

宋代寒亭区属北海县，治所仍在潍城。此时建村较多。如开元街道北杨村，古称北阳村。据《潍县志稿》"北阳村造香炉祀"载："维大宋国潍州北海县儒教乡望台保修文里北阳村。（宋）庆历五载（1045年）。"碑记中载有："社人李江、社官徐暹，"故该村当系李、徐二姓立村。再如固堤街道东横沟，据《潍县志稿》载："牟使君尝于宋太祖时潍州刺吏，为政有声，勒赐使君神祠，……遂卜佳地于潍州北距四十里横沟村建茔迁祖而厝之礼，"该街道大流河，据《潍县志稿》"宋（代）流河香炉祀"载："大宋国京东东路潍州北海县儒教乡修文里息丘保流河村，"。还有高里街道的宋代村耿家，原名黑家庄，为黑氏立村。据《潍县志稿》

“耿氏墓碑”载：“其先世居寿邑之东乡慈家小庄，及大元至元二年（1265年），其令祖（耿）朝公迁潍邑黑家庄。黑氏亡，遂命曰耿家村。”

金代寒亭区仍属北海县。南宋高宗偏居江南以后，寒亭区域为金国占有，历时一百余年。此时村落如高里镇一空桥（村），古称大刘家庄，为金代建村。据《潍县志稿》“大刘家庄创修石桥记”碑载：“大金国山东东路潍州北海县儒教乡第十都大刘家庄创修石桥，都纠首安固村董法全，副纠首本州烟脂王全。（金）明昌三年（1192年）九月十五日永记。”再如范家庄子，古称南黄埠庄，亦为金代立村。据《潍县志稿》载：“范氏一族金代由昌邑县众义村迁北海（县）第一都南黄埠庄（原书注：即今东北乡范家庄）。”又如朱里镇周家庄，据《潍县志稿》载：“高氏一族，辽金时由登州迁潍州周家庄。”

元代寒亭区仍属北海县，历时近百年。此时建立村庄100余个，仅次于明代。明代央子街道固堤场（村），曾有元代鼓楼碑，据碑文载：“固堤场创自元至元巳卯（1279年），斥衍而繁卤户。”再如河滩镇河滩（村），古称辛章村。据《潍县志稿》“元代松岩寺碑”载：“本都辛章村于三公父子……（元）至正三年（1343年）立石。”又如双杨店镇扈家村，据《潍县志稿》载：“扈氏一族，元至顺四年（1333年）由汴京迁临淄县，后又迁入潍县。”该镇庞家（村），据《潍县志稿》载：“庞氏一族始祖，元至元二年（1336年）由昌邑县庞家庄迁潍州庞家庄。”还有开元街道枣林村，据昌邑县塔耳堡乡高阳村《张氏族谱》载“先世原籍潍县枣林人。自元（代）居邑南仁义乡大庄社高阳镇。”据此，张姓元代居此无疑。

明初，寒亭区地域属潍州，1377年（明洪武十年）降潍州为县，始属潍县，县治所潍城（潍县之名称一直延续到1983年撤销潍县，设立寒亭区为止，前后达606年之久）。明代长达270余年，本区1368—1398年（明洪武年间），有大批外省乡民迁此定居，以及其后迁入者，新建或重新建村庄多达200余个，占现有385个自然村的一半以上，为历代建村最多的朝代。如朱里街道的袁家庄，据《潍县志稿》载：“袁氏一族明初由山西洪洞县迁潍县袁家庄。”该镇东于渠，《潍县志稿》载：“张氏一族明洪武中由山西洪洞县迁潍县东于渠庄。”再如固堤街道大泊子（村），据《潍县志稿》载：“王氏一族明洪武初由河南迁潍县泊子庄。”高里街道的埠头子（村），《潍县志稿》载：“田氏一族明洪武初由阳信县桑落村迁潍县后埠头庄。”开元街道的郭家官庄，古称西官庄，据《张氏族谱》载：“吾张氏由明（代）居潍，屡迁移而处赵家埠，后迁西官庄。”固堤街道的后别化，古称别画，据《潍县乡土志》载：“别画庄西有别画湖，……自明季河道西移，此地遂成沃壤。”明初，张姓由山西迁来在湖畔立村，遂名别画（村），今演称别化。

清代寒亭区域仍属潍县。清朝290余年，此间本区新建村庄较少（民国时期未建）。如高里街道冢子（村），清乾隆年间张姓由华疃迁此立村，因村北原有一古冢，故取村名冢子。原该街道的丁家屋子，此处清末为潍城丁宅收租庄院，后形成村落，故称丁家屋子。再如开元街道的小辛庄，清初徐姓由大辛庄到此看管桃园落户，因村小，故称小辛庄。高里街道的小西王庄，清乾隆年间王姓由大西王庄迁出一支来此定居，以姓氏称小西王庄。

1984年撤潍县设寒亭区以来，区内地邻潍坊市区的一些村庄陆续划归开发区。寒亭区建区初期有405个自然村，其建村年代为：“夏至隋唐时建村21个村，占5%；宋、金、元时建村142个村，占35%；明、清时建村242个村，占60%。这说明，明、清新建村庄占大多数，但也表明，明、清以前各代建村数目，远不止此。由于历史久远，乡民辗转迁徙，村落多变，加之历代朝廷只注重撰修郡志、府志，而无视县志和村志，直到明末清初，才有《潍县志》出现，但无完整村史记载；再加封建社会中，人民贫寒交加，无心无力修村志、家谱；又因“文化大革命”，那些具有历史印证的碑碣、家谱等，多遭摧残，因而不少村的来历沿革，还没有达到理清历史渊源的地步，故有待地名和文史工作者继续深考。

随着村落的建立，必然有人口的繁衍与变迁。寒亭区境域人口，秦代以前无史籍可考。但在秦时属齐郡，由于秦始皇的高度集权和奴役，乡民大批流亡，人口锐减。西汉建立后，注意恢复和发展农业生产，相对减轻了徭役，人民生活较安定，人口增加。公元前73年（西汉本治元年），北海郡辖26县，12.7万户，593519人。此时寒亭区境域约1万户，4.7万人（按本区新占原潍县面积大小推算，下同）。公元39年（东汉建武十三年），北海国辖18县，158651户，803640人。寒亭区域约1.7万户，8.9万人。东汉末年，灾荒严重，战争连年，人口骤减，时寒亭区域约有3000户，1.4万人。两晋、南北朝时，由于水、旱、虫害和连绵战争，人口锐减。隋文帝统一中国后，政局暂时稳定，人民得以生息。此时北海郡辖73148户，402740人。寒亭区域时约5000户，2.5万人。唐朝建立后，农业生产恢复发展较快，人口开始回升，寒亭区域约有6000户，3.4万人。宋代，潍州辖3县，44677户，109549人。寒亭区域约有7000户，1.8万人。金代，潍州辖3县，30989户，73758人。寒亭区约为5100户，1.2万人。元代末年，人口骤减，至1337年（至元三年），寒亭区域约2500

户，7200人。

从历史上看，元代末年，潍州连年蝗灾水害和兵祸，乡民或饿死或流亡他乡。寒亭区域人口降到最低。1367年冬（至正二十年），朱元璋派徐达率兵北征，攻克济南，复下潍州。徐达命令官吏抚慰百姓，恢复农业秩序。于是，蒙古族遗民和当地流亡外乡的百姓开始返回原籍。特别是明太祖朱元璋统一中国以后，为安顿民众，振兴农业，以求纳取粮赋，于洪武年间（1368—1398年），竭力推行皇诏播迁政策，多次迁徙大批乡民到穷乡僻壤和人口稀少的地区进行耕垦。当时从云南、四川、江苏、河南等省播迁乡民在山西洪洞县聚集，然后经河北省进入山东省，分赴各地。在明代初期由上述各地迁徙至潍县居住者达数千户，新立村庄415个，占原潍县809个自然村的一半以上。据统计，由山西迁来建立村庄317个，由河北（直隶）迁来立村37个，由四川迁来立村18个，由云南迁来立村12个，由江苏迁来立村10个，由河南迁来立村7个，由浙江迁来立村6个，由安徽、辽宁迁来立村各2个，由福建、江西、湖北、宁夏迁来立村各1个。其中，寒亭区域由外地迁入立村206个（占现有405个自然村的一半以上），计1976户，8982人。这些村庄的建立与恢复，以及农业生产的发展，潍县人口迅速增长。到1573—1620年（明万历年间），全县有11917户，21769人（按当系成年人丁数，总人口应为6.5万余人）。寒亭区域约有5800户，3.1万人，为元代末年人口数的4.3倍。据《潍县志稿》载：潍县共有258个姓氏，已详载族谱的164姓，其中有128姓由外地迁入，占全县姓氏的50%。

清代中期，社会相对安定，商品经济也有新发展，潍县人口增长迅速。1760年（清乾隆二十五年），全县人口155021人，寒亭区域约7.4万人，比明代末年增长1.4倍。到1907年（清末光绪三十二年），潍县有79742户，497328人，寒亭区域约为3.8万户，23.8万人，每户平均6口人。

民国时期，胶济铁路通达，潍城商业繁茂，轻工业发展较快，外地商人、工人进入潍城定居，促进了人口增长。1933年潍县有114个乡（镇），1033个村，226条街巷，116772户，647086人。寒亭区域为42个乡（镇），444个村，约5.1万户，28.2万人。时过26年，比清代末年增加4.4万人，增长18%。

新中国成立后，人民当家做主，生产力得到解放，社会安定，经济繁荣，人民生活水平提高，人口增长加快。1949年，潍坊市从潍县划出，全县有98400户，420337人。寒亭区域约4.7万户，20.2万人。1958年，全县有863个村，114393户，

512129人；1980年为809个自然村，寒亭区域约63500户，293325人。1983年10月，潍县建制撤销，1984年1月成立潍坊市寒亭区。1984年全区405个自然村，79104户，334781人。时过35年，比1949年增加人口13.2万人，增长了65%。但是自然村较民国时期有所减少。其原因，有的村合并，有的村因水利建设而搬迁，有的村划归邻近市、区。如1981年，央子镇的南岭子与河北岭子合并，泊子乡的后崖子与前岭子合并，小许家与东官亭合并；再有固堤镇的小钱家搬入西北魏，寒亭镇的李家道搬入齐家埠。类似情况，前者村庄名称消失，以后村庄名称出现。还有自然消失的村庄，南孙乡的典史村与赵家庄子同为一村，逐渐为后者名称所代替；又如开元街办的李家道，原为村名，因与东里疃同为一村，其村名现已消失。再者，经上级批准，1980年郭家官庄乡的9个自然村划归了潍坊市，2004年寒亭街道、开元街道、双杨镇有15个村划归开发区。属于人为减少。

寒亭区总面积789平方公里，东南部丘陵面积22平方公里，占3%，人口5.9万人，占总人口（33.4万人）的17%，人口密度每平方公里268人；中西部平原面积334平方公里，占42%，人口21.2万人，占64%，每平方公里634人；北部涝洼地盐碱面积433平方公里，占55%，人口6.3万人，占19%，每平方公里145人。这清楚地表明，人口繁衍与地理环境有着密切的关系。寒亭区中部地理条件优越，人口最多，密度最高，东南部次之，北部人口最稀少。近些年随着北部开发和北港及滨海新城的建设，北部借自然优势，经济振兴繁荣，定居人口骤增。

区内主要河流有潍河、白浪河、虞河、浞河、桂河等，历代人口多沿河流聚居。流域内水源充足，土地肥沃，易于安家落户，繁衍生息。因而，古老村庄多分布在河流岸边。在白浪河流域，两岸村庄大都在唐代（例如华疃、杏家子）、宋代（为安固）、元代时（为东、西常寨）立村。再如虞河流域，唐代村有北张氏，宋代村有范家庄子，元代村有东、西分营埠、大张家埠等。又如夏代村寒亭，有浞河贯穿村中，宋代村东杨家埠定居浞河东岸，元代村仓上位居东、西浞河交汇处。

寒亭区为潍坊市新建直辖县级区，其政区源于潍县，地方史籍均以潍县著述。为鉴古知今，古为今用，特从古潍县典籍中以辖区范围析出阐述其疆域、村落及人口变迁，以及区情、乡情和村情，以促进经济和社会发展。

附录：中国代表团在联合国地名标准化会议上的发言

中国代表团在第三届联合国地名标准化会议上的发言
（第二届联合国地名标准化会议以来中国地名工作的进展报告）
（1977年8月）

我们代表团前来参加第三届联合国地名标准化会议，能和大家一道讨论共同关心的问题，感到十分高兴！希望这次会议能够取得积极的成果，借此机会对东道国希腊政府为这次会议所做的努力和安排表示深切的谢意，并对马夫里迪斯阁下当选大会主席，表示热烈祝贺！

中国代表团第一次参加联合国地名标准化会议，首先，对国际地名标准化工作简要地谈谈我们的看法：

当前，国家要独立，民族要解放，人民要革命，已成为不可抗拒的历史潮流，世界形势正在朝着有利于世界人民的方向发展。我们高兴地看到，许多国家在摆脱殖民统治、赢得独立以后，发展了民族经济和文化，在地名标准化方面也取得了可喜的成绩。

我们认为：开展国际地名标准化工作，必须以便利各国人民之间经济文化的交流和友好合作为目的。因此，有关问题应经过充分协商谋求合理解决，不应强加于人，更不容许在地名标准化的名义下侵犯和干涉别国主权。

我们历来主张：国家不分大小应该一律平等，各国的事应当由各国人民自己来管，国际组织的事应当由参加国共同来管。国家地名标准化要以各国地名标准化为基础。地名罗马字母拼写法的标准化，应当尊重主权国家的意见，各国主权范围内地名的罗马字母标准拼写形式，应当作为国际的标准形式。两国以上共有地方名称的国际标准化，应当由有关国家协商确定。各国主权范围以外的国际领域的地名标准化，应当由各国共同协商确定。

中国是社会主义国家，也是一个发展中国家，属于第三世界。过去中国人民和亚非拉大多数国家人民长期受到帝国主义的侵略和压迫，有着共同的遭遇。帝国主义者为了掠夺我国的宝贵财富，奴役我国人民，利用各种手段刺探我国军事和经济情报，并非法测绘了我国大量地图，恣意篡改我国地名，随意对我国地方命名。这就使得中国地名不仅在叫法上有着帝国主义者强加于我国的侵略性名称，而且还造成了同一地方出现几种名称的现象，这是有损我国主权和民族尊严的。同时，在用罗马字母拼写中国地名方面，帝国主义者出于他们自己的需要和根据他们自己的习惯，对中国地名任意搞了多种关于汉语的罗马字母拼法，造成中国地名罗马字母拼写的混乱，不但在罗马字母的各文种中拼法不同，即使在同一文种中也存在几种拼法。这些拼法是不科学的，不能正确的表达汉语的标准语音。大家知道，地名是人们在彼此交往中经常使用的。同一地方有几种名称和同一名称有几种罗马字母的拼法，是不利于各国相互之间的友好往来和促进经济、文化发展的。

中国人民的伟大领袖毛泽东主席和中国政府一向十分重视地名标准化工作。新中国成立后，我们依靠地名工作者和广大群众，对全国地名进行了大量的调查，最后经政府审定、批准，废除了一批旧地名，更改了一批错误的不恰当的地名。为了维护我国主权和民族独立，我们对帝国主义侵略我国时期所起的那些带有殖民主义色彩的地名，进行了清除。为了体现我国各民族一律平等和民族团结的政策，对历代政府遗留下来的那些带有歧视或侮辱少数民族性质的地名也进行了认真的处理。我们本着无产阶级国际主义原则，对历史上遗留下来的那些带有大国沙文主义的地名，进行了更改。随着我国社会主义建设和测绘事业的发展，我们增加了大量的新地名。旧地名的整理和新地名的确定，是我国地名标准化工作迈出的第一步。

毛泽东主席指出："文字必须改革，要走世界文字共同的拼音方向"。毛主席还指出，汉字的拼音化需要做许多准备工作，在实现拼音化以前，必须简化汉字，以利目前的应用，同时积极进行各项准备。遵照毛主席指示精神，我国政府于一九五六年公布了《汉字简化方案》。在此基础上，中国文字改革委员会编定了《简化字总表》，从而为汉字书写地名的标准化创造了有利条件。一九五八年，经第一届全国人民代表大会第五次会议批准，我国政府公布了汉语拼音方案。这个方案采用了世界上多数国家共同使用的罗马字母作为拼写汉语的字母，为我国地名罗马字母拼写标准化提供了更为有利的条件。周恩来总理对这件事十分重视，他指出："汉语拼音方案……可以在对外的文件、书报中音译中国的人名地名"。近二十年来，中国人民遵照这一指示，应用汉语拼音方案拼写了大量地名。现在，我国国内的邮电局名、气象台站名、铁路站名、城市的街道名称以及测绘部门调查记录少数民族语地名等等，都使用了汉语拼音。近年来，我国还出版了汉语拼音版《中华人民共和国分省地图集》《海图》等多种资料，受到了国内外的欢迎。我国出版的字典采用汉语拼音字母注音，为汉语地名的罗马字母拼写提供了读音依据。为了准确地表达民族语音，我们还制定了《少数民族语地名汉语拼音字母音译转写法》。

以上是中国地名标准化工作的一些基本情况。

中国是一个发展中国家，我们在地名标准化方面虽然已取得了可喜的成就，但是还有大量的工作要继续去做。当前我国形势一派大好，全国人民在以英明领袖华国锋主席为首的党中央的领导下，高举毛主席的伟大旗帜，继承毛主席遗志，团结一致，意气风发，正在为实现华主席提出的抓纲治国的伟大战略决策而努力奋斗。我国的社会主义革命和社会主义建设已进入了新的历史发展时期，我国国民经济正在出现一个新的跃进局面。我们相信，我国的地名标准化工作同其他各项工作一样，一定会发展得更快。我们愿意虚心学习各国人民的先进经验；我们也愿意和其他代表团一道，通过平等协商完成这次会议所面临的任务，为本届会议取得成功，做出积极的努力。

关于用汉语拼音字母拼写中国地名作为罗马字母的国际标准问题，我们已在联合国地名专家组第六次会议上提出来进行过讨论。我们高兴地看到，它已得到了多数专家的支持。我们重申，汉语拼音方案是我国法定的罗马字母的拼音方案。用汉语拼音字母拼写中国地名是我国已经确定的方针。它在我国已经得到广泛使用，随着今后进一步推广，将会在更广泛的方面得到使用。因此，我们提请本届会议充分考虑：以汉语拼音字母拼写的中国地名作为国际罗马字母拼写的标准。

中国代表团在第四届联合国地名标准化会议上的发言
（第三届联合国地名标准化会议以来中国地名工作进展报告）
（1982年8月）

自第三届联合国地名标准化会议以来，我国的地名标准化工作取得了可喜的进展。这些进展主要表现在下列几个方面：

一、建立健全了地名机构

1977年9月我国成立了全国性地名机构—中国地名委员会，它由国家有关部委和科研部门的有关负责工作人员组成，在国务院领导下负责全国地名标准化工作，负责制定地名标准化原则；指导各省、市、自治区的地名管理工作。委员会下设办公室，负责处理委员会的日常工作。此后，各省、自治区、直辖市相继成立了地名委员会，负责本地区的地名标准化工作。

二、实现了中国地名罗马字母拼写的统一规范

在我国政府的重视下，各有关部门积极推进各项工作。国家测绘总局在地方政府的协助下，对蒙古语、维吾尔语和藏语地区的地名进行了调查，详细地记录了地名的读音、意义和民族文字的写法，同时对汉字译名也做出了适当的规范。1978年9月，我国政府正式决定用汉语拼音方案作为我国人名、地名罗马字母拼写法的统一规范。从1979年1月1日起，我国对外文件的译文正式采用汉语拼音拼写中国人名和地名。为了满足国内外有关机构对地名资料的需要，国家测绘总局测绘科学研究所编辑了《简明中国地名录》。全书共包括32，000条地名，每条地名包括汉字、汉语拼音、经纬度、省别、地图上的位置等项内容，此外还附有自然地理通名汉、英对照表和地理通名汉、蒙、维、藏对照表。该书将由地图出版社出版，预计1983年与读者见面。

三、开展了全国性地名普查工作

为了早日实现我国地名标准化，按照1980年4月全国第二次地名工作会议的要求，在全国范围内开展了地名普查工作。普查的对象包括全国县级以上行政区划名称和农村人民公社、生产大队的名称以及它们的驻地名称、城市中的街巷名称和主要的山、山峰、河流、湖泊、岛屿等自然地理实体名称。普查的内容包括地名的来源、含义、历史演变等项内容。通过普查确定汉字、少数民族文字和汉语拼音字母的标准书写形式，做到在一定区域内同级同类的地名不重名。

1979年12月我国政府颁布了《关于地名命名、更名的暂行规定》。这个规定确定了地名命名和更名原则，明确了命名和更名的审批程序和权限。这是我国地名工作的一个立法性文件，使我国地名标准化工作有了立法性依据。

四、外国地名译写统一工作

过去，参与外国地名译写工作的各单位都有自己的一套系统，不够统一。中国地名委员会建立后，组织各有关单位开展了外国地名汉字译写规范化工作。制定了《外国地名译写通则》和英、法、西、德、俄、阿拉伯六个语种的试行译音表；拟定了40多个语种的译音表草案。并根据《通则》和《译音表》统一了约一万八千条地名的汉字译名，编辑了《外国地名译名手册》，该手册拟于年内出版。

五、地名学研究

为了用理论指导实践，更好地开展地名标准化工作，我国地名工作者、有关科研人员和大专院校的教师积极地进行了地名学的研究。我国是具有古老文化和多民族的国家，有的地名历史长达二千年以上，对这些地名的渊源和标准化的研究，对语言、历史、地理等各个学科都是很有价值的。目前已出版了《地名知识》等地名刊物，《中华人民共和国地名辞典》已开始编纂，有的高等院校地理系开设了地名学讲座，地名研究工作正在积极开展。

中国代表团在第五届联合国地名标准化会议上的发言
（第四届联合国地名标准化会议以来中国地名工作的进展）
（1987年8月）

自第四届联合国地名标准化会议以来，中国的地名标准化工作取得了较大的进展。主要有以下几个方面：

一、地名管理机构进一步加强

经国务院批准，中国地名委员会进行了调整。现由21个部门的25名委员组成，城乡建设环境保护部部长提任主任委员，其办事机构亦由城乡建设环境保护部代管。中国地名委员会受国务院委托，管理全国地名工作。

二、全国地名普查基本结束

中国地域辽阔、语言复杂、地名繁多。为了实现地名标准化，必须首先摸清地名基本情况和存在的问题。中国地名委员会成立后不久，就决定在全国范围内开展地名普查。普查工作以市、县为单位组织实施。普查要求城市以1：2，000或1：5，000比例尺地形图，县以1：50，000比例尺地形图为基础，对地名进行全面调查。调查的内容主要有：名称的汉字、汉语拼音、别名、类别和地理位置等。对重要地名的来历、演变、含义和当地历史、地理、经济、文化等方面情况也进行调查，编写出概况材料。对少数民族语地名，除上述内容外，还要求调查语种、语义和民族文字。现在，除台湾、西藏及个别地区外，全国的地名普查已基本结束。据初步统计，调查陆地地名近六百万条，调查沿海岛礁和海域地名近二万条。在此基础上，按照《国务院关于地名命名、更名的暂行规定》，对有地无名、一地多名、一名多写、一名多译、音译不准、用字不当、名实不符等情况进行了认真的清理，确定了标准名称。据15个省、自治区、直辖市的统计，在普查中进行标准化处理的地名有12万多条，新命名的地名近17万条。通过以上工作，基本上消除了地名中存在的混乱现象，为中国今后开展各项地名工作奠定了重要基础。

三、建立地名档案资料管理系统

通过全国地名普查，形成了大量地名档案资料，引起国家档案部门的高度重视，并将地名档案列为国家档案的重要组成部分。为了加强对地名档案资料的管理，及时地进行了资料更新，为社会各有关方面更好地提供了服务。中国地名委员会和国家档案局联合颁发了《全国地名档案管理暂行办法》，并于一九八四年确定建立全国地名档案资料馆。各省、地、市、县也在逐步建立地名档案馆、档案室。

近几年，国家测绘局测绘科学研究所地名研究室和山西省地名委员会办公室等单位进行了利用电子计算机储存检索地名信息的试验，已取得初步成果。

四、组织编纂出版《中华人民共和国地名词典》

一九八二年，中国地名委员会等部门决定编纂出版《中华人民共和国地名词典》。《词典》拟收录8—10万条地名，每个省、自治区、直辖市各编一个分卷，全国重要地名再编一个总卷，全书共31卷，约1，500万字，各分卷出版之后再印合订本。这部词典将系统介绍我国重要地名的名称、标准书写形式、读音、来历、含义、沿革、位置及当地自然地理特征、社会历史和经济文化状况，是一部大型的地名工具书。目前江苏省卷已经出版，其他各卷正在编纂中，编成后将陆续出版，各分卷的编纂任务计划于1990年完成。

五、促进外国地名汉字译写规范化

为了统一外国地名的汉字译写，中国地名委员会曾于一九七八年公布了《外国地名汉字译写通则》和英、法、西、德、俄、阿（拉伯）语汉字译音表。随后又拟订了罗、蒙、捷、匈等44个语种的译音表草案；陆续编辑出版了《外国地名译名手册》《世界地名录》和《美国地名译名手册》；并组织编译了联邦德国、苏联、英国等国的地名译名手册，将在近年内陆续出版。

六、制定地名管理法规和规范

为使全国地名管理有法可依、有章可循，国务院曾于一九七九年发布过《关于地名命名、更名的暂行规定》。随着地名工作的全面展开与深入发展，国务院又于一九八六年颁布了《地名管理条例》，这是我国政府第一次颁布的有关地名管理的全面性的行政法规，对推动全国加强地名管理发挥了重要作用。一九八四年中国地名委员会、中国文字改革委员会和国家测绘局还共同颁发了《中国地名汉语拼音字母拼写规则（汉语地名部分）》。为了帮助测量队在外业调查工作中解决少数民族语地名汉字译写的问题，国家测绘局和总参测绘局于一九八六年修订出版了蒙古语、维吾尔语和藏语（拉萨话）三种地名译音规则。

七、地名学研究有了进一步发展

近年来，地名工作的开展和地名普查所取得的丰硕成果，为地名学的研究提供了极为有利的条件。目前，中国地名学研究会正在筹备成立；有的省也已成立了地名学会或地名研究会；有的大专院校还开设了地名学讲座，开办地名专业函授大专班等。已公开发行的地名刊物有《地名知识》和《地名丛刊》。已出版的地名学专著有《地名学文集》《地名学研究（第一、二集）》和《地名学论稿》等。

综上所述，近年来在各级政府的重视领导、有关部门的配合协作和地名工作者的努力下，中国的地名工作已经取得了相当大的进展，但上述各项工作需等继续努力才能完成，在中国这样一个大国中做好地名标准化工作，任务仍很艰巨。中国的地名工作者将继续努力，争取做出更大的成绩。

中国代表团在第六届联合国地名标准化会议上的发言
（第五届联合国地名标准化会议以来中国地名工作进展报告）
（1992年8月）

自一九八七年第五届联合国地名标准化会议以来，中国的地名工作有了进一步发展，取得了明显的成绩。

一、全国地名补查和资料更新工作基本完成

为了进一步掌握全国地名普查时未查到的一些地名和有关地名信息以及近年来新增加的和更改的地名，从1988年开始，逐步在全国各省、自治区、直辖市开展补查。到目前为止，大部分省市已基本完成，获得了丰富的地名资料，全国部分县、市正在编纂第二代地名志书。

二、以城镇为重点做好地名管理工作

一九九一年六月召开了全国地名管理工作会议。会议要求：到20世纪末在全国范围内，自然村镇以上的地名和重要自然地理实体名称应实现标准化，少数民族语地名、较重要的外国地名及其汉字译写应实现规范化。当前要以城镇的地名管理为重点，全面做好地名管理工作。对城镇地名的命名提出了层次化、序列化、规范化的要求。

三、地名图书编纂

目前，全国各市县地名志、录正在编纂中，并已有一半以上地名志印刷出版。截至1991年底，已出版了《中华人民共和国地名词典》湖北、江苏、浙江、台湾、北京和上海六个分卷；湖南、河南、宁夏三个分卷即将出版。其余各分卷也将陆续出版。1990年上海辞书出版社出版了中型本《中国地名词典》，收录地名21240条，约200万字。目前中国地名委员会正在编纂约10万条目的《中华人民共和国地

名录》，预计明年可出版。在国外地名译写方面，已出版了英国地名录、联邦德国地名译名手册和苏联地名译名手册，目前正在制定英、法、德、俄、西班牙、阿拉伯六种语言地名译音规则。预计明年可望出版。1992年，国家测绘局制定了《黎语地名汉字译音规则》。

四、制定了《中国地名信息系统技术规范》

由中国地名委员会制定的《中国地名信息系统技术规范》包括总则、地名分类及代码、数据文件、数据字典、地名信息系统建立流程、系统配置与信息传输、地名信息系统的维护与管理等项内容，该规范为国家部级标准。根据这个规范已完成了建立县级地名数据库的试点工作，并通过了部级鉴定。

五、地名学研究

一九八八年成立了中国地名学研究会，现已有会员500余人，团体会员单位5个。研究会下设理论地名学、应用地名学、地名考证、地名管理和外国地名五个专业委员会。自成立以来，先后召开了六次学术讨论会。经过论文筛选，现已出版了《地名学研究文集》和《城市地名学文集》。《地名管理学文集》即将出版。通过学术讨论，提高了地名学研究的理论水平，推动了地名工作的开展。此外，《中国地名》和《地名知识》两个国内外发行的地名刊物，不但宣传和普及了地名知识，也促进了地名学的发展。

六、人才培养

几年来，中国地名委员会把人才培养作为一件大事来抓。首先于1989年，在南京大学地理系、历史系三年级的学生中进行地名学专业的分流。经过二年的专业课程教学，至今已有两届毕业生走上工作岗位。对现职地名干部的培训工作也是非常重视的。从1988年起至今已举办三期地名干部培训班，每期100人左右。各省区已举办数次培训班，参加过学习的已达500人以上。《地名学概论》和《实用地名学》正在编纂出版中。

综上所述，中国的地名工作受到政府的高度重视。现在地名机构已纳入政府职能部门序列，各省、市、县都有地名机构或有负责地名工作的部门，因此，地名工作近年来发展较快。但是，中国是一个多民族的大国，地名中存在的问题十分繁杂，地名标准化工作还有一定的难度，任务十分艰巨。中国的地名工作者将继续努力，争取做出更大的成绩。

中国代表团在第七届联合国地名标准化会议上的发言
（第六届联合国地名标准化会议以来中国地名工作进展报告）
（1998年1月）

中国的地名工作受到国家和地方各级政府的支持和重视。自1992年第六届联合国地名标准化会议以来，中国的地名工作又取得了新的进展，主要表现在以下几个方面：

一、地名工作机构

在国家行政管理机构改革中，国务院决定将中国地名委员会的职责划归中华人民共和国民政部。省、市、县级地名管理机构已纳入各级政府的行政序列。民政部为加强学术研究，特组建了“中国地名研究所”，现已初步开展工作。中国地名标准化技术委员会正在筹建之中。

二、地名工具书的出版与规范的制定

在地名工具书方面，出版了中国地名委员会编的《中华人民共和国地名录》（约10万条地名）；《外国地名译名手册》（约10万条地名）；收入18万条地名近3000万字的《中华人民共和国地名大词典》近期可出版；大型《中华人民共和国政区标准地名图集》和《中国古今地名大词典》正在编纂中，可望2000年出版。此外，各省、自治区、直辖市还编著出版了多种地方性地名书籍和工具书。民政部与国家测绘局制定了《外国地名汉字译写规则》，其中包括英、法、俄、西（班牙）、阿（拉伯）六个语种的地名译音规则。国家测绘局还发布了《黎语地名汉字译音规则》和《凉山彝语地名汉字译音规则》。依据联合国地名专家组的委托，我们已完成了《地名学术语词汇》英文本的汉译工作。

三、地名培训

从1989年开始至今，全国性在职地名干部培训班已举办十期，参加培训的约1100余人。培训内容为：地名的基本概念、地名标准化、地名单一罗马化、地名命名与更名、地名管理、地名调查、地名译写、地名档案与数据库等。一些地方地名委员会也自行办了培训班，地名工作人员受到了良好的业务培养。作为地名培训的基本教材，已出版了王际桐研究员主编的《地名学概论》和《实用地名学》。褚亚平教授还编著了《地名学基础教程》。

四、地名数据库

1993年国家测绘局已正式建成以1：100万地形图为基础的全国地形数据库和地名数据库，有各类地名近8万条。以全国1：25万地形图为基础的地名数据库正在建立，预期1998年建成。

五、学术交流

五年来，召开了全国性地名学术讨论会三次。讨论重点内容是：沿海城市地名的规划和管理、地名档案资料的整理、地名信息系统的建立等。1994年3月，在云南省西双版纳州召开了一次民族语地名国际学术交流会，收到论文50余篇，英、日、泰等国及中国香港、中国台湾地区的专家参加了会议。

六、地名管理

我国城市建设较快，需新命名的城市街道和居民区较多。为了使社会准确使用标准地名，加强了各种地名标志的设置和管理。城市各类地名标志的国家标准也正在研制之中。从1996年开始，在全国公路干线两侧村镇设立地名标志，计划1998年底全面完成约10万余个村镇的地名标志设置。

文献：

[1] 苏轼. 苏轼诗集 [M]. 王文诰，注. 孔凡礼，校. 北京：中华书局，1982.

[2] 曹学佺.蜀中名胜记 [M]. 王云五. 丛书集成初编本. 上海：商务印书馆，1936.

[3] 乐史. 太平寰宇记 [M]. 王文楚，等点校. 北京：中华书局，2007.

[4] 冯友兰. 论风流 [M]. 三松堂学术文集. 北京：北京大学出版社，1984.

[5] 王弼等注，孔颖达等正义. 周易正义 [M]. 十三经注疏. 上海：上海古籍出版社，1997.

[6] 邹同庆、王宗堂. 苏轼词编年校注 [M]. 北京：中华书局，2007.

[7] 苏轼. 苏轼文集 [M]. 茅维，编. 孔凡礼，校. 北京：中华书局，1986.

[8] 苏轼. 东坡志林 [M]. 朱易安，傅璇琮，等. 全宋笔记：第一编第九册. 郑州：大象出版社，2003.

[9] 何宇度.益部谈资 [M]. 王云五主编丛书集成初编本. 上海：商务印书馆，1936.

[10] 祝尚书. 宋代巴蜀文学通论 [M]. 成都：巴蜀书社，2005.

[11] 班固撰，唐·颜师古注. 前汉书 [M]. 中华书局编四部备要本：第一六册. 北京：中华书局，1989.

[12] 朱熹. 四书章句集注 [M]. 北京：中华书局，2012.

[13] 扬雄撰，张震泽校注. 扬雄集校注 [M]. 上海：上海古籍出版社，1993.

[14] 陈子昂撰，徐鹏校点. 陈子昂集（修订本）[M]. 上海：上海古籍出版社，2013.

[15] 李白撰，王琦注. 李太白全集 [M]. 北京：中华书局，1977.

[16] 郑玄注，孔颖达等正义. 礼记正义 [M]. 上海古籍出版社. 十三经注疏. 上海：上海古籍出版社，1997.

[17] 释晓莹.云卧纪谈 [M]. 朱易安，傅璇琮，等. 全宋笔记：第五编第二册. 郑州：大象出版社，2012.

[18] 范成大. 吴船录 [M]. 顾宏义，李文校. 宋代日记丛编. 上海：上海书店出版社，2013.

[19] 田锡撰，罗国威校点. 咸平集 [M]. 成都：巴蜀书社，2008.